P9-CKX-195

WITHDRAWN

JUN 2 7 2024

DAVID O. McKAY LIBRARY
BYU-IDAHO

DAVID O.

Rt

DATE DUE

JAN 0 8 2004		

Demco

JUN 27

LITERATURA HISPANOAMERICANA DE PROTESTA SOCIAL

Armando Zarate

UNIVERSITY
PRESS OF
AMERICA

Lanham • New York • London

Copyright © 1994 by
University Press of America®, Inc.
4720 Boston Way
Lanham, Maryland 20706

3 Henrietta Street
London WC2E 8LU England

All rights reserved
Printed in the United States of America
British Cataloging in Publication Information Available

Library of Congress Cataloging-in-Publication Data

Literatura hispanoamericana de protesta social : una poética de la
libertad / prólogo, selección y notas de Armando Zárate.
p.   cm.
Includes bibliographical references.
1. Spanish American literature.   2. Social problems—Literary
collections.   3. Liberty—Literary collections.   I. Zárate, Armando.
PQ7083.L56   1993   860.9'98—dc20   93–23003 CIP

ISBN 0–8191–9233–3 (cloth : alk. paper)
ISBN 0–8191–9234–1 (pbk. : alk. paper)

 The paper used in this publication meets the minimum requirements of
American National Standard for Information Sciences—Permanence
of Paper for Printed Library Materials, ANSI Z39.48–1984.

LITERATURA HISPANOAMERICANA DE PROTESTA SOCIAL

(Una poética de la libertad)

Prólogo, selección y notas de
ARMANDO ZÁRATE

Al poeta Emilio Sosa López,
in memoriam

Por la libertad y la honra se puede y se debe
aventurar la vida. *Cervantes*

Los hombres escriben ficciones porque ansían
la eternidad y deben morir, porque desean la
perfección, porque anhelan la pureza y son
corruptibles. *Ernesto Sábato*

Edición preparada por
Mark McCaffrey

INDICE GENERAL

Prólogo

5. LA CRISIS DEL IDEALISMO

6. EL CANTO INTERIOR

7. DEFENSA DE LA HISPANIDAD

8. LA REVOLUCION EMBOSCADA

9. EL RIGOR DE LA TIERRA

PROLOGO

No siempre el fenómeno de la expresión verbal es una prueba o un intento completo que se explica por sí mismo. Las actividades mentales o espirituales juegan un papel importante a veces por encima de nuestras existencias. También se manifiestan según determinados comportamientos. Para comprender entonces una literatura hay que comprender las modalidades que resultan de la integración o formación histórica de un pueblo. Esto no sólo determina un lenguaje, sino también un carácter. Y sin que por ello resulte un determinismo férreo, puesto que la literatura es una extensión de las pasiones humanas, lo cierto es que todo escritor se realiza en relación con su época y su cultura. Esto no significa que, exigido profundamente por inquietudes de tipo social, no se ponga a la altura de las grandes revoluciones estéticas. De ahí que toda obra de arte tenga, en su devenir y libertad plena, una utilidad ignorada, pues en tanto que es hipótesis y práctica del lenguaje, es además una visión del trabajo humano, un modo de explicarse el mundo y de resolver las tensiones que hereda de sus propias tradiciones.

Podemos decir así que en América se estableció un acopio de rica mitología geográfica que ha operado constantemente a través de la enorme masa de sucesos históricos. Merece por tanto destacarse el escenario que moviliza y contiene su expresión cultural. Pero ocurre muchas veces que sin juzgarse debidamente las pasiones de esa lucha, que resultan, casi siempre ser otra forma del amor o del destino, se derivan los modos de creación artística según modelos ajenos a su identidad De ahí que no siempre un juicio de valor refleje, en toda su complejidad, su naturaleza genuina, incluso su originalidad. El estudio de la estética literaria nos enseña que existen prolongaciones imitativas desde Homero o mucho antes que Valmiki. Pero en ningún pueblo las influencias constituyen las fuerzas de su genio peculiar. Es verdad que el análisis arquetípico de la literatura demuestra que todo procede del mismo espíritu humano; no obstante las individualidades proponen motivaciones diferentes, determinan un sello especial. Se trata entonces de una clave imaginaria que modifica continuamente los cuadros

*históricos de cada época, pero que va mostrando una corriente también
de fondo que describe nuestra idiosincrasia: una tradición o contra ella
que convalida nuestro papel en la historia. Tal ha sido el proceso por el
cual la América precolombina se incorpora al destino de la civilización
Occidental. Esa América, recién descubierta, escasamente se parecía a
las antiguas culturas. Sobre su inmenso territorio, ante el encuentro
que motivó su descubrimiento, fue gestándose en su peculiaridad
esencial, incluso distinta, no sólo de las europeas, sino incluso de las
propias sociedades indígenas. Fue una mezcla y, a la vez, un nacimiento,
la creación de un tránsito corpóreo nuevo de humanidad.*

*Hay algo de inaudito y de fantástico en todo esto. Y ya es tradición
entre nosotros compartir desmedidamente la realidad y la ilusión. Tal
inclinación, con toda su pasión contradictoria, vino de España y creció
con la conquista. Pero la cándida búsqueda de riquezas ocultas, que
resultó en todos los casos algo irresistiblemente heroico, no se
transfirió a la escena entera con un sesgo puramente utópico. El
carácter menos brutal de la colonización se consustanció con el dolor
de los vencidos, que más que en ningún otro sitio se vivió en América.
La colonización se hizo con la espada, el arcabuz y el perro, pero
también fue posible hacerla con el idioma ibérico, la imprenta y la
guitarra. El hombre europeo, el castellano del pueblo, al entrar en
nuevo clima, americanizó su progenie. Por los cauces del amor y la
violencia se juntaron las dos razas. La codicia acabó enfrentándose a
la denuncia, y aquel pueblo que había gestado hacía siglos el* Poema de
Mio Cid, *volvió a sus raíces originarias para recomenzar más tarde. Esa
gente trajo el romancero anónimo, la epopeya, las crónicas, las coplas
de zaherir. Por entonces Cervantes creaba el hidalgo campesino de la
triste figura. Aquella España de la aurora y la agonía, decía por la voz
de Quevedo: "Miré los muros de la patria mía, / si un tiempo fuertes, ya
desmoronados". Desde entonces España rendía su espíritu con la
esperanza en sus países de ensueño. Pero el maravilloso mundo de
Colón, de suaves perfumes y lindos gentiles, comenzará a vibrar en las
tensas cuerdas de un drama aún inacabado.*

*Santo Domingo fue la primera ciudad estable que fundaron los
españoles en América y, como toda la región antillana, la última en
batirse por la libertad. Allí nacieron las homilías de fray Antonio de
Montesinos, en 1511, para denunciar la triste ventura de los indios en
las minas del rey. Memorable fue el soldado, que luego se hizo fraile,
Bartolomé de Las Casas, quien dejó escrito en su* Historia de las Indias:
*"Todas las naciones del mundo son hombres". En cada rincón de
América se escribían crónicas, el género más novelesco de la vida real.
Viejo ya, retirado en Guatemala, Bernal Díaz del Castillo escribe su*
Verdadera historia de la conquista de la Nueva España, *para inculpar al
cronista del rey, López de Gómara, el cual mentía y difamaba. Alonso de*

Ercilla escribe la violenta epopeya La Araucana, *con su inocultable admiración por la dignidad y el heroismo de los indios chilenos.* Juan del Valle Cavides *satiriza las costumbres de Lima; sobresale entre sus versos aquella composición que se antictpa a los siglos,* "Privilegios del pobre". Sor Juana Inés de la Cruz, *en versos implacables, declara la impostura egoísta de los hombres frente a la mujer.* Juan Rodríguez Freile, *criollo de Bogotá, retrata en la prosa corrosiva de* El Carnero, *un mundo sin jerarquía social y moral, el caos común del crimen, en el que imperan el adulterio, la venganza y la brujería.* Rafael Landivar, *jesuita expulsado, escribió en latin su* Rusticatio mexicana. *Allí reveló por primera vez, que la riqueza de Europa se hacía a expensas de América.*

Vista de lejos, la literatura hispanocolonial asume la perspectiva brillante y legítima de la crónica, género de compromiso, frente al centralismo cultural de la Península. En el siglo XVIII, España quedó al margen del desarrollo capitalista y burgués de Europa. La revolución democrática había comenzado por cambiar las relaciones que existían con el mundo cósmico y social. En América se tuvo que hacer con las ideas, sutiles y animosas, lo que ya era imposible hacer con la economía y la estructura social arcaica. Juan Bautista Aguirre, *que era poeta lírico y oidor de la Audiencia de Quito, denuncia las miserias de la educación en su* Carta a Lizardo, *y agregaba, increíblemente para entonces, que la Nada existe. También* Juan de Velasco, *cronista ecuatoriano, compone el libro antológico* El ocioso en Faenza, *para demostrar frente a los incrédulos censores de la corte, el grado de cultura alcanzado por la nueva progenie hispánica. El pensamiento busca diversos rumbos en los tanteos de una crítica entusiasta. Aparecen los libros de viajes, como un modo de influir en la civilización, en la sociedad y en la moral. El más conspicuo, antes de que llegue la revolución criolla contra el Imperio, lo escribe un funcionario real,* Alonso Carrió de la Vandera, *que mudó su nombre por el del indio Concolorcorvo, para que circulara mejor su libro de humor crítico,* El Lazarillo de ciegos caminantes. *El arte oficial de la época debia ser dócil, apologético y moralista, o no se consentía. La legislación de Indias, según se sabe, ponía mucha cautela en el ingreso de obras de ficción que circulaban libremente en la Península, entre otras, el* Quijote. *La censura obraba como si se tratara de herejías. Fray* Bartolomé de Las Casas *o el inca* Garcilaso de la Vega *(que propuso en sus* Comentarios reales *que la mayor renta del obispo y de los canónigos procedían de los diezmos sobre la coca), cayeron bajo la impugnación del Santo Oficio. En la región rioplatense, sociedad casi enteramente pastora, fue prohibida* La Argentina, *crónica en verso de* Martín del Barco Centenera. *Pero el sentimiento de libertad era ya irreversible. Todo el mundo se creía llamado a poner nueva sangre a las aspiraciones del patriotismo. Junto a la poesía culta, de carácter civil,*

*prosperó la entonación popular, traviesa, y burlonamente el
improvisado* gauchesco *(Pantaleón Rivarola, Domingo de Azcuénaga).
Por la puerta estrecha de la censura pasaba la poesía. La América
meridional, mucho más libre para desafiar las iras del poder español en
México y el Caribe, se convertiría en el centro nativo más poderoso de
la revolución.
Cuando se habla de los países hispánicos, vale decir, de la
sociedad, las costumbres, la cultura, se entiende invariablemente a
todos los seres y comunidades que los formaron, indios, criollos, negros,
emigrantes, a quienes les corresponde la manera de sentir la naturaleza,
de concebir la vida íntima y colectiva. Después de cuatro siglos de
evolución étnica y de perspectivas económicas, su dinámica y destino
político sigue siendo una incógnita. La falta de unidad colectiva,
víctima de factores causales o de atraso intencional de castas
favorecidas, no invalida el trabajo serio y vital del artista, en tal grado
universal y contemporáneo, que supera los límites de las posibilidades
que propone la definición de las potencias económicas más avanzadas.
Es la otra cara de la rebelión. Es la promesa de la libertad civil,
cultural, frente a cualquier creencia que no condena la explotación del
hombre. Porque incluso, tratándose de una sociedad violenta o
ignorante en la práctica del gobierno propio, al revés de la perversión
autoritaria, la autenticidad de un pueblo es superior cuando se expresa
por el lado sano de la gente. Hispanoamérica puede ser, en apariencia,
todavía pobre, inmadura, sometida a poderes instintivos e ignaros, pero
no por esto deja de consagrarse al mejor futuro del hombre. A propósito
dijo José Martí sobre la lucha inseparable de su misión y destino de los
ideales comunes: "A unos nos ha echado aquí la tormenta; a otros la
leyenda; a otros el comercio; a otros la determinación de escribir, en
una tierra que no es libre todavía". Es que se trataba, utilizando el lema
de la* América nuestra, *según repetía, de un proceso de inevitable
sacrificio para alcanzar una mayoría de edad en el mejor sentido de la
vida social y creativa. Rubén Darío dirá después casi lo mismo en otra
forma. Queda todavía "la celeste esperanza, el alba futura", según sus
versos en un momento de gran preocupación continental y anhelo suyo.
El sentimiento de la libertad no es para el escritor una simple
posibilidad o un capricho de su persona. Es una necesidad legítima,
mucho más imperativa que en el pasado. Debemos aceptar por principio
que no se trata de un político ordinario, pero si alguna misión tiene, es
complicarle la vida a los tiranos por medio de la imaginación. Muchas
veces introduce su pasión política entre sus creaciones. Se adapta o
discrepa contra cualquier doctrina, pero en él casi siempre se expresa
un sentimiento superior de la vida. El crítico más pesimista dirá que ni
el arte ni la literatura pueden cambiar nada en este mundo, que tiene
otros intereses. Una serena meditación diría lo contrario. El arte, al*

plantear los conflictos, los hace más evidentes. Hasta puede decirse que toda literatura es política, porque inquieta al vecindario o permite la exploración social de la conducta humana. Y por esto, precisamente, no está determinado por los cambios sociales. En rigor, no es primordial que su misión sea la denuncia directa, puesto que el acto de escribir es libre, y el alma que se pone en un texto puede ser sólo un sueño o una invención. La literatura trata con el amor, con la muerte, con la angustia o las golondrinas o la eternidad. Pero el tema social, que ha cambiado en cierto modo la esencia de la literatura, es tan legítimo como cualquier otro. Nadie escribe en el vacío. En casi ningún caso, para el escritor hispánico, ha dejado de ser un choque inevitable contra la adversidad injusta, de cualquier propósito o ideología. Pero los sentimientos comunes que dan origen a la literatura están integrados a una sociedad y un contexto que inciden en la conciencia y difícilmente fuera de ella. Aun cuando sea complejo y siempre estrecho este problema en sí mismo, conviene recordar una serie de factores presentes que, desde tiempos muy lejanos, circunstanciaron el destino de la tipología cultural del continente.

1. Una situación geopolítica que se explica por las condiciones sociales que dejaron las instituciones y hábitos de la administración española durante más de tres siglos de régimen político y económico: el Caribe, donde se inició la conquista, el centro estratégico más importante del Nuevo Mundo y la última región en quitarse el yugo de los poderes europeos. México y la América Central, regiones pobladas por inmensas comunidades indígenas y, por contraste, con núcleos sociales favorecidos, que no respetan el ordenamiento legal, y cuya relación incómoda con el resto de la población sigue siendo letal para su desarrollo. Las naciones que descienden del antiguo virreinato de Nueva Granada (Colombia y Venezuela), con perspectivas de lograr una evolución social, a pesar del odio político y la violencia La región andina, particularmente el Perú, con poco grado de integración nacional y dominio de una oligarquía inflexible, con poder secular sobre la tierra. El Río de la Plata, con la formación de culturas criollas, inmigración europea y aspiraciones de mejoría en todos los niveles de vida, pero con fermentos disociativos y dificultades para revertir el atraso productivo y la declinación económica.

2. Casi siempre la historia de los ideales de América ha sido la exposición de conflictos ideológicos que reflejan el pensamiento político y la literatura de resistencia a partir de los movimientos de emancipación. Todas las ideas sociales que entran en la escena del siglo XIX (como en casi todo el mundo occidental), y que se prolongan hasta el presente, casi nunca pudieron insertarse debidamente en las instituciones democráticas, las costumbres o las prácticas de un gobierno propio. La América hispánica será el inmenso recinto, durante casi dos siglos, donde la nómina de los rebeldes literarios tratarán de imponer los ideales del liberalismo, el socialismo y hasta los postulados de la liberación y el marxismo como formas inseparables de la lucha popular.

3. No menos constante y secular resulta la tendencia de indicar el fracaso social como prácticas de la corrupción administrativa, la mentalidad refractaria al cambio o la explotación foránea de los recursos nativos. La combatividad contra estos males de fondo asumió (y aún asumen), tres direcciones implícitas en la denuncia y protesta de la literatura a lo largo del tiempo: contra el despotismo imperial durante la Colonia (monopolio económico de la metrópoli; teocracia, servidumbre y privilegios del clero y la nobleza); contra los gobiernos republicanos surgidos de la Independencia, que todavía detentaban el poder represivo y las prácticas de la tiranía (caudillismo, clericalismo, dictaduras vitalicias); contra el imperialismo visible en todas las latitudes (invasiones, oligarquía obsecuente, casta militar sometida a los poderes foráneos, estancamiento, dependencia económica).

4. El idioma de los conquistadores llegaba por su parte, al producirse la expansión total, a su florecimiento clásico en la literatura del siglo XVI, pero al ser ellos mismos gente del pueblo casi todos, se mantuvo espontáneamente genuino, castizo y arcaico, casi al margen del culteranismo que imperaba en la Península. Esta distinción tiene su debida importancia. El lenguaje es un proceso nutricio que se modifica, dentro de su propia corriente, de tantas maneras como situaciones nuevas e imprevistas se presentan. Esto ha ocurrido, naturalmente, con la socialización del castellano en América. A lo largo de varios siglos se produjo la incorporación de millares de voces indígenas o de procedencia inmigratoria, no sólo porque la gente del habla era del Continente, sino porque gravitaron en las formas de decir y de pensar. Sin embargo, habiendo prosperado maravillosamente el acervo idiomático, nunca fue afectada la estructura natural del idioma. Cambiaron los hábitos, las costumbres, la imaginación de los hombres, la emoción sanguínea de la vida, el giro expresivo, la dicción o el tono con que se nombra una cosa. Tales resultados son vigores del idioma. Son hechos legítimos de una fisonomía lingüística distinta.

5. Al cambiar de expresión, en toda literatura que pasa adelante, cambia también el contenido cultural. Lo cual supone, en lo más profundo, un clima renovador o predicativo. En estos casos, los movimientos literarios o los postulados estéticos son los responsables técnicos que permiten distinguir épocas diferentes, temas o motivaciones sociales. En América se tuvo que ser rebelde, telúrico o cosmopolita a ultranza, casi sin excepción, y mucho antes que el pensamiento reflexionara sobre el valor de la literatura comprometida. Una pasión nueva animó a los cronistas de la Colonia, muchas veces censurados por un reglamento implacable. La insurrección de América nació después prácticamente romántica, pero el trasfondo social siguió siendo ferozmente realista o de invención deliberada. Si el sentimiento hispánico en la nueva tierra hubiera seguido fielmente los modelos europeos, no se habría distinguido el ciclo gauchesco, el movimiento más original concebido por las letras populares. Algo que debe tenerse en cuenta antes de la irrupción del Modernismo, nacido a fines del siglo pasado, el cual adquirió una formidable unidad continental. El siglo actual emprendió después el criollismo, el indigenismo, el creacionismo, el realismo mágico o el fantástico, cuyo intento definido fue irradiar hacia el futuro las concepciones nuevas de nuestro tiempo. Pero nada de lo que se hizo antes es nulo, desde cualquier aspecto que se miren las conquistas formales de la literatura. Todo arte, como el tiempo, tiene una honda lejanía, y es preciso observar con curiosidad su alcance y duración. Pero la tentativa de creer que hoy se escribe mejor que en el pasado, es puramente ilusoria

El encuentro con la literatura puede ser, en definitiva, nuestra memoria del tiempo, una revelación de la vida y del lenguaje, un movimiento de la conducta humana, un acto libre y mutuo, tanto para el que escribe como para el analista o el mero placer del lector. Corresponde al destino simbólico de la especie humana. Algo que también enriquece la vida o perturba la conciencia y, como tal, un proceso compartido. Desde luego, muchas veces es difícil distinguir como en una cristalina gota de agua, lo que pasa dentro de la misteriosa corriente. Pero ninguna dimensión del mundo puede surgir fuera de la íntima experiencia de la cultura o de la realidad social. Así es necesario distinguir que los postulados de la libertad (lo más válido para que la justicia exista), no tiene que ser una exposición "realista" en la acepción corriente y limitada del vocablo. La responsabilidad frente al temor y la enajenación en una sociedad opresiva, es algo que concierne ya al orden moral en que vive el escritor. El ámbito de una creación fantástica, que muchas veces cristaliza nuestra ensoñación utópica, no quiere significar necesariamente que se huya del tiempo que nos ha tocado vivir, como tampoco el realismo más acuciante implica que se luche inmerso en la turbulencia política. Toda creación auténticamente crítica de la realidad sólo revela la verdad profunda de nuestro desesperado destino.

Esta antología está concebida a partir de la crisis y declinación del mundo colonial hispánico. Como está lejos de constituir un comienzo absoluto, según hemos visto, la intensidad de su carácter se explica mejor de acuerdo a su nuevo horizonte sociocultural. Está proyectada con criterio temático o simbólico, con no pocas curiosidades acerca del devenir histórico, y resume en lo posible a los autores que trataron en su momento de discernir los intereses vitales en lucha, los obstáculos, los conflictos propios y los que Hispanoamérica comparte, por ahora, con la civilización occidental. Sólo examinando sus autores (lo biográfico en su ámbito mayor), con simpatía o discrepando con ellos los matices ideológicos, podremos descubrir el interés creador que, puesto en su escena contextual (la historia que está en la literatura) resulta más notorio como caja de resonancia entre los estilos y sistemas de pensamiento. La historia, la poesía o la ficción se definen por sus fronteras abiertas a través de un proceso de luces y reflejos comunes. Esto resultará válido, claro está, siempre que se trate de la mejor literatura, por conducta y penetración, no por ser directamente testimonial, contestataria, rebelde, militante o revolucionaria.

Este libro trata de integrar de modo diverso un conjunto de obras o fragmentos vitales que tengan significación contemporánea o retrospectiva. La omisión de algunos autores, siempre citados en las antologías generales, no se debe a un juicio de valor. Lo mismo corresponde a los textos presentados o extractados de obras más extensas. La importancia que se les atribuye, el mayor o menor espacio concedido, corresponde más bien a la perspectiva natural de cada capítulo. La breve introducción que hacemos en cada uno de ellos, no es nada más que una generalización de los textos típicamente elegidos. También creímos útil agregar ciertas notas elementales a cada composición con el fin de insinuar el sentido literario. Pero, sobre todo, en esta antología se ha intentado presentar los caracteres esenciales de una cultura autóctona, fincada en los rasgos de su vida sensible y animada. Nos ha importado la calidad de la poesía, la visión del novelista, las inquietudes del ensayista y, de modo más amplio, el diálogo de este proyecto, el sentimiento sano y libre de la imaginación humana.

1

NACIMIENTO DE LA LIBERTAD

La emancipación de las colonias españolas de América, a comienzos del siglo pasado, fue un proceso largo y penoso que necesitó quince años de guerras sangrientas. Las causas hay que buscarlas en la turbulenta Conquista y en las inquietudes revolucionarias del siglo XVIII. Hubo por cierto en la América hispánica prematuras y fallidas rebeliones. Apenas conquistado el Perú, Gonzalo Pizarro inició una revolución contra su rey (1540). Martín Cortés, hijo del conquistador, fragua una conspiración sin éxito (1566). Los comuneros del Paraguay iniciaron una sedición de grandes proporciones. Acusaron que el poder del común, del pueblo de toda villa o aldea, tenía el derecho a establecer un gobierno por encima del rey. Pero el juez pesquisidor José de Antequera fue ejecutado por orden del virrey del Perú (1731). Otra discordia fue la expulsión de los jesuitas de América que habían reunido el peligroso imperio de un millón de almas (1761). En Nueva Granada los comuneros batieron a las tropas reales e impusieron las capitulaciones de Zapaquirá (1781). Por entonces el cacique mestizo Túpac Amaru provoca la sedición más poderosa que registran los anales de la Colonia. Los criollos apoyan el movimiento, pero al fin, el hombre que había puesto sitio a la capital de sus ancestros, el Cuzco, fue vencido por la policía del rey.

La monarquía española estaba amenazada de muerte. No así la España popular que ponía en fuga a los soldados de Napoleón. Francia, Inglaterra y Holanda, que ambicionaban el poder del viejo imperio, querían llevarse el botín y sus despojos. La flota española es destrozada por el inglés Nelson frente al cabo de Trafagar. Cuando el Atlántico cambia de amo, Napoleón que había intrigado entre Carlos IV y su hijo Fernando, haciéndoles firmar por separado la renuncia al trono, invade España y coloca a su hermano José en la corte de Madrid. Desaparecía prácticamente así la única fuerza legal que había mantenido la sujeción de América, ya que ésta se ligaba a la corona (según las Capitulaciones de Colón) y no a la presencia inadvertida del gobierno peninsular. Con el pretexto de sostener los derechos del soberano legítimo frente al usurpador bonapartista, los patriotas armaron a las masas y se lanzaron a la guerra. Las tropas del rey Fernando VII, que había recuperado el trono, resistieron. Pero la revolución siguió su marcha, se quitó la máscara jurídica y se lanzó a la victoria. El rey Fernando y la Inquisición condenaron a los rebeldes. En México la revolución fue aplastada, y los curas sediciosos, Hidalgo y Morelos, fueron fusilados sin piedad. Más de diez mil hombres invaden Venezuela. Fernando promete a los zares las Californias, y los rusos desembarcan. El despotismo triunfa en los dos continentes. Se vive un momento de expectativa. En América la revolución hubiera durado mucho tiempo sin la intervención de dos hombres extraordinarios y disímiles: San Martín, el autor de un ejército formidable que cruza los Andes para alcanzar la libertad de Chile y el Perú, y Simón Bolívar, que define la victoria final. Tierra adentro todo se ha perdido. Sólo las grandes islas del Caribe permanecieron hasta 1898 como los últimos restos del gran imperio.

En aquel momento histórico se declaraba que la rebelión se hacía para vengar la memoria de los indios vencidos y asesinados por la aristocracia colonial. También se dijo que los jesuitas expulsados habían sembrado la semilla de la discordia de un reino indio independiente. La emancipación de las colonias inglesas, la revolución francesa y el *Contrato social* de Rousseau, fueron la revelación final frente al absolutismo. La sociedad republicana de formación criolla y mestiza, exaltó el trabajo de la tierra y los oficios campesinos; decretó la emancipación de los esclavos y dispuso la protección de los indios. La literatura y el periodismo de combate eran los únicos medios de predicar y difundir los sentimientos de la revolución. Todo debía tener ese destino y el mismo estremecimiento. "La patria es una nueva musa que influye divinamente", escribía el fraile liberal Cayetano Rodríguez, lleno de ilusión americana. Una nueva inquietud social definía la posición de lucha del escritor. La realidad americana era áspera, difícil de formular con limpidez frente a los famosos modelos europeos. Pero los poetas se sentían fascinados por la violencia de un nuevo ideal. La musa criolla viene de los jinetes pastores. Bartolomé Hidalgo, expresa su verso honrado y campestre, y canta a los libres del sur. El sueño de la América meridional se refleja en Andrés Bello, el poeta de la exaltación del campo y sus labores. Quiere ser radiante el verso de José Joaquín de Olmedo, que cantó los triunfos de Simón Bolívar, como será acerba la prosa picaresca de Fernández de Lizardi, con puntería de flecha para herir la miseria de las instituciones coloniales.

No hay quien no crea en la nueva causa. Fue aquella una revolución signada por la lucha, la pasión y la libertad. Queda todavía el aire trágico que envolvió a sus precursores: Francisco de Miranda, agonizando en un calabozo de Cádiz; Mariano Moreno, el más intenso revolucionario argentino, desaparecido en alta mar. 'O'Higgins, Bolívar y San Martín, padecieron el destierro. Monteagudo y Sucre, asesinados. Ellos hicieron todo lo heroicamente posible para imponer la libertad en esa época trágica y grandiosa a la vez.

BARTOLOME HIDALGO

Se considera a Bartolomé Hidalgo el precursor nominal de la poesía gauchesca en el Río de la Plata. Nació en Montevideo en 1788. Su vida, como la de casi todos los escritores de la revolución americana, fue de acción y de combate. Luchó contra los ingleses cuando invadieron los puertos fluviales del gran río, contra los españoles y contra el imperio del Brasil. Este hombre, que ejerció el oficio de barbero, fue declarado "benemérito patriota" por el gobierno de Buenos Aires, y en su breve vida alcanzó el título de diplomático y director del teatro Coliseo.

Hidalgo escribió poesías de tono solemne, de forma neoclásica, como era costumbre entre los poetas cultos. Pero habiendo combatido con los gauchos y batiéndose él mismo como soldado decidió escribir versos de entonación popular, utilizando las formas poéticas de procedencia colectiva y anónima. Existía ya una musa criolla que había inspirado las composiciones rústicas de Juan Gualberto Godoy y de Cayetano Rodríguez, pero fue Hidalgo con sus *Cielitos heroicos,* los *Diálogos patrióticos* y la *Relación* (del gaucho Ramón Contreras), quien logró la consagración primigenia del género, el tono genuino y romancesco de ambiente pampeano. Sobre esta literatura derivada, escribió Juan María Gutiérrez: "La danza, la música y la palabra, tiene entre nosotros el nombre simpático de *cielo,* el cual, en cuanto a su forma métrica, participa de todas las combinaciones del octosílabo con otras medidas. Como música o tonada es sencillo, armonioso, lleno de alegría y candor juvenil" *(La literatura de Mayo,* 1871). Pero los "cielitos" que comenzó a difundir Hidalgo en 1812, despojados de su intención amatoria, expresaron exclusivamente las efusiones de un ideal civil. Jorge Luis Borges resume así la formación de la poesía gauchesca: "Presupone un cantor gaucho, un canto que, a diferencia de los payadores genuinos, maneja deliberadamente el lenguaje oral de los gauchos y aprovecha los rasgos diferenciales de este lenguaje, opuesto al urbano. Haber descubierto esta convención es el mérito capital de Bartolomé Hidalgo, un mérito que vivirá más que las estrofas redactadas por él y que hizo posible la obra ulterior de Ascasubi, de Estanislao del Campo y de Hernández" (El *"Martin Fierro"*, 1879).

Hay en Hidalgo desprecio hacia los tiranos, pero lo dice con gracia, con humor y con un lenguaje criollo que era ya invención nueva de la expresión y del vocabulario rioplatense. Su obra, tan reducida, contiene sin duda las llamas de oro de la mejor poesía. Se dice que el poeta, en sus horas de mayor entusiasmo y pobreza, vendía él mismo sus coplas, impresas en hojas de colores. En 1822 murió tuberculoso en el caserío de Morón, cerca de Buenos Aires. Se ignora el lugar de su tumba.

CIELITO PATRIOTICO

EL GAUCHO DE LA GUARDIA DEL MONTE[1]

contesta al manifiesto de Fernando VII, y saluda al Conde de Casa-Flores con el siguiente cielito en su idioma.

Ya que encerré la tropilla[2]
y que recogí el rodeo,
voy a templar la guitarra
para explicar mi deseo.[3]
  Cielito, cielo que sí,
mi asunto es un poco largo;
para algunos será alegre,
y para otros será amargo.

  El otro día un amigo,
hombre de letras, por cierto,
del Rey Fernando[4] a nosotros
me leyó un gran Manifiesto.
  Cielito, cielo que sí,
este Rey es medio zonzo

y en lugar de don Fernando
debiera llamarse Alonso.[5]
  Ahora que él ha conocido
que tenemos disensiones,
haciendo cuerpo de gato
se viene por los rincones.
  Cielito, cielo que sí,
guarde, amigo, el papelón,
y por nuestra Independencia
ponga una iluminación.

  Dice en él que es nuestro padre
y que lo reconozcamos,
que nos mantendrá en su gracia
siempre que nos sometamos.

---

[1] La Guardia del Monte era un fortín al sur de la provincia de Buenos Aires, sobre el Río Salado, para detener las invasiones de los indios pampas.
[2] *tropilla:* conjunto de caballos que siguen a una yegua tutelar o madrina
[3] *rodeo:* ganado vacuno o caballar. El gaucho acostumbraba a juntar el ganado, cada semana, en algún sitio abierto y elevado que también llamaban rodeo.

[4] El rey Fernando VII fue restaurado en el trono de España después de la caída de Napoleón. Su retorno, en 1814, señaló el triunfo de la Santa Alianza y la vuelta a la España colonialista.
[5] *Alonso:* designábase *trigo alonso* a la especie ordinaria conocida también como *trigo fanfarrón*, y de tal sentido irónico se formó el mote popular para el bravucón o vanidoso.

Cielito, digo que sí,
ya no largamos el mono,[6]
no digo a Fernando el séptimo,
pero ni tampoco al Nono.[7]
Después que por todas
partes lo sacamos apagando,
ahora el Rey con mucho modo
de humilde la viene echando.

Cielito, cielo que sí,
ya se le murió el potrillo,
y si no que se lo digan
Osorio, Marcó y Morillo.[8]
Quien anda en estos maquines[9]
es un Conde Casa-Flores[10]
a quien ya mis compatriotas
le han escrito mil primores.

Cielito, digo que no,
siempre escoge don Fernando
para esta clase de asuntos
hombres que andan deletreando.
El Conde cree que ya es suyo
nuestro Río de la Plata;
¡cómo se conoce, amigo,
que no sabe con quién trata!

Allá va cielo y más cielo
cielito de Casa-Flores,
Dios nos librará de plata
pero nunca de pintores.[11]
Los que el yugo sacudieron
y libertad proclamaron,
de un Rey que vive tan lejos
lueguito ya se olvidaron.

Allá va cielo y más cielo,
libertad, muera el tirano:
o reconocernos libres,
o adiosito, y sable en mano.
¿Y qué esperanzas tendremos
en un Rey que es tan ingrato,
que tiene en el corazón uñas,
lo mismo que el gato?

Cielito, cielo que sí,
el muchacho es tan clemente,
que a sus mejores vasallos
se los merendó en caliente.
En político es el diablo,
vivo sin comparacion,
y el reino que le confiaron
se lo largó a Napoleón.[12]

---

[6] *mono:* en la acepción gauchesca, dinero o plata.
[7] *Nono:* noveno o siguiente.
[8] Generales españoles de noble linaje al servicio del rey. Mariano Osorio y Francisco Marcó del Pont fueron derrotados por San Martín en Chile, y Pablo Morillo por Bolívar en Colombia.
[9] *maquines:* maquinación, intriga.
[10] Conde de Casaflores, ministro de España en Río de Janeiro (117-20), quien tomó intervención de los derechos del rey Fernando VII en América. Por esta época se amenazaba con una expedición militar que debía zarpar de Cádiz contra Buenos Aires.
[11] *pintores:* fantasistas, embusteros. Se dice con ironía a las personas que pasan o se muestran como expertos o sagaces.
[12] Fernando VII, su hermano Carlos, y el padre de ambos Carlos IV, renunciaron al trono de España por presión astuta de Napoleón que los hizo renunciar por separado.

Cielito, digo que sí,
hoy se acostó con corona,
y cuando se recordo
se halló sin ella en Bayona.[13]
Para la guerra es terrible,
balas nunca oyó sonar,
ni sabe qué es entrevero,
ni sangre vió coloriar.

Cielito, cielo que sí,
cielito de la herraaura
para candil semejante
mejor es dormir a oscuras.
Lo lindo es que al fin
nos grita y nos ronca con enojo.
Si fuese algún guapo[14] ¡vaya!
¡Pero que nos grite un flojo!

Cielito, digo que sí,
venga a poner su contienda,
y verá, si se descuida,
dónde va a tirar la rienda.
Eso que los Reyes son
imagen del Ser Divino,
es (con perdón de la gente)
el más grande desatino.

Cielito, cielo que sí,
el Evangelio yo escribo,
y quien tenga desconfianza
venga le dare recibo.

De estas imágenes una
fue Nerón,[15] que mandó a Roma,
y mejor que él es un toro
cuando se para en la loma.

Cielito, cielo que sí,
no se necesitan Reyes
para gobernar los hombres,
sino benéficas leyes.
Libre y muy libre ha de ser
nuestro jefe, y no tirano;
éste es el sagrado voto
de todo buen ciudadano.

Cielito, y otra vez cielo,
bajo de esta inteligencia
reconozca, amigo Rey,
nuestra augusta Independencia.
Mire que grandes trabajos
no apagan nuestros ardores,
ni hambres, muertes ni miserias,
ni aguas, fríos y calores.

Cielito, cielo que sí,
lo que te digo, Fernando:
confiesa que somos libres,
y no andés remolineando.
Dos cosas ha de tener
el que viva entre nosotros:
amargoz ,[16] y mozo de garras
para sentársele a un potro.

---

[13] Ciudad francesa sobre la frontera con España donde Napoleón, después de poner en prisión a Fernando, le comunicó que había decidido destronarlo.
[14] *guapo:* valiente, resuelto.
[15] Curiosa comparación en la estrofa con el emperador romano. La historia cuenta que Nerón, habiéndose vestido de Apolo, y subido la terraza de su villa de Ancio, mandó poner fuego a Roma, para ensayar con la cítara una oda a Troya.
[16] *amargoz* (amargos): bravos,valientes. Es parte de la cultura idiomática del gaucho que evita toda ponderación directa.

Y digo cielo, y más cielo,
cielito del espinillo,
es circunstancia que sea
liberal para el cuchillo.[17]
   Mejor es andar delgao,
andar águila y sin penas,
que no llorar para siempre
entre pesadas cadenas.

Cielito, cielo que sí,
guárdense su chocolate,
aquí somos indios puros
y sólo tomamos mate.[18]
   Y si no le agrada, venga,
con lucida expedicion,
pero si sale matando,[19]
no diga que fué traición.

Cielito, los españoles
son de laya tan fatal,
que si ganan, es milagro,
y traición, si salen mal.
   Lo que el Rey siente es la falta
de minas de plata y oro;
para pasar este trago
cante conmigo este coro.

Cielito, digo que no,
cielito, digo que sí,
reciba, mi don Fernando,
memorias de Potosí.[20]
   Ya se acabaron los tiempos
en que seres racionales,
adentro de aquellas minas,
morían como animales.

Cielo, los Reyes de España,
¡la p... que eran traviesos!
Nos cristianaban al grito
y nos robaban los pesos.
   Y luego nos enseñaban
a rezar con grande esmero
por la interesante vida
de cualquiera tigre overo.[21]

   Y digo, cielo y más cielo,
cielito del cascabel.
¿Rezaríamos con gusto
por un tal don Pedro Cruel?[22]
   En fin, cuide, amigo Rey,
de su vacilante trono,
y de su tierra, si puede,
haga cesar el encono.

[17] Diestro (liberal) en la esgrima del facón o cuchillo.

[18] *mate: voz* quechua. Infusión de hojas de yerba mate.

[19] *matando:* de fuga, escapando ('a mata caballo').

[20] Se refiere a las minas de Potosí, en el Perú, explotadas por la administración española durante la Colonia.

[21] *tigre overo:* reducción satírica del dicho criollo "no es tan overo el tigre como lo pintan", con lo cual se quiere decir que no es tan sanguinario o bravo como se cree.

[22] Pedro I, rey de Castilla, llamado el Cruel por su carácter despótico y vengativo. Fue asesinado por su hermano bastardo en 1369.

Cielito, cielo que sí,
ya los constitucionales[23]
andan por ver si lo meten
en algunos pajonales.

Y veremos si lo saca
la señora Inquisición,
a la que no tardan mucho
en arrimarle latón.[24]

Cielito, cielo que sí,
ya he cantado lo que siento,
supliendo la voluntá
la falta de entendimiento.

[23] El gobierno absolutista de Fernando VII tuvo que enfrentar conspiraciones y revueltas republicanas en España, llegándose a contar hasta catorce para restablecer el sistema constitucional entre 1814 y 1920.
[24] *latón:* el gaucho llamaba así burlonamente la espada de los gendarmes, por el ruido que hacían en la vaina cuando se las portaba a pie o a caballo.

JOSE JOAQUIN FERNANDEZ DE LIZARDI

Hijo de un médico empobrecido, Fernández de Lizardi, nació en la ciudad de México en 1776. Educado por los jesuitas de Tepozotlán, ingresó después en el Colegio de San Idelfonso de la capital, pero sus limitados recursos no le permitieron obtener el grado de bachiller. Apasionado lector de los clásicos, de los autores españoles y del pensamiento iluminista, comenzó a escribir versos satíricos y folletos políticos que solventaron su existencia˙y le dieron fama. Conocido por "El pensador mexicano" (título de un periódico que escribió hacia 1812), polemizando siempre y atacando las instituciones coloniales, padeció la prisión y la excomunión porque atacaba las bulas del papa Clemente II. El retorno del rey Fernando restauró la Inquisición, y Lizardi que temía la derrota de la revolución, para no ceder, tuvo que refugiar sus ideas en la prosa de ficción. Así nació El Periquillo Sarniento, la primera novela hispanoamericana, cuyos primeros volúmenes aparecieron en 1816 y 1820, y el último que había sido prohibido por el virrey, después de su muerte. El Periquillo, hijo americano de la picaresca española, divertía en plena guerra con resabios de Fenelón y del *Gil Blas* de Lesage. El crítico Emilio Carilla ha comparado el final (que es en realidad el comienzo), con el Guzmán de Alfarache de Mateo Alemán, puesto que el protagonista escribe en su lecho de muerte, para que sirva de escarmiento a sus hijos. Y es cierto, porque el Periquillo se casa, y antes de morir entrega el manuscrito de sus malandanzas, las del real Pedro Sarmiento, al autor del libro, Fernández de Lizardi. Las desgracias del pícaro son en definitiva las del hombre servil, que medra con las lacras sociales. Lizardi, moralista ilustrado, quiso indicar ya para entonces, que las instituciones estaban corrompidas, y que su héroe no tenía justificación, aunque se arrepienta.

El valor artístico de Fernández de Lizardi reside en haber puesto decididamente en conflicto los tipos sociales de su tiempo. Sus novelas, *La Quijotita y su prima* o *Don Catrín de la Fachenda,* obras también costumbristas y pedagógicas, nunca alcanzaron la suerte notoria del *Periquillo*. Lizardi murió en la misma ciudad en que había nacido, en

1827, cuando su patria apenas hacía tres años se había convertido en una naciente república.

EL PERIQUILLO SARNIENTO

XIII

    Vedme, pues, pasando de sacristán a mendigo, y de mendigo a escribiente del subdelegado[1] de Tixtla,[2] con quien me fue tan bien desde los primeros días, que me comenzó a manifestar harto cariño, y para colmo de mi felicidad, a poco tiempo se descompuso con él su director,[3] y se fue de su casa y de su pueblo.

    Mi amo era uno de los subdelegados tomineros[4] e interesables, y trataba, según me decía, no sólo de desquitar los gastos que había erogado para conseguir la vara, sino de sacar un buen principalillo de la subdelegación en los cinco años.

    Con tan rectas y justificadas intenciones no omitía medio alguno para engrosar su bolsa, aunque fuera el más inicuo, ilegal y prohibido. El era comerciante, y tenía sus repartimientos; con esto fiaba sus géneros a buen precio a los labradores, y se hacía pagar en semillas a menos valor del que tenían al tiempo de la cosecha; cobraba sus deudas puntual y rigurosamente, y como a él le pagarán, se desentendía de la justicia de los demás acreedores, sin quedarles a estos pobres otro recurso para cobrar que interesar a mi amo en alguna parte de la deuda.

    A pesar de estar abolida la costumbre de pagar el marco de plata que cobraban los subdelegados, como por vía de multa, a los que subdelegados, como por vía de multa, a los que caían por delito de incontinencia, mi amo no entendía de esto, sino que tenía sus espiones, por cuyo conducto sabía la vida y milagros de todos los vecinos, y no sólo cobraba el dicho marco a los que se denunciaban incontinentes, sino que les arrancaba unas multas exorbitantes a proporción de sus facultades, y luego que las pagaban los dejaba ir, amonestándoles que cuidado con la reincidencia, porque la pagarían doble. Apenas salían del juzgado cuando se iban a su casa otra vez. Los dejaba descansar unos días, y luego les caía de repente y les arrancaba más dinero. Pobre labrador hubo de éstos que en multas se le fue la abundante cosecha de un año. Otro se quedó sin su ranchito por la

---

[1] *subdelegado:* juez local.
[2] *Tixtla:* ciudad de México en el Estado de Guerrero.
[3] *director:* secretario principal del magistrado.
[4] *tominero:* voz que procede de tomín, pequeña moneda de plata; por extensión, indica el rapaz, codicioso, avariento.

misma causa; otro tendero quebró, y los muy pobres se quedaron sin camisa.

Estas y otras gracias semejantes tenía mi amo, pero así como era habilísimo para exprimir a sus súbditos, así era tonto para dirigir el juzgado, y mucho más para defenderse de sus enemigos, que no le faltaban, y   5
muchos, ¡gracias a su buena conducta!

En estos trabajos se halló metido y arrojado luego que se le fue el director, que era quien lo hacía todo, pues él no era más que una esponja para chupar al pueblo, y un firmón para autorizar los procesos y las correspondencias de oficio.   10
No hallaba qué hacerse el pobre, ni sabía cómo instruir una sumaria, formalizar un testamento, ni responder una carta.

Yo, viendo que ni atrás ni adelante daba puntada en la materia, me comedí una vez a formar un proceso y a contestar un oficio, y le gustó tanto mi estilo y habilidad, que desde aquel día me acomodó de su director   15
y me hizo dueño de todas sus confianzas, de manera que no había trácala ni enredo suyo que yo no supiera bien a fondo, y del que no lo ayudara a salir con mis marañas perniciosas.

Fácilmente nos llevamos con la mayor familiaridad, y como ya le sabía sus podridas, él tenía que disimular las mías, con lo que si él solo era un   20
diablo, él y yo éramos dos diablos con quienes no se podía averiguar el triste pueblo; porque él hacía sus diabluras por su lado, y yo por el mío hacía las que podía.

Con tan buen par de pillos, revestidos el uno de la autoridad ordinaria y el otro del disimulo más procaz, rabiaban los infelices indios, gemían las   25
castas, se quejaban los blancos, se desesperaban los pobres, se daban al diablo los riquillos, y todo el pueblo nos toleraba por la fuerza en lo público y nos llenaba de maldiciones en secreto.

Sería menester cerrar los ojos y taparse los oídos si estampara yo en este lugar las atrocidades que cometimos entre los dos en menos de un año,   30
según fueron de terribles y escandalosas; sin embargo, diré las menos, y las referiré de paso, así para que los lectores no se queden enteramente con la duda, como para que gradúen por los menos malos, cuáles serían los crímenes más atroces que cometimos.

Siempre en los pueblos hay algunos pobretones que hacen la barba[5]   35
a los subdelegados con todas sus fuerzas, y procuran ganarse su voluntad prostituyéndose a las mayores vilezas.

A uno de éstos le daba dinero el subdelegado por mi mano para que fuera a poner montes de albures,[6] avisándonos en qué parte. Este tuno[7]

---

[5] *hacer la barba:* adular, halagar.
[6] *poner monte de albures:* participar en el juego de cartas prohibido por la ley.
[7] *tuno:* tunante.

cogía el dinero, seducía a cuantos podía y nos enviaba a avisar en dónde estaba. Con su aviso formábamos la ronda, les caíamos, los encerrábamos en la cárcel y les robábamos cuanto podíamos; repitiendo estos indignos arbitrios, y el pillo sus viles intrigas cuantas veces queríamos.

Contraviniendo a todas las reales órdenes que favorecen a los indios, nos servíamos de estos infelices a nuestro antojo, haciéndoles trabajar en cuanto queríamos y aprovechándonos de su trabajo.

Por cualquier pretexto publicábamos bandos, cuyas penas pecuniarias impuestas en ellos exigíamos sin piedad a los infractores. Pero ¡qué bandos y para qué cosas tan extrañas! Supongamos: para que no anduviesen burros, puercos ni gallinas fuera de los corrales; otros, para que tuviesen gatos los tenderos; otros, para que nadie fuera a misa descalzo, y todos a este modo.

He dicho que publicábamos y hacíamos en común estas fechorías, porque así era en realidad; los dos hacíamos cuanto queríamos ayudándonos mutuamente. Yo aconsejaba mis diabluras, y el subdelegado las autorizaba, con cuyo método padecían bastante los vecinos, menos tres o cuatro que eran los más pudientes del lugar.

Sólo a estos cuatro pícaros respetábamos; pero a los demás los exprimíamos y mortificábamos siempre que podíamos. Eso sí, el delincuente que tenía dinero, hermana, hija o mujer bonita, bien podía estar seguro de quedar impune, fuera cual fuera el delito cometido; porque como yo era el secretario, el escribano, el escribiente, el director y el alcahuete del subdelegado, hacía las causas según quería, y los reos corrían la suerte que les destinaba.

Lo peor era que en teniendo los reos plata o faldas que los protegieran, aunque hubiera parte agraviada que pidiera, salían libres y sin más costas que las que tenían adelantadas, a pesar de sus enemigos; pero si era pobre o tenía una mujer muy honrada en su familia, ya se podía componer, porque le cargábamos la ley hasta lo último, y cuando no era muy delincuente tenía que sufrir ocho o diez meses de prisión; y aunque nos amontonara escritos sobre escritos, hacíamos tanto caso de ellos como de las coplas de la Zarabanda.[8]

Por otra parte, el señor cura alternaba con nosotros para mortificar a los pobres vecinos. Yo quisiera callar las malas cualidades de este eclesiástico; pero es indispensable decir algo de ellas por la conexión que tuvo en mi salida de aquel pueblo.

El era bastantemente instruido, doctor en Cánones, nada escandaloso y demasiado atento; mas estas prendas se deslucían con su sórdido interés y declarada codicia. Ya se deja entender que no tenía caridad, y se sabe que donde falta este sólido cimiento no puede fabricarse el hermoso edificio de las virtudes.

[8] *Zarabanda:* música alegre y ruidosa.

Así sucedía con nuestro cura. Era muy enérgico en el púlpito, puntual en su ministerio, dulce en su conversación, afable en su trato, obsequioso en su casa, modesto en la calle, y hubiera sido un párroco excelente, si no se hubiera conocido la moneda en el mundo; mas ésta era la piedra de toque que descubría el falso oro de sus virtudes morales y políticas. Tenía harta gracia para hacerse amar y disimular su condición, mientras no se le llegaba a un tomín; pero como le pareciera que se defraudaba a su bolsa el más ratero interés, adiós amistades, buena crianza, palabras dulces y genio amable; allí concluía todo, y se le veía representar otro personaje muy diverso del que solía, porque entonces era el hombre más cruel y falto de urbanidad y caridad con sus feligreses. A todo lo que no era darle dinero estaba inexorable; jamás le afectaron las miserias de los infelices, y las lágrimas de la desgraciada viuda y del huérfano triste no bastaban a enternecer su corazón.

Con ocasión de unas fiestas en Tixtla, convidó nuestro cura al de Chilapa, el bachiller don Benigno Franco, hombre de bello genio, virtuoso sin hipocresía y corriente en toda sociedad, quien fue a las dichas fiestas, y una tarde que estaban disponiendo en el curato divertirse con una malilla[9] mientras era hora de ir a la comedia, entró una pobre mujer llorando amargamente con una criatura de pecho en los brazos y otra como de tres años de la mano. Sus lágrimas manifestaban su íntima aflicción y sus andrajos su legítima pobreza.

—¿Qué quieres, hija?—le dijo el cura de Tixtla.

Y la pobre, bebiéndose las lágrimas, le respondió:

—Señor cura, desde antenoche murió mi marido, no me ha dejado más bienes que estas criaturas, no tengo nada que vender ni con qué amortajarlo, ni aun velas que poner al cuerpo; apenas he juntado de limosna estos doce reales que traigo a su mercé; y a esta misma hora, no hemos comido ni yo ni esta muchachita: le ruego a su mercé que por el siglo de su madre y por Dios, me haga la caridad de enterrarlo, que yo hilaré en el torno y le abonaré dos reales cada semana.

—Hija—dijo el cura—, ¿qué calidad tenía tu marido?

—Español, señor.

—¿Español? Pues te faltan seis pesos para completar los derechos, que ésos previene el arancel; toma, léelo...

Diciendo esto, le puso el arancel en las manos, y la infeliz viuda, regándolo con el agua del dolor, le dijo:

—¡Ay, señor cura! ¿Para qué quiero este papel si no sé leer? Lo que ruego a su mercé es que por Dios entierre a mi marido.

---

9 *malilla:*   juego de naipes.

—Pues, hija—decía el cura con gran socarra—, ya te entiendo; pero no puedo hacer estos favores; tengo que mantenerme y que pagar al padre vicario. Anda, mira a don Blas, a don Agustín o a otro de los señores que tienen dinero, y ruégales que te suplan por tu trabajo el que te falta y mandaré sepultar el cadáver.

—Señor cura—decía la pobre mujer—, ya he visto a todos los señores y ninguno quiere.

—Pues alquílate; métete a servir.

—¿Dónde me han de querer, señor, con estas criaturas?

—Pues anda, mira lo que haces y no me muelas[10] —decía el cura muy enfadado—; que a mí no me han dado el curato para fiar los emolumentos, ni me fía el tendero, ni el carnicero, ni nadie.

—Señor —instaba la infeliz—, ya el cadáver se comienza a corromper y no se puede sufrir en la vecindad.

—Pues cómetelo, porque si no traes cabales los siete pesos y medio, no creas que lo entierre por más plagas que me llores. ¡Quién no conoce a ustedes, sinvergüenzas, embusteras¡ Tienen para fandangos y almuercitos en vida de sus maridos, para estrenar todos los días zapatos, enaguas y otras cosas, y no tienen para pagar los derechos al pobre cura. Anda noramala,[11] y no me incomodes más.

La desdichada mujer salió de allí confusa, atormentada y llena de vergüenza por el áspero tratamiento de su cura, cuya dureza y falta de caridad nos escandalizó a todos los que presenciamos el lance; pero a poco rato de haber salido la expresada viuda, volvió a entrar presurosa, y poniendo sobre la mesa los siete y medio pesos, le dijo al cura:

—Ya está aquí el dinero, señor; hágame usted el favor de que vaya el padre vicario a enterrar a mi marido.

—¿Qué le parece a usted de estas cosas, compañero? —dijo nuestro cura al de Chilapa, enredando con él la conversación—. ¿No son unos pícaros muchos de mis feligreses? ¿Ve usted cómo esta bribona traía el dinero prevenido y se hacía una desdichada por ver si yo la creía y enterraba a su marido de coca?[12] A otro cura de menos experiencia que yo, ¿no se la hubiera pegado ésta con tantas lágrimas fingidas?

El cura Franco, como si lo estuviera reprendiendo su prelado, bajaba los ojos, enmudecía, mudaba de color cada rato, y de cuando en cuando veía a la desgraciada viuda con tal ahinco, que parecía quererla decir alguna cosa.

---

[10] *no me muelas:* locución que significa no me molestes; procede del verbo moler, molestar gravemente y con impertinencia.

[11] *noramala:* elipsis por enhoramala.

[12] *coca::* gratis, de balde (por fuerza o extorsión).

Todos estábamos pendientes de esta escena sin poder averiguar qué misterio tenía la turbación del cura don Benigno; pero el de Tixtla, encarándose severamente a la mujer y echándose el dinero en la bolsa, le dijo:

—Está bien, sinvergüenza, se enterrará tu marido; pero sera mañana   5
en castigo de tus picardías, embustera.

—No soy embustera, señor cura—dijo la triste mujer con la mayor aflicción—: soy una infeliz; el dinero me lo han dado de limosna ahora mismo.

—¿Ahora mismo? Esa es otra mentira—decía el cura—; ¿y quién te   10
lo ha dado?

Entonces la mujer, soltando la criatura que llevaba de la mano y tomando en un brazo a la de pecho, se arroja a los pies del cura de Chilapa, lo abraza por las rodillas, reclina sobre ellas la cabeza y se desata en un mar de llanto sin poder articular una palabra. Su hijita, la que andaba, lloraba   15
también al ver llorar a su madre; nuestro cura se quedó atónito; el de Chilapa se inclinó rodándosele las lágrimas y porfiaba por levantar a la afligida, y todos nosotros estábamos absortos con semejante espectáculo.

Por fin, la misma mujer, luego que calmó algún tanto su dolor, rompió el silencio diciendo a su benefactor: 20

—Padre, permítame usted que le bese los pies y se los riegue con mis lágrimas en señal de mi agradecimiento.

Y volviéndose a nosotros, prosiguió:

—Sí, señores: este padre, que no será sólo un señor sacerdote, sino un ángel bajado de los Cielos, luego que salí me llamó a solas en el corredor,   25
me dio doce pesos y me dijo casi llorando: "Anda, hijita, paga el entierro y no digas quién te ha socorrido." Pero yo fuera la mujer más ingrata del mundo si no gritara quién me ha hecho tan grande caridad. Perdóneme que lo haya dicho, porque a más de que quería agradecerle públicamente este favor, me dolió mucho mi corazón al verme maltratar tanto de mi cura, que   30
me trataba de embustera.

Los dos curas se quedaron mutuamente sonrojados y no osaban mirarse uno al otro, ambos confundidos; el de Tixtla por ver su codicia reprendida, y el de Chipala por advertir su caridad preconizada. El padre vicario, con la mayor prudencia, pretextando ir a hacer el entierro a la   35
misma hora, sacó de allí a la mujer, y el subdelegado hizo sentar a los convidados y se comenzó la diversión del juego, con la que se distrajeron todos.

Ya dije que fui testigo de este pasaje, así como de los torpes arbitrios que se daba nuestro cura para habilitar su cofre de dinero. Uno de ellos era   40
pensionar a los indios para que en la Semana Santa le pagasen un tanto por cada efigie de Jesucristo que sacaban en la procesión que llaman de *los Cristos;* pero no por vía de limosna ni para ayuda de las funciones de la iglesia, pues éstas las pagaban aparte, sino con el nombre de derechos, que

cobraba a proporción del tamaño de las imágenes; v.gr., por un Cristo de dos varas, cobraba dos pesos; por el de media vara, doce reales; por el de una tercia, un peso, y así se graduaban los tamaños hasta de a medio real. Yo me limpié las lagañas para leer el arancel, y no hallé prefijados en él tales derechos.

El Viernes Santo salía en la procesión que llaman del Santo Entierro; había en la carrera de la dicha procesión una porción de altares, que llaman posas, y en cada uno de ellos pagaban los indios multitud de pesetas, pidiendo en cada voz *un responso por el alma del Señor,*[13] y el bendito cura se guardaba los tomines, cantaba la oración de la Santa Cruz y dejaba a aquellos pobres sumergidos en su ignorancia y piadosa superstición. Pero ¿qué más? Le constaba que el día de finados llevaban los indios sus ofrendas y las ponían en sus casas, creyendo que mientras más fruta, tamales,[14] atole,[15] mole[16] y otras viandas ofrecían, tanto más alivio tenían las almas de sus deudos; y aun había indios tan idiotas, que mientras estaban en la iglesia, estaban echando pedazos de fruta y otras cosas por los agujeros de los sepulcros. Repito que el cura sabía, y muy bien, el origen y espíritu de estos abusos, pero jamás les predicó contra él, no se los reprendió; y con este silencio apoyaba sus supersticiones, o más bien las autorizaba, quedándose aquellos infelices ciegos, porque no había quien los sacara de su error. Ya sería de desear que sólo en Tixtla y en aquel tiempo hubieran acontecido estos abusos; pero la lástima es que hasta el día hay muchos Tixtlas. ¡Quiera Dios que todos los pueblos del reino se purguen de estas y otras semejantes boberías, a merced del celo, caridad y eficacia de los señores curas !

Fácil es concebir que siendo el subdelegado tan tominero y no siendo menos el cura, rara vez había paz entre los dos; siempre andaban a mátame o te mataré, porque es cierto que dos gatos no pueden estar bien en un costal. Ambos trataban de hacer su negocio cuanto antes y de exprimir al pueblo cada uno por su lado. Con esto, a cada paso se formaban competencias, de que nacían quejas y disgustos.

A excepción de cuatro riquillos consentidos que con su dinero compraban la impunidad de sus delitos, nadie podía ver al cura ni al subdelegado. Ya algunos habían representado en México contra ellos por sus agravios particulares; mas sus quejas se eludían fácilmente, como que siempre había testigos que depusieran contra ellos y en favor de los agraviantes, haciendo pasar a los que se quejaban por unos calumniadores cavilosos.

---

[13] Desde luego, ninguna plegaria corresponde para el descanso del alma de Cristo.
[14] *tamal:* del azteca *tamálli;* especie de empanada de maíz que se cuece al vapor.
[15] *atole:* bebida que se hace con harina de maíz.
[16] *mote :* guisado de carne que se prepara con chile colorado o verde.

Pero como el crimen no puede estar mucho tiempo sin castigo, sucedió que los indios principales con su gobernador pasaron a esta capital, hostigados ya de los malos tratamientos de sus jueces, y sin meterse por entonces con el cura, acusaron en forma al subdelegado, presentando a la Real Audiencia un terrible escrito contra él, que contenía unos capítulos 5 tan criminales como éstos:

Que el subdelegado comerciaba y tenía repartimientos.[17]

Que obligaba a los hijos del pueblo a comprarle fiado, y les exigía la paga en semillas y a menos precio al del corriente.

Que los obligaba a trabajar en sus labores por el jornal que quería, y al 10 que se resistía o no iba, lo azotaba y encarcelaba.

Que permitía la pública incontinencia a todo el que tenía para estarle pagando multas cada rato.

Que por quinientos pesos solapó y puso en libertad a un asesino alevoso. 15

Que por tercera persona armaba juegos, y luego sacrificaba a cuantos cogía en ellos.

Que ocupaba a los indios en el servicio de su casa sin pagarles nada.

Que se hacía servir de las indias, llevando a su casa tres cada semana con el nombre de semaneras, sin darles nada, y no se libraban de esta 20 servidumbre ni las mismas hijas del gobernador.

Que les exigía a los indios los mismos derechos en sus demandas que los que cobraba de los españoles.

Ultimamente, que comerciaba con los reales tributos.

Tales eran los cargos que hacían en el escrito, que concluía pidiendo 25 se llamase al subdelegado a contestar en la capital; que fuera a Tixtla un comisionado para que, acompañado del justicia interino, procediese a la averiguación de la verdad, y resultando cierta la acusación, se depusiera del empleo, obligándolo a resarcir los daños particulares que había inferido a los hijos del pueblo. 30

La Real Audiencia decretó de conformidad con lo que los indios suplicaban y despachó un comisionado.

Toda esta tempestad se prevenía en México sin saber nosotros nada ni aun inferirlo de la ausencia de los indios, porque éstos fingieron que iban a mandar hacer una imagen. Con esto le cogió de nuevo a mi amo la 35 notificación que le hizo el comisionado una tarde que estaba tomando fresco en el corredor de las casas reales, y se reducía a que cesando desde aquel momento sus funciones, nombrase un lugarteniente, saliese del pueblo dentro de tres días, y dentro de ocho se presentara en la capital a responder a los cargos de que lo acusaban. 40

---

[17] *repartimientos:* concesiones de tierra y de indios que a principios de la conquista recibieron los colonos españoles. Tanto el repartimiento como la encomienda eran instituciones que ya no permitían las leyes de Indias.

Frío se quedó mi amo con semejante receta; pero no tuvo otra cosa que hacer que salir a trompa y cuezco,[18] dejándome de encargado de justicia.

Cuando yo me vi solo y con toda la autoridad de juez a cuestas, comencé a hacer de las mías a mi entera satisfacción. En primer lugar desterré a una muchacha bonita del pueblo porque vivía en incontinencia. Así sonó, pero el legítimo motivo fue porque no quiso condescender con mis solicitudes, a pesar de ofrecerle toda mi judicial interinaria protección. Después, mediante un regalito de trescientos pesos, acriminé a un pobre, cuyo principal delito era tener una mujer bonita y sin honor, y se logró con mi habilidad despacharlo a un presidio, quedándose su mujer viviendo libremente con su querido.

A seguida requerí y amenacé a todos los que estaban incursos en el mismo delito, y ellos, temerosos de que no les desterrara a sus amadas como lo sabía hacer, me pagaban las multas que quería, y me regalaban para que no los moliera muy seguido.

Tampoco dejé de anular las más formales escrituras, revolver testamentos, extraviar instrumentos públicos como obligaciones o fianzas, ni de cometer otras torpezas semejantes. Ultimamente, yo en un mes que duré de encargado o suplente de juez, hice más diabluras que el propietario, y me acabé de malquistar con todos los vecinos.

Para coronar la obra, puse juego público en las casas reales, y la noche que me ganaban, salía de ronda a perseguir a los demás jugadores privados, de suerte que había noches que a las doce de la noche salían los tahúres de mi casa a las suyas, y entraban a la cárcel los pobretes que yo encontraba jugando en la calle, y con las multas que les exigía me desquitaba del todo o de la mayor parte de lo que había perdido.

Una noche me dieron tal entrada, que no teniendo un real mío, descerrajé las cajas de comunidad y perdí todo el dinero que había en ellas; mas esto no lo hice con tal precaución que dejaran otros de advertirlo y ponerlo en noticia del cura y del gobernador, los cuales, como responsables de aquel dinero, y sabiendo que yo no tenía tras qué caer, representaron luego a la capital acompañando su informe de certificaciones privadas que recogieron no sólo de los vecinos honrados del lugar, sino del mismo comisionado; pero esto lo hicieron con tal secreto que no me pasó por las narices.

El cura fue el que convocó al ·gobernador, quien hizo el informe, recogió las certificaciones, las remitió a México y fue el principal agente de mi ruina, según he dicho; y esto, no por amor al pueblo ni por celo de la caridad, sino porque había concebido el quedarse con la mayor parte de aquel dinero so pretexto de componer la iglesia, como ya se lo había propuesto a los indios, y éstos parece que se iban disponiendo a ello. Con

---

[18] *a trompa y cuezco:* sin reflexión, orden ni concierto. Vale por las expresiones parecidas 'a trompa y talega' o 'a trompa y raja'.

esto, cuando supo mi aventura y perdió las esperanzas de soplarse el
dinero, se voló y trató de perderme, como lo hizo.

Para alivio de mis males, el subdelegado, no teniendo qué responder
ni con qué disculparse de los cargos de que los indios y otros vecinos lo
acusaron, apeló a la disculpa de los necios, y dijo: que a él le cogia de   5
nuevo que aquéllos fueran crímenes; que él era lego; que jamás había sido
juez y no entendía de nada; que se había valido de mí como de su director;
que todas aquellas justicias yo se las había dictado; y que así yo debía ser el
responsable, como que de mí se fiaba enteramente.

Estas disculpas, pintadas con la pluma de un abogado hábil, no   10
dejaron de hacerse lugar en el íntegro juicio de la Audiencia, si no para
creer al subdelegado inocente, a lo menos para rebajarle la culpa en la que,
no sin razón, consideraron los señores que yo tenía la mayor parte, y más
cuando casi al tiempo de hacer este juicio recibieron el informe del cura, en
el que vieron que yo cometía más atrocidades que el subdelegado.   15

Entonces (yo hubiera pensado de igual modo) cargaron sobre mí el
rigor de la ley que amenazaba a mi amo; disculparon a éste en mucha
parte; lo tuvieron por un tonto e inepto para ser juez; lo depusieron del
empleo, y exigieron de los fiadores el reintegro de los reales intereses,
dejando su derecho a salvo a los particulares agraviados para que   20
repitiesen sus perjuicios contra el subdelegado a mejora de fortuna, porque
en aquel caso se manifestó insolvente, y enviaron siete soldados a Tixtla
para que me condujesen a México en un macho con silla de pita y calcetas
de Vizcaya.[19]

Cuando entré en esta triste prisión, me acordé del maldito aguacero   25
de orines con que me bañaron otros presos la vez primera que tuve el
honor de visitarla, del feroz tratamiento del presidente, de mi amigo don
Antonio, del Aguilucho y de todas mis fatales ocurrencias, y me consolaba
con que no me iría tan mal, ya porque tenía seis pesos en la bolsa.

Entretanto siguió mi causa sus trámites corrientes; yo no tuve con   30
qué disculparme; me hallé confeso y convicto, y la Real Sala me sentenció
al servicio del Rey por ocho años en las milicias de Manila, cuya bandera
estaba puesta en México por entonces.

En efecto, llegó el día en que me sacaron de allí, me pasaron cajas[20] y
me llevaron al cuartel.   35

Me encajaron mi vestido de recluta, y vedme aquí ya de soldado, cuya
repentina transformación sirvió para hacerme más respetuoso a las leyes
por temor, aunque no mejor en mis costumbres.

Así que yo vi la irremediable, traté de conformarme con mi suerte, y
aparentar que estaba contentísimo con la vida y carrera militar.   40

[19] En un macho (mulo) aparejado y con grillos.
[20] Cajas o registro de reclutamiento.

Tan bien fingí esta conformidad, que en cuatro días aprendí el ejercicio perfectamente; siempre estaba puntual a las listas, revistas, centinelas y toda clase de fatigas; procuraba andar muy limpio y aseado, y adulaba al coronel cuanto me era posible.

En un día de su santo le envié unas octavas que estaban como mías; pero me pulí en escribirlas, y el coronel, enamorado de mi letra y de mi talento, según dijo, me relevó de todo servicio y me hizo su asistente.

JOSE JOAQUIN DE OLMEDO

El más prominente poeta ecuatoriano de esta época difícil, nació en Guayaquil en 1780. Realizó sus primeros estudios en Quito. Más tarde se trasladó a Lima, doctorándose en Derecho en la célebre Universidad de San Marcos. Poeta con alma de tribuno, participó en la insurrección de los criollos contra la dominación española. Representó al Ecuador en las Cortes de Cádiz, donde se distinguió por su actitud en favor de la abolición de las mitas, institución que consistía en el trabajo forzoso de los indios. Cuando el rey Fernando volvió al trono y persiguió a los liberales revolucionarios, fugó a Francia y regresó a su patria. Al proclamarse Guayaquil independiente en 1820, formó parte de la Junta de Gobierno. Fue amigo personal de Simón Bolívar, y éste le nombró embajador en Londres. Allí comenzó a escribir la más ardiente de sus odas, La victoria de Junín1 (1825), obra además ambiciosa que llegó a totalizar más de novecientos versos.

La importancia del triunfo de Bolívar sobre los españoles en el valle de Junín en agosto de 1824, y la victoria de Ayacucho en diciembre, en la que el insigne libertador estuvo ausente, le obligaron a recurrir a la aparición—en medio de la ardorosa lucha—del fantasma de Huayna Cápac, el último Inca que poseyó íntegro el imperio. El Inca venía así a contemplar la victoria de Junín y a vaticinar el triunfo de Ayacucho.

La oda mereció reparos del mismo Bolívar, que se escribía con el poeta, indicándole que le parecía absurda la aparición del Inca, de las vestales del Sol, y de otros recursos epopéyicos, neoclásicos y francófilos que nada tenían que ver con la realidad americana del momento. Y sin embargo, se ha dicho también que Olmedo actuó con mucho juicio y tino. La batalla de Junín, no era la libertad del Perú. La batalla de Ayacucho, donde se batieron las mejores armas de la América Meridional, aseguraron para siempre la libertad del Continente.

Olmedo fue un poeta dado a escribir homenajes, discursos, poemas líricos, y algunas sátiras. El mérito de su obra alcanza otro momento en la intensa oda Al general Flores, vencedor en Minarica (1835). El tiempo ha desdibujado, no obstante su valor, la importancia del poema. El fracaso de la ilusión juega aquí su triste destino. Con Juan José Flores, comenzó la anarquía de su patria. el fratricidio y la dictadura, y se puede decir que su nombre es un absurdo en el Olimpo creado por el poeta. Olmedo murió en 1847. El dictador, en cambio, sobrevivió por muchos años.

LA VICTORIA DE JUNIN[1]
CANTO A BOLIVAR[2]

El trueno horrendo que en fragor revienta
y sordo retumbando se dilata
por la inflamada esfera,
4   al Dios anuncia que en el cielo impera.

Y el rayo que en Junín rompe y ahuyenta
la hispana muchedumbre
8   que, mas feroz que nunca, amenazaba,
a sangre y fuego,[3] eterna servidumbre,
y el canto de victoria,
que en ecos mil discurre, ensordeciendo
12   el hondo valle y enriscada cumbre,
proclaman a Bolívar en la tierra
árbitro de la paz y de la guerra.

---

[1] Llano del Perú junto al lago Junín. La batalla de Junín se libró el 8 de junio de 1824.
situado hacia el sur del Cerro de Pasco .
[2] Oda heroica escrita en versos endecasílabos y heptasílabos. Véase, a mayor abundamiento, la composición poética de Jorge Luis Borges " Página para recordar al Coronel Suárez, vencedor en Junín", en el capítulo El poeta contra el déspota de este libro.
[3] Simón Bolívar, en una carta que dirigiera a Olmedo el 27 de julio de 1825 ironizaba diciendo: "Ud. dispara... donde no se ha disparado un tiro". En efecto, no se utilizaron armas de fuego en Junín; sólo espadas, bayonetas y lanzas.

    Las soberbias pirámides que al cielo[4]
el arte humano osado levantaba
para hablar a los siglos y naciones
—templos do esclavas manos
deificaban en pompa a sus tiranos—,   5
ludibrio son del tiempo, que con su ala
débil, las toca y las derriba al suelo,
después que en fácil juego el fugaz viento
borró sus mentirosas inscripciones;
y bajo los escombros, confundido   10
entre la sombra del eterno olvido
—¡oh de ambición y de miseria ejemplo!—
el sacerdote yace, el Dios y el templo.

    Mas los sublimes montes, cuya frente   15
a la región etérea se levanta,
que ven las tempestades a su planta
brillar, rugir, romperse, disiparse,
los Andes, las enormes, estupendas
moles sentadas sobre bases de oro,   20
la tierra con su peso equilibrando,
jamás se moverán. Ellos, burlando
de ajena envidia y del protervo tiempo
la furia y el poder, serán eternos
de libertad y de victoria heraldos,   25
que con eco profundo
a la postrema edad dirán del mundo:
"Nosotros vimos de Junín el campo,
vimos que al desplegarse
del Perú y de Colombia las banderas   30
se turban las legiones altaneras,
huye el fiero español despavorido,
o pide paz rendido.
Venció Bolívar, el Perú fue libre,
y en triunfal pompa Libertad sagrada   35
en el templo del Sol fue colocada."
Gloria, mas no reposo—de repente
clamó una voz de lo alto de los cielos—;
y a los ecos los ecos por tres veces
"Gloria, mas no reposo", respondieron.   40

---

[4] Es probable que el motivo de las pirámides y otros modos expresivos sean derivación de la silva de José María Heredia "En el teocali de Cholula" (1820).

El suelo tiembla, y cual fulgentes faros,
de los Andes las cúspides ardieron;
y de la noche el pavoroso manto
se transparenta y rásgase y el éter
5 allá lejos purísimo aparece,
y en rósea luz bañado resplandece.
Cuando improviso, venerada Sombra,
en faz serena y ademán augusto,
entre cándidas nubes se levanta:
10 del hombro izquierdo nebuloso manto
pende, y su diestra aéreo cetro[5] rige;
 su mirar noble, pero no sañudo;
y nieblas figuraban a su planta
penacho, arco, carcaj, flechas y escudo;
15 una zona de estrellas
glorificaba en derredor su frente
y la borla imperial de ella pendiente.

Miró a Junín; y plácida sonrisa
20 vagó sobre su faz. "Hijos,—decía—,
generación del sol afortunada,
que con placer yo puedo llamar mía.
yo soy Huaina Cápac;[6] soy el postrero
del vástago sagrado;
25 dichoso rey, mas padre desgraciado.
De esta mansión de paz y luz he visto
correr las tres centurias
de maldición, de sangre y servidumbre
y el imperio regido por las Furias.[7]

---

[5] Cetro imperial de los Incas o *tupayauri* mencionado por los cronistas (Pedro Sarmiento de Gamboa, *Historia general llamada Indica,* Berlín, 1906, Segunda Parte, p. 42).
[6] *Huaina Capac:* emperador inca que murió antes de la conquista de Francisco Pizarro. Dividió su imperio entre sus hijos Huascar y Atahualpa.
[7] *Furias:* nombre que daban los romanos a las erinias o diosas infernales. Habían nacido de la sangre de Urano, perseguían a los criminales, y simbolizaban la culpa.

No hay punto en estos valles y estos cerros
que no mande tristísimas memorias.
Torrentes mil de sangre se cruzaron
aquí Y allí; las tribus numerosas
al ruido del cañón se disiparon,   5
y los restos mortales de mi gente
aun a las mismas rocas fecundaron.
Más allá un hijo expira entre los hierros[8]
de su sagrada majestad indignos...
Un insolente y vil aventurero   10
y un iracundo sacerdote fueron[9]
de un poderoso Rey los asesinos...
¡Tantos horrores y maldades tantas
por el oro que hollaban nuestras plantas!
                                                                   15
¡Guerra al usurpador!—¿Qué le debemos?
¿Luces, costumbres, religión o leyes...?
¡ Si ellos fueron estúpidos, viciosos,
feroces y por fin supersticiosos!
¿Qué religión? ¿la de Jesús?... ¡Blasfemos!   20
Sangre, plomo veloz, cadenas fueron
los sacramentos santos que trajeron.
¡Oh religión! ¡Oh fuente pura y santa
de amor y de consuelo para el hombre!
¡cuántos males se hicieron en tu nombre!   25
¿Y qué lazos de amor?... Por los oficios
de la hospitalidad más generosa
hierros nos dan; por gratitud, suplicios.
Todos, sí, todos, menos uno solo;
el mártir del amor americano,   30
de paz, de caridad apóstol santo;
divino Casas,[10] de otra patria digno.
Nos amó hasta morir.—Por tanto ahora
en el empíreo entre los Incas mora."

---

[8] Se refiere a la prisión y muerte de Atahualpa en 1533.
[9] Francisco Pizarro y fray Vicente de Valverde. El capellán justificó todos los actos del conquistador. Los dos fueron asesinados.
[10] El P.Bartolomé de las Casas que dedicó su fervorosa vida en defensa de los indios. Escribió su *Brevísima relación de la destrucción de las Indias (1552). Su Historia de las Indias,* escrita hacia 1527, se publicó póstumamente en 1575.

El Inca esclarecido
iba a seguir, mas de repente queda
en éxtasis profundo embebecido:
atónito, en el cielo
5 ambos ojos inmóviles ponía,
y en la improvisa inspiración absorto,
la sombra de una estatua parecía.

Allí Bolívar en su heroica mente
10 mayores pensamientos revolviendo,
el nuevo triunfo trazará, y haciendo
de su genio y poder un nuevo ensayo,[11]
al joven Sucre[12] prestará su rayo,
al joven animoso,
15 a quien del Ecuador montes y ríos
dos veces aclamaron victorioso.
Ya se verá en la frente del guerrero
toda el alma del héroe reflejada,
que él le quiso infundir de una mirada

Cobró la voz al fin. "Pueblos,—decía-,
la página fatal ante mis ojos
desenvolvió el destino, salpicada
25 toda en purpúrea sangre, mas en torno
también en bello resplandor bañada.
Jefe de mi nación, nobles guerreros,
oíd cuanto mi oráculo os previene,
y requerid los ínclitos aceros,
30 y en vez de cantos nueva alarma suene;
que en otros campos de inmortal memoria
la Patria os pide, y el destino os manda
otro afán, nueva lid, mayor victoria."

35 Tuya será, Bolívar, esta gloria,
tuya romper el yugo de los reyes,
y, a su despecho, entronizar las leyes;

---

[11] En el campo de Ayacucho fue célebre la victoria que predice el Inca. La batalla se
libró el 9 de septiembre de 1924.
[12] Antonio José de Sucre, lugarteniente de Bolívar que mandó la acción de Ayacucho.
Fue presidente de Bolivia (1826-1828). Murió asesinado.

y la discordia en áspides crinada,[13]
por tu brazo en cien nudos aherrojada,
ante los haces santos confundidas
harás temblar las armas parricidas.

Ya las hondas entrañas de la tierra
en larga vena ofrecen el tesoro
que en ellas guarda el Sol, y nuestros
los valles regarán con lava de oro.
Y el pueblo primogénito dichosos [14]   10
de libertad, que sobre todos tanto
por su poder y gloria se enaltece,
como entre sus estrellas
la estrella de Virginia[15]
resplandece, nos da el ósculo santo   15
de amistad fraternal. Y las naciones
del remoto hemisferio celebrado,
al contemplar el vuelo arrebatado
de nuestras musas y artes,
como iguales amigos nos saludan,   20
con el tridente abriendo la carrera
la reina de los Mares[16] la primera.

Marchad, marchad guerreros,
y apresurad el día de la gloria;   25
que en la fragosa margen de Apurímac[17]
con palmas os espera la Victoria."

Dijo el Inca; y las bóvedas etéreas
de par en par se abrieron,   30
en viva luz y resplandor brillaron
y en celestiales cantos resonaron.

---

[13] Se refiere a las Gorgonas, las tres hermanas monstruosas de la mitología griega, que tienen sierpes por cabellos. Representan la discordia, como se lee en el texto, y también la perversidad y el odio.
[14] Los Estados Unidos de América.
[15] El Estado de Virginia tiene sobre todo la gloria de ser la patria de Washington (Nota de Olmedo).
[16] La exaltación de Olmedo procede por haber sido Inglaterra la primera nación europea que reconoció las nuevas naciones independientes.
[17] *Apurímac:* río del Perú, cerca de Ayacucho.

Era el coro de cándidas Vestales,
las vírgenes del Sol, que rodeando
al Inca como a Sumo Sacerdote,
en gozo santo y ecos virginales
5   en torno van cantando
del sol las alabanzas inmortales:

Alma eterna del mundo,
dios santo del Perú. Padre del Inca,
10   en tu giro fecundo
gózate sin cesar, Luz bienhechora,
viendo ya libre el pueblo que te adora

La tiniebla de sangre y servidumbre
15   que ofuscaba la lumbre
de tu radiante faz pura y serena
se disipó, y en cantos se convierte
la querella de muerte
y el ruido antiguo de servil cadena.

INDICACIONES BIBLIOGRAFICAS

Andrés Bello, "La victoria de Junín", Obras completas Vol. VII, Consejo de Instrucción Pública, Santiago de Chile, 1881-1893.

Simón Bolívar, Obras completas II, Editorial Lex, La Habana, 1950.

Emilio Carilla, *La literatura de la Independencia Hispanoamericana* Editorial Universitaria de Buenos Aires, Buenos Aires, 1964.

María Casas de Faunce, La novela picaresca hispanoamericana, Cupsa Editorial, Madrid, 1977.

Raúl H. Castagnino, *Milicia literaria de Mayo*, Editorial Nova, Buenos Aires, 1960.

Mario Falcao Espalter, *El poeta oriental Bartotomé Hidalgo,* Instituto Histórico y Geográfico, Montevideo, 1918.

José Joaquín Fernández de Lizardi, *El Periquillo Sarniento* (Prólogo de Jefferson R. Spell), Editorial Porrúa, México, 1949.

José María Gutiérrez, "La literatura de Mayo", *Revista del Rio de la Plata* II, Buenos Aires, 1871.

Martiniano Leguizamón, "El primer poeta criollo del Río de la Plata" *Revista de la Universidad de Buenos Aires,* 1917.

Marcelino Menéndez y Pelayo, *Antología de poetas hispanoamericanos*, Editorial Gredos, Madrid, 1963.

Nancy Vogeley, "The Concept of the People in *El Periquillo Sarniento*", *Hispania* 4 (September, 1987).

Agustín Yáñez, *Fichas Mexicanas* (Capítulo IV), El Colegio de México, México, 1945.

2

CIVILIZACION O BARBARIE

La revolución americana tuvo en su origen una ambigüedad impulsiva que años más tarde mostraría sus consecuencias políticas y culturales. Como resultado, la literatura presenta un sorprendente cambio. El poeta venezolano Andrés Bello, en sus odas y epístolas, había puesto la nota más optimista acerca del destino de la América hispánica. El autor de las brillantes *Silvas Americanas* (1826), anunciaba lleno de fervor, la "edad de oro" próxima, un paisaje de historia y raza, que depararía de hecho la democracia y el progreso.

Pero las predicciones del gran poeta virgiliano, no se cumplieron. A la América salida de la revolución, le costó mucho dolor y lágrimas orientarse entre los escombros. El triunfo dividió el genio de los hombres. Las nuevas repúblicas nacieron inorgánicas, débiles y confundidas. Cuando los grandes libertadores se alejan de la escena, la identidad política del continente no se pone de acuerdo. Ocurre entonces que los caudillos y militares de segunda fila, pasan a ser los "héroes nacionales", con el consiguiente estancamiento y personalismo autoritario. La Gran Colombia de Bolívar se divide. En México surge el Imperio del coronel Agustín de Iturbide, a quien le sigue el grotesco general Santa Anna. En Guatemala,Rafael Carrera. En la Argentina, Juan Manuel de Rosas. En el Ecuador, García Moreno. En el Paraguay el temible doctor Rodríguez de Francia.

Por esta época no hubo en Hispanoamérica una sola república que no tuviera su cruenta guerra civil y un dictador de sórdido papel. La querella tradicional entre conservadores y liberales no siempre resulta clara, porque los postulados políticos eran dictados personalistas en lugar de programas de reconstrucción nacional. De hecho, donde triunfaron los conservadores,la tradición significaba la religión católica, el latifundio, la supresión de la prensa o el alzamiento militar. Manifestarse *liberal* (lo propio del hombre libre), era tanto como defender la libertad individual, el laicismo, la igualdad ante la ley, el despegue económico y la democracia. Pero tal disyuntiva no podía ser de exacto contenido ideológico en sociedades políticamente rudimentarias. La crisis de autoritarismo que el imperio peninsular había dejado en las repúblicas incipientes, sin burguesía ni desarrollo industrial, no podía trasladarse a la nueva escena sin la ruina económica, la penetración europea y la dependencia del mercado mundial. El gobierno o cualquier tipo de alianza, tenía que optar por cerrar con pinzas de acero las fronteras, aislarse en un modesto punto del planeta, o incorporarse a la lucha capitalista del mundo occidental."

Dentro de esta perspectiva, y ante la pugna de los dos extremos, surge una generación literaria que decide combatir la dictadura de Rosas, especie de relevo de la burocracia colonial. Es cierto que estos escritores se encontraban en una posición difícil, entre el idealismo político de tradición europea y la responsabilidad de crear una cultura nacional. El resultado no podía presumirse, y sin embargo, tal como se absorbió el romanticismo, germinó en una literatura con perfiles propios. La imprevisible naturaleza de la pampa, las costumbres disímiles del campo y la ciudad, el horror de la vida cotidiana, no serán temas meramente descriptivos, sino además un espejo de tortura constante. En Europa Esteban Echeverría había fortificado sus ideales de liberal revolucionario. A él mismo se le debe la fundación de círculos literarios de carácter secreto. Creía que la patria así asumida, era un acto de regeneración moral, una tarea viril exigida por el destino. Pero aquellos hombres padecieron el destierro o la prisión. Su obra, sin embargo, tenía que resultar mucho más compleja que la mera anécdota circunstancial. "Nunca matarás el alma", se sospecha que estampó en el calabozo José Mármol, autor de *Amalia,* la novela más furibunda escrita contra Rosas.

La fórmula de Sarmiento, que todavía se debate en el fondo de la conciencia humana desde que el mundo existe, significaba elegir entre la civilización o la barbarie, es decir en el sentido comunitario de entonces, entre las instituciones liberales, modernas y con derechos cívicos, o los gobiernos despóticos y pervertidos. Sarmiento, autor del *Facundo,* no expuso sólo una dicotomía, sino varias, pero se hizo célebre por la principal que fue aclarada por otro combatiente de su generación, Juan Bautista Alberdi. Los déspotas no podían proceder de la campaña gaucha y pastora, que se honró en la guerra contra dos imperios y creó la riqueza natural de la región platense. Fue la ciudad, particularmente Buenos Aires, con sus instituciones vencidas, la que corrompió el carácter político de Rosas y encendió su ambición de poder.

En todo el ámbito de la América hispánica había por entonces un enemigo que vencer, la tiranía, que fomentaba el envilecimiento de las clases oprimidas. Se adelantaron demasiado a su tiempo sin saber que inventaban una utopía. Pero la literatura política de Echeverría, de Sarmiento, de Juan Montalvo, se inserta en la realidad, con todo su penoso fracaso. Sus enemigos postergaron el porvenir, aun cuando se trataba de liberar al hombre.

ESTEBAN ECHEVERRIA

Buenos Aires, capital del virreinato del Río de la Plata, era una ciudad con sus exiguos cincuenta mil habitantes, cuando nació Echeverría en 1805. Habiendo perdido a su padre durante la primera infancia, llevó una vida turbulenta y licenciosa, que alternaba con los estudios y su afición a la guitarra. A los veinte años viajó a Europa. Dedicado intensamente al estudio, en París descubrió y leyó a los mejores poetas románticos de su época. En 1830 regresó a Buenos Aires. Encuentra a su patria en plena guerra civil. La sombra del tirano Rosas dominaba la escena política. Se reúne con los jóvenes que no se habían mezclado en la contienda de unitarios y federales, y organiza la "Asociación de Mayo", logia secreta de principios democráticos. Pero Rosas se entera y los persigue. Echeverría se refugia en su estancia "Los Talas", cerca de Luján. En 1840 emigra al uruguay para no volver jamás.

Aparte de haber combatido al loco taimado instalado en el gobierno, Echeverría se considera el primer poeta romántico en lengua castellana. En 1832 publicó *Elvira o La novia del Plata,* dos años después *Los consuelos* y en 1837 las *Rimas,* donde se intercala *La cautiva,* extenso poema sobre la angustiosa vida en la pampa, hollada por los indios salvajes. Puede así decirse sin exageración alguna, que Echeverría descubrió las posibilidades estéticas de la llanura trágica, así como el gauchesco Hidalgo había descubierto su entonación y lenguaje. Había algo más también en ese ámbito. *La cautiva,* en lenguaje culto, expresa los rasgos propios de la naturaleza americana, que llega a ser el verdadero protagonista brutal que doblega la precaución inútil del hombre.

A Echeverría también se debe el relato más realista y alucinante que se haya escrito en el siglo pasado contra las manías y disposiciones arbitrarias de la dictadura. *El matadero* es el cuento más vibrante de un poeta contra el triunfalismo delincuente de los suburbios, que resulta ser el vandalismo increíble e inexcusable en cualquier parte del mundo. "En *El matadero* —escribe Noé Jitrik— se presenta un mundo ficticio, de acción, que ejerce una fascinación rechazada y un mundo cultural que se trata de levantar ineficazmente" *(El fuego de la especie,* 1971). El cuento, sin embargo, no fue leído sino después de la muerte del poeta, cuando José María Gutiérrez, otro hermano en el exilio, publicó sus obras completas. En la miseria y soledad murió Echeverría en 1851. Hoy no cabe discutir si fue liberal, romántico o elitista. Lo que importa es la forma de su destino como hombre y escritor. El tiempo se lo llevó sin alcanzar a ver la derrota del tirano de su odio. Sus despojos mortales se han perdido.

EL MATADERO

A pesar de que la mía es historia, no la empezaré por el arca de Noé y la genealogía de sus ascendientes como acostumbraban hacerlo los antiguos historiadores españoles de América, que deben ser nuestros prototipos. Tengo muchas razones para no seguir ese ejemplo, las que callo
5 por no ser difuso. Diré solamente que los sucesos de mi narración pasaban por los años de Cristo de 183...[1]. Estábamos, a más, en cuaresma, época en que escasea la carne en Buenos Aires, porque la Iglesia, adoptando el precepto de Epicteto, *sustine, abstine* (sufre, abstente), ordena vigilia y abstinencia a los estómagos de los fieles a causa de que la carne es
10 pecaminosa, y, como dice el proverbio, busca a la carne. Y como la Iglesia tiene *ab initio* y por delegación directa de Dios, el imperio inmaterial sobre las conciencias y los estómagos, que en manera alguna pertenecen al individuo, nada mas justo y racional que vede lo malo.
Los abastecedores, por otra parte, buenos federales, y por lo mismo
15 buenos católicos, sabiendo que el pueblo de Buenos Aires atesora una docilidad singular para someterse a toda especie de mandamiento, sólo traen en días cuaresmales al matadero los novillos necesarios para el sustento de los niños y los enfermos dispensados de la abstinencia por la bula y no con el ánimo de que se harten algunos herejotes, que no faltan,
20 dispuestos siempre a violar los mandamientos carnificinos de la Iglesia, y a contaminar la sociedad con el mal ejemplo.
Sucedió, pues, en aquel tiempo, una lluvia muy copiosa. Los caminos se anegaron; los pantanos se pusieron a nado y las calles de entrada y

[1]Debe suponerse que el tiempo del relato corresponde a la lluviosa cuaresma de 1839. La referencia al luto obligatorio, como se lee más adelante, prueba que el cuento se escribió con posterioridad a la muerte de la esposa de Rosas, Encarnación Ezcurra. El relato, además, resume todo el desencanto del poeta, después que éste intervino en la fracasada revolución de 1839, la de los estancieros de Buenos Aires encabezada por Pedro Castelli en octubre, y que le costó a Echeverría el exilio definitivo.

salida a la ciudad rebosaban en acuoso barro. Una tremenda avenida se precipitó de repente por el Riachuelo[2] de Barracas,[3] y extendió majestuosamente sus turbias aguas hasta el pie de las barrancas del Alto.[4] El Plata, creciendo embravecido, empujó esas aguas que venían buscando su cauce y las hizo correr hinchadas por sobre campos, terraplenes, arboledas, caseríos, y extenderse como un lago inmenso por todas las bajas tierras. La ciudad circunvalada del norte al oeste por una cintura de agua y barro, y al sud por un piélago blanquecino en cuya superficie flotaban a la ventura algunos barquichuelos y negreaban las chimeneas y las copas de los árboles, echaba desde sus torres y barrancas atónitas miradas al horizonte como implorando la protección del Altísimo. Parecía el amago de un nuevo diluvio. Los beatos y beatas gimoteaban haciendo novenarios y continuas plegarias. Los predicadores atronaban el templo y hacían crujir el púlpito a puñetazos. "Es el día del juicio—decían—, el fin del mundo está por venir. La cólera divina rebosando se derrama en inundación. ¡Ay de vosotros, pecadores! ¡Ay de vosotros, unitarios[5] impíos que os mofáis de la Iglesia, de los santos, y no escucháis con veneración la palabra de los ungidos del Señor ¡Ay de vosotros si no imploráis misericordia al pie de los altares! Llegará la hora tremenda del vano crujir de dientes y de las frenéticas imprecaciones. Vuestra impiedad, vuestras herejías, vuestras blasfemias, vuestros crímenes horrendos, han traído sobre nuestra tierra las plagas del Señor. La justicia del Dios de la Federación os declarará malditos."

Las pobres mujeres salían sin aliento, anonadadas del templo, echando, como era natural, la culpa de aquella calamidad a los unitarios.

Continuaba, sin embargo, lloviendo a cántaros, y la inundación crecía, acreditando el pronóstico de los predicadores. Las campanas comenzaron a tocar rogativas por orden del muy católico Restaurador[6] quien parece no las tenía todas consigo. Los libertinos, los incrédulos, es decir, los unitarios, empezaron a amedrentarse al ver tanta cara compungida, oír tanta batahola de imprecaciones. Se hablaba ya, como de cosa resuelta, de una procesión

5

10

15

20

25

30

---

[2] *Riachuelo:* pequeño afluente del Río de la Plata que antiguamente separaba el recinto de la ciudad del campo .

[3] *Barracas:* el barrio de barracas que debía su nombre a los numerosos comercios de acopiadores de frutos del país instalados en locales llamados barracas.

[4] Barrio del Alto (Alto de san Pedro Telmo).

[5] *unitarios:* lema con el que se conocía a los partidarios del gobierno centralista y nacional, enemigos del tirano Rosas. Los unitarios habían tratado de imponer las constituciones de 1814,1817 y 1819 que, entre otras reformas liberales, trataba de suprimir los privilegios del clero colonial.

[6] *Restaurador* (de las leyes): al formarse la Sociedad Popular Restauradora, en 1834, nombre que le daban éstos y sus partidarios al dictador Juan Manuel de Rosas (1793-1877).

en que debía ir toda la población descalza y a cráneo descubierto,
acompañando al Altísimo, llevado bajo palio por el obispo, hasta la
barranca de Balcarce donde millares de voces conjurando al demonio
unitario de la inundación, debían implorar la misericordia divina.
5   Feliz, o mejor, desgraciadamente, pues la cosa habría sido de verse, no
tuvo efecto la ceremonia, porque bajando el Plata, la inundación se fué
poco a poco escurriendo en su inmenso lecho, sin necesidad de conjuro ni
plegarias.
     Lo que hace principalmente a mi historia es que por causa de la
10   inundación estuvo quince días el matadero de la Convalecencia[7] sin ver
una sola cabeza vacuna, y que en uno o dos, todos los bueyes de
quinteros y aguateros[8] se consumieron en el abasto de la ciudad. Los
pobres niños y enfermos se alimentaban con huevos y gallinas, y los
gringos[9] y herejotes bramaban por el *beefsteak* y el asado. La abstinencia
15   de carne era general en el pueblo, que nunca se hizo más digno de la
bendición de la Iglesia, y asi fué que llovieron sobre él millones y millones
de indulgencias plenarias. Las gallinas se pusieron a 6 pesos y los huevos
a 4 reales, y el pescado carísimo. No hubo en aquellos días cuaresmales
promiscuaciones[10] ni excesos de gula; pero, en cambio, se fueron derecho
20   al cielo innumerables ánimas, y acontecieron cosas que parecen soñadas.
     No quedó en el matadero ni un solo ratón vivo de muchos millares
que allí tenían albergue. Todos murieron o de hambre o ahogados en sus
cuevas por la incesante lluvia. Multitud de negras rebusconas de *achuras*[11]
como los caranchos[12] de presa, se desbandaron por la ciudad como otras
25   tantas arpías prontas a devorar cuanto hallaran comible. Las gaviotas y los
perros, inseparables rivales suyos en el matadero, emigraron en busca de
alimento animal. Porción de viejos achacosos cayeron en consunción por
falta de nutritivo caldo; pero lo más notable que sucedió fué el
fallecimiento casi repentino de unos cuantos gringos herejes, que

---

[7] También conocido por el Matadero del Sur, que se mantuvo en dicho lugar hasta
fines de 1866.
[8] *aguatero: aguador.*
[9] *gringo:* alteración de *griego,* por aquello de 'hablar en griego', que data del siglo
XVIII en España (Terreros y Pando, *Diccionario Castellano, 1786).* Por entonces se
decía del extranjero, especialmente si era inglés.
[10] *promiscuaciones:* comer en días de Cuaresma carne y pescado en una misma
comida.
[11] *achuras: voz quechua* o quizás del vulgar andaluz *'asaúras'* (asaduras). Vísceras e
intestinos de la res sacrificada.
[12] *carancho:* de la voz guaraní *caracará,* ave de rapiña y de presa, de color oscuro y
casi medio metro de estatura.

cometieron el desacato de darse un hartazgo de chorizos de Extremadura, jamón y bacalao, y se fueron al otro mundo a pagar el pecado cometido por tan abominable promiscuación.

Algunos médicos opinaron que si la carencia de carne continuaba, medio pueblo caería en síncope por estar los estómagos acostumbrados a 5 su corroborante jugo; y era de notar el contraste entre estos tristes pronósticos de la ciencia y los anatemas lanzados desde el púlpito por los reverendos padres contra toda clase de nutrición animal y de promiscuación en aquellos días destinados por la Iglesia al ayuno y la penitencia. Se originó de aquí una especie de guerra intestina entre los 10 estómagos y las conciencias, atizada por el inexorable apetito, y las no menos inexorables vociferaciones de los ministros de la Iglesia, quienes, como es su deber, no transigen con vicio alguno que tienda a relajar las costumbres católicas: a lo que se agregaba el estado de flatulencia intestinal de los habitantes, producido por el pescado y los porotos[13] y 15 otros alimentos algo indigestos.

Esta guerra se manifestaba por sollozos y gritos descompasados en la peroración de los sermones y por rumores y estruendos subitáneos en las casas y calles de la ciudad o dondequiera concurrían gentes. Alarmóse un tanto el gobierno, tan paternal como previsor del Restaurador, creyendo 20 aquellos tumultos de origen revolucionario y atribuyéndolos a los mismos salvajes unitarios, cuyas impiedades, según los predicadores federales, habían traído sobre el país la inundación de la cólera divina; tomó activas providencias, desparramó a sus esbirros por la población, y por último, bien informado, promulgó un decreto tranquilizador de las conciencias y de los 25 estómagos, encabezado por un considerando muy sabio y piadoso para que a todo trance, y arremetiendo por agua y todo, se trajese ganado a los corrales.

En efecto, el décimosexto día de la carestía, víspera del día de Dolores, entró a vado por el paso de Burgos al matadero del Alto una tropa de 30 cincuenta novillos gordos; cosa poca por cierto para una población acostumbrada a consumir diariamente de 250 a 300, y cuya tercera parte al menos gozaría del fuero eclesiástico de alimentarse con carne. ¡Cosa extraña que haya estómagos privilegiados y estómagos sujetos a leyes inviolables y que la Iglesia tenga la llave de los estómagos! 35

Pero no es extraño, supuesto que el diablo con la carne suele meterse en el cuerpo y que la Iglesia tiene el poder de conjurarlo: el caso es reducir al hombre a una máquina cuyo móvil principal no sea su voluntad sino la de la Iglesia y el gobierno. Quizá llegue el día en que sea prohibido respirar

---

[13] *poroto:* voz quechua. Semilla de las plantas leguminosas. Nombre común de los frijoles o alubias.

aire libre, pasearse y hasta conversar con un amigo, sin permiso de autoridad competente. Así era, poco más o menos, en los felices tiempos de nuestros beatos abuelos, que por desgracia vino a turbar la revolución de Mayo.

Sea como fuera, a la noticia de la providencia gubernativa, los corrales del Alto se llenaron, a pesar del barro, de carniceros, de *achuradores*14 y de curiosos, quienes recibieron con grandes vociferaciones y palmoteos los cincuenta novillos destinados al matadero.

—Chica, pero gorda—exclamaban—. ¡Viva la Federación! ¡Viva el Restaurador!

Porque han de saber los lectores que en aquel tiempo la Federación estaba en todas partes, hasta entre las inmundicias del matadero, y no había fiesta sin Restaurador como no hay sermón sin San Agustín.15 Cuentan que al oír tan desaforados gritos las últimas ratas que agonizaban de hambre en sus cuevas, se reanimaron y echaron a correr desatentadas, conociendo que volvían a aquellos lugares la acostumbrada alegría y la algazara precursora de abundancia.

El primer novillo que se mató fué todo entero de regalo al Restaurador, hombre muy amigo del asado. Una comisión de carniceros marchó a ofrecérselo en nombre de los federales del matadero, manifestándole *in voce* su agradecimiento por la acertada providencia del gobierno, su adhesión ilimitada al Restaurador y su odio entrañable a los salvajes unitarios, enemigos de Dios y de los hombres. El Restaurador contestó a la arenga, *rinforzando* sobre el mismo tema, y concluyó la ceremonia con los correspondientes vivas y vociferaciones de los espectadores y actores. Es de creer que el Restaurador tuviese permiso especial de su Ilustrísima16 para no abstenerse de carne, porque siendo tan buen observador de las leyes, tan buen católico y tan acérrimo protector de la religión, no hubiera dado mal ejemplo aceptando semejante regalo en día santo.

Siguió la matanza, y en un cuarto de hora cuarenta y nueve novillos se hallaban tendidos en la plaza del matadero, desollados unos, los otros por desollar. El espectáculo que ofrecía entonces era animado y pintoresco, aunque reunía todo lo horriblemente feo, inmundo y deforme de una pequeña clase proletaria peculiar del Río de la Plata. Pero para que

---

14 *achurador:* encargado de sacar las entrañas de la res. Por entonces, como se lee más adelante, existían las negras achuradoras, armadas de afilados cuchillos para sacar el sebo de la tripa, limpiar las inmundicias y llevarse los despojos, como patas, lenguas, sesos y vísceras.
15 *San Agustin:* célebre filósofo cristiano (354-430).
16 Conocidas las bromas perversas de Rosas, debe tratarse de Viguá, uno de sus bufones, a quien hacía vestir de obispo y distinguía con el nombre burlón de *Señoría Ilustrísima.*

el lector pueda percibirlo a un golpe de ojo, preciso es hacer un croquis de la localidad.

El matadero de la Convalecencia o del Alto, sito en las quintas al sur de la ciudad, es una gran playa en forma rectangular, colocada al extremo de dos calles, una de las cuales allí termina y la otra se prolonga hasta el   5
este. Esta playa, con declive al sur, está cortada por un zanjón labrado por la corriente de las aguas pluviales, en cuyos bordes laterales se muestran innumerables cuevas de ratones y cuyo cauce recoge en tiempo de lluvia toda la sangraza seca o reciente del matadero. En la junción del ángulo recto, hacia el oeste, está lo que llaman la casilla, edificio bajo, de tres piezas   10
de media agua con corredor al frente que da a la calle y palenque para atar caballos, a cuya espalda se notan varios corrales de palo a pique de ñandubay17 con sus fornidas puertas para encerrar el ganado.

Estos corrales son en tiempo de invierno un verdadero lodazal, en el cual los animales apeñuscados se hunden hasta el encuentro, y quedan   15
como pegados y casi sin movimiento. En la casilla se hace la recaudación del impuesto de corrales, se cobran las multas por violación de reglamentos y se sienta el juez del matadero, personaje importante, caudillo de los carniceros y que ejerce la suma del poder en aquella pequeña república, por delegación del Restaurador. Fácil es calcular qué clase de hombre se   20
requiere para el desempeño de semejante cargo. La casilla, por otra parte, es un edificio tan ruin y pequeño que nadie lo notaría en los corrales a no estar asociado su nombre al del terrible juez y no resaltar sobre su blanca cintura los siguientes letreros rojos: "Viva la Federación", "Viva el Restaurador y la heroica doña Encarnación Ezcurra", "Mueran los   25
salvajes unitarios." Letreros muy significativos, símbolo de la fe política y religiosa de la gente del matadero. Pero algunos lectores no sabrán que la tal heroína es la difunta esposa del Restaurador, patrona muy querida de los carniceros, quienes, ya muerta, la veneraban por sus virtudes cristianas y su federal heroísmo en la revolución contra Balcarce.18 Es el caso que en   30
un aniversario de aquella memorable hazaña de la Mazorca,19 los

---

17 *ñandubay:* voz guaraní. Arbol leguminoso de madera muy dura e incorruptible.

18 *Juan Ramón Balcarce* (1773-1836): guerrero de la Independencia y patriota de conducta ejemplar. Designado gobernador en 1832, redactó una constitución federal pero contrariaba los planes de Rosas y su partido. El 11 de octubre de 1833, el general Agustín Pinedo se sublevó y Balcarce se vio obligado a huir de Buenos Aires dirigiéndose a Concepción del Uruguay, donde residió hasta el fin de sus días.

19 *la Mazorca:* sociedad secreta y terrorista del dictador que había tomado la mazorca o espiga del maíz como símbolo de unión, según una sociedad análoga que había existido en Cádiz hacia 1822. Con algunos ganaderos y abastecedores de carne complacientes, Rosas formó la Sociedad Popular Restauradora, y con matarifes y peones la Mazorca. Elemento de vejación era la espiga de maíz, y como la z se pronunciaba igualmente que s en *mazorca,* por eufonía y derivación se formó la locución *más horca.*

carniceros festejaron con un espléndido banquete en la casilla de la
heroína, banquete a que concurrió con su hija y otras señoras federales, y
que allí, en presencia de un gran concurso, ofreció a los señores carniceros
en un solemne brindis su federal patrocinio, por cuyo motivo ellos la
5   proclamaron entusiasmados patrona del matadero, estampando su nombre
en las paredes de la casilla, donde estará hasta que lo borre la mano del
tiempo.
       La perspectiva del matadero a la distancia era grotesca, llena de
animación. Cuarenta y nueve reses estaban tendidas sobre sus cueros, y
10   cerca de doscientas personas hollaban aquel suelo de lodo regado con la
sangre de sus arterias. En torno de cada res resaltaba un grupo de figuras
humanas de tez y raza distinta. La figura más prominente de cada grupo
era el carnicero con el cuchillo en mano, brazo y pecho desnudos, cabello
largo y revuelto, camisa y chiripá[20] y rostro embadurnado de sangre. A sus
15   espaldas se rebullían, caracoleando[21] y siguiendo los movimientos, una
comparsa de muchachos, de negras y mulatas achuradoras, cuya fealdad
trasuntaba las arpías de la fábula, y entremezclados con ellas algunos
enormes mastines, olfateaban, gruñían o se daban de tarascones por la
presa. Cuarenta y tantas carretas, toldadas con negruzco y pelado cuero,
20   se escalonaban irregularmente a lo largo de la playa, y algunos jinetes con
el poncho calado y el lazo prendido al tiento[22] cruzaban por entre ellas al
tranco o reclinados sobre el pescuezo de los caballos echaban ojo
indolente sobre uno de aquellos animados grupos, al paso que, más arriba,
en el aire, un enjambre de gaviotas blanquiazules, que habían vuelto de la
25   emigración al olor de la carne, revoloteaban, cubriendo con su disonante
graznido todos los ruidos y voces del matadero y proyectando una
sombra clara sobre aquel campo de horrible carnicería. Esto se notaba al
principio de la matanza.
       Pero a medida que adelantaba, la perspectiva variaba; los grupos se
30   deshacían, venían a formarse tomando diversas actitudes y   se
desparramaban corriendo como si en medio de ellos cayese alguna bala
perdida, o asomase la quijada de algún encolerizado mastín. Esto era que el
carnicero en un grupo descuartizaba a golpe de hacha, colgaba en otros
los cuartos en los ganchos de su carreta, despellejaba en éste, sacaba el
35   sebo en aquél; de entre la chusma que ojeaba y aguardaba la presa de
achura, salía de cuando en cuando una mugrienta mano a dar un tarazón

---

[20] *chiripá:* voz quechua. Manta o paño que se pasa por entre las piernas a modo de
pantalones.
[21] *caracolear:* vueltas o movimiento
giratorio.
[22] *tiento:* correa de cuero que sirve para atar o sujetar el lazo a la silla de montar.

con el cuchillo al sebo o a los cuartos de la res, lo que originaba gritos y explosión de cólera del carnicero y el continuo hervidero de los grupos, dichos y griteria descompasada de los muchachos.

—Ahí se mete el sebo en las tetas, la tipa—gritaba uno.

—Aquél lo escondió en el alzapón[23]—replicaba la negra.   5

—Che,[24] negra bruja, sali de aquí antes de que te pague un tajo —exclamaba el carnicero.

—¿Qué le hago, ño Juan? ¡No sea malo! Yo no quiero sino la panza y las tripas.

—Son para esa bruja: a la m...   10

—¡ A la bruja ! ¡ A la bruja ! —repitieron los muchachos—¡ Se lleva la riñonada y el tongorí![25] —Y cayeron sobre su cabeza sendos cuajos de sangre y tremendas pelotas de barro.

Hacia otra parte, entretanto, dos africanas llevaban arrastrando las entrañas de un animal; allá una mulata se alejaba con un ovillo de tripas y   15 resbalando de repente sobre un charco de sangre, caía a plomo, cubriendo con su cuerpo la codiciada presa. Acullá se veían acurrucadas en hileras 400 negras destejiendo sobre las faldas el ovillo y arrancando, uno a uno, los sebitos que el avaro cuchillo del carnicero había dejado en la tripa como rezagados, al paso que otras vaciaban panzas y vejigas y las   20 henchían de aire de sus pulmones para depositar en ellas, luego de secas, la achura.

Varios muchachos, gambeteando a pie y a caballo, se daban de vejigazos o se tiraban bolas de carne, desparramando con ellas y su algazara la nube de gaviotas que, columpiándose en el aire, celebraban   25 chillando la matanza. Oíanse a menudo, a pesar del veto del Restaurador y de la santidad del día, palabras inmundas y obscenas, vociferaciones preñadas de todo el cinismo bestial que caracteriza a la chusma de nuestros mataderos, con las cuales no quiero regalar a los lectores.

De repente caía un bofe[26] sangriento sobre la cabeza de alguno, que   30 de allí pasaba a la de otro, hasta que algún deforme mastín lo hacía buena presa, y una cuadrilla de otros, por si estrujo o no estrujo, armaba una tremenda de gruñidos y mordiscones. Alguna tía vieja salió furiosa en persecución de un muchacho que le había embadurnado el rostro con sangre, y acudiendo a sus gritos y puteadas los compañeros del rapaz, la   35 rodeaban y azuzaban como los perros al toro, y llovían sobre ella zoquetes

---

[23] *alzapón:* abertura abotonada de los antiguos calzones.
[24] *che:* interjección familiar que vale por el nombre de una persona, para llamar o dirigirse a ella. En la Argentina data del siglo XVIII.
[25] *tongorí:* hígado del animal.
[26] *bofe:* pulmón del ganado.

de carne, bolas de estiércol, con groseras carcajadas y gritos frecuentes, hasta que el juez mandaba restablecer el orden y despejar el campo.

Por un lado dos muchachos se adiestraban en el manejo del cuchillo, tirándose horrendos tajos y reveses; por otro, cuatro, ya adolescentes, ventilaban a cuchilladas el derecho a una tripa gorda y un mondongo[27] que habían robado a un carnicero; y no de ellos distante, porción de perros, flacos ya de la forzosa abstinencia, empleaban el mismo medio para saber quién se llevaría un hígado envuelto en barro. Simulacro en pequeño era éste del modo bárbaro con que se ventilan en nuestro país las cuestiones y los derechos individuales y sociales. En fin, la escena que se representaba en el matadero era para vista, no para escrita.

Un animal había quedado en los corrales, de corta y ancha cerviz, de mirar fiero, sobre cuyos órganos genitales no estaban conformes los pareceres, porque tenía apariencias de toro y de novillo. Llególe la hora. Dos enlazadores a caballo penetraron en el corral en cuyo contorno hervía la chusma a pie, a caballo y horqueteada sobre sus nudosos palos.

Formaban en la puerta el más grotesco y sobresaliente grupo, varios pialadores[28] y enlazadores de a pie con el brazo desnudo y armado del certero lazo, la cabeza cubierta con un pañuelo punzó y chaleco y chiripá colorado, teniendo a sus espaldas varios jinetes y espectadores de ojo escrutador y anhelante.

El animal, prendido ya al lazo por las astas, bramaba echando espuma furibundo, y no había demonio que lo hiciera salir del pegajoso barro, donde estaba como clavado y era imposible pialarlo. Gritábanle, lo azuzaban en vano con las mantas y pañuelos los muchachos que estaban prendidos sobre las horquetas del corral, y era de oír la disonante batahola de silbidos, palmadas y voces, tiples y roncas que se desprendían de aquella singular orquesta.

Los dicharachos, las exclamaciones chistosas y obscenas rodaban de boca en boca, y cada cual hacía alarde espontáneamente de su ingenio y de su agudeza, excitado por el espectáculo o picado por el aguijón de alguna lengua locuaz.

—Hi de p... en el toro.

—Al diablo los torunos del Azul.

—Malhaya el tropero que nos da gato por liebre.

—Si es novillo.

—¿No está viendo que es toro viejo?

— Como toro le ha de quedar. ¡Muéstreme los c... si le parece.

---

[27] *mondongo:* vientre del animal.
[28] *pialador:* persona que utiliza el *pial* o lazo. El tiro del pialador va dirigido a las manos del animal para voltearlo en la carrera.

—Ahí los tiene entre las piernas ¿No los ve, amigo, más grandes que la cabeza de su castaño, o se ha quedado ciego en el camino?

—Su madre sería la ciega, pues que tal hijo ha parido. ¿No ve que todo ese bulto es barro?

—Es emperrado y arisco como un unitario.   5

Y al oír esta mágica palabra, todos a una voz exclamaron: —¡Mueran los salvajes unitarios!

—Para el tuerto los h...

—Sí, para el tuerto, que es hombre de c... para pelear con los unitarios. El matambre[29] a Matasiete, degollador de unitarios. ¡Viva Matasiete!   10

—A Matasiete el matambre.

—Allá va—gritó una voz ronca, interrumpiendo aquellos desahogos de la cobardía feroz—. ¡Allá va el toro!

—¡ Alerta! ¡Guarda los de la puerta! ¡Allá va furioso como un demonio!   15

Y en efecto, el animal acosado por los gritos y sobre todo por dos picanas agudas que le espoleaban la cola, sintiendo flojo el lazo, arremetió bufando a la puerta, lanzando a entrambos lados una rojiza y fosfórica mirada. Dióle el tirón el enlazador sentando su caballo, desprendió el lazo del asta, crujió por el aire un áspero zumbido y al mismo tiempo se vió   20 rodar desde lo alto de una horqueta del corral, como si un golpe de hacha lo hubiese dividido a cercén, una cabeza de niño cuyo tronco permaneció inmóvil sobre su caballo de palo, lanzando por cada arteria un largo chorro de sangre.—¡ Se cortó el lazo !—gritaron unos—. ¡ Allá va el toro!

Pero otros, deslumbrados y atónitos, guardaron silencio, porque todo   25 fué como un relámpago.Desparramóse un tanto el grupo de la puerta. Una parte se agolpó sobre la cabeza y el cadáver palpitante del muchacho degollado por el lazo, manifestando horror en su atónito semblante, y la otra parte, compuesta de jinetes que no vieron la catástrofe, se escurrió en distintas direcciones en pos del toro, vociferando y gritando: ¡Allá va el   30 toro! ¡Atajen! ¡Guarda! ¡Enlaza, Sietepelos! ¡Que te agarra, Botija! ¡Va furioso; no se le pongan delante! ¡Ataja, ataja, Morado! ¡Dale espuela al mancarrón![30] ¡Ya se metió en la calle sola! ¡Que lo ataje el diablo!

El tropel y vocifería era infernal. Unas cuantas negras achuradoras, sentadas en hilera al borde del zanjón, oyendo el tumulto se acogieron y   35 agazaparon entre las panzas y tripas que desenredaban y devanaban con la paciencia de Penélope,[31] lo que sin duda las salvó, porque el animal lanzó al mirarlas un bufido aterrador, dió un brinco sesgado y siguió adelante perseguido por los jinetes. Cuentan que una de ellas se fue de

[29] *matambre:* la primera carne apetitosa que se corta del costado de la res, entre las costillas y la piel.
[30] *mancarrón:* matalón, caballo malo, viejo o achacoso
[31] *Penélope:* en *la Odisea* de Homero, esposa de Ulises y madre de Telémaco.

cámaras; otrá rezó diez salves en dos minutos, y dos prometieron a San
Benito[32] no volver jamás a aquellos malditos corrales y abandonar el oficio
de achuradoras. No se sabe si cumplieron la promesa.

   El toro, entretanto, tomó hacia la ciudad por una larga y angosta calle
que parte de la punta más aguda del rectángulo anteriormente descripto,
calle encerrada por una zanja y un cerco de tunas, que llaman *sola* por no
tener más de dos casas laterales, y en cuyo aposado centro había un
profundo pantano que tomaba de zanja a zanja. Cierto inglés, de vuelta de
su saladero, vadeaba este pantano a la sazón, paso a paso, en un caballo
algo arisco, y, sin duda, iba tan absorto en sus cálculos que no oyó el tropel
de jinetes ni la gritería sino cuando el toro arremetía el pantano. Azoróse
de repente su caballo dando un brinco al sesgo y echó a correr, dejando al
pobre hombre hundido media vara en el fango. Este accidente, sin embargo, no detuvo ni frenó la carrera de los perseguidores del toro, antes al
contrario, soltando carcajadas sarcásticas: "Se amoló el gringo; levántate
gringo"—exclamaron, cruzando el pantano, y amasando con barro bajo
las patas de sus caballos su miserable cuerpo. Salió el gringo, como pudo,
después a la orilla, más con la apariencia de un demonio tostado por las
llamas del infierno que un hombre blanco pelirrubio. Más adelante, al grito
de ¡al toro!, cuatro negras achuradoras que se retiraban con su presa, se
zambulleron en la zanja llena de agua, único refugio que les quedaba.

   El animal, entretanto, después de haber corrido unas 20 cuadras en
distintas direcciones azorando con su presencia a todo viviente, se metió
por la tranquera[33] de una quinta, donde halló su perdición. Aunque
cansado, manifestaba brío y colérico ceño; pero rodéabalo una zanja
profunda y un tupido cerco de pitas[34], y no había escape. Juntáronse
luego sus perseguidores que se hallaban desbandados, y resolvieron
llevarlo en un señuelo de bueyes para que expiase su atentado en el lugar
mismo donde lo había cometido.

   Una hora después de su fuga el toro estaba otra vez en el matadero,
donde la poca chusma que había quedado no hablaba sino de sus
fechorías. La aventura del gringo en el pantano, excitaba principalmente la
risa y el sarcasmo. Del niño degollado por el lazo no quedaba sino un
charco de sangre: su cadáver estaba en el cementerio.

   Enlazaron muy luego por las astas al animal, que brincaba haciendo
hincapié y lanzando roncos bramidos. Echáronle uno, dos, tres piales; pero
infructuosos: al cuarto quedó prendido de una pata: su brío y su furia
redoblaron; su lengua, estirándose convulsiva, arrojaba espuma, su nariz
humo, sus ojos miradas encendidas.

---

[32] Palermo de San Benito, donde Rosas estableció su quinta de veraneo, dícese que
existía una capilla bajo la advocación del santo negro, grato a la servidumbre de color.
[33] *tranquera:* puerta ancha de palos o varas.
[34] *pita:* planta espinosa de hojas gruesas y carnosas, de las que se extrae una fibra
muy resistente (cf. *infra*, Horacio Quiroga, n. 12).

—¡Desjarreten ese animal!—Exclamó una voz imperiosa. Matasiete se tiró al punto del caballo, cortóle el garrón[35] de una cuchillada y gambeteando en torno de él con su enorme daga en mano, se la hundió al cabo hasta el puño en la garganta, mostrándola en seguida humeante y roja a los espectadores. Brotó un torrente de la herida, exhaló algunos   5
bramidos roncos, y cayó el soberbio animal entre los gritos de la chusma que proclamaba a Matasiete vencedor y le adjudicaba en premio el matambre. Matasiete extendió, como orgulloso, por segunda vez el brazo y el cuchillo ensangrentado, y se agachó a desollarlo con otros compañeros.   10

Faltaba que resolver la duda sobre los órganos genitales del muerto, clasificado provisoriamente de toro por su indomable fiereza; pero estaban todos tan fatigados de la larga tarea, que lo echaron por lo pronto en olvido. Mas de repente una voz ruda exclamó:

—Aquí están los huevos—sacando de la barriga del animal y   15
mostrando a los espectadores dos enormes testículos, signo inequívoco de su dignidad de toro. La risa y la charla fué grande; todos los incidentes desgraciados pudieron fácilmente explicarse. Un toro en el matadero era cosa muy rara, y aun vedada. Aquél, según reglas de buena policía, debía arrojarse a los perros; pero había tanta escasez de carne y tantos   20
hambrientos en la población que el señor Juez tuvo a bien hacer ojo lerdo.

En dos por tres estuvo desollado, descuartizado y colgado en la carreta el maldito toro. Matasiete colocó el matambre bajo el pellón de su recado[36] y se preparaba a partir. La matanza estaba concluída a las doce, y la poca chusma que había presenciado hasta el fin, se retiraba en grupos de   25
a pie y de a caballo, o tirando a la cincha algunas carretas cargadas de carne.

Mas de repente la ronca voz de un carnicero gritó:

—¡Allí viene un unitario!—y al oír tan significativa palabra toda aquella chusma se detuvo como herida de una impresión subitánea.   30

—¿No le ven la patilla en forma de U? No trae divisa en el fraque ni luto en el sombrero.

—Perro unitario.

—Es un cajetilla.[37]

—Monta en silla como los gringos.   35

—La Mazorca con él.

—¡La tijera!

---

[35] *garrón:* talón de las reses, un poco más abajo del corvejón, y lugar preciso donde se desjarretaba a los animales.
[36] *recado:* silla de montar.
[37] *cajetilla:* probable metátesis de *chaquetilla* o deformación de *casaca* (casaquilla). Término fomentado por Rosas, y con el que se vilipendiaba a los jóvenes cultos que usaban la levita o el frac.

—Es preciso sobarlo.
—Trae pistoleras por pintar.[38]
—Todos estos cajetillas unitarios son pintores como el diablo.
—¿A que no te le animás, Matasiete?
—¿A que no?
—A que sí.

Matasiete era hombre de pocas palabras y de mucha acción. Tratándose de violencia, de agilidad, de destreza en el hacha, el cuchillo o el caballo, no hablaba y obraba. Lo habían picado: prendió la espuela a su caballo y se lanzó a brida suelta al encuentro del unitario.

Era éste un joven como de 25 años, de gallarda y bien apuesta persona, que mientras salían en borbotones de aquellas desaforadas bocas las anteriores exclamaciones, trotaba hacia Barracas, muy ajeno de temer peligro alguno. Notando, empero, las significativas miradas de aquel grupo de dogos de matadero, echa maquinalmente la diestra sobre las pistoleras de su silla inglesa, cuando una pechada al sesgo del caballo de Matasiete lo arroja de los lomos del suyo tendiéndolo a la distancia boca arriba y sin movimiento alguno.

—¡Viva Matasiete!—exclamó toda aquella chusma, cayendo en tropel sobre la víctima como los caranchos rapaces sobre la osamenta de un buey devorado por el tigre.

Atolondrado todavía el joven, fué, lanzando una mirada de fuego sobre aquellos hombres feroces, hacia su caballo que permanecía inmóvil no muy distante, a buscar en sus pistolas el desagravio y la venganza. Matasiete, dando un salto, le salió al encuentro y con fornido brazo asiéndolo de la corbata lo tendió en el suelo tirando al mismo tiempo la daga de la cintura y llevándola a su garganta.

Una tremenda carcajada y un nuevo viva estentóreo volvió a vitorearlo.

¡Qué nobleza de alma! ¡Qué bravura en los federales!, ¡siempre en pandillas cayendo como buitres sobre la víctima inerte !

—Degüéllalo, Matasiete; quiso sacar las pistolas. Degüéllalo como al toro.

—Pícaro unitario. Es preciso tusarlo.

—Tiene buen pescuezo para el violín.

—Mejor es la resbalosa.

—Probaremos—dijo Matasiete, y empezó sonriendo a pasar el filo de su daga por la garganta del caído, mientras con la rodilla izquierda le comprimía el pecho y con la siniestra mano le sujetaba por los cabellos.

—No, no lo degüellen—exclamó de lejos la voz imponente del Juez del Matadero que se acercaba a caballo.

---

[38] *pintar:* mostrarse, presumir .
[39] *la resbalosa* (o refalosa): danza lírica que los mazorqueros convirtieron en compás odioso junto a la tortura y el degüello.

—A la casilla con él, a la casilla. Preparen mazorca y las tijeras.
¡Mueran los salvajes unitarios! ¡Viva el Restaurador de las leyes!
—¡ Viva Matasiete!
"¡Mueran!" " ¡Vivan!" —repitieron en coro los espectadores, y
atándolo codo con codo, entre moquetes y tirones, entre vociferaciones e   5
injurias, arrastraron al infeliz joven al banco del tormento, como los
sayones al Cristo.

La sala de la casilla tenía en su centro una grande y fornida mesa de la
cual no salían los vasos de bebida y los naipes sino para dar lugar a las
ejecuciones y torturas de los sayones federales del matadero. Notábase   10
además en un rincón otra mesa chica con recado de escribir y un cuaderno
de apuntes y porción de sillas entre las que resaltaba un sillón de brazos
destinados para el juez. Un hombre, soldado en apariencia, sentado en una
de ellas, cantaba al son de la guitarra la resbalosa, tonada de inmensa
popularidad entre los federales, cuando la chusma llegando en tropel al   15
corredor de la casilla lanzó a empellones al joven unitario hacia el centro
de la sala.

—A ti te toca la resbalosa—gritó uno.
—Encomienda tu alma al diablo.
—Está furioso como toro montaraz.   20
—Ya te amansará el palo.
—Es preciso sobarlo.
—Por ahora verga y tijera.
—Si no, la vela.
—Mejor será la mazorca.   25
—Silencio y sentarse—exclamó el juez dejándose caer sobre un
sillón. Todos obedecieron, mientras el joven, de pie, encarando al juez,
exclamó con voz preñada de indignación:
—¡ Infames sayones! ¿Qué intentan hacer de mí?
—¡Calma! —dijo sonriendo el juez—. No hay que encolerizarse. Ya   30
lo verás.

El joven, en efecto, estaba fuera de sí de cólera. Todo su cuerpo
parecía estar en convulsión. Su pálido y amoratado rostro, su voz, su labio
trémulo, mostraban el movimiento convulsivo de su corazón, la agitación
de sus nervios. Sus ojos de fuego parecían salirse de la órbita, su negro y   35
lacio cabello se levantaba erizado. Su cuello desnudo y la pechera de su
camisa dejaban entrever el latido violento de sus arterias y la respiración
anhelante de sus pulmones.

—¿Tiemblas?—le dijo el juez.
—De rabia porque no puedo sofocarte entre mis brazos.   40
—¿Tendrías fuerza y valor para eso?
—Tengo de sobra voluntad y coraje para ti, infame.
—A ver las tijeras de tusar mi caballo: túsenlo a la federala.

Dos hombres le asieron, uno de la ligadura del brazo, otro de la cabeza y en un minuto cortáronle la patilla que poblaba toda su barba por bajo, con risa estrepitosa de sus espectadores.

—A ver—dijo el juez—, un vaso de agua para que se refresque.

—Uno de hiel te daría yo a beber, infame.

Un negro petiso[40] púsosele al punto delante con un vaso de agua en la mano. Dióle el joven un puntapié en el brazo y el vaso fué a estrellarse en el techo, salpicando el asombrado rostro de los espectadores.

—Este es incorregible.

—Ya lo domaremos.

—Silencio—dijo el juez—. Ya estás afeitado a la federala, sólo te falta el bigote. Cuidado con olvidarlo. Ahora vamos a cuenta. ¿Por qué no traes divisa?

—Porque no quiero.

—¿No sabes que lo manda el Restaurador?

—La librea es para vosotros, esclavos, no para los hombres libres.

—A los libres se les hace llevar a la fuerza.

—Sí, la fuerza y la violencia bestial. Esas son vuestras armas, infames. ¡El lobo, el tigre, la pantera, también son fuertes como vosotros! Deberíais andar como ellos, en cuatro patas.

—¿No temes que el tigre te despedace?

—Lo prefiero a que maniatado me arranquen, como el cuervo, una a una las entrañas.[41]

—¿Por qué no llevas el luto en el sombrero por la heroína?

—Porque lo llevo en el corazón por la patria que vosotros habéis asesinado, infames.

—¿No sabes que así los dispuso el Restaurador?

—Lo dispusisteis vosotros, esclavos, para lisonjear el orgullo de vuestro señor, y tributarle vasallaje infame.

—¡Insolente! Te has embravecido mucho. Te haré cortar la lengua si chistas. Abajo los calzones a ese mentecato cajetilla y a nalga pelada denle verga, bien atado sobre la mesa.

Apenas articuló esto el juez, cuatro sayones salpicados de sangre, suspendieron al joven y lo tendieron largo a largo sobre la mesa comprimiendole todos sus miembros.

—Primero degollarme que desnudarme, infame canalla.

Atáronle un pañuelo a la boca y empezaron a tironear sus vestidos. Encogíase el joven, pateaba, hacía rechinar los dientes. Tomaban ora sus miembros la flexibilidad del junco, ora la dureza del fierro y su espina dorsal

[40] *petiso:* persona o caballo de poca estatura. Dirigido al hombre, puede tener significación peyorativa o burlona.
[41] Por comparación se refiere al suplicio de Prometeo, que al robar el fuego de los dioses para entregárselo a los hombres, fue encadenado a una roca del Cáucaso donde un buitre le devoraba las entrañas.

era el eje de un movimiento parecido al de la serpiente. Gotas de sudor
fluían por su rostro, grandes como perlas; echaban fuego sus pupilas, su
boca espuma, y las venas de su cuello y frente negreaban en relieve sobre
su blanco cutis como si estuvieran repletas de sangre.

—Atenlo primero—exclamó el juez.   5

—Está rugiendo de rabia—articuló un sayón.

En un momento liaron sus piernas en ángulo a los cuatro pies de la
mesa, volcando su cuerpo boca abajo. Era preciso hacer igual operación
con las manos, para lo cual soltaron las ataduras que las comprimían en la
espalda. Sintiéndolas libres el joven, por un movimiento brusco en el cual   10
pareció agotarse toda su fuerza y vitalidad, se incorporó primero sobre sus
brazos, después sobre sus rodillas y se desplomó al momento murmurando:

—Primero degollarme que desnudarme, infame canalla.

Sus fuerzas se habían agotado.

Inmediatamente quedó atado en cruz y empezaron la obra de   15
desnudarlo. Entonces un torrente de sangre brotó borbolleando de la
boca y las narices del joven, y extendiéndose empezó a caer a chorros por
entrambos lados de la mesa. Los sayones quedaron inmóviles y los
espectadores estupefactos.

—Reventó de rabia el salvaje unitario—dijo uno.   20

—Tenía un río de sangre en las venas—articuló otro.

—Pobre diablo, queríamos únicamente divertirnos con él y tomó la
cosa demasiado a lo serio—exclamó el juez frunciendo el ceño de tigre. Es
preciso dar parte, desátenlo y vamos.

Verificaron la orden; echaron llave a la puerta y en un momento se   25
escurrió la chusma en pos del caballo del juez cabizbajo y taciturno.

Los federales habían dado fin a una de sus inmumerables proezas.

En aquel tiempo los carniceros degolladores del matadero, eran los
apóstoles, que propagaban a verga y puñal la federación rosina, y no es
difícil imaginarse qué federación saldría de sus cabezas y cuchillas.   30
Llamaban ellos salvaje unitario, conforme a la jerga inventada por el
Restaurador, patrón de la cofradía, a todo el que no era degollador,
carnicero, ni salvaje, ni ladrón; a todo hombre decente y de corazón bien
puesto, a todo patriota ilustrado amigo de las luces y de la libertad; y por el
suceso anterior puede verse a las claras que el foco de la federación estaba 35
en el matadero.

DOMINGO FAUSTINO SARMIENTO

Cuando en 1845 Sarmiento publicó su libro de combate *Civilización y barbarie: vida de Juan Facundo Quiroga,* imprevisiblemente la figura humana del protagonista se transformó en un personaje de carácter épico. El *Facundo* quiso escribirse para denunciar a un demonio de las guerras civiles, pero el resultado fue la ansiosa elaboración de un héroe frente a Rosas, más que una carga contra el caudillo asesinado en Barranca Yaco. Sarmiento, que no contaba con todos los datos históricos para escribirlo, llamó poema a su libro, "un mito como su héroe, según decía en la *Carta-prólogo* inserta en la segunda edición chilena de 1851. Leopoldo Lugones resumió así el destino de la obra: "Forzado por el calor febril, como una planta excesiva, aquel libro resultó una creación extraña, que participa de la historia, de la novela, de la política, del poema y el sermón" *(Historia de Sarmiento,* 1931).

El autor de *Facundo* es uno de los valores más altos que ha producido el mundo hispánico. Sarmiento fue tendero, maestro, minero, publicista, topógrafo, soldado, senador, y presidente de la República Argentina, y si nunca hubiera llegado a tan alta magistratura, siempre sería Sarmiento (el "gaucho de la prensa"), como él lo dijo. Escribió tantas páginas como días tuvo en su vida. Cincuenta y dos volúmenes forman sus *Obras Completas,* compiladas por su nieto Augusto Belín en 1909.

Sarmiento había nacido en la remota provincia de San Juan, en 1811. Años antes que su *Facundo,* publicó en el exilio chileno contra las calumnias que le prodigaban los rosistas, *Mi defensa* (1843); por el puro placer de contar escribió cuadros de costumbres y paisajes *(Viajes,* 1845-47). Su obra autobiográfica figura en *Recuerdos de provincia* (1850), y después de la derrota del tirano Rosas, contra quien actuó, *Campaña en el Ejército Grande (1852).* El estudio más ambicioso de su madurez lo tituló *Conflictos y armonías de las razas en América.* (1883).

Toda la obra de Sarmiento es un ejemplo de pasión cívica, de franqueza, y de angustia cuando se trata del porvenir americano. Vio en la humillación de los sicarios que siguen a los déspotas, todo el peligro que amenaza al destino de la democracia. "Educar al soberano" fue el mensaje más puro que de su pensamiento sobrevive. "Por cada escuela que se abre—dijo—hay una cárcel que se cierra". Sarmiento murió en el ostracismo voluntario, en Asunción del Paraguay, en 1888.

FACUNDO

Introducción

¡Sombra terrible de Facundo,[1] voy a evocarte, para que sacudiendo el ensangrentado polvo que cubre tus cenizas te levantes a explicarnos la vida secreta y las convulsiones internas que desgarran las entrañas de un noble pueblo! Tú posees el secreto: ¡revélanoslo! Diez años aún después de tu trágica muerte, el hombre de las ciudades y el gaucho de los llanos   5
argentinos, al tomar diversos senderos en el desierto, decían: "¡No! ¡no ha muerto! ¡Vive aún! ¡El vendrá!" ¡Cierto! Facundo no ha muerto; está vivo en las tradiciones populares, en la política y revoluciones argentinas; en Rosas, su heredero, su complemento: su alma ha pasado a este otro molde más acabado, más perfecto; y lo que en él era sólo instinto, iniciación,   10
tendencia, convirtióse en Rosas en sistema, efecto y fin. La naturaleza campestre, colonial y bárbara, cambióse en esta metamorfosis en arte, en sistema y en política regular, capaz de presentarse a la faz del mundo como el modo de ser de un pueblo encarnado en un hombre que ha aspirado a tomar los aires de un genio que domina los acontecimientos, los hombres y   15
las cosas. Facundo, provinciano, bárbaro, valiente, audaz, fue reemplazado por Rosas, hijo de la culta Buenos Aires, sin serlo él; por Rosas, falso, corazón helado, espíritu calculador, que hace el mal sin pasión y organiza lentamente el despotismo con toda la inteligencia de un Maquiavelo.[2] Tirano sin rival hoy en la tierra ¿por qué sus enemigos quieren disputarle   20
el título de grande que le prodigan sus cortesanos?

---

[1] Juan Facundo Quiroga, caudillo y guerrillero argentino nacido en La Rioja (1793-1835). El protagonista resultó un personaje épico, de función simbólica como producto de la naturaleza y en la doctrina del libro.
[2] Maquiavelo, Nicolás (1469-1527), político e historiador italiano, autor de *El Príncipe,* cuya exaltación de la razón de estado se excusa con la táctica política de que "el fin justifica los medios."

Sí, grande y muy grande es, para gloria y vergüenza de su patria, porque si ha encontrado millares de seres degradados que se unzan a su carro[3] para arrastrarlo por encima de cadáveres, también se hallan a millares las almas generosas que en quince años de lid sangrienta no han desesperado de vencer al monstruo que nos propone el enigma de la organización política de la República. Un día vendrá, al fin, que lo resuelvan, y el Esfinge Argentino, mitad mujer por lo cobarde, mitad tigre por lo sanguinario, morirá a sus plantas, dando a la Tebas del Plata [4] el rango elevado que le toca entre las naciones del Nuevo Mundo.

Necesítase, empero, para desatar este nudo que no ha podido cortar la espada, estudiar prolijamente las vueltas y revueltas de los hilos que lo forman y buscar en los antecedentes nacionales, en la fisonomía del suelo, en las costumbres y tradiciones populares, los puntos en que están pegados. La República Argentina es hoy la sección hispanoamericana que en sus manifestaciones exteriores ha llamado preferentemente la atención de las naciones europeas, que no pocas veces se han visto envueltas en sus extravíos o atraídas, como por una vorágine, a acercarse al centro en que remolinean elementos tan contrarios. La Francia estuvo a punto de ceder a esta atracción, y no sin grandes esfuerzos de remo y vela, no sin perder el gobernalle,[5] logró alejarse y mantenerse a la distancia.

Sus más hábiles políticos no han alcanzado a comprender nada de lo que sus ojos han visto al echar una mirada precipitada sobre el poder americano que desafiaba a la gran nación. Al ver las lavas ardientes que se revuelcan, se agitan, se chocan, bramando en este gran foco de lucha intestina, los que por más avisados se tienen han dicho: "es un volcán subalterno, sin nombre, de los muchos que aparecen en la América; pronto se extinguirá"; y han vuelto a otra parte sus miradas, satisfechos de haber dado una solución tan fácil como exacta de los fenómenos sociales que sólo han visto en grupo y superficialmente. A la América del Sur en general y a la República Argentina sobre todo, le ha hecho falta un

---

[3] Sarmiento crea la imagen de un hecho cierto. El 13 de abril de 1835, unos meses después de la muerte de Quiroga, la Sala de Representantes le concede a Rosas la *Suma del poder público.* Cuando el dictador salió a la calle y subió al carruaje "veinticinco individuos lo arrastran hasta el Fuerte, entre el vocerío exultante del enorme público" (Manuel Galvez, *Vida de Rosas,* Buenos Aires, 1940, Cap. XII).

[4] Se refiere a Buenos Aires por comparación con la ciudad de la Grecia antigua. Según la mitología, la Esfinge asolaba la ciudad y devoraba a quien no respondía a sus confusas preguntas. Vencida por Edipo se hundió en los abismos.

[5] *gobernalle:* timón de la nave.

Tocqueville,[6] que premunido[7] del conocimiento de las teorías sociales, como el viajero científico de barómetros, octantes y brújulas, viniera a penetrar en el interior de nuestra vida política, como en un campo vastísimo y aún no explorado ni descrito por la ciencia, y revelase a la Europa, a la Francia, tan ávida de fases nuevas en la vida de las diversas   5
porciones de la humanidad, este nuevo modo de ser que no tiene antecedentes bien marcados y conocidos. Hubiérase entonces explicado el misterio de la lucha obstinada que despedaza a aquella república; hubiéranse clasificado distintamente los elementos contrarios, invencibles, que se chocan; hubiérase asignado su parte a la configuración del terreno   10
y a los hábitos que ella engendra; su parte a las tradiciones españolas y a la conciencia nacional inicua, plebeya, que han dejado la inquisición y el absolutismo hispano; su parte a la influencia de las ideas opuestas que han trastornado el mundo político; su parte a la barbarie indígena; su parte a la civilización europea; su parte, en fin a la democracia consagrada por la   15
Revolución de 1810, a la igualdad, cuyo dogma ha penetrado hasta las capas inferiores de la sociedad.

Este estudio, que nosotros no estamos aún en estado de hacer, por nuestra falta de instrucción filosófica e histórica, hecho por observadores competentes habría revelado a los ojos atónitos de la Europa un mundo   20
nuevo en política, una lucha ingenua, franca y primitiva entre los últimos progresos del espíritu humano y los rudimentos de la vida salvaje, entre las ciudades populosas y los bosques sombríos.[8] Entonces se habría podido aclarar un poco el problema de la España, esa rezagada de Europa que, echada entre el Mediterráneo y el Océano, entre la Edad Media y el Siglo   25
XIX, unida a la Europa culta por un ancho istmo y separada del Africa bárbara por un angosto estrecho, está balanceándose entre dos fuerzas opuestas, ya levantándose en la balanza de los pueblos libres, ya cayendo en la de los despotizados, ya impía, ya fanática; ora constitucionalista declarada, ora despótica impudente, maldiciendo sus cadenas rotas a veces,   30
ya cruzando los brazos y pidiendo a gritos que le impongan el yugo, que parece ser su condición y su modo de existir. ¡Qué! ¿el problema de la España europea no podría resolverse examinando minuciosamente la España americana, como por la educación y hábitos de los hijos se rastrean las ideas y la moralidad de los padres? ¡Qué! ¿no significa nada para la   35
historia y la filosofía esta eterna lucha de los pueblos hispanoamericanos, esa falta supina[9] de capacidad política e industrial que los tiene inquietos y

---

6 Tocqueville, Alexis Clerel de (1805-1859), político e historiador francés, autor de *La democracia en América*.
7 *premunido:* precavido.
8 Nótese la dicotomía presentada como parte de la ingeniosa fórmula civilización y barbarie
9 *supina:* total, enorme.

revolviéndose sin norte fijo, sin objeto preciso, sin que sepan por qué no pueden conseguir un día de reposo, ni qué mano enemiga los echa y empuja en el torbellino fatal que los arrastra, mal de su grado, y sin que les sea dado sustraerse a su maléfica influencia? ¿No valía la pena de saber por qué en el Paraguay, tierra desmontada por la mano sabia del jesuitismo, un *sabio* educado en las aulas de la antigua Universidad de Córdoba[10] abre una nueva página en la historia de las aberraciones del espíritu humano, encierra a un pueblo en sus límites de bosques primitivos, y borrando las sendas que conducen a esta China recóndita, se oculta y esconde durante treinta años su presa en las profundidades del continente americano, y sin dejarle lanzar un solo grito, hasta que, muerto él mismo por la edad y la quieta fatiga de estar inmóvil pisando un pueblo sumiso, éste puede al fin, con voz extenuada y apenas inteligible, decir a los que vagan por sus inmediaciones: "¡vivo aún! pero ¡cuánto he sufrido!" *¡Quanum mutatus ab illo !*[11] ¡Qué transformación ha sufrido el Paraguay! ¡Qué cardenales y llagas ha dejado el yugo sobre su cuello que no oponía resistencia! ¿No merece estudio el espectáculo de la República Argentina, que después de veinte años de convulsión interna, de ensayos de organización de todo género, produce al fin, del fondo de sus entrañas, de lo íntimo de su corazón, al mismo doctor Francia en la persona de Rosas, pero más grande, más desenvuelto y más hostil, si se puede, a las ideas, costumbres y civilización de los pueblos europeos? ¿No se descubre en él el mismo rencor contra el elemento extranjero, la misma idea de la autoridad del gobierno, la misma insolencia para desafiar la reprobación del mundo, con más su originalidad salvaje, su carácter fríamente feroz y su voluntad incontrastable, hasta el sacrificio de la patria, como Sagunto y Numancia,[12] hasta abjurar el porvenir y el rango de nación culta, como la España de Felipe II[13] y de Torquemada?[14] ¿Es éste un capricho acci- dental, una desviación momentánea causada por la aparición en la escena de un genio poderoso, bien así como los planetas se salen de su órbita regular, atraídos por la aproximación de algún otro, pero sin sustraerse del todo a la atracción de su centro de rotación. que luego asume la preponderancia y les hace entrar en la carrera ordinaria?

10 Refiérese con la ironía de *sabio* al Dr. José Gaspar Rodríguez de Francia, quien instauró la dictadura del Paraguay entre 1816 y 1840.
11 Locución latina: "Cuan diferente de lo que era antes" (Virgilio, *Eneida*, II, 247).
12 *Sagunto y Numancia:* ciudades españolas, célebres por su heroica resistencia. Aníbal se apoderó de Sagunto después de un enconado sitio. Numancia fue destruida por Escipión Emiliano. Sus habitantes, los celtíberos, prefirieron morir antes que entregarse.
13 Felipe II, rey de España, hijo del emperador Carlos V; reinó de 1556 a 1598.
14 Torquemada, Tomás de (1420-1498), fraile dominico de origen judío que organizó la Inquisición.

M. Guizot[15] ha dicho desde la tribuna francesa: "Hay en América dos partidos: el partido europeo y el partido americano: éste es el más fuerte"; y cuando le avisan que los franceses han tomado las armas en Montevideo y han asociado su porvenir, su vida y su bienestar al triunfo del partido europeo civilizado, se contenta con añadir: "Los franceses son muy   5 entrometidos, y comprometen a su nación con los demás gobiernos". ¡Bendito sea Dios! M. Guizot, el historiador de la *Civilización* europea, el que ha deslindado los elementos nuevos que modificaron la civilización romana, y que ha penetrado en el enmarañado laberinto de la Edad Media para mostrar como la nación francesa ha sido el crisol en que se ha estado   10 elaborando, mezclando y refundiendo el espíritu moderno; M. Guizot, ministro del rey de Francia, da por toda solución a esta manifestación de simpatías profundas entre los franceses y los enemigos de Rosas: " ¡Son muy entrometidos los franceses!" Los otros pueblos americanos, que indiferentes e impasibles miran esta lucha y estas alianzas de un partido   15 argentino con todo elemento europeo que venga a   prestarle su apoyo, exclaman a su vez llenos de indignación: " ¡Estos argentinos son muy amigos de los europeos!" y el Tirano de la República Argentina se encarga oficiosamente de completarle la frase, añadiendo: " ¡traidores a la causa americana!" ¡Cierto! dicen todos; ¡Traidores! ésta es la palabra. ¡Cierto!   20 decimos nosotros ¡traidores a la causa americana, española, absolutista, bárbara! ¿No habéis oído la palabra salvaje que anda revoloteando sobre nuestras cabezas?[16] De eso se trata, de ser o no ser salvaje. Rosas, según esto, no es un hecho aislado, una aberración, una monstruosidad. Es, por el contrario, una manifestación social: es una fórmula de una manera de ser de   25 un pueblo. ¿Para qué os obstináis en combatirlo, pues, si es fatal, forzoso, natural y lógico? ¡Dios mío!, ¡para qué lo combatís!... ¿Acaso, porque la empresa es ardua, es por eso absurda? ¿Acaso porque el mal principio triunfa se le ha de abandonar resignadamente el terreno? ¿Acaso la civilización y la libertad son débiles hoy en el mundo, porque la Italia gima   30 bajo el peso de todos los despotismos,[17] porque la Polonia ande errante sobre la tierra mendigando un poco de pan y un poco de libertad?[18] ¡Por qué lo combatís!... ¿Acaso no estamos vivos los que después de tantos

---

[15] Guizot, François, historiador y político monarquista, ministro de Luis Felipe de Orléans. Escribió una obra valiosa: *De las conspiraciones y la justicia política.*

[16] Después de 1835 el dictador Rosas creó un fanatismo colectivo a fuerza de reiterar en su prensa y en toda comunicación oficial un lema para todos sus enemigos: "Viva la Santa Federación. Mueran los salvajes, inmundos, asquerosos unitarios".

[17] Después de 1815 fueron restauradas las antiguas dinastías italianas, dividiéndose la península bajo los protectorados de Austria y de Francia.

[18] Polonia estaba por entonces bajo el dominio de Rusia. En 1830 estalló una revolución nacional, pero el zar Nicolás logró aplastarla.

desastres sobrevivimos aún; o hemos perdido nuestra conciencia. de lo justo y del porvenir de la patria, porque hemos perdido algunas batallas? ¡Qué! ¿se quedan también las ideas entre los despojos de los combates? ¿Somos dueños de hacer otra cosa que lo que hacemos, ni más ni menos como Rosas no puede dejar de ser lo que es? ¿No hay nada de providencial en estas luchas de los pueblos? ¿Concedióse jamás el triunfo a quien no sabe perseverar? Por otra parte ¿hemos de abandonar un suelo de los más privilegiados de la América a las devastaciones de la barbarie, mantener cien ríos navegables abandonados a las aves acuáticas que están en quieta posesión de surcarlos ellas solas desde *ab initio*?[19] ¿Hemos de cerrar voluntariamente la puerta a la inmigración europea que llama con golpes repetidos para poblar nuestros desiertos, y hacernos, a la sombra de nuestro pabellón, pueblo innumerable como las arenas del mar? ¿Hemos de dejar ilusorios y vanos los sueños de desenvolvimiento, de poder y de gloria, con que nos han mecido desde la infancia los pronósticos que con envidia nos dirigen los que en Europa estudian las necesidades de la humanidad? Después de la Europa ¿hay otro mundo cristiano civilizable y desierto que la América? ¿Hay en la América muchos pueblos que estén, como el argentino, llamados por lo pronto a recibir la población europea que desborda como el líquido en un vaso? ¿No queréis, en fin, que vayamos a invocar la ciencia y la industria en nuestro auxilio, a llamarlas con todas nuestras fuerzas, para que vengan a sentarse en medio de nosotros, libre la una de toda traba puesta al pensamiento, segura la otra de toda violencia y de toda coacción? ¡Oh! ¡Este porvenir no se renuncia así no más! No se renuncia porque un ejército de veinte mil hombres guarde la entrada de la patria: los soldados mueren en los combates, desertan o cambian de bandera. No se renuncia porque la fortuna haya favorecido a un tirano durante largos y pesados años: la fortuna es ciega y un día que no acierte a encontrar a su favorito entre el humo denso y la polvareda sofocante de los combates, ¡adiós tirano! ¡adiós tiranía! No se renuncia porque todas las brutales e ignorantes tradiciones coloniales hayan podido más en un momento de extravío en el ánimo de masas inexpertas; las convulsiones políticas traen también la experiencia y la luz, y es ley de la humanidad que los intereses nuevos, las ideas fecundas, el progreso, triunfen al fin de las tradiciones envejecidas, de los hábitos ignorantes y de las preocupaciones estacionarias. No se renuncia porque en un pueblo haya millares de hombres candorosos que toman el bien por el mal; egoístas que sacan de él su provecho; indiferentes que lo ven sin interesarse: tímidos que no se atreven a combatirlo; corrompidos, en fin, que, conociéndolo, se entregan a él por inclinación al mal, por depravación; siempre ha habido en los pueblos todo esto, y nunca el mal ha triunfado definitivamente. No se renuncia porque los demás pueblos

---

[19] *ab initio:* "desde el principio".

americanos no puedan prestarnos su ayuda, porque los gobiernos no ven
de lejos sino el brillo del poder organizado, y no distinguen, en la
obscuridad humilde y desamparada de las revoluciones, los elementos
grandes que están forcejeando por desenvolverse; porque la oposición
pretendida liberal abjure de sus principios, imponga silencio a su   5
conciencia, y, por aplastar bajo su pie un insecto que importuna, huelle la
noble planta a que ese insecto se apegaba. No se renuncia porque los
pueblos en masa nos den la espalda a causa de que nuestras miserias y
nuestras grandezas están demasiado lejos de su vista para que alcancen a
conmoverlos. ¡No! No se renuncia a un porvenir tan inmenso, a una misión   10
tan elevada, por ese cúmulo de contradicciones y dificultades. ¡Las
dificultades se vencen, las contradicciones se acaban a fuerza de
contradecirlas!

Desde Chile, nosotros nada podemos dar a los que perseveran en la
lucha bajo todos los rigores de las privaciones y con la cuchilla   15
exterminadora, que como la espada de Damocles[20] pende a todas horas
sobre sus cabezas. ¡Nada! excepto ideas, excepto consuelos, excepto
estímulos, arma ninguna nos es dado llevar a los combatientes, si no es la
que la prensa libre de Chile suministra a todos los hombres libres. ¡La
prensa! ¡la prensa! He aquí, tirano, el enemigo que sofocaste entre nosotros.   20
He aquí el vellocino de oro[21] que tratamos de conquistar. He aquí cómo la
prensa de Francia, Inglaterra, Brasil, Montevideo, Chile, Corrientes[22], va a
turbar tu sueño en medio del silencio sepulcral de tus víctimas; he aquí que
te has visto compelido a robar el don de lenguas[23] para paliar el mal, don
que sólo fue dado para predicar el bien. He aquí que desciendes a   25
justificarte, y que vas por todos los pueblos europeos y americanos
mendigando una pluma venal y fratricida, para que por medio de la prensa
defienda al que la ha encadenado. ¿Por qué no permites en tu patria la

[20] *Damocles:* cortesano de Siracusa en la corte de Dionisio el Viejo (siglo IV a.C.). Para demostrarle el peligro en que estaba el país y el gobierno, el rey Dionisio dio un banquete en su honor. Damocles festejaba contento hasta que vio una espada suspendida sobre su cabeza por un simple cabello.
[21] Según la mitología griega, vellón de carnero que pendía de un roble sagrado, y custodiado por un enorme dragón. Fue conquistado por los argonautas, al frente de cuya expedición iba Jasón. La comparación simbólica de Sarmiento se refiere a la falta y garantías de una

prensa libre, cuyo obstáculo era el mismo Rosas o el dragón del mito.
[22] La provincia argentina de Corrientes estaba gobernada por el brigadier Pedro Ferré, federal, pero alejado de la política rosista.
[23] Comenta que "Rosas hizo publicar en varios idiomas, en Europa, artículos en su defensa" (Iber H. Verdugo, Facundo anotado, Buenos Aires, 1971, p. 60).

discusión que mantienes en todos los otros pueblos? ¿Para qué, pues, tantos millares de víctimas sacrificadas por el puñal; para qué tantas batallas, si al cabo habías de concluir por la pacífica discusión de la prensa? El que haya leído las páginas que preceden creerá que es mi ánimo trazar un cuadro apasionado de los actos de barbarie que han deshonrado el nombre de don Juan Manuel Rosas. Que se tranquilicen los que abriguen este temor. Aún no se ha formado la última página de esta biografía inmoral, aún no está llena la medida; los días de su héroe no han sido contados aún. Por otra parte, las pasiones que subleva entre sus enemigos son demasiado rencorosas aún para que pudieran ellos mismos poner fe en su imparcialidad o en su justicia.

Es de otro personaje de quien debo ocuparme. Facundo Quiroga es el caudillo cuyos hechos quiero consignar en el papel. Diez años ha que la tierra pesa sobre sus cenizas, y muy cruel y emponzoñada debiera mostrarse la calumnia que fuera a cavar los sepulcros en busca de víctimas. ¿Quién lanzó la bala oficial que detuvo su carrera? ¿Partió de Buenos Aires o de Córdoba? La historia explicará este arcano. Facundo Quiroga, empero, es el tipo más ingenuo del carácter de la guerra civil de la República Argentina, es la figura más americana que la Revolución presenta. Facundo Quiroga enlaza y eslabona todos los elementos de desorden que hasta antes de su aparición estaban agitándose aisladamente en cada provincia; él hace de la guerra local la guerra nacional, argentina, y presenta triunfante, al fin de diez años de trabajos, de devastaciones y de combates, el resultado de que sólo supo aprovecharse el que lo asesinó.

He creído explicar la revolución argentina con la biografía de Juan Facundo Quiroga, porque creo que él explica suficientemente una de las tendencias, una de las dos fases diversas que luchan en el seno de aquella sociedad singular.

Segunda Parte

XIII

Barranca Yaco

Terminada la expedición al Sur,[24] o, por mejor decir, desbaratada, porque no tenía verdadero plan ni fin real, Facundo se marchó a Buenos Aires acompañado de su escolta y de Barcala, y entra en la ciudad sin haberse tomado la molestia de anunciar a nadie su llegada. Estos procedimientos subversivos de toda forma recibida podrían dar lugar a muy largos comentarios si no fueran sistemáticos y característicos. ¿Qué

---

[24] El autor se refiere a la campaña contra los indios pampas que se inició en los primeros meses de 1833.

objeto llevaba a Quiroga esta vez a Buenos Aires?¿Es otra invasión que, como la de Mendoza, hace sobre el centro del poder de su rival?[25] El espectáculo de la civilización ¿ha dominado al fin su rudeza selvática, y quiere vivir en el seno del lujo y de las comodidades? Yo creo que todas estas causas reunidas aconsejaron a Facundo su mal aconsejado viaje a   5 Buenos Aires. El poder educa, y Quiroga tenía todas las altas dotes de espíritu que permiten a un hombre corresponder siempre a su nueva posición, por encumbrada que sea. Facundo se establece en Buenos Aires, y bien pronto se ve rodeado de los hombres más notables; compra seiscientos mil pesos de fondos públicos: juega a la alta y baja, habla con   10 desprecio de Rosas; declárase unitario entre los unitarios, y la palabra Constitución no abandona sus labios. Su vida pasada, sus actos de barbarie, poco conocidos en Buenos Aires, son explicados entonces y justificados por la necesidad de vencer, por la de su propia conservación. Su conducta es mesurada, su aire, noble e imponente, no obstante que   15 lleva *chaqueta,* el poncho terciado y la barba y el pelo enormemente abultados.

Quiroga, durante su residencia en Buenos Aires, hace algunos ensayos de su poder personal. Un hombre con cuchillo en mano no quería entregarse a un sereno. Acierta a pasar Quiroga por el lugar de la escena,   20 embozado en su poncho como siempre; párase a ver y súbitamente arroja el poncho, lo abraza e inmoviliza. Después de desarmado, él mismo lo conduce a la policía, sin haber querido dar su nombre al sereno, como tampoco lo dio en la policía, donde fue, sin embargo, reconocido por un oficial; los diarios publicaron al día siguiente aquel acto de arrojo. Sabe una   25 vez que cierto boticario ha hablado con desprecio de sus actos de barbarie en el interior. Facundo se dirige a su botica y lo interroga. El boticario se le impone y le dice que allí no está en las provincias para atropellar a nadie impunemente.[26] Este suceso llena de placer a toda la ciudad de Buenos Aires. ¡Pobre Buenos Aires, tan candorosa, tan engreída con sus   30 instituciones! ¡Un año más y seréis tratada con más brutalidad que fue tratado el interior por Quiroga! La policía hace entrar sus satélites a la habitación misma de Quiroga en persecución del huésped de la casa, y Facundo, que se ve tratado sin miramiento, extiende el brazo, coge el puñal, se endereza en la cama donde está recostado, y en seguida vuelve a   35 reclinarse y abandona lentamente el arma homicida. Siente que hay allí

---

[25] Indica la formidable marcha de Quiroga sobre esa provincia que defendía el coronel Videla Castillo, gobernado,r delegado del general J osé María Paz. Después del triunfo de Rodeo de Chacón (1831), Facundo se apodera de la ciudad.
[26] El nombre del osado boticario era Juan José Bosh, y el trance está menudamente contado por el general Tomás de Iriarte en su *Memorias,* Cap. VII.

otro poder que el suyo, y pueden meterlo en la cárcel si se hace justicia a sí mismo.

Sus hijos están en los mejores colegios; jamás les permite vestir sino de frac o levita, y a uno de ellos que intenta dejar sus estudios para abrazar
5 la carrera de las armas lo pone de tambor en un batallón hasta que se arrepiente de su locura. Cuando algún coronel le habla de enrolar en su cuerpo en clase de oficial a alguno de sus hijos: "Si fuera en un regimiento mandado por Lavalle[27] --contesta burlándose—, ya; ¡pero en estos cuerpos!..." Si se habla de escritores ninguno hay que, en su concepto,
10 pueda rivalizar con los Varela,[28] que tanto mal han dicho de él. Los únicos hombres honrados que tiene la República son Rivadavia y Paz;[29] ambos tenían las más sanas intenciones". A los unitarios sólo exige un secretario como el doctor Ocampo,[30] un político que redacte una Constitución, y con una imprenta se marchará a San Luis, y desde allí la enseñará a toda la
15 República en la punta de una lanza.

Quiroga, pues se presenta como el centro de una nueva tentativa de reorganizar la República; y pudiera decirse que conspira abiertamente, si todos estos propósitos, todas aquellas bravatas no careciesen de hechos que viniesen a darles cuerpo. La falta de hábitos de trabajo, la pereza de
20 pastor, la costumbre de esperarlo todo del terror, acaso la novedad del teatro de acción, paralizan su pensamiento, lo mantienen en una expectativa funesta, que lo compromete últimamente y lo entrega maniatado a su astuto rival. No han quedado hechos ningunos que acrediten que Quiroga se proponía obrar inmediatamente, si no son sus
25 inteligencias con los gobernadores del interior y sus indiscretas palabras repetidas por unitarios y federales sin que los primeros se resuelvan a fiar su suerte en manos como las suyas, ni los federales lo rechacen como desertor de sus filas.

[27] Juan Lavalle, general de los ejércitos de la Independencia y de la guerra con el Brasil, célebre por su arrojo. Combatió contra Rosas. Y como se sabe, don Ramón, uno de los hijos de Facundo, se alistó en las filas de Lavalle.
[28] Los hermanos Juan Cruz Varela y Florencio Varela, poetas y enemigos de Rosas. El primero es conocido por un vehemente y apasionado poema contra el tirano: "El veinticinco de mayo de 1838 en Buenos Aires".
[29] Bernardino Rivadavia, primer presidente de las Provincias Unidas del Río de la Plata (1826-1827). José María Paz (llamado también el "manco Paz"), el más clásico estratega militar, luchó en los ejércitos del Alto Perú contra los españoles y en la guerra del Brasil. Combatió a Quiroga y a Rosas. Padeció la prisión. Es autor de unas *Memorias póstumas* (1855).
[30] Francisco Ortiz de Ocampo, abogado y guerrero de la Independencia, nativo de La Rioja.

Y mientras tanto que se abandona así a una peligrosa indolencia, ve cada día acercarse la boa que ha de sofocarlo en sus redobladas lazadas. El año 1833, Rosas se hallaba ocupado en su fantástica expedición y tenía su ejército obrando al sur de Buenos Aires, desde donde observaba al gobierno de Balcarce. La provincia de Buenos Aires presentó poco 5 después uno de los espectáculos más singulares. Me imagino lo que sucedería en la tierra si un poderoso cometa se acercase a ella: al principio, el malestar general; después, rumores sordos, vagos; en seguida, las oscilaciones del globo atraído fuera de su órbita; hasta que al fin los sacudimientos convulsivos, el desplome de las montañas, el cataclismo, 10 traerían el caos que precede a cada una de las creaciones sucesivas de que nuestro globo ha sido teatro.

Tal era la influencia que Rosas ejercía en 1833. El gobierno de Buenos Aires se sentía cada vez más circunscripto en su acción, más embarazado en su marcha, más dependiente del Héroe del Desierto. Cada 15 comunicación de éste era un reproche dirigido a su gobierno, una cantidad exorbitante exigida para el ejército, alguna demanda inusitada; luego la campaña no obedecía a la ciudad, y era preciso poner a Rosas la queja de este desacato de sus edictos. Más tarde, la desobediencia entraba en la ciudad misma; últimamente, hombres armados recorrían las calles a caballo 20 disparando tiros, que daban muerte a algunos transeúntes. Esta desorganización de la sociedad iba de día en día aumentándose como un cáncer y avanzando hasta el corazón si bien podía discernirse el camino que traía desde la tienda de Rosas a la campaña, de la campaña a un barrio de la ciudad, de allí a cierta clase de hombres, los carniceros,[31] que eran los 25 principales instigadores.

El gobierno de Balcarce había sucumbido en 1833 al empuje de este desbordamiento de la campaña sobre la ciudad. El partido de Rosas trabajaba con ardor para abrir un largo y despejado camino al Héroe del Desierto, que se aproximaba a recibir la ovación merecida: el gobierno; 30 pero el partido federal de la *ciudad* burla, todavía, sus esfuerzos y quiere hacer frente. La Junta de Representantes se reúne en medio del conflicto que trae la acefalía del gobierno, y el general Viamonte,[32] a su llamado, se presenta con la prisa en traje de casa y se atreve aun a hacerse cargo del gobierno. Por un momento parece que el orden se restablece y la pobre 35 ciudad respira; pero luego principia la misma agitación, los mismos manejos, los grupos de hombres que recorren las calles, que distribuyen latigazos a los pasantes.

---

[31] Se refiere a los sicarios de Rosas. Véase Echeverría, "El Matadero", n. 19.
[32] Juan José Viamonte, militar y político. Combatió en las invasiones inglesas (1806) y en las guerras de la Independencia. Fue gobernador de Buenos Aires en 1821 y durante el período 1831-34.

Es indecible, el estado de alarma en que vivió un pueblo entero durante dos años, con este extraño y sistématico desquiciamiento. De repente se veían las gentes disparando por las calles, y el ruido de las puertas que se cerraban iba repitiéndose de manzana en manzana, de calle en calle. ¿De quién huían? ¿Por qué se encerraban a la mitad del día? ¡Quién sabe! Alguno había dicho que venían.... que se divisaba un grupo..., que se había oído el tropel lejano de caballos.

Una de estas veces marchaba Facundo Quiroga por una calle seguido de un ayudante, y al ver a estos hombres con frac que corren por las veredas, a las señoras que huyen sin saber de qué, Quiroga se detiene, pasea una mirada de desdén sobre aquellos grupos y dice a su edecán: "Este pueblo se ha enloquecido". Facundo había llegado a Buenos Aires poco después de la caída de Balcarce. "Otra cosa hubiera sucedido—decía—si yo hubiese estado aquí". —¿Y qué habría hecho, general?—le replicaba uno de los que escuchándole había—; Su Excelencia no tiene influencia sobre esta plebe de Buenos Aires". Entonces Quiroga, levantando la cabeza, sacudiendo su negra melena y despidiendo rayos de sus ojos, le dice con voz breve y seca: "¡Mire usted!, habría salido a la calle, y al primer hombre que hubiera encontrado, le habría dicho: ¡Sígame! ¡y ese hombre me habría seguido!" Tal era la avasalladora energía de las palabras de Quiroga, tan imponente su fisonomía, que el incrédulo bajó la vista aterrado, y por largo tiempo nadie se atrevió a despegar los labios.

El general Viamonte renuncia al fin, porque ve que no se puede gobernar, que hay una mano poderosa que detiene las ruedas de la administración. Búscase alguien que quiera reemplazarlo; se pide por favor a los más animosos que se hagan cargo del bastón, y nadie quiere; todos se encogen de hombros y ganan sus casas amedrentados. Al fin se coloca a la cabeza del gobierno el doctor Maza,[33] el maestro, el mentor y un amigo de Rosas, y creen haber puesto remedio al mal que los aqueja. ¡Vana esperanza! El malestar crece, lejos de disminuir.

En estas transacciones se hallaban la ciudad de Buenos Aires y Rosas, cuando llega la noticia de un desavenimiento entre los gobiernos de Salta, Tucumán y Santiago del Estero, que podía hacer estallar la guerra. Cinco años van corridos desde que los unitarios han desaparecido de la escena política, y dos desde que los federales de la ciudad, los lomos negros,[34] han perdido toda influencia en el gobierno; cuando más

---

[33] Manuel de Maza, gobernador interino en 1835. Fue asesinado por la Mazorca en las galerías de la Legislatura.
[34] *Lomo negro* (lomos negros): impugnación despectiva que los rosistas daban a los federales de principios republicanos, conciliadores y enemigos del poder absoluto. Es probable que el término tuviera sentido por la ropa que usaban, por lo común frac negro o gris. Los partidarios de Rosas, en cambio, vestían chaqueta colorada.

tienen valor para exigir algunas condiciones que hagan tolerable la capitulación. Rosas, entretanto que la ciudad se rinde a discreción, con sus constituciones, sus garantías individuales, con sus responsabilidades impuestas al gobierno, agita fuera de Buenos Aires otra máquina no menos complicada.   5

Sus relaciones con López,[35] de Santa Fe, son activas, y tiene además una entrevista en que conferencian ambos caudillos; el gobierno de Córdoba está bajo la influencia de López, que ha puesto a su cabeza a los Reinafé.[36] Invítase a Facundo a ir a interponer su influencia para apagar las chispas que se han levantado en el norte de la República; nadie sino él   10 está llamado para desempeñar esta misión de paz. Facundo resiste, vacila; pero se decide al fin. El 18 de diciembre de 1834 sale de Buenos Aires, y al subir a la galera dirige en presencia de varios amigos sus adioses a la ciudad. "Si salgo bien,—dice, agitando la mano—, te volveré a ver, si no, ¡adiós para siempre!" ¿Qué siniestros presentimientos vienen a asomar en   15 aquel momento su faz lívida en el ánimo de este hombre impávido?

Apenas ha andado media jornada, encuentra un arroyo fangoso que detiene la galera. El vecino maestro de posta acude solícito a pasarlo; se ponen nuevos caballos, se apuran todos los esfuerzos y la galera no avanza. Quiroga se enfurece, y hace uncir a las varas al mismo maestro de   20 posta. La brutalidad y el terror vuelven a aparecer desde que se halla en el campo, en medio de aquella naturaleza y de aquella sociedad semibárbara.

Vencido aquel primer obstáculo, la galera sigue cruzando la pampa como una exhalación; camina todos los días hasta las dos de la mañana y se pone en marcha de nuevo a las cuatro. Acompáñale el doctor Ortiz,[37]   25 su secretario, y un joven conocido[38] a quien a su salida encontró inhabilitado de ir adelante por la fractura de las ruedas del vehículo. En cada posta a que llega hace preguntar inmediatamente: ¿A qué hora ha pasado un chasque[39] de Buenos Aires?—Hace una hora—. ¡Caballos sin pérdida de momento!"—grita Quiroga. Y la marcha continúa. Para hacer   30

---

[35] Estanislao Lopez (1786-1838), gobernador vitalicio de la provincia de Santa Fe, amigo y aliado de Rosas.
[36] Los cuatro hermanos, José Vicente (gobernador), José Antonio, Guillermo y Francisco. Eran hijos de un comerciante irlandés, Queenfaith o Kennefick, que se estableció en el curato de Tulumba, al norte de la provincia de Córdoba.
[37] José Santos Ortiz, gobernador de la provincia de San Luis entre 1820 y 1829. A principios de 1834 vino a

Buenos Aires para reclamar una suma que él había anticipado para la administración de su provincia.
[38] El "joven conocido" resulta ser el doctor Miguel Piñero, cuyo destino era la ciudad de Córdoba. Véase la nota 42 que se debe al mismo Sarmiento.
[39] chasque (o chasqui): voz quechua, mensajero. En la región platense el gaucho o paisano en misión de chasque, usaron invariablemente el caballo.

más penosa la situación, parecía que las cataratas del cielo se habían abierto durante tres días la lluvia no cesa un momento, y el camino se ha convertido en un torrente.

Al entrar en la jurisdicción de Santa Fe la inquietud de Quiroga se aumenta, y se torna en visible angustia cuando en la posta de Pavón sabe que no hay caballos y que el maestro de posta está ausente. El tiempo que pasa antes de procurarse nuevos tiros es una agonía mortal para Facundo, que grita a cada momento: " ¡Caballos! ¡caballos!" Sus compañeros de viaje nada comprenden de este extraño sobresalto, asombrados de ver a este hombre, el terror de los pueblos, asustadizo y lleno de temores, al parecer quiméricos. Cuando la galera logra ponerse en marcha murmura en voz baja, como si hablara consigo mismo: "Si salgo del territorio de Santa Fe, no hay cuidado por lo demás". En el paso del río Tercero acuden los gauchos de la vecindad a ver al famoso Quiroga, y pasan la galera punto menos que a hombros.

Ultimamente llega a la ciudad de Córdoba a las nueve y media de la noche, una hora después del arribo del chasque de Buenos Aires, a quien ha venido pisando desde su salida. Uno de los Reinafé acude a la posta, donde Facundo está aún en la galera pidiendo caballos, que no hay en aquel momento. Salúdalo con respeto y efusión; suplícale que pase la noche en la ciudad, donde el gobierno se prepara a hospedarle dignamente. " ¡Caballos!", replica a cada manifestación de interés o solicitud de parte de Reinafé, que se retira al fin humillado, y Facundo parte para su destino a las doce de la noche. La ciudad de Córdoba, entretanto, estaba agitada por los más extraños rumores: los amigos del joven que ha venido por casualidad en compañía de Quiroga y que se queda en Córdoba, su patria, van en tropel a visitarlo. Se admiran de verlo vivo y le hablan del peligro inminente de que se ha salvado. Quiroga debía ser asesinado en tal punto; los asesinos son N. y N., las pistolas han sido compradas en tal almacén; han sido vistos N. y N. para encargarse de la ejecución, y se han negado. Quiroga los ha sorprendido con la asombrosa rapidez de su marcha pues no bien llega el chasque que anuncia su próximo arribo, cuando se presenta él mismo y hace abortar todos los preparativos. Jamás se ha premeditado un atentado con más descaro; toda Córdoba está instruida de los más mínimos detalles del crimen que el gobierno intenta, y la muerte de Quiroga es el asunto de todas las conversaciones.

Quiroga, en tanto llega a su destino, arregla las diferencias entre los gobernantes hostiles y regresa, por Córdoba, a despecho de las reiteradas instancias de los gobernadores de Santiago y Tucumán, que le ofrecen una gruesa escolta para su custodia, aconsejándole tomar el camino de Cuyo para regresar. ¿Qué genio vengativo cierra su corazón y sus oídos y le hace obstinarse en volver a desafiar a sus enemigos, sin escolta, sin medios adecuados de defensa? ¿Por qué no toma el camino de Cuyo, desentierra

sus inmensos depósitos de armas a su paso por La Rioja y arma las ocho
provincias que están bajo su influencia? Quiroga lo sabe todo; aviso tras
aviso ha recibido en Santiago del Estero; sabe el peligro de que su
diligencia lo ha salvado; sabe el nuevo y más inminente que le aguarda.
porque no han desistido sus enemigos del concebido designio. "¡A   5
Córdoba!", grita a los postillones al ponerse en marcha, como si Córdoba
fuese el término de su viaje.⁴⁰

Antes de llegar a la posta del Ojo de Agua, un joven sale del bosque y
se dirige hacia la galera, requiriendo al postillón que se detenga. Quiroga
asoma la cabeza por la portezuela y le pregunta lo que se le ofrece. "Quiero   10
hablar con el doctor Ortiz". Desciende éste y sabe lo siguiente: "En las
inmediaciones del lugar llamado Barranca-Yaco⁴¹ está apostado Santos
Pérez con una partida; al arribo de la galera deben hacer fuego de ambos
lados y matar en seguida de postillón arriba; nadie debe escapar; ésta es la
orden". El joven, que ha sido en otro tiempo favorecido por el doctor   15
Ortiz, ha venido a salvarlo, tiénele caballo allí mismo para que monte y se
escape con él; su hacienda está inmediata. El secretario, asustado, pone en
conocimiento de Facundo lo que acaba de saber y lo insta para que se
ponga en seguridad. Facundo interroga de nuevo al joven Sandivaras, le
da las gracias por su buena acción, pero lo tranquiliza sobre los temores   20
que abriga. "No ha nacido todavía—le dice con voz enérgica—el hombre
que ha de matar a Facundo Quiroga. A un grito mío esa partida mañana se
pondrá a mis órdenes y me servirá de escolta hasta Córdoba. Vaya usted,
amigo, sin cuidado".

Estas palabras de Quiroga, de que yo no he tenido noticia hasta este   25
momento, explicaban la causa de su extraña obstinación en ir a desafiar la
muerte. El orgullo y el terrorismo, los dos grandes móviles de su elevación,

⁴⁰ En la causa criminal seguida contra los cómplices de la muerte de Quiroga, el reo
Cabanillas declaró, en un momento de efusión, de rodillas, en presencia del doctor
Maza—degollado por los agentes de Rosas—que él no se había propuesto sino salvar
a Quiroga, que el 24 de diciembre había escrito a un amigo de éste, un francés, que le
hiciese decir a Quiroga que no pasase por el monte de San Pedro, donde él estaba
aguardándole con veinticinco hombres para asesinarlo por orden del gobierno; que
Toribio Junco—un gaucho de quien Santos Pérez decía: "Hay otro más valiente que
yo: es Toribio Junco"—había dicho al mismo Cabanillas que observando cierto
nerviosismo en la conducta de Santos Pérez, empezó a acecharlo hasta que un día lo
encontró arrodillado en la capilla de la Virgen de Tulumba, con los ojos arrasados de
lágrimas; que preguntándole la causa de su quebranto, le dijo: "Estoy pidiéndole a la
Virgen me ilumine sobre si debo matar a Quiroga, según me lo ordenan; pues me
presenta este acto como convenido entre los gobernadores López, de Santa Fe, y
Rosas, de Buenos Aires único medio de salvar la República..." (N. del A. a la edición
de 1851).
⁴¹ *Barranca Yaco:* significa "Barranca del Agua" *(yaco* es voz quechua por agua o
aguada).

lo llevan maniatado a la sangrienta catástrofe que debe terminar su vida. Tiene a menos evitar el peligro y cuenta con el terror de su nombre para hacer caer las cuchillas levantadas sobre su cabeza. Esta explicación me la daba a mí mismo antes de saber que sus propias palabras la habían hecho inútil.

La noche que pasaron los viajeros en la posta del Ojo de Agua es de tal manera angustiosa para el infeliz secretario que va a una muerte cierta e inevitable y que carece del valor y de la temeridad que anima a Quiroga, que creo no deber omitir ninguno de sus detalles, tanto mas cuanto que siendo, por fortuna, sus pormenores tan auténticos, sería criminal descuido no conservarlos, porque si alguna vez un hombre ha apurado todas las heces de la agonía; si alguna vez la muerte ha debido parecer horrible, es aquella en que un triste deber, el de acompañar a un amigo temerario, nos la impone, cuando no hay infamia ni deshonor en evitarla.[42]

El doctor Ortiz llama aparte al maestro de posta y le interroga encarecidamente sobre lo que sabe acerca de los extraños avisos que han recibido, asegurándole no abusar de su confianza. ¡Qué pormenores va a oír! Santos Pérez ha estado allí, con una partida de treinta hombres, una hora antes de su arribo; van todos armados de tercerola y sable; están ya apostados en el lugar designado; deben morir todos los que acompañan a Quiroga; así lo ha dicho Santos Pérez al mismo maestro de posta. Esta confirmación de la noticia recibida de antemano no altera nada la determinación de Quiroga, que después de tomar una taza de chocolate, según su costumbre, se duerme profundamente.

El doctor Ortiz gana también la cama no para dormir, sino para acordarse de su esposa, de sus hijos, a quienes no volverá a ver jamás. Y todo ¿por qué? Por no arrostrar el enojo de un temible amigo; por no incurrir en la tacha de desleal. A medianoche la inquietud de la agonía le hace insoportable la cama; levántase y va a buscar a su confidente: "¿Duermes, amigo? —le pregunta en voz baja—. ¡Quién ha de dormir, señor, con esta cosa tan terrible!—¿Conque no hay duda? ¡Qué suplicio el mío!—Imagínese, señor, cómo estaré yo, que tengo que mandar dos postillones, que deben ser muertos también. Esto me mata. Aquí hay un

---

[42] Tuve estos detalles del malogrado doctor Piñero, muerto en 1848, en Chile, pariente del doctor Ortiz, y compañero de viaje de Quiroga desde Buenos Aires hasta Córdoba. Es triste necesidad, sin duda, no poder citar los muertos, en apoyo de la verdad (N. del A. a la edición de 1851). Es posible que sea este doctor Piñeiro, entre otros argentinos que se presentaron a su encuesta, los que le transmitieran a Sarmiento el cantar popular sobre la muerte de Quiroga que él prosificó en forma más acicalada y extensa.

niño que es sobrino del sargento de la partida, y pienso mandarlo; pero el otro... ¿a quién mandaré? ¡A hacerlo morir inocentemente!" [43]
El doctor Ortiz hace un último esfuerzo para salvar su vida y la del compañero: despierta a Quiroga y le instruye de los pavorosos detalles que acaba de adquirir, significándole que él no le acompaña si se obstina 5 en hacerse matar inútilmente. Facundo, con gesto airado y palabras groseramente enérgicas, le hace entender que hay mayor peligro en contrariarlo allí que el que le aguarda en Barranca Yaco, y fuerza es someterse sin más réplica. Quiroga manda a su asistente, que es un valiente negro, a que limpie algunas armas de fuego que vienen en la galera y las 10 cargue; a esto se reducen todas sus precauciones.
Llega el día, por fin, y la galera se pone en camino. Acompáñanle, a más del postillón que va en el tiro, el niño aquel, dos correos que se han reunido por casualidad y el negro, que va a caballo. Llega al punto fatal, y dos descargas traspasan la galera por ambos lados, pero sin herir a nadie; 15 los soldados se echan sobre ella con los sables desnudos, y en un momento inutilizan los caballos y descuartizan al postillón, correos y asistente. Quiroga entonces asoma la cabeza, y hace por un momento vacilar a aquella turba. Pregunta por el comandante de la partida, le manda acercarse y a la cuestión de Quiroga "¿Qué significa esto?" recibe por toda 20 contestación un balazo en un ojo que lo deja muerto.
Entonces Santos Pérez atraviesa repetidas veces con su espada al malaventurado secretario, y manda, concluida la ejecución, tirar hacia el bosque la galera llena de cadáveres, con los dos caballos hechos pedazos y el postillón, que con la cabeza abierta se mantiene aún a caballo; "¿Qué 25 muchacho es éste?—pregunta viendo al niño de la posta, único que queda vivo—. Este es un sobrino mío—contesta el sargento de la partida—; yo respondo de él con mi vida". Santos Pérez se acerca al sargento, le atraviesa el corazón de un balazo, y en seguida desmontándose, toma de un brazo al niño, lo tiende en el suelo y lo degüella, a pesar de sus gemidos 30 de niño que se ve amenazado de un peligro.
Este último gemido del niño es, sin embargo, el único suplicio que martiriza a Santos Pérez. Después, huyendo de las partidas que lo persiguen, oculto entre las breñas de las rocas o en los bosques enmarañados, el viento le trae al oído el gemido lastimero del niño. Si a la 35 vacilante claridad de las estrellas se aventura a salir de su guarida, sus miradas inquietas se hunden en la oscuridad de los árboles sombríos para cerciorarse de que no se divisa en ninguna parte el bultito blanquecino del

---

[43] Se trataba de Luis Basualdo, un chico de 12 años, según confesión de Marcos Bustos, maestro de posta de Ojo de Agua, en el curato cordobés de Tulumba (cf. *Sumario de Córdoba*, Leg. 181, 1835, II, f.9 y ss.).

niño, y cuando llega al lugar donde hacen encrucijada los caminos, le arredra ver venir por el que él dejaba al niño animando su caballo. Facundo decía también que un solo remordimiento le aquejaba: ¡la muerte de los veintiséis oficiales fusilados en Mendoza!¿Quién es, mientras tanto, este señor Santos Pérez? Es el gaucho malo de la campaña de Córdoba, célebre en la sierra y en la ciudad por sus numerosas muertes, por su arrojo extraordinario, por sus aventuras inauditas. Mientras permaneció el general Paz en Córdoba, acaudilló las montoneras más obstinadas e intangibles de la sierra y por largo tiempo el pago de Santa Catalina fue una republiqueta adonde los veteranos del ejército no pudieron penetrar. Con miras más elevadas, habría sido el digno rival de Quiroga; con sus vicios sólo alcanzó a ser un asesino. Era alto de talle, hermoso de cara, de color pálido y barba negra y rizada. Largo tiempo fue después perseguido por la justicia, y nada menos que 400 hombres andaban en su busca. Al principio los Reinafé lo llamaron, y en la casa de gobierno fue recibido amigablemente. Al salir de la entrevista empezó a sentir una extraña descompostura de estómago, que le sugirió la idea de consultar a un médico amigo suyo, quien, informado por él de haber tomado una copa de licor que se le brindó, le dio un elixir que le hizo arrojar oportunamente el arsénico que el licor disimulaba.[44] Más tarde, y en lo más recio de la persecución, el comandante Casanovas, su antiguo amigo, le hizo significar que tenía algo de importancia que comunicarle. Una tarde, mientras que el escuadrón de que el comandante Casanovas era jefe hacía el ejercicio al frente de su casa, Santos Pérez se desmonta y le dice: "Aquí estoy; ¿qué quería decirme? —¡Hombre! Santos Pérez, pase por acá; siéntese.—¡No! ¿Para qué me ha hecho llamar?" El comandante, sorprendido así, vacila y no sabe qué decir en el momento. Su astuto y osado interlocutor lo comprende, y arrojándole una mirada de desdén y volviéndole la espalda, le dice: " ¡Estaba seguro de que quería agarrarme por traición! He venido para convencerme no más". Cuando se dio orden al escuadrón de perseguirlo, Santos había desaparecido. Al fin, una noche lo cogieron dentro de la ciudad de Córdoba, por una venganza femenil.

Había dado golpes a la querida con quien dormía; ésta, sintiéndolo profundamente dormido, se levanta con precaución, le toma las pistolas y el sable, sale a la calle y lo denuncia a una patrulla. Cuando despierta, rodeado de fusiles apuntados a su pecho, echa mano a las pistolas y no encontrándolas: " ¡Estoy rendido!—dice con serenidad—. ¡Me han

44 El episodio ocurrió en la casa del gobernador José Vicente Reinafé. Un oficio del 15 de octubre de 1835, indica que Santos Pérez había referido que trataron de eliminarlo mediante una copa de licor envenenado *(Sumario de Córdoba,* Leg. 181, III, f. 43). Según la *Causa Criminal* (Buenos Aires, 1837, pp. 303-4), vino a ser curado un mes después por los purgantes que le suministró el doctor Ignacio Novillo. Inquieta la sospecha que, si como dice Sarmiento le suministraron arsénico, el capitán hubiera entrado en menos de una hora en el descanso eterno.

quitado las pistolas!" El día que lo entraron en Buenos Aires, una muchedumbre inmensa se había reunido en la puerta de la Casa de Gobierno.

A su vista gritaba el populacho: *¡Muera Santos Pérez!* y él, meneando desdeñosamente la cabeza y paseando sus miradas por aquella 5 multitud, murmuraba tan sólo estas palabras: " ¡Tuviera aquí mi cuchillo!". Al bajar del carro que lo conducía a la cárcel, gritó repetidas veces: "¡Muera el tirano!"; y al encaminarse al patíbulo, su talla gigantesca, como la de Danton, dominaba la muchedumbre, y sus miradas se fijaban de vez en cuando en el cadalso como en un andamio de arquitectos. 10

El gobierno de Buenos Aires dio un aparato solemne a la ejecución de los asesinos de Juan Facundo Quiroga; la galera ensangrentada y acribillada de balazos estuvo largo tiempo expuesta a examen del pueblo y el retrato de Quiroga, como la vista del patíbulo y de los ajusticiados, fueron litografiados y distribuidos por millares, como también extractos del 15 proceso, que se dio a la luz en un volumen en folio. La historia imparcial espera todavía datos y revelaciones para señalar con su dedo al instigador de los asesinos.

JUAN MONTALVO

Maestro máximo de los espíritus libres y rebeldes, Juan Montalvo nació en la aldea de Ambato, Ecuador, en 1832. Se educó en Quito. En 1852 ingresó a la Universidad, pero interrumpió sus estudios de abogado para dedicarse a la poesía y el periodismo. A los veinticinco años fue nombrado en la legación ecuatoriana en París, donde conoció a Lamartine y se interesó vivamente por los escritores románticos. Montalvo fue siempre un soñador idealista. Escribió dramas y relatos. Era un estilista de vocablos distinguidos, pero como hizo notar Miguel de Unamuno, que siempre lo admiró, el panfleto político había llegado con él a su más alto grado de valor. Las ideas discursivas de Montalvo nacían de la democracia ateniense, de la Revolución francesa y la Constitución de los Estados Unidos. Se entiende así que al regresar al Ecuador en 1860, tuvo que chocar con otro titán de su talla, el dictador teocrático Gabriel García Moreno. Para combatirlo fundó en Quito el periódico *El cosmopolita. Su* prosa llega al insulto, al sarcasmo y la risa. Ve en el dictador al enemigo de su patria. Como Sarmiento frente a Rosas, odiaba la barbarie, el poder del clero, el caudillismo militar, la ignorancia, la injusticia y la pobreza. Cuando García Moreno fue asesinado, con esa altanería tan suya devorada por tantas amarguras, pudo comentar: "Mía es la gloria. ¡Mi pluma lo mató!".

La situación política, sin embargo, no podía mejorar. En 1877 el general Ignacio de Veintemilla llegó al poder, y Montalvo fue condenado al destierro. Nadie escribió por entonces una prosa más sangrienta y burlas satánicas como las que después el autor incluiría en *Las catilinarias* (1888). Satírico y violento, elegante y sutil, Montalvo le imputa al tiranuelo Veintemilla los siete pecados capitales de la corrupción. La obra narrativa del autor, la más ingeniosa, resultaría ser la que tituló *Capítulos que se le olvidaron a Cervantes,* obra póstuma. Montalvo murió en París en 1889. Y según se dice, esperó la muerte—ocasión solemne—vestido de frac.

EL COLMO DE LA VILEZA

Los pueblos que viven dentro de la jurisdicción de las hadas infaustas, sean grandes o pequeños, tienen la facultad de atraer sobre sí la vista de las demás naciones... las naciones, mientras más lloran, menos acreedoras son al aprecio de los pueblos dignos. La libertad no es un bien sino cuando es fruto de nuestros afanes: la que proviene del favor o la 5 conmiseración es ventaja infamante, a modo de esos bienes de fortuna mal habidos que envilecen al que goza de ellos, sin que le sea dado endulzarlos con el orgullo que la inteligencia y el trabajo suelen traer consigo. Pueblo que no tiene desahogo sino humilde queja, ni compasión merece. Mientras más ruin, más infeliz un hombre; un pueblo no tiene 10 derecho para llorar sus tribulaciones, cuando ellas no son enviadas inmediata y directamente por Dios, único caso en que debe sufrirlas con paciencia, pues, contra El no valen furias, ni sus decretos adolecen de injusticia; los males que derivan de la tiranía, tienen remedio, y a la mano. Pueblo es un vasto conjunto de individuos cuyas fuerzas reunidas no 15 sufren contrarresto: su voz es trueno, su brazo rayo. Emperadores y ejércitos, capitanes y soldados, tiranos y verdugos, todos caen, si ese gigante levanta su martillo... Todo pueblo merece su suerte, dice un severo juzgador de la especie humana; y es así: pues si es mala y no hace por mejorarla... 20

Toda infracción es delito, y no hay delito sin pena; las infracciones repetidas son culpas multiplicadas... El abuso triunfante, soberbio, inquebrantable, es tiranía... Tiranía no es tan sólo derramamiento de sangre humana; ... tiranía es el robo a diestro y siniestro; tiranía son impuestos recargados e innecesarios; tiranía son atropellos, insultos, allanamientos; 25 tiranía son bayonetas caladas de día y de noche contra los ciudadanos; tiranía son calabozos, grillos, selvas inhabitadas... La tiranía es fiera de cien ojos: ve a un lado y a otro, arriba y abajo, al frente y atrás... Patriotismo, amor a la libertad, deseo de ilustración pública, son enemigos de esa hija del demonio, a quien ofenden e irritan luces y virtudes. 30

Tiranía es monstruo de cien brazos: alárgalos en todas direcciones y toma lo que quiere: hombres, ideas, cosas, todo lo devora. Devora ideas ese monstruo; se come hasta la imprenta, degüella o destierra filósofos, publicistas, filántropos; esto es comerse ideas y destruirlas. El tesoro nacional, suyo es; la hacienda de las personas particulares, suya es; la 35 riqueza común, suya es...

Una tiranía fundada con engaño, sostenida por el crimen, yacente en una insondable profundidad de vicios y tinieblas, podrá prevalecer por algunos años sobre la fuerza de los pueblos. Las más de las veces, la culpa se la tienen ellos mismos; como todas las enfermedades y los males, al principio opone escasa resistencia. La tiranía es como el amor, comienza burlando, toma cuerpo si hay quien la sufre, y habremos de echar mano a las armas para contrarrestar al fin sus infernales exigencias.

5 La maldad de un gobernante puede consistir en su propia naturaleza; del ejercicio de ella, los que padecen en silencio son culpables. Ignacio Veintemilla[1] (¿qué es, quién es este desconocido que se llama Ignacio Veintemilla?) Ignacio Veintemilla principió engañando, hizo luego algunos ensayos groseros de despotismo... A boca llena, y de mil amores llamaba 10 yo tirano a García Moreno;[2] hay en ese adjetivo uno como título... Julio César fue tirano... pero ¡qué hombre! inteligencia, sabiduría, valor, todas las prendas y virtudes que endiosan al varón excelso... Napoleón fue también tirano, y en su vasta capacidad intelectual giraba el universo, rendidas las naciones al poder de su brazo... El individuo vulgar a quien saca de la 15 nada la fortuna y le pone sobre el trono... por más que derrame sangre, si la derrama con bajeza y cobardía, no será tirano; será malhechor, simple y llanamente...

Podemos decir que don Gabriel García Moreno fue tirano: inteligencia, audacia, ímpetu; sus acciones atroces fueron siempre consumadas con 20 admirable franqueza... Si García Moreno robó... lo hizo con habilidad y manera...

Ignacio Veintemilla no ha sido ni será jamás tirano: la mengua de su cerebro es tal que no va gran trecho de él a un bruto. Su corazón no late; se revuelca en un montón de cieno. Sus pasiones son las bajas, las insanas; 25 sus ímpetus, los de la materia corrompida e impulsada por el demonio. El primero soberbia, el segundo avaricia, el tercero lujuria, el cuarto ira, el quinto gula, el sexto envidia, el séptimo pereza; ésta es la caparazón de esa carne que se llama Ignacio Veintemilla.

Soberbia. Si un animal pudiera rebelarse contra el Altísimo, él se 30 rebelara y fuera a servir de rufián a Lucifer. "Yo y Pío IX"[3] "yo y Napoleón", éste es su modo de hablar...

El segundo avaricia. Dicen que ésta es pasión de los viejos, pasión ciega, arrugada, achacosa: excrecencia de la edad, sedimento de la vida, sarro innoble que cría en las paredes de esa vasija rota y sucia que se llama 35 vejez. Y este sarro pasa al alma, se aferra sobre ella y le sirve de lepra...

---

1 Militar y político ecuatoriano. El pronunciamiento de 1876, contra Antonio Borrero (después del asesinato de García Moreno), lo elevó a Jefe Supremo del Ecuador hasta 1883.
2 Gabriel García Moreno, dos veces dictador del Ecuador, desde 1861 a 1865 y de 1869 a 1875. Enemigo político de Montalvo, murió asesinado.
3 El Papa Pío IX (1846-1878). Luchó denodadamente por conservar los bienes temporales le la Iglesia de Roma. Padeció la destitución y el exilio.

El tercero lujuria. Este vicio nos tiene clavados a la tierra; a causa de él no son ángeles los individuos agraciados por el Creador con la inteligencia soberana que los eleva al cielo... Alejandro[4] decía que en dos cosas conocía no ser dios: en el sueño y en los empujes de los sentidos. Ignacio Veintemilla conoce que es ser humano en esas mismas cosas. Ser humano digo, por decoro de lenguaje; ... El sueño, suyo es; no hay sol ni luz para ese desdichado... Si se despierta y levanta a las dos de la tarde, es para dar rienda floja a los otros abusos de la vida... Da bailes con mujeres públicas... Pudor, santo pudor, divinidad tímida y vergonzosa, tú no te asomas por los umbrales de esas casas desnudas de virtudes, porque recibirías mil heridas por los oídos, por los ojos...

El cuarto ira. La serpiente no se hincha y enciende como ese basilisco. Un día un oficial se había tardado cinco minutos más de lo que debiera: presentóse el joven, ceñida la espada, a darle cuenta de su comisión; verle saltar sobre él, hartarle de bofetones, fue todo uno. La ira, en forma de llama infernal, volaba de sus ojos; en forma de veneno fluía de sus labios. Y se titulaba Jefe Supremo el miserable: ¡Jefe Supremo que se va a las manos, y da de coces a un subalterno que no puede defenderse!... Me llama ladrón, asesino, delincuente en mil maneras, porque bajo el ala de la Providencia, he podido escapar del calabozo, los grillos, el hambre, la muerte en el aspecto que aterra al más impávido. Siguiéndome está con el puñal; pero yo estoy vestido de un vapor impenetrable, vapor divino, que se llama ángel de la guarda. A un tirano antiguo *se le* había escapado una víctima, con haberse dado muerte por su propia mano; yo, huyendo al destierro, *me he escapado* también; y el destierro es la más triste de las penas...

El quinto gula. Los atletas o gladiadores comían cada uno como diez personas... la carne mataba en ellos el espíritu, y así eran unos como irracionales que tenían adentro muerta el alma... La inteligencia come poco: la virtud, menos; Epicuro[5] fue el corruptor de la antigüedad, y Sardanapalo[6] está allí como el patrón eterno de los infames para quienes no hay sino comer, beber y estarse hasta el cuello en la concupiscencia. Yo conozco a Sardanapalo: su pescuezo es cerviguillo de toro padre: sus ojos sanguíneos miran como los del verraco; su vientre enorme está acreditando allí un remolino perpetuo de viandas y licores incendiarios. Su comida dura cuatro horas: aborrece lo blando, lo suave: carne y mucha: carne de buey, carne de borrego, carne de puerco. Mezclad prudentemente, dice un autor, las viandas con los vegetales. Sardanapalo detesta los vegetales... Las sopas son de cobardes, las frutas de poetas, los

---

[4] Alejandro de Macedonia, llamado el Grande (356-323 A.C.).
[5] Filósofo griego (342?-270 A.C.).
[6] Legendario monarca asirio, célebre por su fastuosidad y lujuria. Sitiado en Nínive por los medos, incendió su palacio en el que murió con sus cortesanos.

dulces de mujeres: hombres comen carne... Ignacio Veintemilla da soga[7] al
que paladea un bocadito delicado, tiene por flojos a los que gustan de la
leche, se ríe su risa de caballo, cuando ve a uno saborear un albérchigo...
carne el primer plato, carne el segundo, carne el tercero; diez, veinte, treinta
5 carnes. ¿Se llenó? ¿se hartó? Vomita en el puesto y sigue comiendo para
beber, y sigue bebiendo para comer...
   El sexto envidia. Nelson[8] no tenía idea del miedo: cuando en su
presencia nombraban este ruin afecto, no le era dable saber cual fuese su
naturaleza. Hay asimismo seres agraciados por Dios con una mirada
10 especial, que no tienen nociones de la envidia; saben qué es, pero no la
experimentan por su parte... La envidia es una blasfemia; envidia es cólera
muda, venganza de dos lenguas que muerde al objeto de ella y al Hacedor,
dueño en verdad de los favores que irritan a los perversos. Dones de la
naturaleza, virtudes eminentes, méritos coronados, son puñal que bebe
15 sangre en el corazón del envidioso... Envidia es serpiente que está de día y
de noche tentando a los hombres con la fruta de perdición. ¡Cómela!
¡cómela! La come un desdichado, y mata a su semejante. Envidia, Caín[9]
armado de un hueso, tú no mueres jamás...
   El séptimo pereza. El movimiento es propiedad del espíritu: la
20 inteligencia vive en agitación perpetua. Tierra, luna, cuerpos sin vida, giran
sobre sí mismos raudamente... Los ríos corren, lentos unos, contoneándose
por medio de sus selvas; furibundos otros y veloces entre las rocas que los
echan al abismo quebrantados en ruidosas olas. Los vientos silban y pasan
por sobre nuestras cabezas.
25   Pereza es negación de las facultades del hombre: el perezoso es
nefando delincuente. No moverse, no trabajar, no cumplir con nuestro
deberes, comer, beber, dormir sin término, esto es ser perezoso; no despertar
ni erguirse sino para el pecado, esto es ser perverso. Ignacio Veintemilla
cultiva la pereza con actividad y sabiduría... Ese hombre imperfecto, ese
30 monte de carne echado en la cama. Es el Mar Muerto que parece estar
durmiendo eternamente, sin advertencia a la maldición del Señor que pesa
sobre él... Ignacio Veintemilla no se contenta con la bolsa; le quita la
camisa a la República, la deja en cueros, la pobre tonta: ¿por qué no se
defiende? El que se deja robar, pudiendo tomarse a brazos y dar en tierra
35 con el salteador, es vil que no tiene derecho a la queja... Los ojos para las
gallinazas,[10] la asadura para los perros, he aquí tu merecido, Ignacio de
Veintemilla. . .

---

[7] *dar soga:* en el Ecuador, amansar, sosegar.
[8] Horatio Nelson, almirante inglés que ganó las batallas de Abukir y de Trafalgar,
donde murió (1805).
[9] Según la *Biblia,* primogénito de los primeros padres. Fratricida de Abel *(Génesis,*
4, 8).
[10] *Gallinaza* (o gallinazo): buitre.

Probidad es en el hombre lo que honestidad en la mujer. No robarás. El que roba quebranta, pues, un mandamiento e incurre en la cólera divina. El Legislador no dice: no robarás a tu padre ni a tu madre, ni a tu prójimo, ni al Estado. Robar a la Nación es robar a todos; el que la roba es dos, cuatro, diez veces ladrón; roba al agricultor, al artesano, al artista; roba al   5 padre de familia; roba al profesor; roba al grande, roba al chico. Todos son contribuyentes del Estado; el que roba al Estado, a todos roba, y todos deben perseguirle por derecho propio y por derecho público.

Ignacio Veintemilla, tú eres el réprobo; tú eres el que no ama a Dios; tú el que jura su santo nombre en vano; tú el que no honra padre y madre,   10 puesto que los deshonras con crímenes y vicios; tú el que mata con lengua y con puñal; tú el que miente, levanta falso testimonio; tú el que roba... Maldito eres por todo esto, maldito; y por todo has de estar pálido, temblando en presencia del juez, cuando él te levante de tu propia ceniza con una voz, y te diga: veamos tu vida, llena de excrecencias maléficas,   15 negruras, abismos...

INDICACIONES BIBLIOGRAFICAS

Enrique Anderson Imbert, *El arte de la prosa de Juan Montalvo,* El Colegio de México, México, 1948.

Benjamín Carrión, *El pensamiento vivo de Montalvo,* Editorial Losada, B u e n o s Aires, 1967.

Esteban Echeverría, *Obras completas,* edición de Juan María Gutiérrez, E d i t o r a Carlos Casavalle, Buenos Aires,1870-1874.

Juan Carlos Ghiano, *"El matadero" de Echeverria y el costumbrismo,* C e n t r o Editor de América Latina, Buenos Aires, 1967.

Noé Jitrik, *El fuego de la especie,* Siglo XXI, Buenos Aires, 1972.

William Katra, *Domingo F. Sarmiento: Public Writer,* Center for Latin A m e r i c a n Studies, Arizona State University, 1985.

Juan Montalvo, *Las Catilinarias* (prólogo de Miguel de Unamuno), París, 1925.

Ricardo Rojas, *Historia de la Literatura Argentina,* t. II, Editorial Kraft, B u e n o s Aires, 1957.

Pablo Rojas Paz, *Echeverría, pastor de soledades,* Editorial Losada, Buenos Aires, 1951.

Domingo F. Sarmiento, *Facundo o civilización y barbarie,* Editorial Univers itaria de Buenos Aires, 1961.

Armando Zárate, *Facundo Quiroga, Barranca Yaco, juicios y testimonios,* Editorial Plus Ultra, Buenos Aires, 1985.

LAS MISERIAS DE LA GUERRA

La guerra constituye uno de los fenómenos más significativos en la historia del género humano. Hasta tiempos recientes la gloria de los pueblos se identificaba con la sangre vertida en los combates y con el triunfo de los hombres que forjaron la independencia, la unidad o la expansión colonial. La conquista de América se hizo todavía sobre conceptos implícitos en la mentalidad europea, que procedía de la Antiguedad, del héroe como ser divino, en la tradición de la universal poesía de Valmiki, Homero, La Biblia o Virgilio. Nadie puede inculpar que Alonso de Ercilla haya escrito su formidable epopeya chilena ni que Olmedo cantara la victoria de la gesta americana.

Pero la guerra, aun cuando el protagonista sea el pueblo, está sujeta a la crítica moral como al orden social *(Don Quijote,* I, 38). Se ha respondido con ideas de gloria o de injuria, desde el desprecio de Rousseau, como vómito del infierno, al regocijo de santa del Islam, a la fecunda y bella guerra de Hegel y los futuristas italianos. Con Hitler tuvo proporciones de abominable barbarie. Pero también se lucha contra la guerra, la tiranía, la miseria y la muerte. En América se volvió fratricida. Su historia está hecha de poderosos combatientes sin poder legítimo. Todos los pueblos, sin excepción, hablan la misma lengua, su cultura es indoespañola, se profesa el cristianismo, se tiene la misma legislación civil, y cada país cuenta con un territorio mayor del que necesita. Y sin embargo, Hispanoamérica sigue siendo ei lugar insensato y obligado de la guerra.

Tal reproche pudiera parecer injusto, si no existieran, desde hace más de un siglo, las reprobaciones del pensador Juan Bautista Alberdi. Hacia 1872 comenzó a redactar *El crimen de la guerra,* cuyos borradores se publicaron después de su muerte. Se sentía hondamente impresionado por lo que ocurría en el mundo entero. Había padecido la guerra argentina contra Rosas, y no podía omitir el sinsabor que dejaba la Guerra de Crimea, la de Secesión en los Estados Unidos, la Intervención francesa en México, la del Paraguay, que tanto le había herido, y la franco-prusiana cuyas consecuencias presenciaba.

No se habían superado aún en América los conflictos surgidos de la guerra civil, cuando la contienda se desplaza sobre las fronteras o llega de ultramar. En la región rioplatense nadie podía negar una visión pesimista y fastidiosa del conflicto, puesto que la victoria sobre el Paraguay no podía eximir del dolor o la piedad. Francisco Solano López, caudillo de muy absoluto poder (como sus congéneres, el doctor Francia, y después su padre, Carlos Antonio López), quería definir la contienda endémica con el Imperio del Brasil que amenazaba sus fronteras. Pero era demasiado bravucón para esperar. De un modo casi ciego, que aún no tiene debida elucidación, cometió el doble error de atacar a Pedro II cruzando el territorio argentino para doblegar primero en el Uruguay la invasión lusitana. Había ofendido a sus posibles aliados, cambió su suerte y fue el comienzo del fin. La Argentina, Brasil y Uruguay firmaron un tratado de ofensiva. Entre 1865 y 1870, la guerra fue a muerte, la más sangrienta que se recuerda entre países hermanos. Hubo una tregua. Pero el presidente Bartolomé Mitre no pudo convencer al mariscal López que renunciara, para impedir la invasión. El honor le impedía al tirano vitalicio aceptar la propuesta de su leal enemigo. Cuando finalmente el mariscal es asesinado en Cerro Corá por los brasileños, se le oyó rugir: " ¡Muero con mi patria!" Antes, había hecho matar a su hermano, al obispo y un ministro, porque habían osado desertar de aquel sacrificio inútil.

También por entonces la guerra estaría iniciada y epilogada por la intervención francesa que dispuso la ocupación de México. Como el presidente Benito Juárez había decidido suspender la deuda exterior, Napoleón III (el pequeño) hizo su plan. Un imperio en México, dirigido por él mismo, podía alcanzar hasta medio territorio de los Estados Unidos, haciendo un buen tratado con los sureños en la Guerra de Secesión. Contaba, además, con la casta aristocrática, la curia y el ejército de los conservadores mexicanos. En 1862 desembarcan los franceses en Veracruz. Con ellos venían negros del Sudán, de Nubia y de Abisinia. La población, espantada, suponía que eran antropófagos. La capital fue ocupada en 1863. Una Asamblea de Notables, que dispuso la monarquía, ofreció la corona imperial al archiduque Maximiliano de Habsburgo. Pero el horizonte iba a nublarse para el joven e iluso emperador. Los Estados Unidos, que habían concluido con su guerra civil, apoyaron a Juárez, indio duro y combativo. De pronto Maximiliano pierde el apoyo de Francia. Napoleón, acosado por Bismarck, pide el retorno de sus tropas. Más de mil hombres, cada mes, salen de Veracruz. Tres efímeros años iba a durar el segundo imperio mexicano. Las fuerzas republicanas recuperan la capital. Maximiliano cae prisionero. Los generales conservadores, Miramón y

Mejía lo esperan en el Cerro de las Campanas para seguirlo en el último viaje. Se cuenta que el emperador repartió entre el piquete de fusilamiento unas cuantas monedas de oro, suplicándoles que no hicieran blanco en el rostro. Cuando la descarga sonó en los valles de Querétaro, Maximiliano tomándose la cara cubierta de sangre, murmuró todavía estas palabras: "Hombre... hombre". Su cadáver, embalsamado, fue enviado al sepulcro imperial de los capuchinos en Viena. Ciertamente, en los dos extremos de América, la guerra había sido despiadada, una deplorable locura. Alberdi pudo decir su juicio histórico, como también Justo Sierra, en México, hizo la crónica de esta época. La poesía y la ficción evocaron, según su modo, los mismos sucesos históricos, para indicar las variedades del valor, el sacrificio o el dolor colectivo. Carlos Guido y Spano, el poeta argentino, escribió su elegía contra una guerra no querida, como Ignacio Manuel Altamirano, en nombre del pueblo invadido, urdió una historia de amor en el centro de la contienda.

JUAN BAUTISTA ALBERDI

Alberdi fue uno de los más ilustres prosistas de su generación. Nació en la provincia argentina de Tucumán en 1810. Estudió en el Colegio de Ciencias Morales de Buenos Aires, luego Derecho en las universidades de Córdoba y Montevideo, hasta actuar en los tribunales de Francia e Inglaterra.

Desde muy joven profesó la pasión de la literatura. Se alistó en la "Asociación de Mayo" de Echeverría, y desde 1837 dirigió *La Moda,* periódico de muy sutiles ideas sociológicas, que Rosas hizo prohibir. En 1838 emigró a Montevideo. Luego viajó por Europa y en 1844 se radicó en Chile, hasta la caída del dictador.

Su abundante obra reflexiva, polémica, teatral y novelística fue recogida entre 1886 y 1895 en veinticuatro tomos, reunidos con el título de *Obras y escritos póstumos.* Su prosa, de mucha hondura, fue creciendo con una significación política que hoy puede leerse sin restarle casi nada a la actualidad de su pensamiento. Se le culpó de ser un resentido, porque a la vez fue amigo y adversario de sus más ilustres contemporáneos. Pero nada puede mellar su altura. Uno de sus más importantes escritos, *Las bases,* tuvo una decisiva influencia en el ánimo de los constituyentes de 1853. Lo más admirable en él es el espíritu de realidad que le imprimía a su prosa y la visión clara que tenía de las circunstancias sociales. Melián Lafinur ha dicho con certeza: "Su prosa ostenta la limpidez soberana del sol. Pocos lenguajes tan aptos para la disquisición didáctica y el desarrollo teórico. No se le pida, en cambio, colorido ni vivacidad. Su estilo es como un mármol: pálido, inmóvil y sin vibración".

Alberdi polemizó con Mitre y con Sarmiento, y el lector queda convencido de la virtud de su palabra. Tenía una enorme fe en lo escrito, en el poder del pensamiento para modificar las costumbres y los principios morales de la política. Hoy, *El crimen de la guerra,* se lee con todo el interés de las obras permanentes. En 1863, elegido diputado por su provincia natal, regresó de su exilio. Pero siempre fue un ausente. Amaba la libertad con pasión de ideólogo, y la distancia, lejos del ardor de la sangre y el compromiso, le permitía acceder plenamente a la idea. Falleció en un hospital de París, el 19 de junio de 1884.

EL CRIMEN DE LA GUERRA

1

El crimen de la guerra. Esta palabra nos sorprende sólo en fuerza del gran hábito que tenemos de esta otra, que es la realmente incomprensible y monstruosa: *el derecho de la guerra,* es decir, el derecho del homicidio, del robo, del incendio, de la devastación en la más grande escala posible;
5 porque esto es la guerra, y si no es esto, la guerra no es la guerra:
 Estos actos son *crímenes* por las leyes de todas las naciones del mundo. La guerra los sanciona y convierte en actos honestos y legítimos, viniendo a ser en realidad la guerra el *derecho del crimen,* contrasentido espantoso y sacrílego, que es un sarcasmo contra la civilización.
10 Esto se explica por la historia. El derecho de gentes que practicamos es *romano* de origen, como nuestra raza y nuestra civilización.
 El derecho de gentes romano era el derecho del pueblo romano para con el extranjero.
 Y como el *extranjero* para el romano era sinónimo de *bárbaro* y de
15 *enemigo,* todo su derecho externo era equivalente al *derecho de la guerra.*
 El acto que era un crimen de un romano para con otro, no lo era de un romano para con el extranjero.
 Era natural que para ellos hubiese dos derechos y dos justicias,
20 porque todos los hombres no eran hermanos, ni todos iguales. Más tarde ha venido la moral cristiana, pero han quedado siempre las dos justicias del derecho romano, viviendo a su lado, como rutina más fuerte que la ley.
 Se cree generalmente que no hemos tomado a los romanos sino su *derecho civil:* ciertamente que era lo mejor de su legislación, porque era la
25 ley con que se trataban a sí mismos: la caridad en la casa.
 Pero en lo que tenían de peor es lo que más les hemos tomado, que es su derecho público externo e interno: el despotismo y la guerra, o más bien la guerra en sus dos fases.
 Les hemos tomado la guerra, es decir, el crimen como medio legal de
30 discusión, y sobre todo de engrandecimiento; la guerra, es decir, el crimen como manantial de la riqueza, y la guerra, es decir, siempre el crimen como medio de gobierno interior. De la guerra es nacido el gobierno de la espada, el gobierno militar, el gobierno del ejército, que es el gobierno de la fuerza sustituida a la justicia y al derecho como principio de autoridad. No

pudiendo hacer que lo que es justo sea fuerte, se ha hecho que lo que es fuerte sea justo. Todo pueblo en que el hombre es violento, es pueblo esclavo. La violencia, es decir la guerra, está en cada hombre, como la libertad vive en cada viviente, donde ella vive en realidad. 5

La paz no vive en los tratados ni en las leyes internacionales escritas; existe en la constitución moral de cada hombre, en el modo de ser que su voluntad ha recibido de la ley moral según la cual ha sido educado. El cristiano es el hombre de paz, o no es cristiano.

Que la humildad cristiana es el alma de la sociedad civilizada 10 moderna, a cada instante se nos escapa una prueba involuntaria. Ante un agravio contestado por un acto de generosidad, todos maquinalmente exclamamos: *¡qué noble! ¡qué grande!* Ante un acto de venganza, decimos al contrario: *¡qué cobarde! ¡qué bajo! ¡qué estrecho!* Si la gloria y el honor son del grande y del noble, no del cobarde, la gloria es del que 15 sabe vencer su instinto de destruir, no del que cede miserablemente a ese instinto animal. El grande, el magnánimo, es el que sabe perdonar las grandes y magnas ofensas. Cuanto más grande es la ofensa perdonada, más grande es la nobleza del que perdona.

Por lo demás, conviene no olvidar que no siempre la guerra es crimen; 20 también es la justicia cuando es el castigo del crimen de la guerra criminal. En la criminalidad internacional sucede lo que en la civil o doméstica: el homicidio es crimen cuando lo comete el asesino, y es justicia cuando lo hace ejecutar el juez.

Lo triste es que la guerra puede ser abolida como justicia, es decir, 25 como la pena de muerte de las naciones; pero abolirla como crimen es como abolir el crimen mismo, que, lejos de ser obra de la ley, es la violación de la ley. En esta virtud, las guerras serán progresivamente más raras por la misma causa que disminuye el número de crímenes la civilización moral y material, es decir, la mejora del hombre. 30

2

Por lo general, en Sud América, la guerra no tiene más que un objeto 35 y un fin, aunque lo cubran mil pretextos: es el interés de ocupar y poseer el poder. El poder es la expresión más algebraica y general de todos los goces y ventajas de la vida terrestre, y se diría que de la vida futura misma, al ver el ahínco con que lo pretende el gobierno de la Iglesia, es decir, de la grande asociación de las almas. 40

Falta saber, ¿dónde y cuándo no ha sido ése el motivo secreto y motor de todas las guerras de los hombres?

El que pelea por límites, pelea por la más o menos extensión de su poder. El que pelea por la independencia nacional o provincial, pelea por ser el poseedor del poder que retiene el extranjero. El que pelea por el establecimiento de un gobierno mejor que el que existe, pelea por tener parte en el nuevo gobierno. El que pelea por derechos y libertades, pelea por la extensión de su poder personal, porque el *derecho es la facultad* o *poder* de disponer de algún bien. El que pelea por la sucesión de un derecho soberano, pelea naturalmente en el interés de poseerlo en parte.

¿Qué es el poder en su sentido filosófico?—La extensión del yo, el ensanche y alcance de nuestra acción individual y colectiva en el mundo que sirve de teatro a nuestra existencia. Y como cada hombre y cada grupo de hombres busca el poder por una necesidad de su naturaleza, los conflictos son la consecuencia de esa identidad de miras; pero tras esa consecuencia viene otra, que es la paz o solución de los conflictos por el respeto del derecho o ley natural por el cual el poder de cada uno es el límite del poder de su semejante.

Habrá conflictos mientras haya antagonismos de intereses y voluntades entre los seres semejantes; y los habrá mientras sus aspiraciones naturales tengan un objeto común e idéntico.

Pero esos conflictos dejarán de existir por su solución natural, que reside en el respeto del derecho que protege a todos y a cada uno. Así los conflictos no tendrán lugar sino para buscar y encontrar esa solución, en que consiste la paz, o concierto y armonía de todos los derechos semejantes.

3

El primer efecto de la guerra—efecto infalible—es un cambio en la constitución interior del país en detrimento de su libertad, es decir, de la participación del pueblo en el gobierno de las cosas. Este resultado es grave, pues desde que sus cosas dejen de ser conducidas por él mismo, sus cosas irán mal.

La guerra puede ser fértil en victorias, en adquisiciones de territorios, de preponderancia, de aliados sumisos y útiles; ella cuesta siempre la pérdida de su libertad al país que la convierte en hábito y costumbre .

Y no puede dejar de convertirse en hábito permanente una vez comenzada, pues en lo interior como en lo exterior la guerra vive de la guerra.

Ella crea al soldado, la gloria del soldado, el héroe, el candidato, el ejército y el soberano.

Este soberano, que ha debido su ser a la espada, y que ha resuelto por ella todas las cuestiones que le han dado el poder, no dejará ese instrumento para gobernar a sus gobernados en cambio de la razón que de nada le ha servido.

Así todo el país guerrero acaba por sufrir la suerte que él pensó infligir a sus enemigos por medio de la guerra. Su poder soberano no pasará a manos del extranjero, pero saldrá siempre de sus manos para quedar en las de esa especie de Estado en el Estado, en las de ese pueblo aparte y privilegiado que se llama el *ejército*. La soberanía nacional se personifica 5 en la soberanía del ejército, y el ejército hace y mantiene los emperadores que el pueblo no puede evitar.

La guerra trae consigo la ciencia y el arte de la guerra, el soldado de profesión, el cuartel, el ejército, la disciplina, y a la imagen de este mundo excepcional y privilegiado, se forma y amolda poco a poco la sociedad 10 entera. Como en el ejército, la individualidad del hombre desaparece en la unidad de la masa, y el Estado viene a ser como el ejército, un ente orgánico, una unidad compuesta de unidades, que han pasado a ser las moléculas de ese grande y único cuerpo que se llama el Estado, cuya acción se ejerce por intermedio del ejército y cuya inteligencia se 15 personaliza en la del soberano.

He ahí los efectos políticos de la guerra, según lo demuestra la historia de todos los países y el más simple sentido común.

A la pérdida de la libertad sigue la pérdida de la riqueza como efecto necesario de la guerra; y con sólo esto es ya responsable de los dos más 20 grandes crímenes, que son: esclavizar y empobrecer a la nación, si estas calamidades son dos y no una sola.

La riqueza y la libertad son dos hechos que se suponen mutuamente. Ni puede nacer ni existir la riqueza donde falta la libertad, ni la libertad es comprensible sin la posesión de los medios de realizar su voluntad propia. 25

La libertad es una, pero tiene mil faces. De cada faz hace una libertad aparte nuestra facultad natural de abstraer. De la tiranía, que no es más que el polo negativo de la libertad, se puede decir otro tanto. Examinadlo bien: donde una libertad esencial del hombre está confiscada, es casi seguro que están confiscadas todas. Paralizad la libertad del pensamiento, que es la faz 30 suprema y culminante de la libertad multíplice, y con sólo eso dejáis sin ejercicio la libertad de conciencia o religiosa, la libertad política, las libertades de industria, de comercio, de circulación, de asociación, de publicación, etcétera.

La guerra quita a la agricultura, a la industria y al comercio sus 35 mejores brazos, que son los más jóvenes y fuertes, y de productores y creadores de la riqueza que esos hombres debían ser, se convierten, por las necesidades del orden militar, no en meros consumidores estériles, sino además en destructores de profesión, que viven del trabajo de los menos fuertes, como un pueblo conquistador vive de un pueblo conquistado. 40

4

Ninguna de las causas ordinarias de la guerra en Europa, existe en la América del Sud. Las dieciséis Repúblicas que la pueblan hablan la misma lengua, son la misma raza, profesan la misma religión, tienen la misma forma de gobierno, el mismo sistema de pesas y medidas, la misma legislación civil,
5   las mismas costumbres, y cada una posee cincuenta veces más territorio que el que necesita.

A pesar de esa rara y feliz uniformidad, la América del Sud es la tierra clásica de la guerra, en tal grado que ha llegado a ser allí el estado normal, una especie de forma de gobierno, asimilada de tal modo con todas las
10   fases de su vida actual, que a nadie se le ocurre que allí en la guerra pueda ser un crimen.

Y sin embargo, si hay en la tierra un lugar donde sea un crimen, es la América del Sud; desde luego, porque sus condiciones de homogeneidad le quitan a la guerra toda razón de ser, y en seguida porque la guerra se
15   opone de frente a la satisfacción de la necesidad capital de ese continente desierto, que es la de poblarse, como la América del Norte, con las inmigraciones de la Europa civilizada, que no van a donde hay guerra. La guerra debe allí a una causa especial su falso prestigio, y es que el grande hecho de civilización que Sud América ha realizado en este siglo es la
20   revolución y la guerra de su independencia.

Aunque la independencia tenga otras causas naturales, que son bien conocidas, la guerra se lleva ese honor, que lisonjea e interesa a los pueblos de Sud América.

La guerra que tuvo por objeto la conquista de la *libertad exterior,* es
25   decir, de la *independencia y* autonomía del pueblo americano respecto de la Europa, ha degenerado en lo que más tarde ha tenido por objeto, o por pretexto, la conquista de la *libertad interior.* Pero como estas dos libertades no se conquistan por los mismos medios, buscar el establecimiento de la libertad interior por la guerra, en lugar de buscarlo
30   por la paz, es obligar a la tierra a que produzca trigo a fuerza de agitarla y revolverla continuamente, es decir, a fuerza de impedir que ella lo produzca.

La guerra pudo producir la destrucción material del gobierno español en América, en un corto período: esto se concibe. Pero jamás podría tener
35   igual eficacia en la creación de un gobierno libre, porque el gobierno libre es el país mismo gobernándose a sí mismo; y el gobierno de sí mismo es una educación, es un hábito, es toda una vida de aprendizaje libre.

La guerra civil permanente ha producido allí su resultado natural, la desaparición de la libertad interior, y en los más agitados de esos países, la
40   casi desaparición de su libertad exterior, es decir, su independencia.

No hay más que dos Estados que hayan logrado establecer su
libertad interior, y son los que la han buscado y obtenido al favor de la paz
excepcional de que han gozado desde su independencia. Chile y el Brasil
han probado en la América del Sud lo que la América del Norte nos
demuestra hace setenta años: que la paz es la causa principal de su grande   5
libertad, y que ambas son la causa de su gran prosperidad.

5

El *derecho internacional* será una palabra vana mientras no exista
una autoridad internacional capaz de convertir ese derecho en ley y de
hacer de esta ley un hecho vivo y palpitante. Será lo que sería el *código
civil* de un Estado que careciese absolutamente de gobierno y de
autoridades civiles: un catecismo de moral o de religión; lo que es el   15
código de la civilización o buenas maneras actualmente: ley que uno
sigue o desconoce a su albedrío. Cada casa, cada familia, cada hombre
tendrían que vivir armados para hacerse respetar en sus derechos de
propiedad, vida, libertad, etcétera.

Así el problema del derecho internacional no consiste en investigar   20
sus principios y preceptos, sino en encontrar la autoridad que los
promulgue y los haga observar como ley.

Pero tal autoridad no existirá ni podrá jamás existir, mientras no exista
una asociación que de todas las naciones unidas forme una especie de
grande Estado complejo tan vasto como la humanidad, o cuando menos   25
como los continentes en que se divide la Tierra, que sirve de morada
común al género humano. Lo que digo de un inglés y un francés lo aplico
a los individuos de todas las naciones de la Europa.

Esta sociedad de sociedades no está formada, pero está en formación
y acabará por ser un hecho más o menos acabado, pero más completo que   30
lo ha sido antes de ahora, por la acción de una ley natural que impele a
todos los pueblos en el sentido de esa última faz de su vida social y
colectiva, cuyo primer grado es la familia y cuyo último término es la
humanidad.

6

La misma *ciencia* del derecho internacional, lejos de ser la causa y
origen de esa unidad de las naciones, es un resultado y síntoma de ello.   40
Las luces de la ciencia han podido concurrir al logro creciente de ese
resultado, pero más que la ciencia del derecho internacional propiamente
dicho, han contribuido los que en otras ciencias físicas y morales han

encontrado el medio de acercar a los pueblos entre sí mismos hasta formar la gran asociación que constituye el *mundo civilizado.*

Son estos obreros de la unidad del género humano los verdaderos padres y creadores del derecho internacional, más bien que no lo son los sabios y publicistas ocupados en escribir la ley ya existente y viva, según la cual se produce y alimenta la existencia de toda asociación de hombres.

Para dar una idea de esta falange de obreros indirectos del derecho internacional. como obreros directos que son de la unidad del género humano, citaremos:

—Al descubridor ignoto de la brújula;

—A *Cristóbal Colón,* descubridor del nuevo mundo;

—*Vasco de Gama,* descubridor del camino naval que une al Oriente con el Occidente;

—*Gutenberg,* el descubridor de la imprenta, que es el ferrocarril del pensamiento;

—*Fulton,* el inventor del buque de vapor;

—*Stephenson,* el inventor de la locomotiva, que simboliza todo el valor del ferrocarril;

—El teniente *Mauren,* creador de la geografía de la mar, esta parte de la tierra en que todas las naciones son compatriotas y copropietarios.

—*Hughes y Morse,* por cuyos aparatos telegráficos todos los pueblos del globo están presentes en un punto;

—*Lesseps,*[1] el nuevo Vasco de Gama, que reúne el mérito de haber creado a las puertas de la Europa el camino de Oriente que el otro descubrió en un extremo del Africa;

—*Cobden,* el destructor de las aduanas, más aislantes que las cordilleras y los istmos.

Estos y los de su falange tendrán más parte que los autores del derecho internacional en la formación del *pueblo-mundo,* que ha de producir la autoridad o gobierno universal, sin el cual no es la ley de las naciones más eficaz que cualquiera otra ley de Dios o religión por santa y bella que sea.

En derecho internacional como en toda especie de derecho, la cuestión principal no es conocerlo, sino practicarlo como hábito y costumbre, tal vez sin conocerlo.

Los pueblos son los árbitros de la gloria: ellos la dispensan, no los reyes. La gloria no se hace por decretos; la gloria oficial es ridícula. La gloria popular es la gloria por esencia. Luego los pueblos, con sólo el manejo de este talismán, tienen en su mano el gobierno de sus propios destinos. En faz de las estatuas con que los reyes glorifican a los cómplices de sus devastaciones, los pueblos tienen el derecho de erigir las estatuas de

[1]Fernando de Lesseps (1805-1894), diplomático francés. Abrió el Canal de Suez e intentó abrir el de Panamá (Véase el capítulo *Defensa de la hispanidad,* infra, n.1).

los gloriosos vencedores de la oscuridad, del espacio, del abismo de los mares, de la pobreza, de las fuerzas de la naturaleza puestas al servicio del hombre, como el calor, la electricidad, el gas, el vapor, el fuego, el agua, la tierra, el hierro, etcétera.

Los nobles héroes de la ciencia, en lugar de los bárbaros héroes del sable. Los que extienden, ayudan, realizan, dignifican la vida, no los que la suprimen so pretexto de servirla; los que cubren de alegría, de abundancia, de felicidad las naciones, no los que incendian, destruyen, empobrecen, enlutan y sepultan.

7

Los países libres no tienen grandes ejércitos permanentes, porque no necesitan de ellos para vencer sobre sí mismos su propia autoridad, y son los que viven en paz más permanente porque no necesitan guerras para ocupar ejércitos, que no tienen ni necesitan tener. Son ejemplos de esta verdad la Inglaterra, los Estados Unidos, la Holanda, etc., y de la verdad contraria es una prueba histórica el ejemplo de todos los gobiernos tiránicos y despóticos, que viven constantemente en guerras suscitadas y sostenidas por sistema, para justificar dos misterios de política interior: la necesidad de mantener un fuerte ejército, que es toda la razón de su poder sobre el país; y un estado de crisis y de indisposición permanente que autorice el empleo de medios excepcionales de formar y sostener el ejército y de suscitar las guerras que su empleo exterior hace necesarias.

Así, para llegar a la posesión y goce de una paz permanente, y suprimir, en cierto modo, la guerra, el camino lógico y natural es la disminución y supresión de los ejércitos; y para llegar a suprimir los ejércitos, no hay otro medio que el establecimiento de la libertad del país entendida a la inglesa o la norteamericana, la cual consiste en el gobierno del país por el país; pues basta que el país tome en sus manos su propio gobierno, para que se guarde de prodigar su sangre y su oro en formar ejércitos para hacer guerras que se hacen siempre con la sangre y el oro del país, es decir, siempre en su pérdida, y jamás en su ventaja.

CARLOS GUIDO Y SPANO

Nació en Buenos Aires en 1827 y falleció nonagenario en la ciudad natal en 1918. Descendiente del general Tomás Guido, guerrero de la Independencia, fue llevado por su padre a Río de Janeiro, al ser nombrado embajador en aquella capital. En 1848 viajó a París con el fin de asistir a su hermano Daniel, gravemente enfermo. Después de la caída de Rosas, simpatizó con la causa federal de las provincias, y alcanzó el ministerio de Relaciones Exteriores durante la presidencia de Santiago Derqui. Pero el poeta no estaba hecho para la lucha fratricida, renunció, y pasó una vez más al Brasil. Desde entonces, entre viajes y alternativas, transcurrió su existencia, dedicada casi enteramente a la poesía.

Guido y Spano había comenzado a versificar desde muy joven, pero su verdadera actuación literaria es posterior a la federalización que declaró a Buenos Aires capital de la República (1880). Para entonces había nacido una nueva generación capaz de comprender su arte, en cierto modo refinado, elegante y popular. *Hojas al viento* (1871), su primer volumen de versos, recoge composiciones desde 1854; le siguen *Ecos lejanos* (1895) y las *Obras completas,* reunidas por él mismo (1911). Es justo recordar su bello libro de prosas, *Ráfagas,* que publicó en 1879.

Guido y Spano no es propiamente un poeta civil, sino más bien un lírico de sentimientos cotidianos, con ideales de nobleza y virtud. La fineza de su sensibilidad y de su arte mesurado lo diferencian de los coloniales, de los revolucionarios, de los románticos. Era ya un modernista. Pero no falta en su ternura, su denuncia social, como fue tradición en los poetas y prosistas rioplatenses. Fue, además, un formidable polemista que escribió un folleto célebre en su tiempo, titulado *El gobierno y la Alianza* (1866). Era un enjuiciamiento severo contra los países, el suyo mismo, que atacaron la nación guaraní. Testimonio de la injusta guerra, el poeta escribió "Nenia", una elegía de intensa lágrima en honor de los vencidos. Breve poema de inesperado colorido bilingüe, contiene el vuelo y el sabor de la poesía americana.

NENIA

En idioma guaraní
una joven paraguaya
tiernas endechas ensaya
cantando en el arpa así,
5   en idioma guaraní:

¡Llora, llora, urutaú,[1]
en las ramas del yatay![2]
Ya no existe el Paraguay,
donde nací como tú:
10   ¡llora, llora, urutaú!

En el dulce Lambaré[3]
feliz era en mi cabaña;
vino la guerra y su saña
no ha dejado nada en pie
15   en el dulce Lambaré.

Padre, madre, hermanos, ¡ay!
todo en el mundo he perdido;
en mi corazón partido
sólo amargas penas hay.
20   Padre, madre, hermanos, ay!

De un verde ubirapitá,
mi novio, que combatió
como un héroe en el Timbó[4]
al pie sepultado está
25   ¡de un verde ubirapitá!

[1] *urutaú:* pájaro semejante al búho, que vive en las regiones selváticas del Río de la Plata. Cantor nocturno y ave agorera, gimotea con voz humana.
[2] *yatay:* palmera de gran altura, de palmitos comestibles.
[3] *Lambaré:* nombre del cacique que residía en el actual asiento de Asunción cuando llegaron los primeros conquistadores españoles.
[4] *Timbó:* fortaleza paraguaya localizada junto al río de ese nombre. Fue abandonada en 1868 durante las acciones de guerra.

Rasgado el blanco tipoy[5]
tengo en señal de mi duelo,
y en aquel sagrado suelo
de rodillas siempre estoy,
5   rasgado el blanco tipoy.

Lo mataron los cambá[6]
no pudiéndolo rendir;
él fue el último en salir
de Curuzú[7] y Humaitá[8].
10   ¡Lo mataron los cambá!

¡Por qué, cielos, no morí
cuando me estrechó triunfante
entre sus brazos mi amante
después de Curupaití![9]
15   ¡Por qué, cielos, no morí!

¡Llora, llora, urutaú,
en las ramas del yatay!
Ya no existe el Paraguay
donde nací como tú:
20   ¡llora, llora, urutaú!

---

[5] *tipoy:* túnica o camisa larga, sin cuello ni mangas, que usan las indias y campesinas.
[6] *cambá:* (los): negro, soldado brasileño.
[7] Curuzú: lugar donde ocurrió la batalla, con el triunfo de los aliados, el 3 de septiembre de 1866.
[8] *Humaitá:* plaza fuerte situada al sur de Asunción, tomada en 1868 por los ejércitos aliados, después de tres años de sitio.
[9] *Curupaití:* batalla que tomó lugar el 22 de septiembre de 1866 con resonante triunfo paraguayo, cuyo asalto de las trincheras a gran altura, le costó a los argentinos una verdadera matanza de gauchos, donde muchos se inmolaron.

IGNACIO MANUEL ALTAMIRANO

Indio mexicano de raza pura, que compartió la pobreza y sirvió de lazarillo a su padre ciego, Altamirano nació en la población de Texila, hoy ciudad Guerrero, en 1834, y murió ya consagrado por el público, en San Remo, Italia en 1893.

Gracias a una ley estatal, pudo educarse en el Instituto Literario de Toluca. Desde 1854 componía versos, pero no los daba a conocer. Era, como Juárez, militante de la Reforma, y al sobrevenir la invasión francesa, combatió al enemigo. Al final, estuvo en el sitio de Querétaro, a las órdenes de Vicente Riva Palacio, escritor que también nos ha dejado modestas crónicas de la contienda.

En 1880 decide publicar su volumen de versos, *Rimas,* de evocaciones descriptivas. Su círculo novelístico, y también lo más destacable, se reduce a tres obras: *Clemencia* (1869), enmarcada durante el repliegue de las fuerzas republicanas ante el ejército monarquista de Maximiliano;*La navidad en las montañas* (1871), novelita sentimental, y *El Zarco,* sobre un grupo de bandidos de la región de Morelos.

Cuando hoy, muy a propósito, se dejan de lado ciertas sensiblerías por infusión de los modelos europeos, y se tiende a ver con mayor fundamento los conflictos sociales o la lucha contra la intervención extranjera, *Clemencia* resulta una novela que debe ser juzgada como un testimonio de la creación. Hay en esta novela una suerte de juegos dramáticos, históricos, de acciones realistas y psicológicas, que se destacan como zonas profundas del padecer mexicano. Durante su lectura, el interés reside en descubrir, por fin, los resultados insólitos, crueles y tiernos de la vida. Clemencia es una joven de alcurnia, bella, egoísta y caprichosa, que se enamora, sin saberlo, de un traidor. Ella es la castidad exquisita que no puede ver más allá de su contorno personal e inmediato. Se arrepiente, al fin, llena de ardor patriótico, cuando sabe que la víctima, a quien había despreciado y humillado, es el hombre que debió merecer su amor.

CLEMENCIA
XXXII

A las once de la noche Colima estaba en un profundo silencio, sólo interrumpido de rato en rato por el grito de los centinelas de la plaza y de los cuarteles, y por los gritos melancólicos de los guardas nocturnos.[1]

Enrique velaba en su capilla, abatido y lleno de terror. Tenía la fiebre que acomete a los reos de muerte cuando no tienen la fortuna de contar con un corazón templado y una alma estoica.

Aquel joven y brillante calavera había sido soldado más bien por vanidad que por organización, y aunque no se contaba de él ningún rasgo de valor, si no había avergonzado al ejército en algunas batallas a que había asistido, era porque siempre había procurado, con maña, esquivar los peligros más serios, sin por eso dar lugar a que se creyese que los huía.

Pero Enrique Flores no era de esos hombres que sonríen al ver acercarse la muerte. Gastado por los placeres de una vida sibarítica, no tenía en compensación esa fuerza de acero de que no se destruye jamás en el espíritu de los valientes, y que no se subordina nunca a los nervios.

Sin creencias de ninguna especie, carecía también de la energía que da la fe, que da la justicia de una causa, que da el amor a la gloria. El no había tenido más que ambición, y la ambición sólo sirve para sostener la audacia en los caminos de la fortuna; pero cuando está sola no sirve de nada en los negros momentos de la adversidad, y mucho menos en presencia de la muerte.

Enrique estaba desfallecido. Su corazón estaba próximo a estallar, como el de un niño o el de una mujer. No había allí el aliento de un hombre.

También es verdad que la convicción que tenía Enrique de ser culpable, y la consideración de que ante todo el mundo su delincuencia estaba probada, era bastante para quitarle su vigor. Además, un hombre que ha hecho en el mundo numerosas víctimas y que no ha vivido sino para gozar, no llevando en su memoria ese tesoro de consuelo de las buenas acciones que vale tanto como la gloria, no ve acercarse el fin de sus días sin estremecerse y sin abatirse.

Enrique, pues, tenía miedo, y oía el ruido del péndulo que anunciaba constantemente la marcha del tiempo, sintiendo que su golpe acompasado se repetía con indecible tormento en su corazón. Tenía los cabellos

---

[1]Transcurría el mes de enero de 1864. El teniente coronel Enrique Flores, novio de Clemencia, era acusado con pruebas fehacientes de mantener correspondencia secreta con las tropas imperiales que habían ocupado la ciudad de Guadalajara.

erizados y los ojos fuera de las órbitas. Mil visiones mentidas anunciaban que su cerebro era presa del delirio. Ora veía abrirse la tierra y ofrecerle el escondite seguro de un subterráneo, ora se abría la pared y daba paso a un genio bienhechor que le conducía afuera, ora el techo se levantaba para dejarle salir, y sentía que convertido en ave, huía, hendiendo los aires, lejos 5 de aquella ciudad maldita.

—Es preciso que esto se acabe con un veneno—, dijo lleno de amargura... y ¡Clemencia que no viene! ¡Quiere, pues, verme fusilar en la plaza pública! De repente contuvo su respiración, se apretó con ambas manos las sienes para apagar sus latidos y quedó atento. Acababa de oir 10 los pasos de alguno que se acercaba. Era un oficial, porque los acicates producían un sonido diferente de los del soldado, en las baldosas.

El centinela de vista que estaba junto a la puerta entrecerrada de la prisión hizo chocar la culata de su carabina contra el suelo, en señal de respeto, y la puerta se abrió. 15

Era Fernando Valle.

Enrique se levantó azorado.

—¿Qué desea usted aquí, Fernando? —preguntó tartamudeando.

—¡Chit... ! —dijo Valle; hablemos en voz baja y escúcheme usted. Cierro la puerta para que estemos mejor. 20

—¿Viene usted a asesinarme?

Fernando sonrió con desprecio.

—Vengo a salvar a usted.

—¡ A salvarme ! ¡ Cómo !

—Escúcheme: si usted no hubiese traicionado, es seguro que yo no 25 habría tenido motivo para acusarle; de modo que la traición de usted es la verdadera causa de que se halle así, próximo a ser ejecutado.

Enrique sintió que un sudor glacial inundaba su frente.

—Pero, en fin, —continuó Fernando—, yo le acusé; y la causa indirecta de su condenación soy yo. Tengo remordimientos por esto, y la 30 muerte de usted emponzoñaría con su recuerdo mi vida entera. Quiero ahorrarme esta pena y además, hay una mujer que moriría si fusilasen a usted. Quiero que viva y que sea feliz; ella ama a usted y a su amor deberá usted su salvación. He aquí lo que vengo a proponerle. Usted se vestirá en este momento mi uniforme, se ceñirá mi espada y mis pistolas; he dicho que 35 voy a salir a ver al general, con el objeto de que nadie extrañe verle a usted atravesar la puerta. Se echará usted el capuchón sobre la cabeza, y nadie podrá reconocerle. Se dirigirá usted a la casa de Clemencia, que mi asistente que irá con usted señalará, y allí encontrará usted de seguro caballos para escaparse. Todavía más, aconsejo a usted que no tome el 40 camino de Tonila para Zapotlán, porque usted supondrá que correría peligro, sino el del paso del Naranjo, y de allí, con guías seguros que le dará su amada, puede usted dirigirse a Guadalajara por caminos extraviados, y Dios ayude a usted.

Enrique quedó estupefacto... no podía creer aquello.

—¿Pero esto no es un lazo, Fernando?

—¿Lazo para qué? —respondió sonriendo tristemente Valle—; ¿para matarle? No tendría yo sino dejar que pasara la noche, y a las siete de la mañana estaría usted fusilado. Además, cuando un hombre como yo habla a usted así, no engaña. Yo puedo ser desgraciado, pero no desleal.

—Pero usted ¿qué hará?

—Eso no es cuenta de usted, caballero; yo sabré arreglarme.

—Es que podrían fusilar a usted en mi lugar.

—Puede ser; pero también puede ser que no. Sobre todo, recuerde usted que una mujer le ama, y que moriría si usted muriese.

— ¡Oh, Fernando usted tiene un gran corazón; permítame usted que le abrace y que le dé gracias de rodillas; es usted mi salvador !

—Omita usted eso señor, y vístase pronto, que los instantes corren y cualquiera cosa podría impedir...

Fernando se quitó su traje militar, es decir, su levita y su sobretodo, su quepí, se arrancó sus acicates de oro, se desciñó su espada y sus pistolas, y Enrique fue poniéndose todo hasta quedar perfectamente disfrazado. Fernando se envolvió en la capa de Enrique y se puso de espaldas a la luz que ardía en la mesa.

Luego que Enrique estuvo listo, Fernando le hizo señas de que saliese ya. Enrique, disimulando su temblor, se dirigió hacia la puerta y...

—¡Adiós! —dijo a Valle.

—¡Adiós! —respondió éste sin volver la cara. El centinela volvió a chocar la culata de su carabina contra el suelo, el ruido de los pasos y de los acicates se alejó, luego se oyeron los pasos de otra persona, rechinó la puerta grande del edificio y todo quedó en silencio.

Fernando respiró como si algún enorme peso acabase de quitársele del corazón, después de lo cual apoyó los codos en la mesa y la frente en las manos. dos gruesas lágrimas rodaron por sus mejillas, y murmuró con voz ronca:

—¡No creía yo que había de morir así

XXXIII

Acababan de dar las doce de la noche, y Clemencia rompía un pañuelo de batista entre sus manos con impaciencia febril, cuando llamaron fuertemente a la puerta de su casa.

El criado velaba, y fue a preguntar quién era.

—Abre, abre pronto, —dijo afuera una voz.

El criado corrió los cerrojos y abrió.

Era una casa baja, como lo son generalmente en Colima. Oyéronse pasos en el corredor y ruido de acicates.

—¡Un oficial! ¿Será enviado de Enrique? —dijo Clemencia levantándose apresuradamente.

Llamaron a la puerta de la sala, todas las señoras corrieron allá, y abrieron.

Un militar se precipitó adentro con aire azorado. Echóse abajo el capuchón que cubría su semblante. 5

Era Enrique.

Isabel cayó desvanecida, las señoras temblaban, Clemencia los ojos fijos en su amante, quedóse pasmada y no pudo hablar.

—Soy yo, Clemencia; ¿estamos solos? 10

Clemencia hizo señas afirmativamente sin poder articular palabra.

—No hay que espantarse, amor mío, seré breve: he aquí lo que ha pasado; pero antes de todo, ¿hay un criado de confianza en la casa ?

—Sí hay, —respondió por fin Clemencia repuesta de su emoción.

—Pues que me ensille un caballo, pronto, y si hay otro, que me lo 15 prepare para llevarle de mano; es preciso que yo huya ahora mismo.

La señora salió a dar las órdenes luego, y volvió.

—He aquí lo que ha pasado: ¡Fernando ha sido mi salvador!

—¡Fernando! —dijeron a una voz las cuatro señoras.

—Sí, Fernando, que tiene una grande alma, una alma inmensa, el alma 20 que se necesita para morir en lugar de un enemigo.

Clemencia sintió que le faltaban las fuerzas.

Enrique contó brevemente lo que acababa de pasar en la prisión, refiriendo palabra por palabra lo que le había dicho Fernando.

El asombro de las señoras crecía a cada instante. 25

Enrique añadió:

—Yo no conozco el camino del Naranjo, y me perdería; necesito primero disfrazarme con traje de paisano, y luego llevar un guía que, después de atravesar el paso, me dirija a Guadalajara.

—¿A Guadalajara? —preguntó Clemencia. 30

—Sí, Clemencia, a Guadalajara, yo no estaré seguro sino allí.

—Pero allí están los franceses.

—Precisamente por eso. Este no es momento de ocultar la verdad ya. Sepan ustedes que en efecto los pliegos que cogió Valle eran míos. Yo estaba en comunicaciones con aquella plaza, y ahí se me brinda con una 35 banda de general. Debí pasarme con todo mi cuerpo y con algunos otros, pero desgraciadamente me retardé y fui descubierto.

—¿Luego usted traicionaba? —preguntó Clemencia interrumpiéndole con violencia.

—Traicionar no es la palabra, vida mía: en política estos cambios no 40 son nuevos, y el rencor de los partidos los bautiza con nombres espantosos. Pero el tiempo vuela, y es preciso salvarme; señora, ¿tendría usted la bondad de darme un traje y de arreglar lo de los caballos ?

—Sí, señor, todo.

Sacáronle un traje completo, que Enrique se vistió con una prontitud maravillosa. Luego el criado, dispuesto también, avisó que los caballos esperaban.

Enrique abrazó de prisa a las señoras y a Isabel, que apenas tuvo fuerzas para moverse; pero al llegar a Clemencia, a quien alargaba los brazos con ternura, la joven, irguiéndose con una altivez que iluminó su semblante con el brillo de una hermosura divina, le alargó una mano para rechazarle.

—Vaya usted con Dios, señor Flores, —le dijo—, vaya usted con Dios, y que El le salve.

—Pero, Clemencia, ¿qué es esto? ¿Me rechaza usted? ¡Dios mío! ¿Por qué ?

—Quisiera morirme esta noche, caballero, mejor que saber todo esto. Aléjese usted: todo lo comprendo.

—¿De modo que no podré esperar ver a usted pronto en Guadalajara?

—No me verá usted nunca, señor, nunca.

—Señor, huya usted dijo la madre de Clemencia empujando a Enrique.

Este salió vacilando como un ebrio, montó a caballo seguido del criado. atravesó el zaguán y se alejó al paso por la calle, y momentos después se oyó el galope de los caballos que acabó por perderse en el silencio de la noche.

Las cuatro señoras habían quedado mudas y cabizbajas. Clemencia no pudo más, y cayó desplomada en una silla.

—¿Es que le amas todavía? le preguntó tímidamente Isabel.

—Es que le desprecio con toda mi alma. Aquí no hay más que un hombre de corazón, y es el que va a morir, respondió Clemencia, convulsa y próxima a desmayarse.

—¡Qué horrible es todo esto! dijo después de un instante Mariana.

—¡Qué horrible es, dijo Clemencia con una indignación que le volvió toda su energía, haber amado a semejante miserable, haber corrido por Colima, como una loca, suplicando y llorando, y haber expuesto los días y la dignidad de un padre anciano para salvar a un hombre que ha acabado por aceptar el sacrificio de la vida de otro, y por confesar con vanidad que es un traidor. De modo que ese infeliz Fernando no era un calumniador, de modo que le hemos ultrajado injustamente, de modo que habrá tenido un infierno en el corazón, y que va a morir asesinado por nuestra crueldad... !

Y Clemencia, que hasta allí había contenido sus lágrimas, rompió a llorar; pero con tanta violencia que las señoras se acercaron a ella y la estrecharon entre sus brazos.

Isabel lloraba también silenciosamente.

—Esto es verdaderamente para morirse, madre mía—, continuó Clemencia bañada en llanto—. El desengaño ha sido terrible; pero él no me destroza el corazón, como la idea de que soy yo la que va a matar a ese noble joven. Antes creía que era yo también la causa de que Enrique fuese calumniado por su rival celoso; pero ya veo que no fue así: su crimen le condenaba. A Fernando, sí, yo soy quien le mata.

XXXVI

Eran las diez de la noche y Valle me hizo llamar.[2] Costó trabajo que me permitieran verle, pues lo sucedido con Flores hacía desconfiados a los jefes; pero lo conseguí al fin, y fui al calabozo del prisionero. 10
Apenas me vio cuando vino a abrazarme.
—Doctor, me dijo: perdone usted la molestia de un moribundo; tengo que pedir a usted otro favor, y me parece que será el último.
Yo no pude responderle, lloraba y se me anudaba la garganta. Aquella desgracia me había conmovido. El crimen de aquel joven era la 15 más sublime generosidad.
—Hombre, continuó, agradezco a usted esa prueba de afecto, que es la única que habré recibido, pero vale para mí un mundo. No se aflija usted por mí, le aseguro que creo una fortuna que me fusilen. Estoy fastidiado de sufrir, la vida me causa tedio, la fatalidad me persigue, y me ha vencido, 20 como era de esperarse. Me agrada que cese una lucha en que desde niño he llevado la peor parte. Voy a contar a usted algo de mi vida en cuatro palabras, usted indagará lo demás, y cuando se acuerde de mí procure usted añadir el estudio de lo que me ha pasado a los demás que haga, procurando descifrar esto que en la tierra llamamos *la mala suerte*. Yo no sé si en 25 buena filosofía estará admitida la influencia de la Fatalidad, yo ignoro esas cosas; pero el hecho es que sin haber hecho nada que me hubiese acarreado el castigo del cielo, que sintiéndome con una alma inclinada a todo lo noble y bueno, he sido muy infeliz y he visto cernirse siempre la tempestad de la desgracia sobre mi humilde cabaña, al mismo tiempo que he 30 visto brillar el cielo con todas sus pompas sobre el palacio del malvado, que se levantaba frente a mí, insolente en medio de su fortuna.
Creo que es la primera vez que uso el estilo figurado, y pido a usted perdón por él, en gracia de que no volveré a usarle más.
No hay misterios en mi vida, como todo el mundo ha sospechado, no 35 sé por qué. Soy hijo de una familia rica de Veracruz, avecindada hoy en México; pero el hogar paterno me negó desde niño su protección y sus goces, a causa de mis ideas y no de mi conducta.

---

[2] Se trata del narrador innominado que interviene ahora en el relato.

Mi padre es un hombre honrado, pero muy austero en la observancia de sus principios religiosos y políticos. Es enemigo de las ideas liberales. Mi madre es un ángel de bondad, pero sumisa a la voluntad de mi padre, le obedece ciegamente.

Desde muy pequeño vine a educarme a un colegio de México, mientras que dos de mis hermanos se educaban en Europa y otro más pequeño permanecía en casa. Yo conocía de religión las prácticas del culto y las ideas de mi tierna madre; y de política había ya oido a mi padre anatematizar los principios progresistas.

Pero a los tres años de estudiar me encontré un amigo, ¡ay, el único cariño profundo de mi vida solitaria! Era un muchacho pobre, pero de un talento luminoso y de un corazón de león. El no jugaba, no paseaba, no tenía visitas; en vez de distraerse, pensaba; cuando todos hablaban con sus novias él hablaba con los muertos, como decía Zenón,[3] estudiaba de una manera asombrosa. Así es que el joven era un sabio, en la época en que todos son regularmente ignorantes.

Pues bien; este amigo me inspiró las ideas liberales, que abracé con delirio. Mi tutor, hombre que opinaba como mi padre, se espantó de este giro que tomaban mis aspiraciones, y me prohibió la amistad de aquel hermano mío. Yo me negué a separarme de él. Primer motivo de disgusto para mi familia. ¿Qué quiere usted? Cuando uno sacrifica un sentimiento noble como el de la amistad, a las preocupaciones, no merece tener amigos. Yo fui leal.

Algunos amigos de mi padre le hicieron reflexionar que era demasiado severo con un muchacho tan endeble y.tan enfermizo como yo, y a moción suya me envió a una casa española de Veracruz para dedicarme al comercio.

Pero el comercio me fastidiaba, estaba yo consumiéndome de tristeza. En esa época llegó el gobierno liberal e hizo de Veracruz, su baluarte. A poco el ejército reaccionario vino a poner sitio a la plaza. ¿Qué quiere usted?, doctor, el fastidio que me causaba el comercio, las ideas liberales que me entusiasmaban, los toques de guerra que me hacían hervir la sangre, el peligro que me seducía, todo influyó en mí, y después de escribir una carta muy respetuosa a mi padre, en que le pedía perdón por seguir otros principios que los suyos, me alisté como soldado raso, y desde entonces pertenezco al ejército. Quise comenzar mi carrera desde esa clase. Ascendí a sargento, y luego, cuando triunfamos y fui a México, he visto frecuentemente a mis hermanos en su carruaje pasar junto a mí, dirigiéndome una sonrisa de lástima.

---

[3] Debe tratarse de Zenón de Elea, el más célebre de los filósofos griegos presocráticos, maestro de Pericles, y nacido hacia el año 494 a. de J. Cristo.

Intenté una vez ver a mi padre y a mi madre para arrodillarme delante de ellos e implorar su perdón y su gracia, y escribí con tal objeto; pero recibí la orden de no presentarme jamás en casa. Por eso he vivido apartado de mi familia, sin verla ni aun en momentos en que me moría del pecho. Esperé la muerte solitario, mi buen amigo había muerto también de tifo, y yo no tuve más asistencia que la del hospital militar. Entonces pedí mi licencia, se me concedió y viví trabajando como armero de día, y estudiando de noche; pero vino la guerra extranjera y volví a presentarme de soldado raso. Por eso muchos creen que he comenzado a servir hace dos años. Concurrí al 5 de Mayo, después al sitio de Puebla,[4] a las órdenes del general Herrera y Cairo, que hoy está en el interior, y he ganado mis ascensos merced al deseo que he tenido de distinguirme en las armas.

He aquí mi historia, historia de dolor, de miseria y de resignación; jamás me he sublevado contra la dureza de mi suerte, jamás he manchado mi vida con una acción innoble. He sido liberal, he ahí mi crimen para mi familia, he ahí el título de gloria para mí. Mi padre sabrá que he sido un soldado oscuro en el ejército republicano, pero jamás un criminal. Conservo su nombre puro, y aun el motivo que me lleva al cadalso es un motivo de que se enorgullecería cualquiera. ¡He faltado a las leyes militares, pero no a las de la humanidad! Quizá hago mal a la patria, pero para mí ahorro lágrimas y evito la desventura a un corazón que ama con delirio.

En cuanto al estado de mi corazón, confieso a usted que nunca he amado antes de llegar a Guadalajara, porque francamente no he sido simpático a las mujeres; y alguna vez que me he inclinado a alguna, pronto su desvío me ha hecho comprender que la molestaba, y tímido por carácter, pero altivo en el fondo, me sentía humillado y me retiraba pronto.

En Guadalajara tuve mi primera pasión.

Usted lo sabe tal vez; esa joven tan hermosa y buena, que ha estado ayer loca de dolor por Flores, fue la que yo amé. Ella fue la causa; me miraba de una manera que me engañó; creía que podría llegar a quererme, quizá por una originalidad de su carácter, o quizá porque adivinara que yo tenía un corazón sensible y bueno. Pero fue un error mío, que no conocí sino cuando ya estaba perdido y ciegamente enamorado. Y aún lo estoy, doctor, crea usted que hacía tiempo que no experimentaba un dolor tan amargo como el que sentí ayer al oírla dirigirme, en su justo sentimiento, palabras que aún me despedazan el corazón.

No ocultaré a usted que estoy triste; la tristeza es la sombra de la muerte cercana ¿por qué me había de escapar de esa ley de la naturaleza? Además, amigo mío, no hubiera yo querido morir así. Yo soñaba con la

---

[4]Tras la primera derrota en Puebla (mayo de 1862), el general francés Lorencez fue sustituido por Forey, quien tomó Puebla en mayo del año siguiente. En junio el ejército francés ocupó la capital mexicana.

gloria; yo anhelaba derramar todavía más mi pobre sangre en los altares de la patria; yo me hacía la ilusión de sucumbir con la muerte de los valientes, a la sombra de mi bandera republicana.

Al decir esto, dos gruesas lágrimas rodaban por las mejillas de Fernando, y sus labios se agitaron un momento en un temblor convulsivo; pero él se apresuró a enjugarse los ojos, y añadió sonriendo:

—Pero ¿qué hemos de hacer? "Puesto que es ya tarde para volver al pasado, pidamos a Dios para nosotros la paciencia y el reposo". Mañana dormiré para siempre. Adiós, amigo mío.

Yo sofocaba mis gemidos. Le estreché en mis brazos y le dije tartamudeando:

—Usted merecía vivir y ser grande.

XXXVII

Al día siguiente, al dar las siete de la mañana, una columna de doscientos caballos escoltaban un carruaje que se dirigía hacia ese rumbo pintoresco y hermosísimo de Colima, que se llama la Albarradita, lugar lleno de extensas huertas donde la exuberante vegetación de la tierra caliente se muestra con todos sus encantos.

A esa hora las aves cantaban regocijadas entre los árboles, corría una brisa tibia y cargada con los aromas del azahar y de la magnolia. El cielo estaba azul y limpio, y apenas algunas nubecillas como vellones transparentes se alejaban para perderse del lado del mar. El volcán elevaba hasta el cielo su punta de nieve en que parecían romperse chispeando los rayos del sol naciente.

La columna atravesó todo lo largo de la hilera de cármenes de la Albarradita, y cerca de un grupo de palmeras que se alzaban solitarias sobre un prado gracioso, y en que el invierno no había podido tostar el manto de la primavera, el cortejo hizo alto. Allí estaba el cuadro de infantería formado, y un gentío inmenso aguardaba. El carruaje se detuvo afuera del cuadro, abrióse la portezuela y Fernando bajó tranquilo, y con paso seguro y firme avanzó entre la doble hilera de soldados, conducido por un oficial.

Al tiempo de entrar en el cuadro, otro carruaje llegaba a todo galope por el lado opuesto, y de él se apeaban apresuradamente tres señoras vestidas de negro cubiertas con largos velos, y un caballero de edad.

Eran Clemencia, su pobre madre que no quería abandonarla, Isabel y el Sr. R..., que no teniendo más voluntad que la de su hija, se dejaba arrastrar, y entonces lo hacía con toda su voluntad. La apasionada hija de Jalisco, cuyos sentimientos se desbordaban luego de su corazón y no podían permanecer disimulados un momento, había procurado inútilmente penetrar en la prisión de Fernando para pedirle perdón de rodillas y asegurar que le admiraba hoy, quizás le amaba ya tanto como el día anterior le había ultrajado y aborrecido. Entonces determinó hacerlo a la hora de la ejecución: ¿qué importaba èsto a aquella joven que desafiaba a la sociedad con tanto valor, y que estaba acostumbrada a imponer su   5 voluntad como una ley?

Dirían que era una loca; y bien, sí, tenía esa sublime locura del corazón cuyas extravagancias, la admiración popular convierte en leyendas, eterniza en cantos y adora en el santuario de su alma. ¿Acaso Clemencia era la primera mujer que se abrazaba al cadalso de un ser querido? Desde   10 el Gólgota, desde antes, ha habido mujeres santas que han perfumado con sus lágrimas el pie del patíbulo en que han expirado los mártires.

Así, pues, Clemencia se precipitó entre la multitud, impetuosa, palpitante y pugnando por penetrar en el cuadro. Pero el gentío era inmenso y estaba tan compacto, que a no ser una columna, nadie podía   15 atravesarle.

La pobre joven, seguida de sus acompañantes y arrastrando a Isabel que iba casi desfallecida rogaba, empujaba, prometía oro, gritaba llorando que la dejasen pasar, que era de la familia del reo, que quería hablarle por última vez, que quería verle.   20

En vano: la muchedumbre tal vez por compasión le cerraba el paso. Y el cuadro se conmovía, y se escuchaba una voz seca e imperiosa ordenar un movimiento; ¡gran Dios! Fernando iba a morir y Clemencia ni le vería siquiera.   .

De repente reinó un silencio mortal.   25

—Por piedad, gritó Clemencia, paso, yo necesito verle... ¡por el amor de Dios... lo suplico.

La muchedumbre asombrada y triste abrió paso, pero aún quedaba que atravesar la fila de soldados.

Clemencia iba a suplicar a un granadero que la dejara pasar, cuando   30 quedó clavada en el suelo, y muda de horror y de dolor.

Estaba frente a frente de Fernando, aunque a lo lejos. El joven estaba hermoso, heroicamente hermoso. No había querido vendarse, se había quitado su quepí que había puesto a un lado en el suelo, y pálido, pero con la mirada serena y con una ligera y triste sonrisa, elevando los ojos al cielo,   35 esperaba la muerte.

Los cinco fusileros estaban a dos pasos de él y le apuntaban. Las palmeras a cuya sombra se hallaba, estaban quietas, como pendientes de aquella escena terrible.

Clemencia quiso gritar para atraer siquiera sobre ella la última mirada   40 de Fernando: pero no pudo, la sangre se heló en su venas, su garganta estaba seca! era el momento terrible... se oyó una descarga, se levantó una ligera humareda que fue a perderse en los anchos abanicos de las palmas, y todo concluyó.

Fernando había caído muerto con el cráneo hecho pedazos y atravesado el corazón.

—Levanten a esta señora que se ha desmayado, mujeres, gritó el soldado a cuya espalda había estado Clemencia.

5 Un grupo de mujeres del pueblo levantó a la joven, y luego su padre la tomó en brazos y la condujo al carruaje adonde Isabel estaba escondida ya y llena de terror con la madre de su amiga. La tropa se volvió a la ciudad y la gente se dispersó. Sólo el carruaje de Clemencia permaneció allí todavía. Unos soldados quedaron junto al 10 cadáver para recogerlo; pero esperaban.la camilla, y pasó media hora. De repente Clemencia bajó otra vez de su carruaje, pero su padre la retuvo con fuerza, y ella, abatida y débil, sucumbió, y volvió a entrar en el carruaje que partió después para la ciudad.

EPILOGO

Algunos meses después estábamos derrotados y perdidos en aquel 20 rumbo. Todo el mundo había defeccionado o huía. Los franceses eran dueños de Jalisco y de Colima.

Yo vine a Michoacán, como pude; pero después, las enfermedades que me tenían agonizante me obligaron a venirme a encerrar a México, a mi pesar.

25 Al día siguiente de mi llegada era la fiesta de Corpus, y yo sin creer que hacía mal pasé a la casa de la familia de Fernando y entregué al portero la carta que había traído guardada, encargando que la subiera en el acto.

¡Ah!, amigos míos, eso fue atroz. Era el cumpleaños del padre de mi pobre amigo. Se llamaba Manuel.

30 Estaba la familia en el banquete, que había concluido, y era la hora de los brindis. Las hermanas de Fernando con numerosas amigas suyas estaban en el balcón viendo desfilar la columna, pues había habido gran parada y se hallaban muy divertidas.

Yo me detuve en el zaguán para ver pasar también aquella tropa para 35 mí aborrecida. Llegaba frente a nosotros un cuerpo de caballería, y a su frente venía un gallardo coronel que caracoleaba en su soberbio caballo, y veía al balcón con ese aire de Don Juan que acostumbraban usar los militares buenos mozos.

Era Enrique Flores, el miserable autor de la muerte de Fernando. Al 40 pasar debajo de los balcones saludó graciosamente, y se quedó mirando un instante a las hermosas. Estas le devolvieron su saludo con una deliciosa coquetería. Pero no bien acabaron de saludar cuando se metieron espantadas.

Era que el viejo aristócrata había tomado la carta, y al leerla había dado un gran grito de dolor.

—¿Qué es eso?, preguntó la señora.

—¡Han matado a Fernando!, pudo apenas gritar el anciano, y se quedó clavado en su silla. 5

La señora leyó la carta también, y se desmayó; las hermanas de Fernando llegaron, y un momento después, en aquella casa que antes resonaba con las alegrías del festín, no se oían más que sollozos y gritos de desesperación.

En cuanto a Clemencia, la hermosa, la coqueta, la *sultana,* la mujer de 10 las grandes pasiones, pudieron ustedes conocerla el año pasado. Era hermana de la Caridad en la Casa Central; allí la visité; pero ¡cuán mudada estaba! Hermosa todavía, pero con una palidez de muerta.

—Poco me falta que sufrir, doctor, me dijo; esto se va acabando.

Y mostrándome un pequeño relicario oculto debajo de su hábito: 15

—He aquí lo que me queda, me dijo; un hábito que me consagra a los que sufren, y esto que me consagra a la muerte... ¿sabe usted?... son sus cabellos... espero que él me habrá perdonado desde el cielo .

Y los ojos de la infeliz joven se llenaron de lágrimas.

Algunos meses hace que partió para Francia. 20

INDICACIONES BIBLIOGRAFICAS

Juan Bautista Alberdi, *Obras completas*, La Tribuna Nacional, Buenos Aires, 1886.

—, *El crimen de la guerra*, Rodolfo Alonso Editor, Buenos Aires, 1975.

Ignacio Manuel Altamirano, *Obras literarias completas*, Ediciones Oasis, México, 1959.

Pelham Horton Box, *Los origenes de la guerra de la Triple Alianza*, Ediciones Nizza, Buenos Aires, 1958.

Ramón J. Cárcano, *Guerra del Paraguay*, Domingo Viau Editor, Buenos Aires, 1931-1941.

Richard Ebehart, *War and the Poet*, The Devin-Adair Company, New York, 1948.

Mariano Grondona, *Los pensadores de la libertad* (véase Juan Bautista Alberdi), Editorial Sudamericana, Buenos Aires, 1986.

Carlos Guido y Spano, *Poesías completas*, Maucci Editora, Buenos Aires, 1911.

Alvaro Melián Lafinur, *Figuras americanas*, Editorial Franco-Ibero-Americana, París, 1926.

Chris N. Nacci, *Ignacio Manuel Altamirano*, Twayne Publishers, New York, 1970.

Rafael Obligado, *Prosas* (véase "Nenia"), Academia Argentina de Letras, Buenos Aires, 1976.

Calixto Oyuela, *Poetas americanos*, Academia Argentina de Letras, Buenos Aires, 1950.

Pablo Rojas Paz, *Alberdi, el ciudadano de la soledad*, Editorial Losada, Buenos Aires, 1941.

Justo Sierra, *Juárez, su obra y su tiempo*, Universidad Nacional Autónoma de México, México, 1952.

4

OCASO DE LA FRONTERA

Sarmiento había enumerado en su *Facundo* diversas variedades del gaucho: el baqueano, el rastreador, el cantor, el gaucho malo o matrero. Pero las circunstancias históricas obraron infaliblemente sobre el personaje. Hacia fines del siglo pasado, el jinete típico de la llanura rioplatense era un hombre en retirada y lentamente desaparecía. Las circunstancias dolorosas de la ausencia crearon su mito y su leyenda. Aunque el gaucho representaba una actitud, un modo de ser y de expresarse, no era un tipo étnico diferente, sino más bien un pastor de reses formado por la naturaleza, el rigor del suelo y sus hábitos de vida. La teoría clásica marxista resultaría una aberración si intentara incluirlo entre el proletariado o siervos de la gleba. Sería olvidar que el gaucho existió antes que los dueños de la tierra y del ganado. Cuando ya no pudo disponer de la pampa entera, fue un ser marginal, es cierto, pero su tono espiritual, sus costumbres originales y el señorío de su tradición lo distinguen de toda fácil comparación social o de clase.

El gaucho del pasado fue un hombre de frontera, cuya vida y discreción lo alejaban del hombre urbano y del indio salvaje. Era *criollo,* como se dice, sin distinción de raza, título de superioridad que no tiene en la región platense la significación anómala de mestizo. No ponderaba nada más que el trabajo ecuestre. Sentíase libre de toda actividad fabril o agrícola. Tomó del español que hizo la 'Conquista, el caballo, la esgrima del facón y la guitarra, y del indio aquellas cosas que eran buenas, las boleadoras, el poncho y el lazo. Su acción en la guerra, su valor, la hermosura de su gesto, su código de honor y su lealtad hasta la muerte, fue acreditada por los cronistas y viajeros que le habían conocido. Pero fue perseguido por las pequeñas tiranías rurales impunes en el desierto. En realidad también había sido perseguido y declarado 'vago' por las leyes de la Colonia. De algún modo siempre existió para él la ley brutal del *con-chavo,* por la cual no se le permitía viajar sin la debida supervisión del patrón o del juez. En la época de Rosas la ley arreció con propósitos castrenses. La caída de la dictadura le permitió a la sociedad rural algún respiro que no duró mucho tiempo. Los gobiernos impusieron las levas militares como única forma de combatir a los indios hostigados y enfurecidos que invadían las poblaciones. El gaucho iba a entrar otra vez en la complejísima historia para cuidar a sus espaldas la civilización, la inmigración europea y los mercados de ultramar. La frontera era un lugar de suplicio. O se hacía soldado, que mutilaba su modo de ser, o elegía el destino de prófugo, desertor o matrero. Habiendo crecido en la libertad, tenía que emprender, invariablemente, uno de los caminos del cual no se puede volver sin culpa, el de la sangre.

Tales serían, en su momento crucial, los motivos que asumiría la literatura gauchesca, y lo que es aún de más cultivo popular, la poesía de intención social. Su arte, desde luego, aunque lleva su tesitura, no fue obra de gauchos. Otra cosa son las voces anónimas del folklore poético, atestiguado por el cancionero, la música, y las emociones líricas recogidas por Ventura Lynch o Juan Alfonso Carrizo. La literatura gauchesca reside más bien en el carácter convencional y elevado de sus temas. Se escribió en verso o en prosa, y siempre por hombres cultos, que dibujaron el sabor estético de la vida campera. La obra de José Hernández, *El gaucho Martín Fierro,* es un poema popular de la cultura criolla rioplatense dignamente genial: la identificación con el alma del gaucho que defiende su libertad y habla por su misma voz. Fierro es un hombre que ha comprendido el mal y la injusticia, y por dolor o porque se defiende, tiene que matar. Su canto es como el viento pampero que limpia, la única bendición de su destino.

A tanta altura había brillado Hernández, que se llegó a juzgar que el ciclo iniciado por Hidalgo estaba concluido. La tradición popular, sin embargo, no estaba agotada. Los gauchos más bravos salieron del talento espontáneo de Eduardo Gutiérrez, novelista de aventuras a vuela pluma, cuyos personajes están tomados de la realidad y la leyenda. De él ha dicho Borges, en *Otras inquisiciones,* a propósito de Hawthorne y las letras americanas, que Fenimore Cooper era infinitamente inferior en su género. Su personaje típico es Juan Moreira, gaucho alzado contra la autoridad perversa, duelista casi por deporte y enemigo de la policía rural, pero que revela toda la psicología del héroe y los lances simbólicos del coraje.

La literatura del gaucho contiene la ética singular del duelo varonil, nunca el aire triunfalista del crimen. La impunidad de los malos justifica su lucha moral, puesto que ya se entendía que el fundamento de la moral es la justicia. Pero el porvenir de una raza lírica y soñadora, estaba perdido. Tal fue la elegía a *Santos Vega* del poeta Rafael Obligado, cuya leyenda había sido tratada por Bartolomé Mitre e Hilario Ascasubi. Santos Vega, vencido por el canto del demonio, muere y se convierte en la *sombra* de la infinita llanura.

JOSE HERNANDEZ

El más relevante de los poetas gauchescos, de origen patricio y de criollos hacendados, nació en 1834 en la chacra de los Pueyrredón, cerca de Buenos Aires. Gran parte de su infancia y adolescencia transcurrió en el campo. Escribe su hermano Rafael en su folleto *Pehuajó:* "Allá en Camarones y en Laguna de los Padres, aprendió a jinetear, tomó parte en varios entreveros, rechazando malones de los indios pampas, asistió a las volteadas y presenció aquellos trabajos que su padre ejecutaba y de que hoy no se tiene idea. Esta es la base de los profundos conocimientos de la vida gaucha y amor al paisano". La división cruenta y política que había padecido en el seno de su familia, le hicieron tomar las armas contra el coronel Hilario Lagos que defendía los últimos residuos del rosismo. Hacia 1856 era miembro del partido federal reformista. Como Guido y Spano, Alberdi y Eduardo Gutiérrez, actuó en defensa de las provincias. Intervino en las batallas de Cepeda (1859) y de Pavón (1861). Desde entonces vive retirándose y huyendo. Hace de taquígrafo, de fiscal, de profesor. Cuando vuelve a Buenos Aires, funda un periódico combativo y polémico, *El Río de la Plata.* Desde allí ataca (con la misma altura que le concede a sus adversarios) al partido liberal de Mitre y Sarmiento. Se une a la sublevación de López Jordán, y tiene que huir a la frontera del Brasil. En 1872 regresa a Buenos Aires, a propósito de una amnistía dictada o tolerada por el autor del *Facundo.*

Se cree que en el destierro había comenzado ya la redacción de *Martín Fierro.* Con la aparición de la primera parte del poema, impreso en 1872 y puesto a la venta en 1873, sus amigos le sindicarán con el nombre de su gaucho, y él dirá: "Soy un padre al cual ha dado su nombre su hijo". La segunda parte, conocida por la *Vuelta,* apareció en 1879. El éxito fue fulminante, y con el paso del tiempo, un hecho estético universal.

Hernández escribió también el folletín *Vida del Chacho,* para vindicar al caudillo riojano Angel Vicente Peñaloza y atacar a Sarmiento. En 1881, habiendo sido electo senador, y para complacer al gobernador Dardo Rocha, escribió el libro *Instrucción del estanciero.* Según su hermano Rafael, "Al fin este coloso inclinó la robusta cabeza con la debilidad de un niño, el 21 de octubre de 1886, a menos de cincuenta y dos años de edad, minado de una afección cardíaca, quizás; en el pleno goce de sus facultades hasta cinco minutos antes de expirar, conociendo su estado y diciéndome: *Hermano, esto está concluido.* Sus últimas palabras fueron: *Buenos Aires, Buenos Aires... y* cesó."

MARTIN FIERRO

I

Aquí me pongo a cantar[1]
al compás de la vigüela,
que el hombre que lo desvela
una pena estraordinaria,
como la ave solitaria,
con el cantar se consuela.

Pido a los santos del cielo
que ayuden mi pensamiento;
les pido en este momento
que voy a cantar mi historia
me refresquen la memoria
y aclaren mi entendimiento.

Vengan santos milagrosos,
vengan todos en mi ayuda,
que la lengua se me añuda
y se me turba la vista;
pido a mi Dios que me asista
en una ocasión tan ruda.

Yo he visto muchos cantores
con famas bien otenidas,
y que después de alquiridas
no las quieren sustentar:
parece que sin largar
se cansaron en partidas.[2]

Mas ande otro criollo pasa
Martín Fierro ha de pasar;
nada lo hace recular
ni las fantasmas lo espantan;
y dende que todos cantan
yo también quiero cantar.

Cantando me he de morir,
cantando me han de enterrar,
y cantando he de llegar
al pie del Eterno Padre:
dende el vientre de mi madre
vine a este mundo a cantar.

Que no se trabe mi lengua
ni me falte la palabra.
El cantar mi gloria labra,
y poniéndome a cantar,
cantando me han de encontrar
aunque la tierra se abra.

Yo no soy cantor letrao,
mas si me pongo a cantar
no tengo cuándo acabar
y me envejezco cantando;
las coplas me van brotando
como agua de manantial.

---

[1] Es Martín Fierro quien relata, sin interrupción, hasta el canto X.
[2] *partida:* en las carreras ecuestres, apronte o corrida de ensayo con el caballo antes de la largada definitiva. A veces se hacían más de seis partidas.

Con la guitarra en la mano
ni las moscas se me arriman;
naides me pone el pie encima,
y cuando el pecho se entona,
hago gemir a la prima
y llorar a la bordona.

Yo soy toro en mi rodeo
y toraso en rodeo ajeno;
siempre me tuve por güeno,
y si me quieren probar,
salgan otros a cantar
y veremos quién es menos.

No me hago al lao de la güeya³
aunque vengan degollando;
con los blandos yo soy blando
y soy duro con los duros,
y ninguno en un apuro
me ha visto andar tutubiando.

Soy gaucho, y entiendanló
como mi lengua lo explica,
para mí la tierra es chica
y pudiera ser mayor.
Ni la víbora me pica
ni quema mi frente el sol.

Nací como nace el peje,⁴
en el fondo de la mar;
naides me puede quitar
aquello que Dios me dio:
lo que al mundo truje yo
del mundo lo he de llevar.

Mi gloria es vivir tan libre
como el pájaro del cielo;
no hago nido en este suelo,
ande hay tanto que sufrir;
y naides me ha de seguir
cuando yo remuento el vuelo.

Yo no tengo en el amor
quien me venga con querellas;
como esas aves tan bellas
que saltan de rama en rama,
yo hago en el trébol mi cama
y me cubren las estrellas.

Y sepan cuantos escuchan
de mis penas el relato,
que nunca peleo ni mato
sino por necesidá,
y que a tanta alversidá
sólo me arrojó el mal trato.

III

Tuve en mi pago en un tiempo
hijos, hacienda y mujer;
pero empecé a padecer,
me echaron a la frontera,
¡y qué iba a hallar al volver!
Tan sólo hallé la tapera.⁵

Sosegao vivía en mi rancho,
como el pájaro en su nido.
Allí mis hijo queridos
iban creciendo a mi lao...
Sólo queda al desgraciao
lamentar el bien perdido.

³ *güeya: huella.* camino trazado por el paso constante de carruajes o animales.
⁴ *peje:* pez.

Mi gala en las pulperías[6]
era, cuando había más gente,
ponerme medio caliente,
pues cuando puntiao[7] me
          encuentro
me salen coplas de adentro
como agua de la virtiente.

Cantando estaba una vez
en una gran diversión,
y aprovechó la ocasión
como quiso el juez de paz:
se presentó y ay no más
hizo una arriada en montón.

Juyeron los más matreros[8]
y lograron escapar.
Yo no quise disparar:
soy manso y no había por qué.
Muy tranquilo me quedé
y ansí me dejé agarrar.

Allí un gringo[9] con un órgano
y una mona que bailaba
haciéndonos rair estaba
cuando le tocó el arreo.
¡Tan grande el gringo y tan feo!
Lo viera cómo lloraba !

Hasta un inglés sangiador[10]
que decía en la última guerra
que él era de Inca-la-perra
y que no quería servir,
tuvo también que juir
a guarecerse en la sierra.

Ni los mirones salvaron
de esa arriada de mi flor
fue acoyarao[11] el cantor
con el gringo de la mona;
a uno solo, por favor,
logró salvar la patrona.

Formaron un contingente
con los que en el baile arriaron;
con otros nos mesturaron,
que habían agarrao también.
Las cosas que aquí se ven
ni los diablos las pensaron.

---

[5] *tapera:* rancho abandonado
[6] *pulpería:* tienda de bebidas y comestibles
[7] Entonado por la bebida.
[8] *matrero:* rebelde.
[9] Comenzó a llamarse así a los italianos cuando se produjo el aluvión
inmigratorio (cf. gringo, Echeverría,n, 9)
[10] *sangiador* (zanjeador): en la época que no existían los alambrados se hacían zanjas
para asegurar el ganado.
[11] *acollarado:* de acollarar, unir dos
animales por medio de una soga o collera. Por extensión sujetar o llevar dos personas
o cosas.

VI

Volvía al cabo de tres años
de tanto sufrir al ñudo.
Resertor, pobre y desnudo,
a procurar suerte nueva
y lo mesmo que el peludo[12]
enderesé pa mi cueva.

No hallé ni rastro del rancho;
sólo estaba la tapera!
¡Por Cristo, si aquello era
pa enlutar el corazón!
¡Yo juré en esa ocasión
ser más malo que una fiera!

¡Quien no sentirá lo mesmo
cuando ansí padece tanto!
Puedo asigurar que el llanto
como una mujer largué.
¡Ay mi Dios, si me quedé
más triste que Jueves Santo!

Sólo se oiban los aullidos
de un gato que se salvó;
el pobre se guareció
cerca, en una vizcachera;[13]
venía como si supiera
que estaba de güelta yo.

Al dirme dejé la hacienda,
que era todito mi haber;
pronto debíamos volver,
según el juez prometía,
y hasta entonces cuidaría
de los bienes la mujer.

¡Tal vez no te vuelva a ver,
prenda de mi corazón!
Dios te dé su protección,
ya que no me la dio a mí.
Y a mis hijos dende aquí
les echo mi bendición.

Como hijitos de la cuna
andarán por ay sin madre
ya se quedaron sin padre,
y ansí la suerte los deja
sin naides que los proteja
y sin perro que les ladre.[14]

Los pobrecitos tal vez
no tengan ande abrigarse,
ni ramada ande ganarse,
Ni un rincón ande meterse,
ni camisa que ponerse,
ni poncho con que taparse.

[12] *peludo:* armadillo de abundante pelo.
[13] *vizcachera:* cueva de la *vizcacha,* mamífero roedor que tiene el hábito de llevar cuanto encuentra a su madriguera. Repárase el nombre de *Vizcacha,* tutor del hijo menor de Fierro, más adelante.
[14] Remeda el refrán conocido: "Ni padre, ni madre, ni perro que le ladre".

Yo he sido manso primero
y seré gaucho matrero
en mi triste circunstancia:
aunque es mi mal tan projundo,
nací y me he criao en estancia,
pero ya conozco el mundo.

Ya le conozco sus mañas,
le conozco sus cucañas,
sé cómo hacen la partida,
la enriedan y la manejan.
Desaceré la madeja,
aunque me cueste la vida.

Y aguante el que no se anime
a meterse en tanto engorro
o si no aprétese el gorro
o para otra tierra emigre;
pero yo ando como el tigre
que le roban los cachorros.

VIII

Otra vez, en un boliche
estaba haciendo la tarde;
cayó un gaucho que hacía alarde
de guapo [15] y de peliador.

A la llegada metió
el pingo hasta la ramada
y yo sin decirle nada
Me quedé en el mostrador.

Era un terne[16] de aquel pago
que naides lo reprendía,
que sus enriedos tenía
con el señor comendante.

Y como era protegido,
andaba muy entonao,
y a cualquiera desgraciao
lo llevaba por delante.

Ah, pobre, si él mismo creiba
que la vida le sobraba!
Ninguno diría que andaba
Aguaitándolo la muerte.

Pero ansí pasa en el mundo,
es ansí la triste vida:
pa todos está escondida
la güena o la mala suerte.

[15] *guapo:* valiente.
[16] *terne: pillo,* provocador.

Se tiró al suelo, al dentrar
le dió un empeyón a un vasco,
y me alargó un medio frasco
diciendo:—"Beba, cuñao".
—"Por su hermana—contesté—
que por la mía no hay cuidao."

—¡Ah, gaucho!—me respondió-;
¿De qué pago será criollo?
"Lo andará buscando el hoyo,
deberá tener güen cuero;
pero ande bala este toro
no bala ningún ternero."

Y ya salimos trensaos,
porque el hombre no era lerdo;
mas como el tino no pierdo
y soy medio ligerón,
lo dejé mostrando el sebo
de un revés con el facón.

Y como con la justicia
no andaba bien por allí,
cuanto pataliar lo vi
y el pulpero pegó el grito,
ya pa el palenque salí,
como haciéndome chiquito.

Monté y me encomendé a Dios,
rumbiando para otro pago;
que el gaucho que llaman vago
no puede tener querencia,
y ansí, de estrago en estrago,
vive llorando la ausencia.

El anda siempre juyendo.
Siempre pobre y perseguido;
no tiene cueva ni nido,
como si juera maldito;
porque el ser gaucho... ¡barajo!,
el ser gaucho es un delito.

Le echan la agua del bautismo
aquel que nació en la selva;
"buscá madre que te envuelva",
se dice el flaire, y lo larga,
y dentra a cruzar el mundo
como burro con la carga.

Y se cría viviendo al viento
como oveja sin trasquila,
mientras su padre en las filas
anda sirviendo al Gobierno.
Aunque tirite en invierno,
naides lo ampara ni asila.

Le llaman gaucho mamao
si lo pillan divertido,
y que es mal entretenido
si en un baile lo sorprienden;
hace mal si se defiende
y si no, se ve... fundido.

No tiene hijos, ni mujer,
ni amigos ni protetores;
pues todos son sus señores,
sin que ninguno lo ampare.
Tiene la suerte del güey,
¿y dónde irá el güey que no are?

Su casa es el pajonal,[17]
su guarida es el desierto;
y si de hambre medio muerto
le echa el lazo a algún mamón,[18]
lo persiguen como a plaito,[19]
porque es un "gaucho ladrón".

El nada gana en la paz
y es el primero en la guerra;
no lo perdonan si yerra,
que no saben perdonar,
porque el gaucho en esta tierra
sólo sirve pa votar.

[17] *pajonal*: terreno cubierto de pajas altas y enmarañadas.

[18] *mamón*: ternero de poca edad.
[19] *plaito*: pleito

Para él son los calabozos.
para él las duras prisiones,
en su boca no hay razones
aunque la razón le sobre;
que son campanas de palo
las razones de los pobres.

Si uno aguanta, es gaucho bruto;
si no aguanta, es gaucho malo.
¡Déle azote, déle palo!,
porque es lo que él necesita.
De todo el que nació gaucho
ésta es la suerte maldita.

Vamos suerte, vamos juntos,
dende que juntos nacimos;
y ya que juntos vivimos
sin podernos dividir,
yo abriré con mi cuchillo
el camino pa seguir.

El hijo segundo de Martín Fierro

XIII

Lo que les voy a decir
ninguno lo ponga en duda,
y aunque la cosa es peluda[20]
haré la resolución,
es ladino el corazón,
pero la lengua no ayuda.

El rigor de las desdichas
hemos soportao diez años,
pelegrinando entre estraños
sin tener donde vivir,
y obligados a sufrir
una máquina[21] de daños.

El que vive de ese modo
de todos es tributario;
falta el cabeza primario,[22]
y los hijos que él sustenta
se disperan como cuentas
cuando se corta el rosario.

Yo anduve ansí como todos,
hasta que al fin de sus días
supo mi suerte una tía
y me recogió a su lado;
allí viví sosegado
y de nada carecía.

---

[20] *peluda:* peliaguda.
[21] *máquina:* cantidad, abundancia.

[22] El jefe de familia o padre.

No tenía cuidado alguno
ni que trabajar tampoco;
y como muchacho loco
lo pasaba de holgazán;
con razón dice el refrán
que lo bueno dura poco.

En mí todo su cuidado
y su cariño ponía;
como a un hijo me quería
con cariño verdadero,
y me nombró de heredero
de los bienes que tenía.

El Juez vino sin tardanza
cuanto falleció la vieja.
"De los bienes que te deja,
me dijo, yo he de cuidar,
es un rodeo regular
y dos majadas²³ de ovejas."

Era hombre de mucha labia,
con más leyes que un dotor.
Me dijo: "Vos sos menor,
y por los años que tienes
no podés manejar bienes,
voy a nombrarte un tutor."

Tomó un recuento de todo
porque entendía su papel,
y después que aquel pastel
lo tuvo bien amasao,
puso al frente un encargao
y a mí me llevó con él.

Muy pronto estuvo mi poncho
lo mesmo que cernidor.
El chiripá estaba pior,
y aunque para el frío soy guapo,
ya no me quedaba un trapo
ni pa el frío, ni pa el calor.

En tan triste desabrigo
tras de un mes iba otro mes,
guardaba silencio el Juez,
la miseria me invadía.
Me acordaba de mi tía
al verme en tal desnudez.

No sé decir con fijeza
el tiempo que pasé allí.
Y después de andar ansí,
como moro sin señor,
pasé a poder del tutor
que debía cuidar de mí.

XIV

Me llevó consigo un viejo
que pronto mostró la hilacha;²⁴
dejaba ver por la facha
que era medio cimarrón,
muy renegao, muy ladrón,
y le llamaban Vizcacha.

Lo que el Juez iba buscando
sospecho y no me equivoco,
pero este punto no toco
ni su secreto averiguo;
mi tutor era un antiguo
de los que ya quedan pocos.

²³ *majada:* rebaño
²⁴ Mostrar el caracter o hábitos

Viejo lleno de camándulas,[25]
con un empaque a lo toro;
andaba siempre en un moro
metido no sé en qué enriedos,
con las patas como loro,
de estribar entre los dedos.[26]

Andaba rodiao de perros,
que eran todo su placer,
jamás dejó de tener
menos de media docena.
Mataba vacas ajenas
para darles de comer.

Carniábamos noche a noche
alguna res en el pago;
y dejando allí el rezago
alzaba en ancas el cuero,
que se lo vendía a un pulpero
por yerba,[27] tabaco y trago.

¡Ah! viejo más comerciante
en mi vida lo he encontrao.
Con ese cuero robao
él arreglaba el pastel,
y allí entre el pulpero y él
se estendía el certificao.

La echaba de comedido;
en las trasquilas, lo viera,
se ponía como una fiera
si cortaban una oveja;
pero de alzarse no deja
un vellón o unas tijeras.

Una vez me dió una soba[28]
que me hizo pedir socorro,
porque lastimé un cachorro
en el rancho de unas vascas,
y al irse se alzó unas guascas,
para eso era como zorro.

¡Ahijuna! dije entre mí,
me has dao esta pesadumbre,
ya verás cuanto vislumbre
una ocasión medio güena,
te he de quitar la costumbre
de cerdiar[29] yeguas ajenas.

Porque maté una vizcacha
otra vez me reprendió.
Se lo vine a contar yo,
y no bien se lo hube dicho,
"Ni me nuembres ese bicho",
me dijo, y se me enojó.

Al verlo tan irritao
hallé prudente callar.
Este me va a castigar"
dije entre mí, si se agravia;
ya vi que les tenía rabia
y no las volví a nombrar.

Una tarde halló una punta[30]
de yeguas medio bichocas,[31]
después que voltió unas pocas
las cerdiaba con empeño.
Yo vide venir al dueño
pero me callé la boca.

---

[25] camándulas: hipocresías y tretas de mala fe.
[26] Algunos gauchos que calzaban botas de potro abierta en la puntera, usaban un estribo muy sencillo terminado en una especie de botón sobre el que apoyaban los dedos mayores del pie.
[27] yerba: yerba mate.
[28] soba: golpe, castigo.

[29] cerdiar: cortar la cerda o pelo de los caballos, particularmente los de la cola, que se vendía a buen precio.
[30] punta: grupo.
[31] bichoco: viejo, inservible.

El hombre venía jurioso
y nos cayó como un rayo.
Se descolgó del caballo
reboliando el arriador,
y lo cruzó de un lazazo
áhi no más a mi tutor.

No atinaba don Vizcacha
a qué lado disparar,
hasta que logró montar,
y de miedo del chicote,
se lo aprctó hasta cl cogotc³²
sin pararse a contestar.

Ustedes crerán tal vez
que el viejo se curaría.
No, señores, lo que hacía,
con más cuidao dende entonces,
era maniarlas de día
para cerdiar a la noche.

Ese fué el hombre que estuvo
encargao de mi destino.
Siempre anduvo en mal camino
y todo aquel vecindario
decía que era un perdulario
insufrible de dañino.

Cuando el Juez me lo nombró,
al dármelo de tutor,
me dijo que era un señor
el que me debía cuidar,
enseñarme a trabajar
y darme la educación.

Pero qué había de aprender
al lao de ese viejo paco,³³
que vivía como el chuncaco³⁴
en los bañaos, como el tero,³⁵
un haragán, un ratero,
y más chillón que un barraco.³⁶

Tampoco tenía más bienes
ni propiedá conocida
que una carreta podrida
y las paredes sin techo
de un rancho medio deshecho
que le servía de guarida.

Después de las trasnochadas
allí venía a descansar.
Yo desiaba aviriguar
lo que tuviera escondido,
pero nunca había podido
pues no me dejaba entrar.

Yo tenía unas jergas viejas
que habían sido más peludas.
Y con mis carnes desnudas,
el viejo, que era una fiera,
me echaba a dormir ajuera
con unas heladas crudas.

Cuando mozo fué casao,
aunque yo lo desconfío.
Y decía un amigo mío
que de arrebatao y malo
mató a su mujer de un palo
porque le dió un mate frío.

---

³² Elipsis. Apretándose hasta el cuello el sombrero; ademán propio del que echa a correr.
³³ Huraño, irritable (como el paco o alpaca conocido por su terquedad).

³⁴ *chuncaco:* voz quechua. sanguijuela.
³⁵ *tero:* ave zancuda, muy centinela, gritona y ruidosa.
³⁶ *barraco:* cerdo salvaje o cimarrón.

Y viudo por tal motivo
nunca se volvió a casar;
no era fácil encontrar
ninguna que lo quisiera,
todas temerían llevar
la suerte de la primera.

Soñaba siempre con ella,
sin duda por su delito,
y decía el viejo maldito
el tiempo que estuvo enfermo,
que ella dende el mesmo infierno
lo estaba llamando a gritos.

XV

Siempre andaba retobao,
con ninguno solía hablar,
se divertía en escarbar
y hacer marcas con el dedo,
y cuanto se ponía en pedo
me empezaba aconsejar.

Me parece que lo veo
con su poncho calamaco.[37]
Después de echar un buen taco[38]
ansí principiaba a hablar:
"Jamás llegués a parar
adonde veás perros flacos."

"El primer cuidao del hombre
es defender el pellejo.
Lleváte de mi consejo,
fijáte bien en lo que hablo:
el diablo sabe por diablo
pero más sabe por viejo."

"Hacéte amigo del Juez,
no le dés de qué quejarse;
y cuando quiera enojarse
vos te debes encoger,
pues siempre es güeno tener
palenque ande ir a rascarse."

"Nunca le llevés la contra
porque él manda la gavilla.
Allí sentao en su silla
ningún güey le sale bravo.
A uno le da con el clavo
y a otro con la cantramilla".[39]

"El hombre, hasta el más soberbio,
con más espinas que un tala,
aflueja andando en la mala
y es blando como manteca.
Hasta la hacienda baguala
cai al jagüel en la seca."

"No andés cambiando de cueva,
hacé las que hace el ratón:
conserváte en el rincón
en que empezó tu esistencia.
Vaca que cambia querencia
se atrasa en la parición."

Y menudiando los tragos,
aquel viejo como cerro,[40]
"no olvidés, me decía, Fierro,
que el hombre no debe crer
en lágrimas de mujer
ni en la renguera del perro."

---

[37] Poncho de tejido burdo.
[38] Buen trago.
[39] El clavo y la cantramilla eran elementos para acicatear a los bueyes de

las carretas que en la época de Fierro circulaban en la pampa.
[40] Firme y resistente.

"No te debés afligir
aunque el mundo se desplome.
Lo que más precisa el hombre tener,
según yo discurro,
es la memoria del burro
que nunca olvida ande come."

"Dejá que caliente el horno
el dueño del amasijo.
Lo que es yo, nunca me aflijo
y a todito me hago el sordo:
el cerdo vive tan gordo
y se come hasta los hijos."

"El zorro que ya es corrido
dende lejos la olfatea.
No se apure quien desea
hacer lo que le aproveche.
La vaca que más rumea
es la que da mejor leche."

"El que gana su comida
bueno es que en silencio coma,
ansina, vos ni por broma
querás llamar la atención.
Nunca escapa el cimarrón
si dispara por la loma."

"Yo voy donde me conviene
y jamás me descarrío,
lleváte el ejemplo mío
y llenarás la barriga.
Aprendé de las hormigas,
no van a un noque⁴¹ vacío."

"A naides tengas envidia,
es muy triste el envidiar,
cuando veás a otro ganar
a estorbarlo no te metas.
Cada lechón en su teta
es el modo de mamar."

"Ansí se alimentan muchos
mientras los pobres lo pagan.
Como el cordero hay quien lo haga
en la puntita no niego,
pero otros como el borrego
toda entera se la tragan."

"Si buscás vivir tranquilo
dedicáte a solteriar.
Mas si te querés casar,
con esta alvertencia sea,
que es muy difícil guardar
prenda que otros codicean."

"Es un bicho la mujer
que yo aquí no lo destapo,
siempre quiere al hombre guapo,
mas fijáte en la eleción;
porque tiene el corazón
como barriga de sapo."

Y gangoso con la tranca,
me solía decir: "potrillo,
recién te apunta el cormillo
mas te lo dice un toruno:⁴²
no dejés que hombre ninguno
te gane el lao del cuchillo."

---

⁴¹ noque: bolsa de cuero crudo para guardar provisiones.
⁴² *toruno:* mañero, astuto, y además con experiencia en la vida.

"Las armas son necesarias,
pero naide sabe cuándo;
ansina si andás pasiando,
y de noche sobre todo,
debés llevarlo de modo
que al salir, salga cortando."

"Los que no saben guardar
son pobres aunque trabajen.
Nunca por más que se atajen
se librarán del cimbrón,[43]
al que nace barrigón
es al ñudo que lo fajen.

"Donde los vientos me llevan
allí estoy como en mi centro.
Cuando una tristeza encuentro
tomo un trago pa alegrarme;
a mí me gusta mojarme
por ajuera y por adentro."

"Vos sos pollo, y te convienen
toditas estas razones,
mis consejos y leciones
no echés nunca en el olvido.
En las riñas he aprendido
a no peliar sin puyones."

Con estos consejos y otros
que yo en mi memoria encierro
y que aquí no desentierro
educándome seguía,
hasta que al fin se dormía
mesturao[44] entre los perros.

XVI

Cuando el viejo cayó enfermo,
viendo yo que se empioraba
y que esperanza no daba
de mejorarse siquiera,
le truje una culandrera[45]
a ver si lo mejoraba.

En cuanto lo vio me dijo:
—"Este no aguanta el sogazo;[46]
muy poco le doy de plazo;
nos va a dar un espectáculo,
porque debajo del brazo
le ha salido un tabernáculo."

—Dice el refrán que en la tropa
nunca falta un güey corneta,[47]
uno que estaba en la puerta
le pegó el grito ay no más:
—"Tabernáculo... qué bruto:
un tubérculo, dirás."

Al verse ansí interrumpido,
al punto dijo el cantor:
—"No me parece ocasión
de meterse los de ajuera.
Tabernáculo, señor,
le decía la culandrera."

[43] *cimbrón:* golpe.
[44] *mesturado:* mezclado.
[45] *curandrera:* curandera.
[46] *sogaso* (sogazo): por extensión figurada los golpes del destino o de la suerte.
[47] Se dice del buey que tiene un cuerno desviado o uno solo. Aquí vale por entrometido.

El de ajuera repitió,
dándole otro chaguarazo;[48]
—"Allá va un nuevo bolazo;[49]
copo y se lo gano en puerta: [50]
a las mujeres que curan
se les llama curanderas."

No es bueno, dijo el cantor,
muchas manos en un plato,
y diré al que ese barato[51]
ha tomao de entremetido,
que no creía haber venido
a hablar entre liberatos.[52]

Y para seguir contando
la historia de mi tutor
le pediré a ese dotor
que en mi inorancia me deje,
pues siempre encuentra el que teje
otro mejor tejedor.

Seguía enfermo, como digo,
cada vez más emperrao.
Yo estaba ya acobardao
y lo espiaba dende lejos:
era la boca del viejo
la boca de un condenao.

Allá pasamos los dos
noches terribles de invierno.
El maldecía al Padre Eterno
como a los santos benditos,
pidiéndole al diablo a gritos
que lo llevara al infierno.
Debe ser grande la culpa
que a tal punto mortifica.
Cuando vía una reliquia
se ponía como azogado,
como si a un endemoniado
le echaran agua bendita.

Nunca me le puse a tiro,
pues era de mala entraña;
y viendo herejía tamaña
si alguna cosa le daba,
de lejos se la alcanzaba
en la punta de una caña.

Será mejor, decía ya,
que abandonado lo deje.
que blasfeme y que se queje,
y que siga de esta suerte,
hasta que venga la muerte
y cargue con este hereje.

Cuando ya no pudo hablar
le até en la mano un cencerro,
y al ver cercano su entierro.
arañando las paredes,
espiró allí entre los perros
y este servidor de ustedes.

---

[48] *chaguarazo:* del quechua, golpe,
latigazo .
[49] *bolazo:* equivocación, mentira.
[50] En el juego de naipes 'copar la banca y en puerta', significa apuesta y triunfo con
la primera carta que sale.
[51] *barato:* ocasión, oportunidad.
[52] *liberatos:* literatos.

XXXI

Y después de estas palabras
que ya la intención revelan,
procurando los presentes
que no se armara pendencia,
se pusieron de por medio
y la cosa quedó quieta.
Martín Fierro y los muchachos,
evitando la contienda,
montaron y paso a paso,
como el que miedo no lleva,
a la costa de un arroyo
llegaron a echar pie a tierra.
Desensillaron los pingos[53]
y se sentaron en rueda,
refiriéndose entre sí
infinitas menudencias
porque tiene muchos cuentos
y muchos hijos la ausencia.
Allí pasaron la noche
a la luz de las estrellas,
porque ése es un cortinao
que lo halla uno donde quiera,
y el gaucho sabe arreglarse
como ninguno se arregla:
el colchón son las caronas,
el lomillo [54] es cabecera,
el cojinillo es blandura
y con el poncho o la jerga,
para salvar del rocío,
se cubre hasta la cabeza.
Tiene su cuchillo al lado
—pues la precaución es güena—,
freno y rebenque a la mano,
y teniendo el pingo cerca,
que pa asigurarlo bien
la argolla del lazo entierra,

aunque el atar con el lazo
da del hombre mala idea,[56]
se duerme ansí muy tranquilo
todita la noche entera;
y si es lejos del camino,
como manda la prudencia,
más siguro que en su rancho
uno ronca a pierna suelta,
pues en el suelo no hay chinches,
y es una cuja camera[56]
que no ocasiona disputas
y que naides se la niega.
Además de eso, una noche
la pasa uno como quiera,
y las va pasando todas
haciendo la mesma cuenta;
y luego los pajaritos
al aclarar lo dispiertan,
porque el sueño no lo agarra
a quien sin cenar se acuesta.
Ansí, pues, aquella noche
jué para ellos una fiesta,
pues todo parece alegre
cuando el corazón se alegra.
No pudiendo vivir juntos
por su estado de pobreza,
resolvieron separarse
y que cada cual se juera
a procurarse un refugio
que aliviara su miseria.
Y antes de desparramarse
para empezar vida nueva,
en aquella soledá
Martín Fierro, con prudencia,
a sus hijos y al de Cruz
les habló de esta manera:

---

[53] Los gauchos llamaban por irónica modestia *pingos* a sus mejores caballos.
[54] *lomillo:* bastos del recado de montar.
[55] Porque lo correcto sería usar el *atador* o el cabestro.
[56] cuja camera: cama ancha.

XXXII

Un padre que da consejos,
más que padre es un amigo.
Ansí, como tal les digo
que vivan con precaución:
naides sabe en qué rincón
se oculta el que es su enemigo.

Yo nunca tuve otra escuela
que una vida desgraciada.
No estrañen si en la jugada
alguna vez me equivoco,
pues debe saber muy poco
aquel que no aprendió nada.

Hay hombres que de su cencia
tienen la cabeza llena;
hay sabios de todas menas;[57]
mas digo, sin ser muy ducho:
es mejor que aprender mucho
el aprender cosas buenas.

No aprovechan los trabajos
si no han de enseñarnos nada.
El hombre, de una mirada
todo ha de verlo al momento.
El primer conocimiento
es conocer cuándo enfada.

Su esperanza no la cifren
nunca en corazón alguno;
en el mayor infortunio
pongan su confianza en Dios;
de los hombres, sólo en uno;
con gran precaución, en dos.

Las faltas no tienen límites
como tienen los terrenos;
se encuentran en los más buenos,

y es justo que les prevenga:
aquel que defectos tenga,
disimule los ajenos.

Al que es amigo, jamás
lo dejen en la estacada;[58]
pero no le pidan nada
ni lo aguarden todo de él.
Siempre el amigo más fiel
es una conduta honrada.

Ni el miedo ni la codicia
es bueno que a uno lo asalten.
Ansí, no se sobresalten
por los bienes que perezcan.
Al rico nunca le ofrezcan
y al pobre jamás le falten.

Bien lo pasa hasta entre pampas
el que respeta a la gente.
El hombre ha de ser prudente
para librarse de enojos;
cauteloso entre los flojos,
moderao entre valientes.

El trabajar es la ley
porque es preciso alquirir.
No se espongan a sufrir
una triste situación:
sangra mucho el corazón
del que tiene que pedir.

Debe trabajar el hombre
para ganarse su pan;
pues la miseria, en su afán
de perseguir de mil modos,
llama en la puerta de todos
y entra en la del haragán.

[57] de todas menas: de toda laya o calibre.
[58] No abandonarlo cuando se halla en alguna dificultad o peligro.

A ningún hombre amenacen,
porque naides se acobarda;
poco en conocerlo tarda
quien amenaza imprudente;
que hay un peligro presente
y otro peligro se aguarda.

Para vencer un peligro,
salvar de cualquier abismo,
por esperencia lo afirmo:
más que el sable y que la lanza
suele servir la confianza
que el hombre tiene en sí mismo.

Nace el hombre con la astucia
que ha de servirle de guía;
sin ella sucumbiría;
pero sigún mi esperiencia,
se vuelve en unos prudencia
y en los otros picardía.

Aprovecha la ocasión
el hombre que es diligente;
y tenganló bien presente,
si al compararla no yerro:
la ocasión es como el fierro:
se ha de machacar caliente.

Muchas cosas pierde el hombre
que a veces las vuelve a hallar;
pero les debo enseñar,
y es bueno que lo recuerden:
si la vergüenza se pierde,
jamás se vuelve a encontrar.

Los hermanos sean unidos,
porque ésa es la ley primera;
tengan unión verdadera
en cualquier tiempo que sea,
porque si entre ellos se pelean
los devoran los de ajuera.

Respeten a los ancianos;
el burlarlos no es hazaña;
si andan entre gente estraña
deben ser muy precavidos,
pues por igual es tenido
quien con malos se acompaña.

La cigüeña cuando es vieja
pierde la vista, y procuran
cuidarla en su edá madura
todas sus hijas pequeñas.
Apriendan de las cigüeñas
este ejemplo de ternura.

Si les hacen una ofensa,
aunque la echen en olvido,
vivan siempre prevenidos,
pues ciertamente sucede
que hablará muy mal de ustedes
aquel que los ha ofendido.

El que obedeciendo vive
nunca tiene suerte blanda;
mas con su soberbia agranda
el rigor en que padece.
Obedezca el que obedece
y será bueno el que manda.

Procuren de no perder
ni el tiempo ni la vergüenza;
como todo hombre que piensa
procedan siempre con juicio,
y sepan que ningún vicio
acaba donde comienza.

Ave de pico encorvado,
le tiene al robo afición;
pero el hombre de razón
no roba jamás un cobre,
pues no es vergüenza ser pobre
y es vergüenza ser ladrón.

El hombre no mate al hombre
ni pelee por fantasía.[59]
Tiene en la desgracia mía
un espejo en que mirarse.
Saber el hombre guardarse
es la gran sabiduría.

La sangre que se redama
no se olvida hasta la muerte.
La impresión es de tal suerte,
que a mi pesar, no lo niego,
cai como gotas de fuego
en la alma del que la vierte.

Es siempre, en toda ocasión,
el trago el pior enemigo.
Con cariño se los digo,
recuerdenló con cuidado:
aquel que ofiende embriagado
merece doble castigo.

Si se arma algún revolutis,[60]
siempre han de ser los primeros.
No se muestren altaneros
aunque la razón les sobre.
En la barba de los pobres
apriendan pa ser barberos.

Si entriegan su corazón
a alguna mujer querida,
no le hagan una partida[61]
que la ofienda a la mujer;
siempre los ha de perder
una mujer ofendida.

Procuren, si son cantores,
el cantar con sentimiento,
no tiemplen el estrumento
por sólo el gusto de hablar,
y acostúmbrense a cantar
en cosas de jundamento.

Y les doy estos consejos
que me ha costado alquirirlos,
porque deseo dirigirlos;
pero no alcanza mi cencia
hasta darles la prudencia
que precisan pa seguirlos.

Estas cosas y otras muchas
medité en mis soledades.
Sepan que no hay falsedades
ni error en estos consejos:
es de la boca del viejo
de ande salen las verdades.

XXXIII

Después, a los cuatro vientos
los cuatro se dirigieron.
Una promesa se hicieron
que todos debían cumplir;
mas no la puedo decir,
pues secreto prometieron.

Les advierto solamente,
y esto a ninguno le asombre,
pues muchas veces el hombre
tiene que hacer de ese modo:
convinieron entre todos
en mudar allí de nombre.

[59] Por capricho o sin motivo.
[60] Altercado o pelea.
[61] Mal comportamiento o proceder.

Sin ninguna intención mala
lo hicieron, no tengo duda;
pero es la verdá desnuda,
siempre suele suceder:
aquel que su nombre muda
tiene culpas que esconder.

Y ya dejo el estrumento
con que he divertido a ustedes.
Todos conocerlo pueden
que tuve costancia suma.
Este es un botón de pluma[62]
que no hay quien lo desenriede.

Con mi deber he cumplido
y ya he salido del paso;
pero diré, por si acaso,
pa que me entiendan los criollos:
todavía me quedan rollos
por si se ofrece dar lazo.

Vive el águila en su nido,
el tigre vive en la selva,
el zorro en la cueva ajena,
y en su destino incostante,
sólo el gaucho vive errante
donde la suerte lo lleva.

Y con esto me despido
sin esperar hasta cuándo.
Siempre corta por lo blando
el que busca lo siguro;
mas yo corto por lo duro,
y ansí he de seguir cortando.

Es el pobre en su horfandá
de la fortuna el desecho,
porque naides toma a pechos
el defender a su raza.
Debe el gaucho tener casa,
escuela, iglesia y derechos.

Y han de concluir algún día
estos enriedos malditos.
La obra ni la facilito,[63]
porque aumentan el fandango[64]
los que están como el chimango
sobre el cuero y dando gritos. [65]

Mas Dios ha de permitir
que esto llegue a mejorar;
pero se ha de recordar,
para hacer bien el trabajo,
que el fuego, pa calentar,
debe ir siempre por abajo.

En su ley está el de arriba
si hace lo que le aproveche;
de sus favores sospeche
hasta el mesmo que lo nombra:
siempre es dañosa la sombra
del árbol que tiene leche.[66]

Al pobre al menor descuido
lo levantan de un sogazo;
pero yo compriendo el caso
y esta consecuencia saco:
el gaucho es el cuero flaco:
da los tientos para el lazo.

[62] En la confección de los botones de pluma (lujo del apero de montar), como la
punta de los tientos se esconden en el interior del tejido, resulta muy difícil desatarlos.
[63] No confío que se realice.
[64] *fandango*: en este caso lío, desorden.
[65] *chimango*: falcónido, ave rapaz.
[66] Jugo lechoso de algunas plantas o árboles.

Y en lo que esplica mi lengua
todos deben tener fe.
Ansí, pues, entiéndanmé:
con codicias no me mancho:
no se ha llover el rancho
en donde este libro esté.

Permítanme descansar,
¡pues he trabajado tanto!
En este punto me planto
y a continuar me resisto.
Estos son treinta y tres cantos,
que es la mesma edá de Cristo.

Y guarden estas palabras
que les digo al terminar:
en mi obra he de continuar
hasta dárselas concluida,
si el ingenio o si la vida
no me llegan a faltar.

Y si la vida me falta,
tenganló todos por cierto
que el gaucho, hasta en el desierto,
sentirá en tal ocasión
tristeza en el corazón
al saber que yo estoy muerto.

Pues son mis dichas desdichas
las de todos mis hermanos,
ellos guardarán ufanos
en su corazón mi historia;
me tendrán en su memoria
para siempre mis paisanos.

Es la memoria un gran don,
calidá muy meritoria;
y aquellos que en esta historia
sospechen que les doy palo
sepan que olvidar lo malo
también es tener memoria.

Mas naides se crea ofendido,
pues a ninguno incomodo;
y si canto de este modo
por encontrarlo oportuno,
NO ES PARA MAL DE NINGUNO.
SINO PARA BIEN DE TODOS.

EDUARDO GUTIERREZ

Puede decirse, sin menoscabo del folletinista, que Eduardo Gutiérrez fue el primer novelista de vocación popular y nacional que tuvo América Latina. Autor de más de treinta volúmenes y otras obras menores, nació y murió en Buenos Aires (1853-1890). Decía Ricardo Rojas en su *Historia de la literatura argentina:* "Su muerte prematura, realza en el corto lapso de su vida, la enorme fecundidad que fuera el rasgo más visible de su carrera literaria. Es Eduardo Gutiérrez, la personalidad que eslabona el ciclo épico de Hernández, o sea la tradición de los gauchescos en verso, con el nuevo ciclo de los gauchos en la novela y el teatro".

Gutiérrez procedía de una familia de convicciones liberales y artísticas. En 1866, casi un niño aún, se inició en el periodismo en una sección humorística de *La Nación Argentina,* diario que dirigía su hermano José María. Hacia 1874 fue soldado en la frontera con el indio, y en las noches de fogón, y día tras día, tomaba apuntes y escuchaba. En ese tiempo se batió en Blanca Grande, Guaminí y Laguna del Monte contra el temible cacique Namuncurá. En 1879 vuelve al periodismo. En menos de ocho años escribe la copiosa cantidad de 10 mil páginas en *La Patria Argentina* y otros diarios, que luego se reúnen en libros. El modelo de sus gauchos, públicos y notorios, eran hombres desdichados, de noble raza, víctimas del arbitrario manejo de las autoridades advenedizas. El fondo vigoroso de sus personajes encarnaba estos nombres: Juan Moreira, Juan Cuello, Santos Vega, Pastor Luna, Juan Sin Patria, El Mataco, El tigre del Quequén, Hormiga Negra, el Chacho.

Gutiérrez escribió, además, crónicas históricas, relatos policiales, espigando en los archivos de la justicia, aquellos episodios que podían mantener en vilo a millares de lectores. Su obra más famosa fue *Juan Moreira* (1879), exitosamente adaptada a la escena por José M. Podestá, para dar así nacimiento al teatro rioplatense. Moreira, como sabemos, fue una figura real, que en el incipiente orden civil, dispuso servir con su facón de pelea a una causa política. Murió asesinado por una partida policial en el patio de la pulpería o albergue "La Estrella", en el caserío de Lobos, en 1874.

JUAN MOREIRA

La pendiente del crimen

En Navarro, como en todo el resto de la Provincia, se discutían las candidaturas de Costa y Acosta, candidatos de dos partidos poderosos, para el gobierno de Buenos Aires.

Moreira había estado en aquel partido, siendo Juez de paz el estimable joven José Correa Morales, quien solicitó a Moreira para sargento de la partida.

Juan Moreira aceptó el puesto que se le brindaba, porque tenía gran estimación por la familia del señor Morales, que lo había protegido siempre. Sus servicios fueron eficaces y dejaron de aquel hombre, en Navarro, un recuerdo gratísimo.

Moreira salía con la partida de plaza a recorrer el pueblo y sus alrededores, no habiendo criminal capaz de resistirse al hermoso sargento, ni dar motivo alguno para que la partida se le echase encima.

Cuando se tenía noticias de algún bandido de esos que suelen aparecer de cuando en cuando, Moreira iba solo en su busca y lo prendía convenciéndolo que era inútil resistírsele, ya luchando con él para reducirlo a prisión, lo que le dio un gran prestigio entre el paisanaje y le captó por completo el aprecio de los habitantes del pueblo.

Moreira llegó a Navarro cuando todos los ánimos estaban excitados por aquellas elecciones tan reñidas que vinieron a producir tan honda división en los habitantes de la campaña.

Faltaban sólo dos meses para la elección y los partidos trabajaban con incansable actividad, reclutando gente de todas partes y preparando los clubes electorales.

Moreira fue ardientemente solicitado por los dos partidos políticos, que conocían su inmenso prestigio; pero el paisano resistió a todas las propuestas seductoras que se le hicieron, llegando hasta desechar con una soberbia imponderable la propuesta de hacer romper todas las causas que se le seguían en Matanzas, donde podía volver después del triunfo.

Conociendo al ascendiente que sobre aquel hombre extraordinario tenía el doctor Alsina, a quien había acompañado como hombre de confianza en épocas de peligro, los caudillos electorales hicieron que aquel escribiera a Moreira pidiéndole pusiera su valioso prestigio a favor de la buena causa.[1]

Moreira, cuando recibió la carta del doctor Alsina no supo resistirse y se afilió a uno de los bandos políticos, influyendo en su triunfo de una 5 manera poderosa.

Los paisanos que estaban en el bando contrario se incorporaron a Moreira, al amigo Moreira que apreciaban unos y temían otros más que el mismo Juez de Paz, que lo era en esa época don Carlos Casanova, apreciadísimo caballero y persona conocida como recta y honorabilísima. 10

Tal vez el señor Casanova hubiese puesto coto[2] más tarde a los desmanes de Moreira, pero era tal el dominio que sobre la partida de plaza[3] ejercía el paisano desde que fue su sargento que ésta temblaba ante la sola idea de tener que ir a prenderlo.

Las elecciones se aproximaban y los partidos armados hasta los 15 dientes se preparaban a disputarse el triunfo de todas maneras *por la razón de la fuerza,* lema desgraciado que se ostenta aún en el escudo de una nación que se permite contarse entre las civilizadas.

Había en aquella época, y afiliado al partido contrario de aquel en que militaba Moreira, un caudillo de prestigio y de grandes *mentas*[4] por 20 aquellos pagos.

Leguizamón, que así se llamaba el caudillo, era un gaucho de *avería,*[5] *valiente* hasta la exageración y que arrastraba mucha paisanada.

Este era el elemento que iban a colocar en frente a Moreira para disputarle el triunfo, a cuyo efecto habían enconado al gaucho picándole el 25 amor propio con comparaciones desfavorables.

Leguizamón, que era un paisano alto y delgado, muy nervioso y de una constitución poderosa, contaría entonces unos cuarenta y cinco años.

Era un hombre de larga foja de servicios en las pulperías, donde había conquistado la terrible reputación que tenía. 30

El choque de estos dos hombres debía ser fabuloso.

Leguizamón estaba reputado de más hábil peleador que Moreira, pero éste debía compensar aquella inferioridad, con su sangre fría asombrosa de que diera tantas pruebas.

[1]Se refiere a Alfonso Alsina (1829-1877), hombre de gran ascendiente político, como su padre Valentín, que defendía la autonomía de la ciudad de Buenos Aires frente a la federalización propuesta por Bartolomé Mitre. Adolfo Alsina fue diputado, vicepresidente de la república y gobernador de Buenos Aires.
[2] *puesto coto:* poner límites a una cosa.
[3] *partida de plaza:* partida policial.
[4] *mentas:* de gran fama.
[5] Temible y peligroso.

Moreira era ágil como un tigre, y bravo como un león, la pujanza de su brazo era proverbial y su empuje ineludible.

Pero Leguizamón tenía una vista de lince, su facón era un relámpago y su cuerpo una vara de mimbre, que quebraba a su antojo.

A Moreira habían dicho todo esto, pero al escucharlo el paisano había sonreído con suprema altanería contestando resueltamente: "Allá veremos".

A Leguizamón habían relatado las hazañas de Moreira y el gaucho había fruncido el ceño diciendo:

—Ese maula[6] no sirve ni para darme trabajo. En cuanto se ponga delante de mí lo voy a ensartar en el alfajor[7] como quien ensarta en el asador un costillar de carnero flaco.

La perspectiva de una lucha entre aquellos dos hombres había preocupado de tal manera a los paisanos que se preparaban a ir a las elecciones, no por votar en ellas, sino por presenciar el combate entre Leguizamón y el amigo Moreira, asignando el triunfo cada uno, del lado de sus simpatías.

El día de las elecciones llegó por fin y la gente se presentó en el atrio, en un numero inesperado.

La mayoría de aquella concurrencia iba atraída por aquella lucha que había sido anunciada y fabulosamente comentada en todas las pulperías por los amigos de ambos contendientes, comentarios que habían dado ya margen a algunas luchas de facón entre los que asignaban el triunfo a Moreira, que era la generalidad y los que suponían triunfante a Leguizamón.

El comicio se instaló por fin con todas las formalidades del acto, estando presente el Juez de Paz, la partida de plaza y el Comandante militar.

Moreira se colocó, con su gente, del lado que ocupaba el bando político a que él se había afiliado.

El paisano estaba vestido con un lujo provocativo.

En épocas electorales abunda el dinero y Moreira había empleado el que Ye dieron en el adorno de su soberbio overo bayo.[8]

Su tirador[9] estaba cubierto de monedas de oro y plata, metales que se veían en todo el resto de sus lujosas prendas.

En la parte delantera se veían sujetos por el tirador dos magníficos trabucos de bronce, regalo electoral, y las dos pistolas de dos cañones que le regalara su compadre Giménez al salir de Matanza.

---

[6] *maula:* cobarde.
[7] *alfajor:* en este caso *facón.*
[8] *overo bayo:* caballo de pelo arnarillo con manchas de color más intenso .
[9] *tirador:* cinturón ancho de cuero.

Atravesada a su espalda y sujeta al mismo tirador se veía su daga, su terrible daga bautizada ya de una manera tan sangrienta y que asomaba la lujosa engastadura, siempre al alcance de la fuerte diestra. Llevaba su manta de vicuña arrollada al brazo izquierdo con cuya mano hacía *pintar*[10] al pingo que se mostraba orgulloso del jinete que 5 montaba.

Moreira estaba completamente sereno—sonreía a los amigos, chistaba al caballo como para calmar su inquietud y daba vuelta de cuando en cuando para mirar al Cacique[11] que a las ancas del overo meneaba la cola alegremente como preguntando qué significaba todo aquel aparato. 10

Frente a Moreira, del otro lado de la mesa y un poco más a la izquierda, estaba Leguizamón, metido en las filas de los suyos. La actitud del paisano era sombría y amenazadora; miraba a Moreira como lanzándole un reto de muerte y se acariciaba de cuando en cuando la barba, con la mano derecha, de cuya *muñeca* pendía un ancho rebenque de lonja de 15 cabo de plata.

Moreira permanecía como ajeno a todas aquellas maniobras, evitando que su mirada se encontrase con la de Leguizamón, "que ya se salía de la vaina".[12]

Los paisanos estaban conmovidos: en sus pálidos semblantes se 20 podía ver la emoción que les dominaba, emoción que se extendía hasta los mismos escrutadores y suplentes que no atendían su cometido por observar las variantes de aquellas provocaciones mudas, que tendrían que terminar en un duelo a muerte fatal para uno u otro.

Por fin el acto electoral comenzó y los paisanos fueron acercándose 25 uno a uno a la mesa del comicio, depositando cada uno su voto maquinalmente, y montando de nuevo a caballo para confundirse en las filas de donde habían salido.

Media hora hacía apenas que la elección había comenzado, cuando Leguizamón, picando su caballo, se acercó a la mesa y dando en ella un 30 golpe con su rebenque, dijo que se estaba haciendo una trampa contra su partido y que él no estaba dispuesto a tolerarla.

Y al decir estas palabras Leguizamón no miraba a los escrutadores a quienes iban dirigidas, sino a Moreira para quien envolvía una provocación que éste no quiso entender, permaneciendo tranquilo. 35

Las palabras de Leguizamón conmovieron los ánimos tan poderosamente que ninguna de aquellas personas mandó al gaucho a guardar silencio.

---

[10] *pintar al pingo:* lucir con prestancia el caballo.
[11] *Cacique:* el perro de Moreira.
[12] Impaciente por actuar.

—He dicho que se nos está haciendo trampa—añadió creciendo en su insolencia—, y han traído aquel hombre para que les ayude—y señaló a Moreira con el cabo del rebenque.

Moreira siguió guardando su aparente tranquilidad y, con una infinita gracia, replicó el gaucho:

—No es tiempo, amigo, de lucir la mona;[13] *los peludos*[14] no tienen cartas en las votaciones y no hay que faltar así al respeto de las gentes.

Tan conmovidos estaban los paisanos que ni siquiera sonrieron ante este epigrama que hizo poner lívido de furor a quien fue dirigido.

—Menos boca y al suelo—gritó Leguizamón desmontando. Usted es una maula que ha venido a asustar con la postura y que no ha de ser capaz de nada.

En la cintura de Leguizamón se veían un revólver de grueso calibre y una daga de colosales dimensiones.

Fue ésta el arma que sacó el paisano.

Moreira se echó al suelo como quien hace una cosa a disgusto y sacó también su larga daga, enrollando con presteza al brazo la manta de vicuña.

Apenas el paisano se había separado una vara del caballo, cuando Leguizamón estaba sobre él, enviándole una lluvia de puñaladas.

Era aquel un espectáculo magnífico e imponente. Aquellos dos hombres se acometían de una manera frenética, enviándose la muerte en cada golpe de daga que era parado por ambos con una destreza asombrosa.

Los ponchos arrollados en el brazo izquierdo estaban completamente hechos jirones por los golpes parados, pero los combatientes igualmente diestros, igualmente fuertes no habían logrado hacerse la menor herida.

La prolongación de la lucha empezaba a encolerizar a Leguizamón, que había cometido ya dos o tres chambonadas:[15] y a medida que la cólera empezaba a enceguecerlo, Moreira se mostraba más tranquilo y más previsor en sus acometidas.

Los asistentes habían hecho gran campo a los dos antagonistas, sin haber entre ellos uno solo que se atreviera a separarlos, pues con aquella acción sabían que se exponían a captarse la cólera y tal vez la agresión de ambos.

Leguizamón, más viejo y menos tranquilo en el combate, empezó a fatigarse, mientras Moreira, más hábil, economizaba sus fuerzas, que no habían podido debilitar quince minutos de combate recio, que ya empezaba a ser pesado para Leguizamón.

---

[13]*lucir la mona:* borrachera.
[14] Los sujetos de la borrachera   [15] *chambonada:* desacierto.

Aquella lucha no podía durar un minuto más: era cuestión de una puñalada parada con descuido, de un traspiés, de una casualidad cualquiera.

Leguizamón empezó a retroceder, acometido de una manera ruda y decisiva. 5

De su poncho, quedaban sólo dos pequeños jirones y su chaqueta estaba cortada en dos partes.

Moreira, cuyo poncho estaba completamente despedazado, paraba las puñaladas con su enorme sombrero de anchas alas.

Leguizamón fue retrocediendo hasta la mesa donde se hacía el 10 escrutinio, que fue abandonada por los que la rodeaban, para evitar un golpe casual.

Allí, contra la mesa y con acción debilitada por el mueble, el gaucho cometió una imprudencia que fue hábilmente aprovechada por su adversario. 15

Distrajo la mano izquierda pretendiendo sacar el revólver, descuidando toda defensa, y Moreira como un relámpago, marcó una puñalada al vientre.

Leguizamón quiso acudir a evitarla, pero Moreira dio vuelta la daga y dio con el puño tan violento golpe sobre la frente del gaucho que lo hizo 20 rodar al suelo, completamente privado de sentido.

Después de este golpe maestro, era de suponerse que el vencido fuese degollado, pero Moreira, limpiando con la mano el copioso sudor que pegaba los cabellos sobre su frente hizo dos pasos atrás y con la voz aún jadeante por la fatiga, dijo a los paisanos del bando enemigo, que lo 25 miraban asombrados:

—Pueden llevar a este hombre a que duerma la mona y no venga aquí a hacer bochinche.[16]

Un inmenso aplauso saludó la hermosa acción de Moreira, que envainando la daga y saltando a caballo dijo a los del comicio: 30

—Caballeros, que siga la *elección.*

Aquel "bravo" entusiasta en que había estallado la multitud, era un "bravo" espontáneo arrancado por la hermosa acción de Moreira.

Provocado, se había batido con un hombre valiente, y hábil en el manejo de las armas, sin mostrar cólera contra su provocador, a quien no 35 había querido matar, pues aquel golpe en la frente había sido calculado, con toda sangre fría y preferido a la tremenda puñalada que marcó en el vientre.

Vencedor en el lance, no había hecho uso de la ventaja obtenida, pidiendo sacaran de allí a aquel hombre inerme para que "no hiciera 40 bochinche".

---

[16] *bochinche:* desorden, ruido.

Era indudablemente una acción hermosa que recogía su premio en el aplauso de los que habían presenciado aquel dicho a muerte que amenazara ser sangriento.

Moreira recuperó tranquilamente su puesto y la elección siguió en el mayor orden.

Su acción había pesado de tal modo en el espíritu de los gauchos del otro bando, que todos votaron con él, con esa inconsciencia peculiar de los paisanos, que van a las elecciones y votan por tal o cual persona simplemente porque a ellos los ha invitado su patrón o porque el Juez de Paz lo ha mandado así.

La elección fue canónica: había faltado el caudillo enemigo y sus partidarios se habían plegado al bando que sostenía el amigo Morcira.

Leguizamón fue conducido, cuando cayó, a la pulpería y tienda de un tal Olazo, que existe aún, donde le prestaron algunos auxilios que le volvieron el conocimiento.

Cuando recuperó el completo dominio de sus facultades, cuando supo lo que había sucedido y que Moreira había tenido asco en matarlo, Leguizamón se puso furioso, quiso volver a la plaza para matar al paisano, pero no lo dejaron salir cuatro o cinco personas que habían quedado acompañándolo.

Como la pulpería de Olazo estaba sólo a una cuadra de la plaza, a cada momento caían allí paisanos dando noticias del partido que iba triunfando y ponderando la bella acción de Moreira, que no había querido matar a Leguizamón a quien había golpeado con el cabo de la daga, tendiéndolo en el suelo.

Leguizamón oía todos estos relatos y su coraje iba creciendo hasta el extremo de llenar de improperios a los que iban a la pulpería.

—Yo he de matar a ese maula—gritaba en el colmo de la irritación—; lo he de matar como a un cordero, para probar a ustedes que sólo por una casualidad me ha podido aventajar, pues él me ha pegado lo que me vio tropezar en la mesa y perder pie; de otro modo, ¡cuándo sale de allí con vida!

Los paisanos temiendo un nuevo encuentro con Moreira habían querido llevar al gaucho a su casa, pero toda tentativa fue inútil.

Leguizamón pidió una ginebra y declaró que iba a esperar allí a Moreira para matarlo y demostrar que era un maula que habían traído para asustar a la gente con la parada.

La elección terminada, los paisanos empezaron a desparramarse en todas direcciones, cayendo la mayor parte a la pulpería de Olazo, que era la más acreditada.

Todos suponían, además, que el lance de aquella mañana no podía quedar así y que entre Leguizamón y Moreira iba a suceder algo terrible.

Moreira estuvo conversando un momento con las personas de la mesa quienes recomendaron evitase encontrarse con Leguizamón y que si lo hallaba a su paso no atendiera a sus provocaciones, porque siempre andaba ebrio y no sabía lo que hablaba.

El gaucho sagaz comprendió que Leguizamón conservaba aún, a pesar de lo sucedido, su prestigio de hombre guapo[17] y de avería, y que se dudaba del éxito de un nuevo encuentro, pero sonrió maliciosamente y se 5 alejó al tranco[18] de su overo bayo tomando la dirección de la casa de Olazo, donde sabía estaba Leguizamón.

Serían solo las cinco de la tarde cuando Moreira dio vuelta la esquina de la plaza en dirección al almacén, lleno de gente en esos momentos. Cuando Moreira apareció en la esquina un movimiento de espanto 10 pasó como un golpe eléctrico entre los gauchos.

En el cuchicheo y el asombro pintado en todos los rostros, Leguizamón comprendió que su enemigo venía y, apurando el contenido de la copa que tenía en la mano, saltó al medio de la calle empuñando en su diestra la daga, que brilló como un relámpago de muerte. 15

Moreira vio todo eso y adivinó lo que en la pulpería pasaba, pero no alteró la marcha de su caballo, que avanzaba al tranquito haciendo sonar las copas del freno.[19]

Leguizamón, parado en media calle, llenaba de injurias al paisano, que parecía no escucharlas, dada la sonrisa de su boca y la tranquilidad del 20 ademán.

Por fin Moreira estuvo a dos varas del enfurecido gaucho y éste, que sólo esperaba aquel momento, lo acometió resuelto por el lado de montar, tomando la rienda del caballo.

Moreira se deslizó tranquilo siempre, pero rápido, por el lado del lazo, 25 sacó de la cintura su terrible daga y se preparó al combate.

Las acometidas de Leguizamón eran tan violentas, sus golpes eran tan recios que Moreira tenía que acudir a los recursos de la vista y a toda la elasticidad de sus músculos para evitar que el paisano lo atravesara en una de las tantas puñaladas o lo abriera con aquellos hachazos tirados con una 30 fuerza de brazo imponderable.

Durante cuatro o cinco minutos Moreira estuvo concretado exclusivamente a la defensa, siéndole imposible llevar el ataque. Con la pupila dilatada por el asombro, trémulos y silenciosos, los numerosos paisanos miraban las gradaciones de aquel combate, sin atreverse a respirar siquiera. 35

La partida de plaza había sido avisada de lo que sucedía, pero no había resuelto moverse de la puerta del juzgado: tenía decididamente miedo de provocar a Moreira.

---

[17] *guapo:* valiente
[18] *al tranco:* al paso largo y firme
[19] *copas del freno:* cabezas del bocado del freno.

Leguizamón, entretanto, cansado de tanto tirar, quiso reposar un momento y dio un salto hacia atrás.

Entonces Moreira tomó la ofensiva con tal brío, con tal pujanza, que eran pocos, entonces, los dos brazos de su adversario para parar aquella especie de huracán de puñaladas y hachazos.

Cuando Leguizamón tenía la ofensiva, Moreira no había hecho un solo paso atrás, no había perdido una línea de terreno que pisaba.

En cambio, cuando él atacó, Leguizamón empezó a retroceder, primero paso a paso y después a saltos, único recurso para evitar ciertas puñaladas mortales.

Así combatieron la cuadra que mediaba entre el almacén de Olazo y la plaza principal, sin haberse inferido otra herida que un ligero rasguño recibido por Moreira en el brazo izquierdo al parar un hachazo.

Retrocediendo uno y avanzando el otro, los dos combatientes llegaron hasta la iglesia, seguidos de todos los paisanos que había en la pulpería al principio de la lucha, aumentados con los que fueron llegando a medida que iban sabiendo lo que sucedía.

La partida de plaza estaba en la puerta del juzgado, a dos pasos de la iglesia con el caballo de la rienda pero no se atrevía a intervenir.

Al llegar a la iglesia, Moreira acometió a Leguizamón por el costado izquierdo, obligándole así a hacer un cuarto de conversión[20] y buscar la pared del templo para hacer en ella *espalda,* tirando un par de puñaladas al vientre de Moreira para detenerlo un poco y darse un alivio.

Pero Moreira, comprendiendo que aquella posición era violenta para su adversario, que había quedado contra la pared lo mismo que por la mañana contra la mesa, cargó de firme, decidido a terminar la lucha, cuya duración había empezado a irritarlo y hacerle perder parte de aquel aplomo que nunca lo abandonaba.

Moreira, pues, cargó de firme, metió el brazo izquierdo contra la daga de Leguizamón para evitar un golpe probable y se tendió a fondo en una larga puñalada.

Entonces se sintió un grito de muerte: vaciló Leguizamón sobre sus piernas y cayó pesadamente sobre el primer escalón del atrio, produciendo un golpe seco y lúgubre peculiar a la caída de un cuerpo humano.

Moreira abandonó la daga enterrada hasta la empuñadura en la herida, se cruzó de brazos y miró pausadamente a todos los testigos de aquel drama.

—Caballeros —dijo soberbio y altivo—: el que crea que esta muerte es mal hecha, puede decirlo francamente, que aún me quedan alientos suficientes.

Ninguno se movió, ninguno turbó con una sola palabra aquel silencio imponente.

[20] Movimiento que se hace girando una cuarta parte del círculo.

La actitud de los paisanos aprobaba el proceder del gaucho.

Moreira miró entonces el cuerpo caído de Leguizamón (que se estremecía débilmente en el último estertor de la agonía), se agachó y le arrancó la daga del estómago.

El cuerpo de Leguizamón se agitó entonces por un temblor poderoso,   5
de su ancha herida salió una gran cantidad de sangre, y quedó completamente inmóvil.

Moreira lo contempló un segundo, como dominado por una especie de arrepentimiento, dejó la daga sobre el pecho del cadáver y, acercándose a su caballo, que había sido llevado allí por uno de los paisanos, montó con   10
un ademán sombrío, apartando suavemente al Cacique, que saltaba sobre el tirador, pretendiendo llegar a lamerle la cara, después de haberle lamido las manos, como felicitándolo del peligro que acababa de escapar.

El paisano no quiso alejarse de aquel sitio sin hacer antes alarde del miedo que sabía que se le tenía.   15

Revolvió su caballo hasta el juzgado de paz y, dirigiéndose al sargento de la partida, que estaba dominado por el más franco espanto, le dijo lleno de altivez:

—Haga el favor, amigo, alcánceme la daga que he dejado olvidada allí y señaló el cadáver de Leguizamón, sobre cuyo pecho se veía el arma.   20

El sargento dio las riendas de su caballo a uno de los soldados, se dirigió al sitio indicado y recogió la daga que entregó a Moreira, humildemente y sin permitirse la menor palabra.

Moreira tomó su daga, que guardó en la cintura después de limpiar en la crin del caballo la sangre de que estaba cubierta la hoja, y, picando con   25
las espuelas los flancos del magnífico animal, se alejó al tranco, dejando absortos a los testigos de aquella sangrienta sátira.

RAFAEL OBLIGADO

Nació en Buenos Aires, en 1851. Pasó su infancia y momentos de retiro en la estancia de sus padres, la Vuelta de Obligado, sobre la costa del río Paraná. Comenzó a estudiar en la Facultad de Derecho, pero abandonó esta carrera para dedicarse libremente a su vocación literaria. Sentía admiración por los clásicos castellanos, y por temperamento lírico se incorporó a la línea vernácula, pero según el lenguaje culto que había distinguido a Echeverría, a Mitre y al mismo Guido y Spano. Lo que más amó del gaucho fue su leyenda, y en esto fue más sincero que romántico, y pudo así dramatizar el sentimiento indefinido de la pampa y sus motivos.

Publicó en 1885 su volumen de *Poesías,* y este libro fue en realidad el centro único de su obra memorable. Contenía composiciones patrióticas, "Ofrenda", "A Echeverría"; sentimiento del hogar nativo, "El nido de boyeros", "Un cuento de las olas", y leyendas argentinas, "El cacuy", "La luz mala". Pero la obra maestra de Obligado, en este último grupo, fueron las décimas dedicadas a Santos Vega: "El alma del payador", "La prenda del payador" y "La muerte del payador". En 1887, agregó un nuevo canto, "El himno del payador", para darle forma definitiva y orgánica a su poemario.

Santos Vega es una composición poética de medio millar de versos, escrita con discreción artística y simbólica. Se cree, como también asevera Mitre, que Santos fue un payador real, y que está enterrado en Tuyú. La leyenda agrega que un joven forastero, Juan Sin Ropa, el diablo en persona, lo venció en una justa de contrapunto y canto. Todo esto significaba, en suma, que la tradición criolla moría frente a la ciencia, el progreso y la inmigración gringa.

Se cuenta que a los siete años de edad, Obligado escuchó de un viejo que "en las noches nubladas, colocando la guitarra en el pozo, el alma de Santos Vega la envuelve y hace que suenen sus cuerdas". Puede así creerse que este fue el origen de la leyenda que infundió en el poeta el temor de la libertad vencida. Rafael Obligado murió en Mendoza, en 1920.

SANTOS VEGA

La muerte del payador[1]

Bajo el ombú[2] corpulento,
de las tórtolas amado,
porque su nido han labrado
allí al amparo del viento;
en el amplísimo asiento
que la raíz desparrama,
donde en las siestas la llama
de nuestro sol no se allega,
dormido está Santos Vega,
aquél de la larga fama.

En los ramajes vecinos
ha colgado, silenciosa,
la guitarra melodiosa
de los cantos argentinos;
al pasar los campesinos
ante Vega se detienen;
en silencio se convienen
a guardarle allí dormido;
y hacen señas no hagan ruido
los que están a los que vienen.

El más viejo se adelanta
del grupo inmóvil, y llega
a palpar a Santos Vega,
moviendo apenas la planta.
Una morocha[3] que encanta
por su aire suelto y travieso,
causa eléctrico embeleso
porque, gentil y bizarra,
se aproxima a la guitarra
y en las cuerdas pone un beso.

Turba entonces el sagrado
silencio que a Vega cerca,
un jinete que se acerca
a la carrera lanzado;
retumba el desierto hollado
por el casco volador;
y aunque el grupo, en su estupor,
contenerlo pretendía,
llega, salta, lo desvía
y sacude al payador.

---

[1] *payador:* de payar, voz rioplantense. Se decía del cantor y poeta que podía improvisar coplas o décimas al compás de la guitarra. Llamábase payada de *contrapunto* la que componen y cantan en competencia dos payadores.

[2] *ombú:* voz de origen guaraní. Arbol grande y frondoso característico de la pampa argentina. Desde el punto de vista botánico es una hierba gigante.

[3] *morocho-a:* dicción que procede del quechua. Que tiene la piel morena o trigueña.

No bien el rostro sombrío
de aquel hombre mudos vieron,
horrorizados, sintieron
temblar las carnes de frío;
miró en torno con bravío
y desenvuelto ademán,
y dijo: "Entre los que están
no tengo ningún amigo,
pero, al fin, para testigo
lo mismo es Pedro que Juan."

Alzó Vega la alta frente,
y lo contempló un instante,
enseñando en el semblante
cierto hastío indiferente.
"Por fin, —dijo fríamente
el recién llegado,—estamos
juntos los dos y encontramos
la ocasión, que éstos provocan,
de saber cómo se chocan
las canciones que cantamos."

Así, diciendo, enseñó
una guitarra en sus manos,
y en los raigones cercanos,
preludiando se sentó.
Vega entonces sonrió,
y al volverse al instrumento,
la morocha hasta su asiento
ya su guitarra traía,
con un gesto que decía:
"La he besado hace un momento."

Juan Sin Ropa (se llamaba
Juan Sin Ropa el forastero)
comenzó por un ligero
dulce acorde que encantaba,
y con voz que modulaba
blandamente los sonidos,
cantó tristes nunca oídos,
cantó cielos no escuchados,
que llevaban, derramados,
la embriaguez a los sentidos.

Santos Vega oyó suspenso
al cantor; y toda inquieta,
sintió su alma de poeta
con un aleteo inmenso.
Luego en un preludio intenso,
hirió las cuerdas sonoras,
y cantó de las auroras
y las tardes pampeanas,
endechas americanas
más dulces que aquellas horas.

Al dar Vega fin al canto,
ya una triste noche oscura,
desplegaba en la llanura
las tinieblas de su manto.
Juan Sin Ropa se alzó en tanto,
bajo el árbol se empinó,
un verde gajo tocó,
y tembló la muchedumbre,
porque, echando roja lumbre,
aquel gajo se inflamó.

Chispearon sus miradas,
y torciendo el talle esbelto,
fue a sentarse, medio envuelto,
por las rojas llamaradas.
Oh, qué voces levantadas
las que entonces se escucharon
¡Cuántos ecos despertaron
en la Pampa misteriosa,
a esa música grandiosa
que los vientos se llevaron!

Era aquélla esa canción
que en el alma sólo vibra,
modulada en cada fibra
secreta del corazón;
el orgullo, la ambición,
los más íntimos anhelos,
los desmayos y los vuelos
del espíritu genial
que va, en pos del ideal,
como el cóndor a los cielos.

Era el grito poderoso
del progreso, dado al viento;
el solemne llamamiento
al combate más glorioso.
Era en medio del reposo
de la Pampa, ayer dormida,
la visión ennoblecida
del trabajo, antes no honrado;
la promesa del arado
que abre cauces a la vida.

Como en mágico espejismo,
al compás de ese concierto,
mil ciudades el desierto
levantaba de sí mismo.
Y a la par que en el abismo
una edad se desmorona,
al conjuro, en la ancha zona
derramábase la Europa,
que sin duda Juan Sin Ropa
era la ciencia en persona.

Oyó Vega embebecido
aquel himno prodigioso,
e inclinando el rostro hermoso,
dijo: "Sé que me has vencido."
El semblante humedecido
por nobles gotas de llanto,
volvió a la joven, su encanto,
y en los ojos de su amada
clavó una larga mirada,
y entonó su postrer canto:

"Adiós, luz del alma mía,
·adiós, flor de mis llanuras,
manantial de las dulzuras
que mi espíritu bebía;
adiós, mi única alegría,
dulce afán de mi existir;
Santos Vega se va a hundir
en lo inmenso de esos llanos...
¡Lo han vencido! ¡Llegó, hermanos,
el momento de morir!"

Aun sus lágrimas cayeron
en la guitarra copiosas,
y las cuerdas ternblorosas
a cada gota gimieron;
pero súbito cundieron
del gajo ardiente las llamas,
y trocado entre las ramas
en serpiente, Juan Sin Ropa,
arrojó de la alta copa
brillante lluvia de escamas.

Ni aun cenizas en el suelo
de Santos Vega quedaron,
y los años dispersaron
los testigos de aquel duelo;
pero un viejo y noble abuelo,
así el cuento terminó:
"Y si cantando murió
aquél que vivió cantando,
fue, decía suspirando,
porque el diablo lo venció."

INDICACIONES BIBLIOGRAFICAS

Jorge Luis Borges,El *"Martin Fierro"*, EditorialColumba, Buenos Aires, 1953.

Emilio Carrilla, *La creación del Martin Fierro*, Editorial Gredos, Madrid, 1973.

Eduardo Gutiérrez, *Juan Moreira* (prólogo de Jorge B. Rivera), Centro Editor de América Latina, 1987.

José Hernández, *Martin Fierro*, comentado y anotado por Eleuterio Tiscornia, Imprenta Coni, Buenos Aires,1925.

Leopoldo Lugones, *El payador* (1911). Véase *Obras en prosa*, edición Leopoldo Lugones (h), Aguilar, Madrid,1962.

Ezequiel Martínez Estrada, *Muerte y transfiguración de Martín Fierro*, Fondo de Cultura Económica, México,1958.

Rafael Obligado, *Poesías* (prólogo de Carlos Obligado), W M. Jackson, Buenos Aires,1947.

Antonio Pagés Larraya, *Prosas del Martin Fierro*, Raigal, Buenos Aires,1952.

Ricardo Rodríguez Molas, *Historia social del gaucho*, Editorial Maru, Buenos Aires,1968.

Ricardo Rojas, *Historia de la Literatura Argentina*, II (véase Rafael Obligado en "Los poetas laureados"), Editorial Kraft, Buenos Aires,1957.

Vicente Rossi, *Desagravio al lenguaje del Martin Fierro*, Río de la Plata: Casa Editora Imprenta Argentina, Córdobaz 1933-1937.

Iber Verdugo, *Teoría aplicada del estudio literario: análisis del Martin Fierro*, Universidad Nacional Autónoma de México, México,1980.

5

LA CRISIS DEL IDEALISMO

El crítico y novelista Luis Harss, en el prefacio a *Los nuestros* (1966) observaba sobre la realidad y la tradición de la literatura latinoamericana: "Nuestra poesía andaba sobre ruedas cuando nuestra novela era todavía tristemente pedestre." Desde luego, estas palabras deben ligarse al origen e inclinación implícitos en las sociedades coloniales. Después de cuatro siglos de vida americana, el arquetipo del escritor se resumía en el poeta o el cronista. Curiosamente, el desarrollo pleno que alcanza la novela en Europa con la picaresca y el *Quijote,* obra de españoles, no echó las debidas raíces en el mundo conquistado, del mismo modo que el resto de la cultura occidental no pudo excederla sin atisbar nuevos problemas esenciales. París tuvo, por cierto, las escuelas de Flaubert y de Zola, pero únicamente la indagación de la experiencia interior del hombre propuso la revalorización de la novela. Después del yo simbólico de Novalis, la narrativa andará hasta alcanzar las cumbres de Kafka o de Proust, poéticas en el sentido profundo de la palabra, no sólo porque están escritas en prosa admirable, sino porque la escritura nos devuelve el tiempo interior, metaforizado o involuntario de la conciencia.

En la América hispánica no podía producirse rápidamente una evolución parecida, puesto que el tiempo histórico se juzgaba según antecedentes poéticos y sociales distintos. Y, sin embargo, el romanticismo, el naturalismo y la novela documental, tuvieron su eco esquinado en estas tierras. La turbulenta novela *Amalia* de José Mármol o la triste *María* de Jorge Isaacs, fueron flores romantizadas, con aire de trasunto americano. Así también nacieron, en verso o en prosa, el épico *Tabaré* de Juan Zorrilla de San Martín (1888) y el indianismo en *Cumandá* de Juan León Mera (1879), envejecidos ya dice el tribunal de los críticos, por la excesiva idealización del indio.

El lector actual seguramente sonríe al seguir la tersura edulcorada de Mera, al hallar ingenuo el desborde sentimental, y el ambiente incompatible con el proceder de los personajes. Mucho de ese tono procede del sensualismo de Saint-Pierre, y la inspiración del libro debe buscarse en Chateaubriand. La hermosa Cumandá, enamorada de su hermano sin saberlo, resulta algo postiza entre indios salvajes como tenían que serlo. Sin embargo, se ha dicho (Juan Valera, Anderson Imbert), que Mera se había asomado a la descripción de las selvas del Ecuador con apropiada fuerza descriptiva. Es cierto que el indio es una figura idealizada del paisaje, pero de algún modo superaba el neutro exotismo de la escuela francesa en territorio americano. Mera dramatiza con destreza las leyendas autóctonas. Incorpora vocablos indígenas, crea una atmósfera de conflicto cultural que será un cabo de enlace entre el idealismo vernáculo y el accionar *indigenista,* desgarrado y herido que vendrá después.

En la segunda mitad del siglo pasado, el régimen republicano de las naciones andinas no fue el mejor instrumento para desplazar los residuos feudales en las sociedades indígenas que padecían la violencia de los gamonales y el despojo de la tierra. Había dos culturas que no compartían un destino común. El tema del abuso, del patrón abominable, insinuado por Mera, distinguió a Manuel González Prada, poeta combativo, del mejor fervor energúmeno, después de Sarmiento y de Montalvo. Había surgido como pensador cívico luego que su país, el Perú, padeció la derrota frente a Chile (1879-1883). Con él se pasa del idealismo al sentimiento crispado del compromiso. Culpaba a la oligarquía feudal la causa del fracaso y la humillación. Prada quería que la situación social se viera tal como era en la realidad y no como la predicaba el indianismo paternalista y sentimental. Rechazó la utopía y abrazó la ciencia. Se volvió ateo, anarquista, y predicó que la educación del indio y del trabajador, además del sustento, sería la única unión que podía salvar al Perú del estado vegetativo y agonizante.

Mucho más curioso y ejemplar ha sido que una mujer, Clorinda Matto de Turner, fuera la precursora perspicaz de la narrativa indigenista moderna, pero digamos, de problemas hasta ahora insolubles. En *Aves sin nido* se valió de una intriga que pertenecía a la tradición, vale decir, el inocente idilio de dos hermanos. Pero no se trataba de un hecho anecdótico o decorativo. Esta vez la autora había puesto el dedo en la llaga de la cofradía católica. Los incrédulos enamorados eran hijos de un mismo padre, el obispo del lugar. La aberración era obra de muchos culpables, y de un sistema vetusto. Agregábase el estrecho fanatismo e hipocresía del gobernador, el interés del letrado y el terrateniente. El libro fue quemado. La autora perseguida, excomulgada y enviada al destierro.

JUAN LEON MERA

Fue el más fecundo narrador ecuatoriano de la última mitad del siglo pasado. Se había formado en la lectura de la novela sentimental y en los poetas románticos. Pero la fuente germinal de su concepción idealista y artística de la historia fueron las leyendas de su patria. Habiendo ensayado también la pintura, destacó en diversas acuarelas el paisaje provinciano de Ambato, donde había nacido en 1832. A los veintiséis años publicó un volumen de versos, *Poesías,* en estilo más o menos derivado de José Zorrilla. En 1861 escribió su leyenda más ambiciosa, *La virgen del sol,* que prácticamente pasó inadvertida. Sintióse desalentado. Quizás fue ésta la causa para dedicarse a la vida política. Desde entonces el artista liberal se convirtió en un apasionado conservador católico y panegirista del dictador letrado Gabriel García Moreno. Se le designa administrador de correos en Ambato, luego gobernador provincial y al fin presidente del Senado. Mientras tanto escribía sus mejores cuentos y novelas, inspirándose en el vasto escenario de la colonia, con sucesos aborígenes y costumbres nativas. De su pluma salieron *Los novios de una aldea ecuatoriana* (1872), *Cumandá* (1879), *Entre dos tías y un tío, Un matrimonio inconveniente* (1889), y en verso, su leyenda *Mazorra* (1875) y *Melodías indígenas* (1887).

Mera, incansable nacionalista, escribió un canto y una memoria biográfica en honor del dictador García Moreno, que valga la paradoja, había odiado tanto Juan Montalvo. Era lo peor del verso rico y presumido de un poeta. Y, sin embargo, sus *Novelitas ecuatorianas,* publicadas póstumamente en 1909, estaban llenas de colorido y simpatía. De allí proceden "Las desgracias del indio Pedro". Juan León Mera murió en Ambato, su pueblo natal, en 1894.

LAS DESGRACIAS DEL INDIO PEDRO

Un amigo mío posee una hacenduela[1] de tan reducida extensión, que el canto del gallo del mayordomo se oye en todos los extremos, y a veces hasta fastidia a los vecinos. Pero es de oírse el tono del propietario cuando dice por septiembre: voy a cosechar en mi hacienda; ni el Zar habla de sus Rusias con más orgullo. Se va, en efecto: cosecha el maíz en un día, 5 véndelo en otro, y al tercero está el producto íntegro comido y digerido. Esto, en verdad, es muy poco; mas hame[2] asegurado que, en cambio, son muchos y más grandes los gozos que le proporcionan esos breves días de existencia agreste, pasados entre la cabaña y la sementera, en correspondencia inmediata con la gente de labor, visitando rediles, aunque 10 sean ajenos, y lidiando con los perros que, en extremo celosos de la propiedad del amo, le siguen largo trecho levantando polvo y haciendo más bulla que un liberal de nuestros días.

Bien creo en esos gozos y delicias íntimas que ensanchan el corazón oprimido por la pesada atmósfera de las ciudades, y dan al espíritu ideas 15 nuevas y afectos suaves. Digan cuanto quieran los enemigos del idilio y los que hacen gestos y tienen bascas[3] cuando oyen hablar de alquería de campos labrados, dehesa, redil y pastores, lo cierto es que todo esto tiene mucho de poético y agradable. Pero ¡qué!, si hasta esos hombrazos que se las dan de filósofos y buscan en todo la verdad de la verdad y el porqué 20 del porqué, miran de reojo y con desdeñosa sonrisa a quien no participa de sus ideas por estrafalarias que sean, podrían muy bien encontrar en nuestros campos y campesinos, sus costumbres y suerte, motivos para estarse más de una semana gachos y cogitabundos, volviendo y revolviendo en su revuelto magín[4] muchas verdades que se ven y no se 25 alcanzan, y muchos porqués de difícil solución. ¡Oh filósofos! ¡Cuántas veces el olor de la verdad os lleva a regiones ignotas, sin reparar que el objeto que lo exhala está muy cerca de vuestras narices!

Mas yo parezco discípulo de cierta escuela literaria moderna, según como voy divagando. Vuelvo, pues, a mi amigo. Este compinche, valga la 30 verdad, no es moralista ni filósofo; pero a veces le da la tecla por referir cuentos y anécdotas, y no carecen de naturalidad y gracejo sus relatos. No ha muchos días me hizo el siguiente:

---

[1] *hacenduela:* propiedad rural de poca extensión.
[2] *hame:* formación enclítica por *me ha.* Debe observarse que el autor hace uso frecuente del pronombre pospuesto.
[3] *bascas:* náusea.
[4] *magín:* imaginación.

El año de 185... fui, como de costumbre, a cosechar en mi hacienda.
Un día amaneció naturaleza de mal humor, ni más ni menos que cierto
enamorado que yo sé cuando pasa alguna larga noche de invierno al pie
de la ventana de la ingrata, y sin haber visto a la tal, ni oído siquiera su
5   tosecita, se vuelve a casa cabizbajo, con los ojos lacrimosos y colorados,
boquiabierto y gestudo. La banda oriental de los Andes había
desaparecido bajo una inmensa capa de pardas nieblas; los objetos más
cercanos aparecían confusos y fantásticos como las imágenes de un sueño;
y el cielo, color del lomo de torcaza, vertía una constante llovizna que,
10 sacudida por el viento de levante, mojaba la cara de amos y jornaleros.
Pues nada inspirador era el frío que me penetraba hasta la médula de los
huesos, quebrantando, a guisa de señor feudal, todos los fueros que me
daban el poncho de bayeta, el sombrero de fieltro, la capilla de franela, el
calzón de cuero de perro y el humo del cigarro que, tibio y suave, cubría la
15 única parte descubierta de mi aterido ser, que era de las cejas a la perilla.
Convirtióse al fin el calabobos[5] en muy formal aguacero, y hubimos todos
de buscar abrigo en la casucha más inmediata, propiedad de un indio
acomodado.
       Miento, que no era casucha, pues no merece tal calificativo la que,
20 levantada sobre tres hileras de adobones, con gruesos pilares, alar de teja y
puerta de tabla, se distinguía y señoreaba entre las demás chozas. El dueño,
que era un indio sexagenario, pero con pocas arrugas y canas, dentadura
cabal y blanquísima y completa salud, tratome con amabilidad y respeto.
Juzgó más acertado recibir la inesperada visita en el corredor, brindome un
25 asiento de sacos de maíz cubierto con piel de cabra, teniendo a mis pies
una estera nueva y quedó satisfecho de su propia urbanidad. Luego
conversó un rato conmigo sobre la escasez del año presente, la mala
mañana, los proyectos de siembra, los temores de las *heladas de carnestolendas* [6] y la codicia del diezmero,[7] siete veces peor que las heladas, y se fue a
30 formar corro con mis peones, que, al amor de una buena lumbre, comían
maíz tostado, sal y ají y charlaban con singular desenfado.
       Yo dormitaba entre tanto cual si estuviese repantigado en una
mullida poltrona, y dejaba pasar por mi mente mil pensamientos inconexos,
perezosos como mi ánimo y confusos cual el paisaje que me rodeaba,
35 envuelto en niebla y lluvia como en una inmensa red de innumerables y
finísimos hilos.
       El ladrido agudo y penetrante de un perro de orejas paradas y
bullicioso como un colegial vino a sacarme de tal sopor; alcé la cabeza y vi
un indio anciano, una muchachita y un borrico empapados de pies a

---

[5] *calabobos:* lluvia muy fina, garúa.
[6] *carnestolendas*: carnaval.
[7] *diezmero:* persona que cobra el *diezmo* de origen estatal o religioso.

cabeza. Los primeros, que en la descarnada y pálida faz y en el traje
remendado y corcusido demostraban grande escasez y miseria, se habían
acurrucado bajo unos matorrales por cuyas hojas caían gotas más gordas
que las del cielo; y el pobre jumento, con una enorme carga de sacos de
cebada a cuestas, sufría con su proverbial paciencia toda la furia del   5
aguacero con el hocico a dos dedos del suelo, las orejas tendidas hacia la
cerviz y meditabundo y triste como un jugador perdido.
    Apenas lo vieron los otros indios invitaron al viejo y a la moza a
guarecerse bajo el techo hospitalario. Aquél se mezcló entre los hombres, y
su hija se sentó algo distante y de manera que no pudiera perder de vista el   10
borrico. Mientras pasaba de mano en mano la sal y el pimiento que es
entre nuestros indios como la pipa de la amistad descrita por el autor de
Atalá, comenzaron todos a recordar tristemente no sé qué historia del
nuevo huésped, quien de rico y dichoso que era había venido a parar en la
miseria y abatimiento en que se le veía. Como no falta quien atribuya las   15
desgracias de la raza indígena solamente a los vicios de que está dominada
desde que no es libre, quise atender a aquella historia, por ver si descubría
el verdadero origen de tanto mal, a lo menos en la vida de aquel viejo.
    Yo he creído siempre que la culpa está de parte de los mismos
hombres destinados por la religión, por la ley, por la sociedad toda, a ser   20
apoyo y alivio de los infelices, y de parte de la misma sociedad que mira
con indiferencia el descarrío y degeneración de las instituciones más sabias
y las costumbres más piadosas.
    El indio narró los acontecimientos de su vida, ligera y sencillamente, y
yo voy a trasladarlos a mi modo, porque no me juzgo competente para   25
conservar en castellano la índole del quichua, tan dulce y expresivo,
aunque bárbaro.
    Pedro (si gusta el lector daremos este nombre a nuestro héroe) tenía
también en otro tiempo casa de tapiales con alar de teja y cruz de ladrillo
en la cumbre; hallábase rodeada de algunas áreas de terreno bien   30
cultivado; el patio estaba cuajado de gallinas, en el redil lucían cien gordas
ovejas, en la pocilga cuatro marranos, y en varias estacas borricos y
bueyes, sin que faltase la vaca lechera con su triscador ternero.
    Pedro trabajaba en las labores del campo; ayudábale su mujer, según
es costumbre entre los indios, y las hijas cuidaban de la vaca y demás   35
animales caseros. Los domingos iban a misa, el marido con poncho de hilo
de algodón y sombrero con cintas anchas; la mujer, con rebozo colorado y
el cuello cubierto por una docena de gargantillas, las hijas no menos bien
puestas y guapas, y todo rebosando salud y contento. Algunas veces, eso
sí, iban cuatro y volvían cinco, si hemos de contar con el numen del vino, o   40
más propiamente, de la jora[8] que marido y mujer lo llevaban en la cabeza;
pero idos al siguiente día los vapores divinos, todos volvían a sus tareas
conocidas, y la paz nunca se alteraba.

[8] *jora:* bebida alcohólica que se prepara con la fermentación de maíz.

Esta dicha no debía ser duradera, porque era demasiado grande para un indio. Sobre él pesa una maldición, y extraña cosa sería un ser maldito gozando de felicidad toda la vida. Algunas veces la columbra, la palpa, cree poseerla; pero es para hundirse luego en mayor miseria y padecer y llorar
5 sin consuelo.

Una mañana cayó en casa de Pedro un demandero, caballero en un mal jaque[9] y enterrado entre los borregos, gallinas, alforjas henchidas de granos y otras muchas cosas habidas de la caridad de los campesinos, como las contribuciones que arrancaba cierto gobierno del patriotismo de
10 los ecuatorianos; pues los demanderos y aquel gobierno han tenido el mismo método de infundir virtudes cristianas y sociales y el mismo sistema de extracción de limosnas y contribuciones.

El intempestivo visitante presentó la caja de rapé a Pedro y su mujer, que tomaron buenas pulgaradas con más que buena inocencia, y en pago
15 diéronle unos cuantos puñados de maíz.

—¡Esta es limosna!—exclamó el demandero, indignado. Y sin más ni más, dejó la cabalgadura, entró en el aposento y limosneó (para este caso hay necesidad de crear tal verbo) cuanto hubo a la mano o fue de su agrado. Luego, en el patio, echó los cinco a una gallina, y puesto de
20 puntillas alcanzó a divisar el redil; fuese a él, echó lazo al padrote[10] y se lo llevó en nombre de su indiscutible derecho y a vista y paciencia de los atónitos indios. La mujer solía decir después, recordando lo ocurrido, que el diablo en estampa de demandero había ido a su casa a dar comienzo a la serie de infortunios que sobre ella y sus habitantes vino muy luego.

25 Fue Pedro notificado con el nombramiento de prioste[11] del santo patrono, y a poco tuvo una boleta del juez parroquial para que fuese a contestar una demanda temeraria promovida por un tinterillo.[12]

Al día siguiente, mientras apoyado, o más bien víctima de otro leguleyo, contestaba la demanda y se dejaba envolver en las redes del foro
30 aldeano como la simple mosca en las de la astuta araña, habían tocado la casa el primiciero y el diezmero, y ambos a cual más mal cristianos, invocaron su derecho y lleváronse cuanto fue necesario para satisfacer por entonces su codicia: las gallinas fueron quintadas, las ovejas diezmadas y arrebatadas en lo más florido, un borrico y un buey pagaron la
35 albaquía,[13] y por añadidura, las tetas de la vaca quedaron escurridas, como nuestro tesoro en un día de revista de comisario.

---

[9] *mal jaque:* de mal humor.
[10] *padrote:* en este caso toro semental
[11] *prioste:* mayordomo de una hermandad religiosa.
[12] *tinterillo:* abogado.
[13] *albaquía:* cuenta sin pagar.

Al alejarse el diezmero se paró a contemplar las sementeras del contorno, y deteniéndose en las de Pedro exclamó con toda la efusión de la codicia: ¡Caramba! Este indio es ricacho; mas, por fortuna, yo soy el diezmero...

Vino el día de la fiesta, y los ya menoscabados haberes de Pedro 5 tuvieron que hacer frente a multitud de gastos, superfluos los más. El párroco se llevó una gran tajada, superior, por supuesto, a la que señala el arancel; los coadjutores no se quedaron sin la suya, y el síndico, los sacristanes, músicos, coheteros, las solteronas con su oficio consabido, los alquiladores de espejos y colgaduras, etc., dejaron exhausta la bolsa del 10 desdichado viejo. Pero todavía no contamos con otros gastos tremendos: la función de la casa, y para ello entre muertas y vendidas habían desaparecido ya las gallinas y ovejas sobrantes de los demanderos, diezmeros y primicieros, y de los presentes dados al tinterillo, y de los derechos del juez que a veces suele cobrar un borrego por una firma y un 15 par de gallinas por un *hice saber a don fulano*.

La fiesta pasó al fin, mas no la litis;[14] y ésta vino al cabo de pocos meses a consumir con los últimos borricos y bueyes, y hasta la vaca lechera con su ternerillo se fue de casa, haciendo derramar muchas lágrimas con su eterna partida a las dos muchachas hijas de Pedro. 20

Acosado se veía éste por tantas desventuras cuando fue nombrado alcalde, otro motivo de gastos y ruina; pero que tenía que aceptar so pena de tamaña deshonra. Aquí ya le fue preciso a Pedro dar su casa y terrenos en empeño a un famoso usurero de la aldea, funesto lobo con piel de oveja, que oía misa todos los días, tenía conexiones con el cura y robaba 25 con una sagacidad tal que siempre estaba libre de la acción de la ley, a la que aparentaba gran veneración.

A más de los dos años triunfó en su pleito nuestro héroe, y salvó sus tierras por este lado; mas para pagar los derechos de la última sentencia hubo de vender la mujer sus últimas gargantillas y el marido el único 30 poncho nuevo que le había quedado. Con todo, se alegró Pedro, juzgando que este triunfo era el fin de sus desgracias y principio de una nueva fortuna; pero la alcaldía, con sus danzas y festines continuos, no había pasado; el plazo del empeño de las tierras se acercaba; la mujer cayó enferma a fuerza de trabajar y padecer, y la ruina próxima era inevitable. En 35 tanto, vino nuevamente el diezmero, no a cobrar en granos, sino a hacer a Pedro un cargo que no esperaba y a exigirle dinero, porque, según es uso, las sementeras habían sido tasadas y el diez por ciento debía ser pagado conforme a esta tasación. El usurero estaba listo como el demonio para llevarse el alma condenada, y pagó por Pedro al estar ya en camino para la 40 cárcel, con la condición de que si a la vuelta de un mes no se le volvía ésta y la suma anterior, la hipoteca pasaría a ser su propiedad.

---

14 *litis:* litigio.

¿Qué dinero iba a devolver Pedro si apenas tenía ya el alma en el cuerpo, y eso no con títulos muy seguros de propiedad? Vino, pues, el vencimiento del plazo y el judío del prestamista se apropió de casa y terruño. El día de esta catástrofe murió la mujer.

5 El día que contaba su historia pesaba sobre él una enorme deuda. Sabido es cómo muchos amos adeudan a sus sirvientes, dándoles en son de adelantos efectos malos a precios dobles y triples, negándoles el abono del jornal por cualquier simpleza y cometiendo otras mil injusticias.

Aunque Pedro lo calló, es preciso añadir que tras tantas desgracias se 10 dio a levantar el codo[15] con excesiva frecuencia para adormecer las penas; y con esto aumentáronse las necesidades, y ellas le obligaron muchas veces a buscar arbitrios en la hacienda ajena, ayudado por la hija que le había quedado para compañera de todas sus miserias.

Terminada la historia del infeliz viejo, que infundió compasión a todos 15 los circunstantes, el aguacero iba también tocando a su fin; el cielo mostraba su faz de azul purísimo por entre las rotas nubes y los rayos del sol se encajaban por estas roturas para descender a la tierra y calentarla y regocijarla; los gorriones salían de entre los matorrales, se sacudían y cantaban y algunas aves de rapiña cruzaban ya los aires en busca de 20 alguna víctima desprevenida. Pedro echó a caminar seguido de su hija y arreando el borrico, mis peones comenzaron nuevamente su faena y yo, dando como ellos las gracias al dueño de casa por su generoso hospedaje, los seguí silencioso y meditabundo.

He aquí, me decía, unas cosas bien dignas de atención y si yo fuera 25 filósofo ya tuviera algunas malas noches pensando en ellas. Ese pobre Pedro fue honrado, laborioso, inteligente para el trabajo y poseía otras prendas que le habían hecho persona distinguida entre los suyos y pudieron hacerle útil a la aldea, a la ciudad, a la provincia entera y hasta a la nación pues "en las repúblicas nadie se eleva sino para dar la mano a los 30 demás", como ha dicho un compatriota nuestro y para contribuir por su parte, se debe añadir, al progreso moral y material de la patria. Pero ¡cuántos enemigos se levantaron contra el indio!, ¡cómo se empeñaron en arruinarle! En nombre de las leyes establecidas para la seguridad de la vida, honra y hacienda; en nombre del honor que dan ciertas obligaciones 35 sociales, y del trabajo que moraliza y enriquece, le han arrebatado a Pedro sus bienes, le han empobrecido, abatido, deshonrado y dándole vicios que no conocía; los mismos hombres en cuyas manos estaba el poder de obrar el bien o algunos zánganos humanos que practican el mal impunemente y viven de la sangre y lágrimas de los débiles e infelices. ¿Quién ha 40 levantado la voz contra tantos abusos y crímenes? Los congresos han dado varias leyes en pro de la clase india; pero o han sido inconsultas e inaplicables, y los resultados, por lo mismo, no han correspondido al

---

[15] *levantar el codo:* empinar el codo, beber, ingerir bebida alcohólica.

intento del legislador, o han escollado tal vez contra la voluntad de los mismos que las dieron; porque no es extraño entre nosotros ver hombres que piensan y obran de un modo en las cámaras, y piensan y obran de muy diverso modo fuera de ellas. ¡Peregrinos legisladores que abofetean la ley, hechura suya, cuando quiere colárselas en casa!   5

En fin, tarde vendrá el remedio para estos males; entre tanto, robe y beba el pobre Pedro, y cubierto de harapos arree su fatigado borrico, imagen de la raza india trabajada y fatigada por los vicios y miserias que le han dado sus dominadores.

MANUEL GONZALEZ PRADA

Poeta y prosista de voz clara y vibrante, González Prada nació en Lima, Perú, en 1848. Por obra y figura, fue de aquellos hombres que más influencia ejercieron en la form'ación crítica del pensamiento hispanoamericano y también en el empeño de crear una literatura social y moderna.

González Prada creció en el seno de una familia apostólica, conservadora. Como su padre tuvo que emigrar a Chile, estudió en el Colegio Inglés de Valparaíso, y después en el internado de San Carlos, en Lima. Vivía en el campo cuando estalló la guerra con Chile. Intervino en la contienda, y dolido por la derrota, juró no salir de su casa mientras los vencedores pisaran suelo peruano. Desde entonces comienza su lucha política y nace la magistratura de su obra. En 1891 fundó el Partido Nacional. En sus *Páginas libres* (1894) y en *Horas de lucha* (1908), sostenía que "el mal venía de arriba" y hace la defensa del indio, el verdadero sustrato de la Nación: "Vamos haciendo el milagro de matar en él, escribía, lo que rara vez muere en el hombre: la esperanza." En esas páginas culpaba al ejército, la iglesia y la clase dominante (falsamente vestida de liberal), del atraso y la derrota: "Chile se lleva el guano, salitre y largos jirones de territorio; pero nos deja el amilanamiento, la pequeñez de espíritu."

González Prada se internó en el difícil terreno de la creación nueva, inaugural del Modernismo literario. Su gusto por la perfección formal y el desprecio por la retórica decorativa, le.hicieron cultivar diálogos poéticos y combinaciones inusuales. Adoptó modelos antiguos, renacentistas y orientales, tratando de universalizar su estilo. Quería conferirle a la bella palabra el compromiso social. A las *Minúsculas,* publicadas en 1901, siguieron *Prebisterianas* (1909), *Exóticas* (1911). La muerte lo sorprendió en 1918. Quedan sus libros póstumos: *Baladas peruanas* (1935), *Grafitos* (1937) y *Libertarias* (1938). Su obra sigue leyéndose con frescura.

BALADAS PERUANAS

El mitayo[1]

—"Hijo, parto: la mañana
Reverbera en el volcán;
Dame el báculo de chonta,[2]
Las sandalias de jaguar".

—"Padre, tienes las sandalias,
Tienes el báculo ya:
Mas ¿por qué me ves y lloras?
¿A qué regiones te vas?"

—"La injusta ley de los Blancos
me arrebata del hogar:
Voy al trabajo y al hambre,
Voy a la mina fatal".

—"Tú que partes hoy en día,
Dime ¿cuándo volverás?"
—"Cuando el llama de las punas[3]
Ame el desierto arenal".

—¿Cuándo el llama de las pu-
nas
Las arenas amará?"
—"Cuando el tigre de los bosques
Beba en las aguas del mar".

—"¿Cuándo el tigre de los
bosques
En los mares beberá?"
—"Cuando del huevo de un cón-
dor
Nazca la sierpe mortal."

—"¿Cuándo del huevo de un
cóndor
Una sierpe nacerá?"
—"Cuando el pecho de los
Blancos
Se conmueva de piedad".

—" ¿Cuándo el pecho de los Blancos
Piadoso y tierno será?"
—"Hijo, el pecho de los Blancos
No se conmueve jamás".

[1]*mitayo.* voz que procede de *mita.* Originariamente se llamó así la conscripción por la que un número de indios eran arrastrados de sus hogares para forzarlos al trabajo.
[2] *chonta:* voz quechua. Variedad de la palma espinosa, cuya madera fuerte y dura, se emplea en bastones y objetos de adorno.

[3] Debería ser "la llama de las punas" puesto que la voz *llama,* para el rumiante americano, se atestigua también femenino en el Diccionario de la Academia.

LA EDUCACION DEL INDIO

Para cohonestar la incuria del gobierno y la inhumanidad de los expoliadores, algunos pesimistas a lo. Le Bon[1] marcan en la frente del indio un estigma infamatorio: le acusan de refractario a la civilización.
Cualquiera se imaginaría que en todas nuestras poblaciones se levantan
5 espléndidas escuelas donde bullen eximios profesores muy bien rentados y que las aulas permanecen vacías porque los niños, obedeciendo las órdenes de sus padres, no acuden a recibir educación. Se imaginaria también que los indígenas no siguen los moralizadores ejemplos de las clases dirigentes o crucifican sin el menor escrúpulo a todos los
10 predicadores de ideas levantadas y generosas. El indio recibió lo que le dieron: fanatismo y aguardiente.
Veamos, ¿qué se entiende por civilización? Sobre la industria y el arte, sobre la erudición y la ciencia, brilla la moral como punto luminoso en el vértice de una gran pirámide. No la moral teológica fundada en una
15 sanción póstuma, sino la moral humana, que no busca sanción ni la buscaría lejos de la tierra. El *summum* de la moralidad, tanto para los individuos como para las sociedades, consiste en haber transformado la lucha del hombre contra hombre en el acuerdo mutuo para la vida. Donde no hay justicia, misericordia ni benevolencia, no hay civilización; donde
20 se proclama ley social la *struggle for life,* reina la barbarie. ¿Qué vale adquirir el saber de un Aristóteles cuando se guarda el corazón de un tigre? ¿Qué importa poseer el don artístico de un Miguel Angel[2] cuando se lleva el alma de un cerdo? Más que pasar por el mundo derramando la luz del arte o de la ciencia, vale ir destilando la miel de la bondad. Socieda-
25 des altamente civilizadas merecerían llamarse aquellas donde practicar el bien ha pasado de obligación a costumbre, donde el acto bondadoso se ha convertido en arranque instintivo. Los dominadores del Perú ¿han adquirido ese grado de moralización? ¿Tienen derecho de considerar al indio como un ser incapaz de civilizarse?
30 La organización política y social del antiguo imperio incaico admira hoy a reformadores y revolucionarios europeos. Verdad, Atahualpa[3] no sabía el padrenuestro ni Calcuchima[4] pensaba en el misterio de la Trinidad; pero el culto del Sol era quizá menos absurdo que la religión católica y el gran sacerdote de Pachacámac[5] no vencía tal vez en ferocidad al padre

[1] Gustave Le Bon (1841-1931), sociólogo francés de la escuela positivista.
[2] Michelangelo Buonarrotti (14751564), célebre artista del Renacimiento italiano.
[3] Ultimo de los emperadores incas del Perú (cf. Olmedo, n. 8).
[4] Uno de los generales de Atahualpa.
[5] Divinidad principal entre los antiguos peruanos, creador del mundo y de la vida.

Valverde.[6] Si el súbdito de Huaina-Cápac[7] admitía la civilización, no encontramos motivo para que el indio de la República la rechace, salvo que toda la raza hubiera sufrido una irremediable decadencia fisiológica. Moralmente hablando, el indígena de la República se muestra inferior al indígena hallado por los conquistadores; mas depresión moral a causa de   5 servidumbre política no equivale a imposibilidad absoluta para civilizarse por constitución orgánica. En todo caso ¿sobre quién gravitaría la culpa? Los hechos desmienten a los pesimistas. Siempre que el indio se instruye en colegios o se educa por el simple contacto con personas civilizadas, adquiere el mismo grado de moral y cultura que el   10 descendiente del español. A cada momento nos rozamos con amarillos que visten, comen, viven y piensan como los melifluos *caballeros* de Lima. Indios vemos en cámaras, municipios, magistratura, universidades y ateneos, donde se manifiestan ni más venales ni más ignorantes que los de otras razas. Imposible deslindar responsabilidades en el "tótum revolútum"   15 de la política nacional para decir qué mal ocasionaron los mestizos, los mulatos, los indios y los blancos. Hay tal promiscuidad de sangres y colores, representa cada individuo tantas mezclas lícitas o ilícitas, que en presencia de muchísimos peruanos quedaríamos perplejos para determinar la dosis de negro y amarillo que encierran en sus organismos: nadie   20 merece el calificativo de blanco puro, aunque lleve azules los ojos y rubio el bigote. Sólo debemos recordar que el mandatario con mayor amplitud de miras perteneció a la raza aborigen, se llamaba Santa Cruz.[8] Indios fueron cien más, ya valientes hasta el heroísmo como Cahuide, ya fieles hasta el martirio como Olaya.   25

Tiene razón Novicow[9] al afirmar que "las pretendidas incapacidades de los amarillos y los negros son quimeras de espíritus enfermos". Efectivamente, no hay acción generosa que no pueda ser realizada por algún negro ni por algún amarillo, como no hay acto infame que no pueda ser cometido por algún blanco. Durante la invasión de China en 1900, los   30 amarillos del Japón dieron lecciones de humanidad a los blancos de Rusia y Alemania. No recordamos si los negros de Africa las dieron alguna vez a los boers del Transvaal o a los ingleses del Cabo; sabemos, sí, que el anglosajón Kitchener[10] se muestra tan feroz en el Sudán como Behanzin[11]

[6] Consejero de Francisco Pizarro (cf. Olmedo, n. 9).

[7] Emperador de los incas, muerto un poco antes de la conquista del Perú (cf. Olmedo, n. 6).

[8] Andrés de Santa Cruz (17921865), general peruano, presidente de Bolivia y de la Confederación Peruano-boliviana (1836).

[9] Nicolai Novicow (1744-1818), escritor y sociólogo ruso.

[10] Lord Herbert Kitchener (1850-1916), general inglés que actuó en Egipto y en el Transvaal.

[11] Ultimo rey del Dahomey antes de que esta región del Africa occidental se convirtiera en colonia francesa.

en el Dahomey. Si en vez de comparar una muchedumbre de piel blanca con otras muchedumbres de piel oscura, comparamos a un individuo con otro individuo, veremos que en medio de la civilización blanca abundan cafres y pieles rojas por dentro. Como flores de raza u hombres representativos, nombremos al Rey de Inglaterra y al Emperador de Alemania: ¿Eduardo VII y Guillermo II merecen compararse con el indio Benito Juárez[12] y con el negro Booker Washington?[13] Los que antes de ocupar un trono vivieron en la taberna, el garito y la mancebía, los que desde la cima de un imperio ordenan la matanza sin perdonar a niños, ancianos ni mujeres, llevan lo blanco en la piel mas esconden lo negro en el alma.

¿De sólo la ignorancia depende el abatimiento de la raza indígena? Cierto, la ignorancia nacional parece una fábula cuando se piensa que en muchos pueblos del interior no existe un solo hombre capaz de leer ni de escribir; que durante la guerra del Pacífico[14] los indígenas miraban la lucha de las dos naciones como una contienda civil entre el *general* Chile y el *general* Perú; que no hace mucho los emisarios del Chucuito[15] se dirigieron a Tacna figurándose encontrar ahí al Presidente de la República.

Algunos pedagogos (rivalizando con los vendedores de panaceas) se imaginan que sabiendo un hombre los afluentes del Amazonas y la temperatura media de Berlín, ha recorrido la mitad del camino para resolver todas las cuestiones sociales. Si por un fenómeno sobrehumano los analfabetos nacionales amanecieran mañana, no sólo sabiendo leer y escribir sino con diplomas universitarios, el problema del indio no habría quedado resuelto: al proletariado de los ignorantes sucedería el de los bachilleres y doctores. Médicos sin enfermos, abogados sin clientela, ingenieros sin obras, escritores sin público, artistas sin parroquianos, profesores sin discípulos, abundan en las naciones más civilizadas formando el innumerable ejército de cerebros con luz y estómagos sin pan. Donde las haciendas de la costa suman cuatro o cinco mil fanegadas,[16] donde los latifundios de la sierra miden treinta y hasta cincuenta leguas, la nación tiene que dividirse en señores y siervos.

Si la educación suele convertir al bruto impulsivo en un ser razonable y magnánimo, la instrucción le enseña y le ilumina el sendero que debe seguir para no extraviarse en las encrucijadas de la vida. Mas divisar una

[12] Político y patriota mexicano (1806-1872), fundador del México moderno.
[13] Pedagogo norteamericano (1858-1915), de gran importancia en la educación de la raza negra en su país.   .
[14] Llamada así porque tuvo lugar entre Chile, por un lado, y el Perú y Bolivia por el otro (1879-1884). El vencedor fue Chile que se apoderó de las provincias deTacna y Arica.
[15] Provincia del Perú, cuya capital es Juli.
[16] *fanegada:* fanega de tierra. Medida agraria que equivale a 64 áreas (1.59 acres).

senda no equivale a seguirla hasta el fin: se necesita firmeza en la voluntad y vigor en los pies. Se requiere también poseer un ánimo de altivez y rebeldía, no de sumisión y respeto como el soldado y el monje. La instrucción puede mantener al hombre en la bajeza y la servidumbre: instruidos fueron los eunucos y gramáticos de Bizancio. Ocupar en la 5 tierra el puesto que le corresponde en vez de aceptar el que le designan; pedir y tomar su bocado, reclamar su techo y su pedazo de terruño, es el derecho de todo ser racional.

Nada cambia más pronto ni más radicalmente la psicología del hombre que la propiedad: al sacudir la esclavitud del vientre, crece en 10 cien palmos. Con sólo adquirir algo, el individuo asciende algunos peldaños en la escala social, porque las clases se reducen a grupos clasificados por el monto de la riqueza. A la inversa del globo aerostático, sube más el que pesa más. Al que diga: *la escuela,* respóndasele: *la escuela y el pan.* 15

La cuestión del indio, más que pedagógica, es económica, es social. ¿Cómo resolverla? No hace mucho que un alemán concibió la idea de restaurar el imperio de los Incas: aprendió el quechua, se introdujo en las indiadas del Cuzco, empezó a granjearse partidarios y tal vez habría intentado una sublevación, si la muerte no le hubiera sorprendido al 20 regreso de un viaje por Europa. Pero ¿cabe hoy semejante restauración? Al intentarla, al querer realizarla, no se obtendría más que el empequeñecido remedo de una grandeza pasada.

La condición del indígena puede mejorar de dos maneras: o el corazón de los opresores se conduele al extremo de reconocer el derecho 25 de los oprimidos, o el ánimo de los oprimidos adquiere la virilidad suficiente para escarmentar a los opresores. Si el indio aprovechara en rifles y cápsulas todo el dinero que desperdicia en alcohol y fiestas, si en un rincón de su choza o en el agujero de una peña escondiera un arma, cambiaría de condición, haría respetar su propiedad y su vida. A la 30 violencia respondería con la violencia, escarmentando al patrón que le arrebata las lanas, al soldado que le recluta en nombre del gobierno, al montonero[17] que le roba ganado y bestias de carga.

Al indio no se le predique humildad y resignación sino orgullo y rebeldía. ¿Qué ha ganado con trescientos o cuatrocientos años de 35 conformidad y paciencia? Mientras menos autoridades sufra, de mayores daños se liberta. Hay un hecho revelador: reina mayor bienestar en las comarcas más distantes de las grandes haciendas, se disfruta de más orden y tranquilidad en los pueblos menos frecuentados por las autoridades.

En resumen: el indio se redimirá merced a su esfuerzo propio, no por 40 la humanización de sus opresores.

---

[17] *montonero:* guerrillero.

CLORINDA MATTO DE TURNER

Clorinda Matos, como en realidad se llamaba (el "Matto" fonético será invención suya), nació en la hacienda de Paullo Chico, Perú, en 1852 y murió en Buenos Aires, en 1909. A los seis años quedó huérfana de madre. Estudió en la antigua ciudad imperial del Cuzco, y siendo aún adolescente editó un periódico con sus primeras poesías.

En 1871 se desposó con el inglés John Turner, estableciéndose ambos en Tinta, medio rural indígena, donde realmente nació su vocación literaria. Cuando en 1881 falleció Turner, dejándola en difícil situación económica, entró en la redacción del diario *La Bolsa de Arequipa*. En 1883 aparece su volumen de *Tradiciones, leyendas hojas sueltas,* con prólogo del ilustre Ricardo Palma. Ese mismo año estrena *Himac-Sumac,* obra teatral de tesis sobre el problema angustioso de la vida indígena. Esta rara mujer, en medio tan refractario para su vocación, tuvo también el arrojo de componer su tratado *Elementos de la literatura según el reglamento de instrucción pública: para uso del bello sexo,* publicado en Arequipa.

Habiéndose establecido en Lima, su casa se convirtió en el más brillante salón literario de su época. Asistían, entre otros, Juana Manuela Gorriti, Palma, Mercedes Cabello de Carbonera. En 1889 apareció su novela *Aves sin nido,* mucho más audaz que el relato *El padre Horán* (1848), del peruano Narciso Aréstegui. *Herencia,* otra de sus novelas, apareció en 1895. Ese mismo año, la revolución conservadora fue para ella un rudo golpe, pues fue perseguida y su casa saqueada, motivo por el cual se alejó de su patria y se radicó en Buenos Aires. Viajó por Europa en calidad de corresponsal. Su "crudo realismo", fue también una forma de pasión universal del amor. Tuvo tiempo, antes de morir, de traducir al quechua el *Evangelio de San Juan* y la *Epístola de San Pablo a los romanos.* Clorinda Matto de Turner, que pudo prescindir del romanticismo exultante, nos dejó del indio lo más admirable de sus sentimientos, sus *Leyendas y recortes* (1893), de donde procede este bellísimo relato.

MALCCOY
(Leyenda india)

I

Si bien es cierto que el cautiverio ha hecho degenerar la raza indígena, dejando caer denso velo sobre sus facultades intelectuales que al presente parecen dormidas en la atonía. no menos verdad es la de que en sus épocas primaverales, los indios dejan corren un tanto aquel funesto velo, y como quien vuelve a la alborada de la vida se entregan a las fiestas tradicionales de sus mayores.   5

Una de éstas es el *malccoy.* Traduciendo libremente al castellano esta palabra, diríamos: la juventud con sus umbrales encantados de amor y de ensueño: la primera ilusión del niño trocado en hombre, la primera sonrisa intencionada, después del reír de la felicidad, que no deja cuenta clara para quien se reconcentre en su examen psicológico .   10

¡Malccoy! Infinitas veces hemos asistido a estas fiestas campesinas, compartiendo la sencilla alegría de nuestros compatriotas sentados sobre el surco abierto por el arado en tierra húmeda, apagando la sed en igual vasija de barro legendario, con la chicha de maíz cebada elaborada por la feliz   15 madre del *malcco,* allá en esas poéticas praderas del Cuzco; así se llamen Calca, Urubamba o Tinta. Los nombres de aquellos indios casi los podríamos apuntar, tan frescos viven en la mente. Pero entre ellos descuellan los de una pareja que aún vive resignada y feliz tras la cima de los Andes, allá muy al otro lado de las saladas aguas del mar. Su historia no   20 es un secreto, y narrarla voy, ofreciéndola como el fruto de nuestras observaciones.

II

Conviene saber lo que es un *malcco* para la ordenada narración de esta leyenda.

Todos los jóvenes varones que frisan ya los 16 años, están obligados a correr la carrera del *malcco* (pichón).

Los padres se afanan y los hijos llevan la mente abstraída desde uno o   30 dos meses antes, con la idea de la carrera.

Generalmente se elige la época de los sembríos o de la cosecha para hacer la carrera, al finalizar las labores consiguientes.

Se reúnen todos los mocetoncitos de un *aillo,*[1] entrados en la edad, y el más caracterizado de los indios, que ya está por lo regular jubilado de   35

---

[1] *aillo:* del quechua *ayllu.* Parcialidades en que se divide una comunidad indígena. Estas parcialidades estaban vinculadas por descendencia de un antepasado común, entre las cuales estaba prohibido el trato carnal.

cargos, elige los dos que han de ser el *malcco* y correr la carrera: el que la gana, ha de casarse aquel año.

Figúrese el lector los aprietos de los mancebos que ya tienen el corazón en cuerpo de alguna *ñusta*.[2]

5   Su felicidad queda a merced de la pujanza de sus pies y sus pulmones.

III

0   Pedro y Pituca, nacidos en chozas vecinas, desde los tres años al cuidado de las manadas de ovejas, habían crecido compartiendo el pobre fiambre de mote[3] frío y *chuño*[4] cocido al vapor, corriendo campos iguales y contándose cuentos al borde de las zanjas festonadas de grama. Allí, en esos bordes aprendieron tanto los tejidos de sus hondas como el hilado de
5   los vellones que caían en el tiempo de la trasquila.

Ya no eran niños.

Pituca, aunque la menor, entró la primera en la edad de las efervescencias del alma que suspira por otra alma. Sus negros ojos adquirieron mayor brillo y sus pupilas respiraban fuego.

0   Pedro, tal vez más tranquilo, comenzó a ver que sólo al lado de Pituca se sentía bien, y los días de faena en que tenía que suplir a su padre e iba al pueblo, taciturno y caviloso, suspiraba por la choza, por la manada y por la Zanja.

¡Pituca!, se decía, al tomar la ración de coca ofrecida por su cacique, en
5   cuyos campos labraba, sin otra recompensa. ¡Pituca!, al mirar las *licllas*[5] coloradas y de puitos verdes tramados con vicuña que lucían las esposas del alcalde o del regidor de su *aillo*.

Un día. sentando a Pituca sobre su falda.

—Urpillay[6] —le dijo—, mi padre, mi hermano mayor, el compadre Huancachoque, todos tienen su mujercita. ¿Quieres tú ser mi palomita compañera? Yo correré el *malcco* este año, ¡ay! lo correré por ti, y si tengo tu palabra, no habrá venado que me dispute la carrera.

—Córrela, Pedrucha—confesó Pituca—, porque yo seré buena mujercita para ti, pues dormida sueño contigo, tu nombre sopla a mi oido los *machulas* [7] de otra vida y despierta; cuando te ausentas, me duele el corazón.

—Escupe al suelo— respondiole Pedro abrazándola, y aquel compromiso quedó sellado así.

[2] *ñusta:* princesa de los antiguos peruanos. Doncella.
[3] *mote:* maíz hervido.
[4] *chuño:* fécula de papa.
[5] *liclla:* manto pequeño, tejido con guardas de colores que usan las indias.
[6] *Urpillay:* procede de *urpitla,* tórtola, paloma silvestre. En este caso *mi paloma.*
[7] *machula:* eco, recuerdo.

IV

Los maizales verde esmeralda se tornaron amarillos como el oro.
El balido de las ovejas y el bufar de los bueyes, los nidos de palomitas cenizas multiplicados en las ramas de los algarrobos, las retamas y manzanos, anuncian en aquellos campos que ha llegado la estación del otoño; los tendales se preparan para la cosecha, el agricultor suspira con   5
inquietud codiciosa y las indiecitas casaderas comienzan a componer las cantatas del *yaraví* [8] con el cual han de celebrar el *malccoy*.
Es el día de la faena.
Los mayordomos, cabalgados en lomillos puestos sobre los lomos de vetusto *repasiri mayordomil,* [9] que de estos hay dos o tres en las fincas,   10
recorren al galope las cabañas. Suena la bocina del indio y pronto los prados se cubren de indios que llevan la segadera y la *coyunta* [10] con asa de fierro lustroso.
Son los alegres afanes de la cosecha.
Terminado el recojo de las mieses, viene luego el *malccoy*.   15

V

Aquella vez eran las planicies de Hatunccolla, en la finca de mi padre,   20
las que servían de teatro a las poéticas fiestas de esos buenos indios.
Comenzaron a llegar las indias acompañadas de sus hijas.
En el solar de la izquierda, llamado Tinaco, se reunieron los varones para la designación de los *malccos*.
La voz unánime señaló a Pedro y a Sebastián. Este último era un   25
indiecito de carrillos de terebinto, trenza de azabache y mirada de cernícalo. En la comarca no le desicnaban con otro nombre que con el de Chapacucha, y tenía como tres cosechas de más sobre la edad de Pedro.
Chapacucha llevaba el alma enferma: su dolor casi podía distinguirse a través de la indiferencia con la cual se adelantó de la fila cuando escuchó   30
su nombre.
Toda la alegre comitiva se fue derecho al campo de Hatunccolla.
Al salir, se cruzó entre Pedro y Sebastián este breve diálogo.
Sebastián:—¿Tienes tu novia aquí?
Pedro: —Presente y muy hermosa ¿La tuya?   35

---

[8] *yaravi:* canción popular de tema erótico .
[9] *repasiri mayordomil:* caballo del patrón.
[10]*coyunta:* coyunda. Correa fuerte y ancha de cuero para uncir los bueyes.

Sebastián: —Duerme en el seno de Allpamama.[11] Murió la pobre de pena cuando me llevaron en la leva para servir de redoblante en el Batallón 6° de línea dispersado en las alturas de Quilinquilin.

En aquel momento llegaron al lugar donde aguardaban las mujeres. La mirada de su madre produjo ligera reacción en el semblante de Chapacucha, y con rapidez prodigiosa quedaron, él y su contendor, adornados con la *liclla* colorada terciada como banda, un birrete de lana de colores y ojotas[12] con tientos corredizos. Se midió la distancia, la señal de la bocina sonó y los dos mancebos se lanzaron al aire como gamos perseguidos por tirano cazador.

VI

Pituca tenía el corazón en los ojos.

Llevaba pendiente del brazo una guirnalda de claveles rojos y yedra morada, como la llevan casi todas las mujeres para coronar al ganancioso.

Veinte pasos más, y Pedro traspasó el lindero.

La victoria quedó por él. Chapacucha, con calmosa indiferencia, fue el primero que abrazó a su vencedor diciéndole al oído: —Tuya es, pero, ¡me duele por mi madre!

La algazara no tuvo límites, coronas, flores y abrazos fueron para Pedrucha, a quien preocupaba un solo pensamiento. Pituca tardaba en abrazarlo porque es usanza aguardar que lo hagan los mayores. Por fin, adelante hermosa y risueña con la felicidad del alma, y antes que coronase las sienes de Pedrucha vio caer a sus pies todas las flores con que aquél estaba adornado, señalándola ante la asamblea y diciendo en voz alta:—Esta es la virgen que he ganado.

Los indios tienen el corazón lleno de ternura y de generosidad, sus goces se confunden íntimamente. Chapacucha y su madre olvidaron que formaban número en la contienda, y sólo pensaron en cumplimentar a la dichosa pareja, por cuya felicidad fueron todos yaravíes, cantados en el *malccoy*.

---

11 *Allpamama:* la MadreTierra.
12 *ojota(s):* también se dice del quechua *uxuta,* sandalia hecha de cuero sujeta al pie con correas que se atan al tobillo.

INDICACIONES BIBLIOGRAFICAS

Enrique Anderson Imbert, *Historia de la literatura hispanoamericana,* Fondo de Cultura Económica, México,1954.

Manuel González Prada, *Horas de lucha,* Ediciones Peisa, Lima, 1969.

— *Baladas peruanas,* Tipographie Bellenand, Paris, 1939.

Luis Harss, *Los nuestros,* Editorial Sudamericana, Buenos Aires, 1966.

Clorinda Matto de Turner, *Leyendas y recortes,* Imprenta La Equitativa, L i m a , 1893.

Concha Meléndez, *La novela indianista en Hispanoamérica,* Madrid, 1934.

Juan León Mera *Novelitas ecuatorianas* (incluye todos los cuentos), E d i t o r a Fernando Fe, Madrid,1909.

Revista Iberoamericana (Número especial dedicado a la proyección de lo indígena en las literaturas de Hispanoamérica), 27 (Pittsburgh, abril-junio, 1984).

Antonio Sacoto, *El indio en el ensayo de la América española,* Las A m é r i c a s Publishing, New York,1971.

6

EL CANTO INTERIOR

La poesía, como el amor, enriquecen la vida y el conocimiento. La poesía, cuando existe, quiere ser expresión definida del alma humana. Está hecha de misterio y asombro. Es el género de la infancia de la humanidad y, sin embargo, siempre se complace en lo nuevo. Tiene sentido por obra de la palabra. En un poema, el lenguaje no es un medio. Es un medio y un fin. Un poema es un movimiento natural de la vida. En ocasiones no importa lo que el autor dice. Importa el tono, el orden interior, el organismo formado. No necesita de personajes, como la ficción. No necesita de la erudición ni de la historia. Es un dibujo del amor humano.

Tales conceptos harían creer que un poeta escribe únicamente sobre un mundo inasible, o cuando más, para una élite de iniciados. No es la verdad. En los más hondo del sentimiento, los poetas escriben para el hombre, aunque no sea simple o popular su fantasía. Claro está que la misión social del poeta ha sido siempre el dilema de su mensaje. Este dilema fue en el mundo hispánico tan esencial como difícil. En el último cuarto del siglo pasado, el sentimiento más elevado de la poesía tendía a ser una expresión elegante del sentimiento. Los primeros y también los más novedosos poetas modernistas, comenzaron por aceptar una vocación universalista del fenómeno poético porque estaba en el aire de los tiempos. No se trataba de una escuela, sino de una época de la cultura occidental, como el barroco o el romanticismo.

Casi todos los críticos están de acuerdo que el Modernismo fue un movimiento completo y extenso, surgido por primera vez en América. Fue un ciclo de expresión madura, de tradiciones, de inquietudes, de verso colorido y vestidos neologismos.todo eso, precisamente, incluía el carácter de una unidad literaria que trataba de salir de la penumbra colonial o de un mundo todavía negado para un claro porvenir.

Tal postura literaria y poética no podría explicarse por causas triviales o arbitrarias. El arte está muchas veces con su época y contra ella. Ocurría que junto al clima optimista de la ciencia se anunciaban grandes cataclismos. Bien podían verse ya los efectos de la revolución industrial, el capitalismo y la masificación inminente. En medio de un malestar todavía desconocido, los poetas querían dignificar su voz, un tanto mística de los valores humanos insatisfechos. Ricardo Gullón, en sus juiciosas *Direcciones del modernismo,* pudo indicar que el profuso simbolismo y la aparente fuga lírica, resultaba más bien una actitud rebelde en el mundo hostil que les cercaba: "Fueron armas contra la vulgaridad y la chabacanería del ensoberbecido burgués; no imágenes de una evasión, sino instrumentos para combatir la imagen de la realidad que se les quería imponer."

Fue precisamente este rasgo, y en cierto modo distinto, el que determinaba una cultura esteticista, válida para los modernistas americanos, que no siempre los unía a la neurosis expresa y decadente de los poetas europeos. La América de lengua castellana, era además, una tierra de contiendas, de angustioso desconcierto. Esto pertenecía al orden de su transformación precaria, a su destino. Por eso, al poeta de tantos símbolos diversos, le hubiera gustado acaudillar huestes, ser miliciano o apóstol en las luchas de la libertad, blandir la espada y ser la voz heroica del porvenir. Pero un día comprende que está solo. Que está solo con la noche y con los monstruos de su ilusión inventada. Los guerreros no han querido consultarle antes del combate. Su conciencia queda herida. El ideal hubiera sido la comunión completa, grande y viril, con la naturaleza y su pueblo. Fue el caso de José Martí. El muy célebre Rubén Darío, dirá que el "amable león inmolado por la libertad de Cuba, fue siempre seda y miel hasta con sus enemigos", y luego que "desbordante de amor y de patriótica locura, consagróse a seguir una triste estrella, la estrella solitaria de la Isla, estrella engañosa que llevó a ese desventurado rey mago a caer de pronto en la más negra muerte" (*Los raros,* 1896).

Sin el vasto movimiento modernista, hubiera sido casi imposible comprender que la elevación poética tenía también su destino de soledad, que era parte de la experiencia común, de que no hay siempre Un sustento social o una gracia divina que alumbre en las tinieblas. Cada poeta tenía su Musa (eran los tiempos), que sobrevolaba en la soledad, ponía emoción en sus palabras. No había otra. Pero el odio, decía Asunción Silva, no tiene su Musa. No es el poeta el que busca los medios de vengarse, porque el poeta construye un templo, nunca las ruinas miserables del odio. Existía un principio de belleza, ético y moral. Creían que la poesía, la Musa inmortal, podía salvar al hombre y conducirlo al sentido del amor. Algunos poetas fueron seres torturados, fieles a la tradición de Garcilaso, de Bécquer, pero cada uno a su manera. Desconsolados siempre y, en ocasiones—como Amado Nervo—, motivados por una voluptuosa religiosidad. Recogieron todo y lo fundieron todo, con lujo verbal y candor. Fueron sinceros. Algunos de ellos, tenebrosamente, decidieron su propia muerte.

JOSE MARTI

El más insigne mártir de Cuba nació en La Habana, capital colonial de la isla, en 1853. A los dieciséis años editó dos periódicos libertarios, *El Diablo Cojuelo* y *La Patria Libre*. Acusado de conspirar contra el régimen, lo condenaron a prisión y más tarde fue deportado a España. Martí estudió Filosofía y Letras en Zaragoza, graduándose en 1874. Luego de visitar las grandes ciudades europeas, pasó a México. Allí se casó, ejerció el profesorado y el periodismo. En 1878, al firmarse la tregua del Zanjón, volvió a Cuba. Pero fue nuevamente deportado por conspirar. Vivió en Caracas, hasta que por fin se radica en Nueva York como representante consular de los países rioplatenses. Escribe para *La Nación* de Buenos Aires. Así pasan catorce años de vida agitada y peregrinajes. Martí se estremecía al pensar en la posible anexión de las Antillas a los Estados Unidos. "Viví en el monstruo y le conozco las entrañas", escribirá en una carta antes de morir.

Martí, en prosa o en verso, era poeta en lo más vivo y sincero. Habiendo sido protagonista de un suceso trágico (la pasión de María García Granados), dejó aquel romance que decía: "La niña de Guatemala, la que se murió de amor". Con parecida ternura escribió la serie poemática *Ismaelillo*, en 1882, dedicado a su hijo. Diez años después publicó los *Versos sencillos*, donde figura el célebre poema XLV, más conocido por "Los héroes". Póstumos fueron los *Versos libres*, y en *Flores del destierro*, aquella evocación que dice "Dos patrias tengo yo: Cuba y la noche".

Martí dejó una novela de acentuado estilo impresionista, *Amistad funesta*, el drama *Amor con amor se paga*, y una colección de cuentos infantiles, *La edad de oro*. El poeta de "nuestra América, tierra que balbucea", escribió el último *diario* de su vida, la ruta militar *De Cabo Haitiano a Dos Ríos*. Un disparo lo volteó del bayo crines coloradas que le habían regalado los campesinos de su tierra. Tenía 42 años.

XLV

Sueño con claustros de márrnol
Donde en silencio divino
Los héroes, de pie, reposan
¡De noche, a la luz del alma,
Hablo con ellos: de noche!
Están en fila: paseo
Entre las filas: las manos
De piedra les beso: abren
Los ojos de piedra: mueven
Los labios de piedra: tiemblan
La espada,de piedra: lloran
¡Vibra la espada en la vaina!
Mudo, les beso la mano.
¡Hablo con ellos, de noche!
Están en fila: paseo
Entre las filas: lloroso
Me abrazo a un mármol: " ¡Oh
                            mármol,
Dicen que beben tus hijos
Su propia sangre en las copas

Venenosas de sus dueños!
¡Que hablan la lengua podrida
De sus rufianes! ¡Que comen
Juntos el pan del oprobio,
En la mesa ensangrentada!
¡Que pierden en lengua inútil
El último fuego! ¡Dicen,
Oh mármol, mármol dormido,
Que ya se ha muerto tu raza!"

Échame en tierra de un bote
El héroe que abrazo: me ase
Del cuello: barre la tierra
Con mi cabeza: levanta
El brazo, ¡el brazo le luce
Lo mismo que un sol!, resuena
La piedra: buscan el cinto
Las manos blancas: ¡del soclo[1]
Saltan los hombres de mármol!

DOS PATRIAS

Dos patrias tengo yo: Cuba y la noche.
¿O son una las dos? No bien retira
Su majestad el sol, con largos velos
Y un clavel en la mano, silenciosa
Cuba cual viuda triste me aparece.
¡Yo sé cuál es ese clavel sangriento
Que en la mano le tiembla! Está vacío
Mi pecho, destrozado está y vacío

[1]*soclo:* nicho, hornacina.

En donde estaba el corazón. Ya es hora
De empezar a morir. La noche es buena
Para decir adiós. La luz estorba
Y la palabra humana. El universo
Habla mejor que el hombre.

                     Cual bandera
Que invita a batallar, la llama roja
De la vela flamea. Las ventanas
Abro, ya estrecho en mí. Muda, rompiendo
Las hojas del clavel, como una nube
Que enturbia el cielo, Cuba, viuda, pasa. . .

JOSE ASUNCION SILVA

Nació en Bogotá, Colombia, en 1865. Tuvo una educación esmerada y muy de cultivo personal, pero sin duda fue el poeta más poderosamente dotado de cuantos en América se distinguieron por su espíritu mordaz y entristecido.

En 1884, invitado por un pariente que residía en París, viajó por Europa, dedicándose al regreso a los negocios, la lectura y el arte. En 1887 casi repentinamente falleció su padre—el escritor costumbrista don Ricardo Silva—, hecho que le produjo un profundo dolor, y a partir del cual, luchó por reponer la fortuna de su familia, pero lentamente conoció el fracaso.

La obra de Silva, tan dispersa, y en ocasiones salvada por la memoria de sus amigos, fue creación toda de juventud. Su poesía está llena de sentimientos mórbidos, de sugerentes enigmas, evocaciones del pasado, de la niñez, sombras y rumores, en versos perfectos nunca oídos. Escribió tres "Nocturnos". El último, más exactamente escrito tras la muerte de su hermana Elvira, y fuera de un mal pretendido incesto, revela una de las mayores expresiones exquisitas y penetrantes de su tiempo ("Una noche, una noche llena de murmullos, de perfumes y de músicas de alas"). En sus *Prosas,* como en toda su obra editada póstumamente, se destaca la dura batalla del poeta en medio de la sociedad refractaria, totalmente ocupada en las contiendas pueriles, el egoísmo y la falsedad.

Silva, el poeta de *Gotas amargas,* tenía también contados los días. En 1895, habiendo sido nombrado secretario de la Legación de Colombia en Venezuela, al regresar a su patria, naufragó el vapor *L'Amérique,* y con él se fueron a pique cinco años de trabajo poético. Se cuenta que en los primeros días de mayo de 1896, a su pedido, el médico Juan Evangelista Manrique, le había señalado con una cruz de tinta el lugar exacto del corazón. El 23 de mayo, después de una amable tertulia, el poeta despedía a sus amigos. Al sobrevenir la madrugada del 24, en el lugar preciso, una bala cerró su vida con un arma que él mismo había martillado. Sobre la mesita de luz, hallaron el libro de Gabriel D'Annunzio, *Il Trionfo della Morte.*

LA PROTESTA DE LA MUSA

En el cuarto sencillo y triste, cerca de la mesa cubierta de hojas escritas, la sien apoyada en la mano, la mirada fija en las páginas frescas, el poeta satírico leía su libro, el libro en que había trabajado por meses enteros. La oscuridad del aposento se iluminó de una luz diáfana de
5   madrugada de mayo; flotaron en el aire olores de primavera, y la Musa,[1] sonriente, blanca y grácil, surgió y se apoyó en la mesa tosca, y paseó los ojos claros, en que se reflejaba la inmensidad de los cielos, por sobre las hojas recién impresas del libro abierto.

—¿Qué has escrito? . . .—le dijo.
10 El poeta calló silencioso, trató de evitar aquella mirada, que ya no se fijaba en las hojas del libro, sino en sus ojos fatigados y turbios . . .

—Yo he hecho—contestó, y la voz le temblaba como la de un niño asustado y sorprendido—, he hecho un libro de sátiras, un libro de burlas... en que he mostrado las vilezas y los errores, las miserias y las debilidades,
15 las faltas y los vicios de los hombres. Tú no estabas aquí . . . No he sentido tu voz al escribirlos, y me han inspirado el genio del odio y el genio del ridículo, y ambos me han dado flechas que me he divertido en clavar en las almas y en los cuerpos y es divertido . . . Musa, tú eres seria y no comprendes estas diversiones; tú nunca te ríes; mira, las flechas al clavarse
20 herían, y los heridos hacían muecas risibles y contracciones dolorosas; he desnudado las almas y las he exhibido en su fealdad, he mostrado los ridículos ocultos, he abierto las heridas cerradas; esas monedas que ves sobre la mesa, esos escudos[2] brillantes son el fruto de mi trabajo, y me he reído al hacer reír a los hombres, al ver que los hombres se ríen los unos de
25 los otros. Musa, ríe conmigo . . . La vida es alegre . . . Y el poeta satírico se reía al decir esas frases, a tiempo que una tristeza grave contraía los labios rosados y velaba los ojos profundos de la Musa . . .

—¡Oh profanación! —murmuró ésta, paseando una mirada de lástima por el libro impreso y viendo el oro—: ¡oh profanación! ¿y para clavar
0   esas flechas has empleado las formas sagradas, los versos que cantan y que ríen, los aleteos ágiles de las rimas, las músicas fascinadoras del ritmo? . . . La vida es grave, el verso es noble, el arte es sagrado. Yo conozco tu obra. En vez de las pedrerías brillantes, de los zafiros y de los ópalos, de los esmaltes policromos, y de los camafeos[3] delicados, de las filigranas áureas,
5   en vez de los encajes que parecen tejidos por las hadas, y de los collares de perlas pálidas que llevan los cofres de los poetas, has removido cieno y fan-

---

[1]*Musa* cada una de las deidades griegas que protegían las ciencias y las artes. Numen o inspiración del poeta.
[2] *escudo:* moneda antigua de plata.
[3]*camafeo:* figura tallada de relieve en ónice u otra piedra dura y preciosa.

go donde hay reptiles, reptiles de los que yo odio. Yo soy amiga de los pájaros, de los seres alados que cruzan el cielo entre la luz, y los inspiro cuando en las noches claras de julio dan serenatas a las estrellas desde las enramadas sombrías; pero odio a las serpientes y a los reptiles que nacen en los pantanos. Yo inspiro los idilios verdes, como los campos florecidos, y 5 las alegrías negras, como los paños fúnebres, donde caen las lágrimas de los cirios . . ., pero no te he inspirado. ¿Por qué te ríes? ¿Por qué has convertido tus insultos en obra de arte? Tú podrías haber cantado la vida, el misterio profundo de la vida; la inquietud de los hombres cuando piensan en la muerte; las conquistas de hoy; la lucha de los buenos; los 10 elementos domesticados por el hombre; el hierro, blando bajo su mano; el rayo, convertido en su esclavo; las locomotoras, vivas y audaces, que riegan en el aire penachos de humo; el telégrafo, que suprime las distancias; el hilo por donde pasan las vibraciones misteriosas de la idea. ¿Por qué has visto las manchas de tus hermanos? ¿Por qué has contado sus debilidades? 15 ¿Por qué te has entretenido en clavar esas flechas, en herirlos, en agitar ese cieno, cuando la misión del poeta es besar las heridas y besar a los infelices en la frente, y dulcificar la vida con sus cantos, y abrirles, a los que yerran, abrirles amplias, las puertas de la Virtud y del Amor? ¿Por qué has seguido los consejos del odio ? ¿Por qué has reducido tus ideas a la forma sagrada 20 del verso, cuando los versos están hechos para cantar la bondad y el perdón, la belleza de las mujeres y el valor de los hombres? Y no me creas tímida. Yo he sido también la Musa inspiradora de las estrofas que azotan como látigos y de las estrofas que queman como hierros candentes; yo soy la Musa Indignación que les dictó sus versos a Juvenal[4] y al Dante,[5] yo 25 inspiro a los Tirteos[6] eternos; yo le enseñé a Hugo[7] a dar a los alejandrinos de los *Castigos* clarineos estridentes de trompetas y truenos de descargas que humean; yo canto las luchas de los pueblos, las caídas de los tiranos, las grandezas de los hombres libres. . ., pero no conozco los insultos ni el odio. Yo arrancaba los cartelones, que fijaban manos desconocidas en el 30 pedestal de la estatua de Pasquino.[8] Quede ahí tu obra de insultos y desprecios, que no fue dictada por mí. Sigue profanando los versos sagrados y

---

[4] Poeta satírico latino.
[5] Dante Alighieri, (1265-1321), poeta florentino, autor de la inmensa *Divina Comedia.*
[6] Tirteo, poeta ateniense.
[7] Víctor Hugo (1802-1885), célebre poeta romántico francés.
[8] Nombre de un zapatero de Roma, famoso por las sátiras, y que por extensión se impuso a una estatua antigua de Hércules o de Ayax, en cuyo pedestal se fijaron durante mucho tiempo epigramas manuscritos. Es notorio que de aquí procede la palabra *pasquín* que se ha generalizado para ciertos libelos o periódicos panfletarios.

conviértelos en flechas que hieran, en reptiles que envenenen, en *Inris*[9]
que encarnezcan, remueve el fango de la envidia, recoge cieno y arrójalo a
lo alto, a riesgo de mancharte, tú que podrías llevar una aureola si cantaras
lo sublime, activa las envidias dormidas. Yo voy a buscar a los poetas, a los
5 enamorados del arte y de la vida, de las Venus de mármol que sonríen en el
fondo de los bosques oscuros, y de las Venus de carne que sonríen en las
alcobas perfumadas; de los cantos y de las músicas de la naturaleza, de los
besos suaves y de las luchas ásperas; de las sederías multicolores y de las espadas severas; jamás me sentirás cerca para dictarte una estrofa. Quédate
10 ahí con tu Genio del odio y con tu Genio del ridículo.

Y la Musa grácil y blanca, la Musa de labios rosados, en cuyos ojos se
reflejaba la inmensidad de los cielos, desapareció del aposento, llevándose
con ella la luz diáfana de alborada de mayo y los olores de primavera, y el
poeta quedó solo, cerca de la mesa cubierta de hojas escritas, paseó una
15 mirada de desencanto por el montón de oro y por las páginas de su libro
satírico, y con la frente apoyada en las manos sollozó desesperadamente.

[9] *Inris* (INRI): inscripción de ignominia colocada en la cruz de Jesús *(Iesus Nazarenus Rex Iudaeorum).*

AMADO NERVO

Poeta cándido del amor, del amor piadoso y universal, nació en el pueblo tropical de Tepic, México, en 1870. Fue seminarista en Zamora, y estuvo a punto de vestir el hábito sacerdotal. Pero le ocurrió lo que a tantos poetas americanos, surgidos de dudas y evidencias religiosas, que tornaron la fe en otras expansiones de espíritu o de lucha. En 1891 dejó nuevamente Tepic para ejercer el periodismo en Mazatlán. Sobre él pasó siempre velado el conflicto social, pero admiraba las ideas de reforma y educación de Ignacio Manuel Altamirano. Hacia 1896 dábase a conocer en México. Su primer libro, la novela *El Bachiller,* es precisamente de esta fecha. Los primeros versos son de filiación modernista: *Perlas negras y Místicas* (1898). Dos años después conoce a Rubén Darío en París. Publica *El éxodo y las flores del camino* (1902) y *Jardines interiores* (1905). Por entonces los temas de su poesía eran de inquietud decorativa, y mientras expresaba la fe cristiana del claustro perdido, ensayaba sentimientos derivados del budismo y las teorías teosóficas. Se dice que su mayor crisis sobrevino cuando falleció Ana Dailliez, su gran amor, a la que consagró todo su atormentado lirismo. *La amada inmóvil,* escrito en 1912, sólo se publicó en 1920, un año después de haber muerto el poeta.

Desde entonces, Amado Nervo, escribe para consejo y consuelo. Decide escribir "sin literatura". Y este sentimiento, bien visto, no deja de ser sincero, si se piensa que el verdadero poeta, no es, por afición o disposición, un profesional de la escritura. Sea esto quizás lo más puro de Nervo, cuando dice con la afectividad del poeta "Siempre que haya un hueco en tu vida, llénalo de amor" *(Plenitud,* 1918).

Amado Nervo, diplomático, falleció en Montevideo, en brazos de Juan Zorrilla de San Martín, el autor de *Tabaré.* Pertenecía a una tradición que estaba por extinguirse. Su obra llena treinta volúmenes.

LA RAZA MUERTA

I

AYER

Con tres genuflexiones los teuctlis[1] abordaron
el trono; cada teuctli llevaba su tesoro:
Señor, mi Señor, luego *gran Señor,* exclamaron,
y fuéronse, agitando las arracadas[2] de oro.

(Era la fiesta santa de Quetzalcoatl.)[3] Llegaron
después doncellas brunas diciendo eximio coro,
y frente al rey sañudo cien músicos vibraron
el teponaxtle,[4] el huehuetl[5] y el caracol sonoro.

(Era la fiesta santa de Quetzalcoatl.) Reía
el pueblo. El rey en tanto—sin brillo la sombría
mirada inmensa, como dos noches sin estrellas—
pensaba en el augurio fatal del *Dios serpiente:*[6]

"Y entonces, en un vuelo de naves del Oriente,
vendrán los hombres blancos, que matan con centellas".

---

[1] *teuctli:* cacique, principal.
[2] *arrancada:* campanilla.
[3] *Quetzalcoatl:* literalmente "serpiente de plumas de quetzal". Dios civilizador de los antiguos mexicanos (cf. Vasconcelos, *infra,* n.13).
[4] *teponaxtle:* instrumento de percusión típico de los aztecas. Cilindro hueco de madera con dos lenguetas sobre las cuales se hiere un dos bolillos. Se coloca horizontalmente para ser ejecutado.
[5] *huehuetl:* instrumento de percusión parecido al timbal.

[6] Sin duda el rey aquí mencionado tiene que ser el emperador Moctezuma II, quien identificaba temeroso la llegada de los españoles con el retorno de Quetzalcoatl. El *Códice Florentino* recogido por fray Bernardino de Sahagún y la *Historia de Tlaxcala* de Diego Muñoz Camargo, narran una serie de prodigios y presagios funestos que los indios interpretaban como el regreso de los dioses que venían del mar. Según una versión de la leyenda, Quetzalcoatl, que se había ausentado en una balsa de serpientes, también anunció que volvería.

II

HOY

Anahuac:[7] estadio fuiste de contiendas y pasiones,
mas hoy eres doncella que orgullosa se levanta
desdeñando el himno rojo de fusiles y cañones,[8]
con la paz entre los labios y el arrullo en la garganta.

De tus hoscas torrenteras ya no surgen las traiciones;
en tus fértiles campiñas el trabajo su himno canta,
y en tus jóvenes ciudades el poder de los millones
multiplica los palacios bajo el oro de su planta.

La razón ocupa el solio de las cátedras tranquilas;
nuestras madres ya no rezan, ya no anidan las esquilas[9]
como pájaros broncíneos en la torre que despueblas.

Triunfa Spencer,[10] muere Aquino;[11] cae un mundo, un
    mundo brota...
¡Todo es vida y esperanza!
    Sólo el indio trota, trota,
con el fardo a las espaldas y la frente en las tinieblas.

POETA, TU NO CANTES LA GUERRA...

Poeta, tú no cantes la guerra; tú no rindas
ese tributo rojo al Moloch,[12] sé inactual;
sé inactual y lejano como un dios de otros tiempos,
como la luz de un astro, que a través de los siglos
llega a la Humanidad.

---

[7] El valle de México.
[8] Este poema fue escrito en 1896, durante la dictadura de Porfirio Díaz y conocida
también como la época de "la paz porfirana".
[9] *esquila:* campana.
[10] Herbert Spencer (1820-1903), fundador de la filosofía evolucionista en Inglaterra.
[11] Tomás de Aquino (1226-1274), el más grande de los teólogos de la Iglesia.
[12] *Moloch* (o Moleck): dios infernal de los ammonitas y citado en varios pasajes de la
Biblia. Se le sacrificaban niños, haciéndolos pasar por el fuego.

Huye de la marea de sangre, hacia otras playas
donde se quiebren límpidas las olas de cristal;
donde el amor fecundo, bajo de los olivos,
hinche con su faena los regazos, y colme
las ánforas gemelas y tibias de los pechos
con su néctar vital.

Ya cuando la locura de los hombres se extinga,
ya cuando las coronas se quiebren al compás
del orfeón[13] coloso que cante Marsellesas;
ya cuando de las ruinas resurja el Ideal,
poeta, tú, de nuevo,

la lira entre tus manos,
ágiles y nerviosas y puras, cogerás,
y la nítida estrofa, la estrofa de luz y oro,
de las robustas cuerdas otra vez surgirá:
la estrofa llena de óptimos estímulos, la estrofa
alegre, que murmure: " ¡Trabajo, Amor y Paz!".

Agosto, 3, de 1915.

---

[13] *orfeón:* de Orfeo. Sociedad de cantantes fundada para fomentar el canto, sin instrumentos que los acompañen.

INDICACIONES BIBLIOGRAFICAS

Rufino Blanco-Fombona, *El modernismo y los poetas modernistas,* E d i t o r i a l Mundo Latino, Madrid, 1929.

Rubén Darío, *Los raros,* Maucci Editora, Buenos Aires, 1905.

Ricardo Gullón, *Direcciones del modernismo,* Editorial Gredos, Madrid, 1963.

José Martí, *Diario de José Martí: de Cabo Haitiano a Dos Ríos,* Instituto C í v i c o Militar, Ceiba del Agua, 1941.

— *Nuestra América,* edición de Pedro Henríquez Ureña, Editorial Losada, Buenos Aires, 1939.

—, *Poesía,* edición de Juan Carlos Ghiano, Raigal Editora, 1952.

Amado Nervo, *Obras Completas,* Editorial Aguilar, Madrid, 1956.

Alfredo Roggiano, "Filiación cultural del modernismo hispanoamericano", *M u n d i* 1, Córdoba, diciembre de 1986.

Iván A. Schulman, *Génesis del modernismo,* El Colegio de México, México, 1968.

Jose Asunción Silva, *Obras Completas* (prólogo de Miguel de Unamuno). Talleres Gráficos del Banco de la República, Bogotá, 1965.

DEFENSA DE LA HISPANIDAD

La América hispánica sobrevivía en un clima de incertidumbre y formación, cuando en la última década del siglo pasado los Estados Unidos habían logrado el control efectivo de todo su territorio. No sólo el suyo, sino el arrebatado a México en 1848, y se encontraba con un excedente de energía y recursos como para internarse en nuevas fronteras. No habían nacido todavía las asperezas entre los vecinos del hemisferio, y por el contrario, en 1896 las cancillerías acordaron la iniciativa estadounidense de formar la "unión panamericana" (el sueño de Bolívar), pero esta vez con sede y presidencia en Washington. Iba a darse también un hecho histórico que esperaba la oportunidad de aparecer. La guerra entre los Estados Unidos y España, que significó para el viejo imperio la pérdida de Cuba, Puerto Rico, Guam y las Islas Filipinas, produjo un impacto que congeló todos los argumentos logísticos y despertó el recelo de los intelectuales.
Si en España la propia situación política y social puso al desnudo el desastre militar, en Hispanoamérica, salvo la inquietante novedad, no se tenía una prevención definitiva contra el imperialismo, sino más bien frente al temor que José Enrique Rodó tradujo por "nordomanía", es decir, la impugnación incluso admirativa del utilitarismo yanqui. La literatura inspirada de Rodó procedía de los juicios de Tocqueville y de Renán, sin que fuera todavía importante introducir cambios en la situación social y tecnológica de los descendientes del ilustre tronco latino.
Pero sobrevino, además, otro hecho memorable. Cuatro siglos después que Vasco Núñez de Balboa concibiera abrir un canal en la cintura de América (que Felipe II prohibió bajo pena de muerte), los norteamericanos no fallaron a la hora de construir la mayor vía acuática entre dos océanos. A Colombia se le había ocurrido, originalmente, el proyecto. Pero la compañía francesa de Ferdinand de Lesseps, que había sido contratada, tuvo que abandonar la empresa en 1889, derrotada por la fiebre amarilla y el paludismo que les dejaba casi mil muertos por cada kilómetro de canal abierto en la selva de Panamá. Pero Estados Unidos tenía cierta premura que precipitó los hechos. El descubrimiento de las

minas de California, el vertiginoso avance masivo hacia el Pacífico, la importancia de reducir la distancia del tráfico intercontinental con Asia, y el peligroso imperio japonés que se insinuaba, determinaron que Theodore Roosevelt decidiera, en 1903, terminar la empresa estratégica del canal a cualquier precio.

Panamá era una provincia de Colombia en el momento que se produjo la operación cesárea, de modo tan parecido a Texas cuando se desprendió de México. Roosevelt comenzó a tratar con Colombia la temeraria empresa, pero el congreso de Bogotá rechazó el proyecto. Panamá, que hacía tiempo promovía una acción libertadora, se declaró independiente, y los buques de guerra de la Unión se encargaron de impedir el desembarco de las tropas colombianas. En el acto, y hábilmente previsto, Washington reconoció a la nueva república, que le concedió la zona del canal con entera soberanía y control. Manuel Amador, el flamante presidente, aceptó el contrato por el cual Panamá recibiría 10 millones de dólares y un pago anual de 250 mil dólares.

El tratado entre los dos países ha sido sustancialmente modificado, y Panamá tendrá soberanía sobre el canal en el año 2000, pero es evidente que ya no contará para su mantenimiento con las tasas históricas. El tiempo ha pasado. Pero lo cierto es que el nuevo destino del Caribe y de América Central, ofendió los sentimientos del continente hispano, y además cuando dijo el presidente "I took Panamá", según su pedagogía política "Speak softly and carry a big stick". A nadie le molestó la construcción gigantesca del canal, sino el modo de lograrlo, por medio de la presión del dinero y el máuser. En 1906 Roosevelt fue distinguido con el Premio Nobel de la Paz. El 3 de agosto de 1914, habiéndose iniciado la guerra mundial, el primer navío cruzaba el canal. La obra fue de inmenso beneficio para la navegación internacional, y nadie puede negar las ventajas que derivaron para la República de Panamá. Los hechos demostraron la escalofriante debilidad del mundo hispánico en ese momento. En España los escritores buscaron en el revisionismo nacional un nuevo sentido de la existencia. En Hispanoamérica el suceso produjo desengaño y rebeldía. El famoso apóstrofe poético de Rubén Darío contra el despojo, resultó tan ilustre como los poemas de Whitman para la América del Norte.

---

[1] El mayor peligro era el mosquito de Panamá que se llevó a la tumba a miles de hombres que trabajaron en el desdichado proyecto francés. Cuando el gobierno de los Estados Unidos tuvo noticias de los descubrimientos del médico cubano Carlos J. Finlay sobre los mosquitos del género Stegomia *(Aedes aegyph)*, que transmitía la fiebre amarilla o vómito negro, sanearon los pantanos y las zonas selváticas donde se desarrollaba. De otra manera, el resultado automático hubiera sido quizás, otra vez infausto.

EUGENIO MARIA DE HOSTOS

Sobre su novela poética, *La peregrinación de Bayoán,* publicada en 1863, escribía el autor: "Este libro, más que un libro es un deseo; más que un deseo, una intención; más que una intención, es sed. Sed de justicia y de verdad". Esta obra, de vocación itinerante, estaba referida a su patria, Puerto Rico, y contra el dominio español en las Antillas.

Nacido en Mayagüez, en 1839, Hostos fue poeta y excelente ensayista *(Juicio crítico de Hamlet,* 1872), pero renunció a su práctica, para dedicarse al destino de batallador político y pensador sistemático *(Moral social,* 1888). Hostos se educó en España, en Bilbao, y estudió Derecho en Madrid, en acatamiento de la voluntad paterna. Pero este hombre, que veía siempre sombras terribles en todo despotismo, se despidió de la península y del Ateneo de Madrid, con un resonante discurso separatista frente a los revolucionarios españoles, que no consentían la libertad antillana.

En París bregó por lo que siempre había querido, la unión confederada de Puerto Rico, Cuba, Santo Domingo y Haití. En Nueva York fundó una junta revolucionaria y su órgano periodístico *La Revolución.* En 1871 emprendió un viaje de tres años por la América del Sur. En Buenos Aires, como Darío, como Martí, colaboró en *La Nación.* Casi inmediatamente se trasladó a la República Dominicana, por entonces la única isla libre del Caribe. En esos años parece tener sentimientos virtualmente contradictorios. Es curioso que Hostos, que tanto había fustigado la imaginación, dejara un relato de sus amores, *Inda, y Cuentos a mi hijo,* publicados en 1878.

Cuando en 1898 estalló la guerra hispanoyanqui en Cuba, Hostos se dirigió a Puerto Rico para luchar por la independencia. Al concluir las hostilidades, comprobó con dolor y como lo había previsto, que al intervenir los Estados Unidos, su patria cambiaba de amo, pero no lograba su libertad. Después, murió entristecido en Santo Domingo, en 1903. Su escritura pasional y el rigor de sus ideas, quedan patentizados en sus lúcidos "Temas sudamericanos" *(Obras Completas,* VII, 1939). En ellos expuso todo su temor en la actitud europea y norteamericana, que desconocían el fervor libertario de la hispanidad amenazada.

LA AMERICA LATINA ANTE EL MUNDO

Ese es un mundo nuevo, no sólo por ser casi completamente desconocido del naturalista, del sociólogo, del comercio y de la industria universal, del Viejo Mundo y hasta de sí mismo, sino porque la tarea que le está encomendada por sus antecedentes tradicionales y por sus fines históricos es totalmente nueva en la vida de la humanidad. . .   5
El trabajo explotador y productor de la riqueza no sabe todavía qué tesoros encierran los Andes, desde su origen en la Patagonia hasta su término en Venezuela; qué inagotable fuente de producción para la agricultura, la economía rural, la industria pecuaria, fabril, mecánica, son los llanos de Venezuela, los valles del Cauca, las altiplanicies del Perú, el valle   10
longitudinal de Chile, la pampa argentina, la floresta rebelde del Brasil, las poblaciones hambrientas de progreso que ocupan ese territorio inmenso, en donde todo lo bueno es adoptado y en donde todo es nuevo en sí mismo, en sus necesidades y en sus aplicaciones.
La ciencia de las sociedades y de la riqueza tiene un campo   15
absolutamente inexplorado, horizontes desconocidos, confirmaciones inesperadas de sus verdades en aquella sociedad, una en esencia por su origen, por sus tradiciones y sus fines, tan varia en tendencias, en fenómenos morales y políticos, en estados sociales y económicos, en grados de cultura, en aplicaciones del progreso político a la vida material y   20
en interpretaciones del ideal americano.
La sociedad es en ese mundo nuevo tan desconocida como la naturaleza y es tan calumniada como ella. . .
No hay en todo el decurso de la historia de la humanidad sociedades que hayan dado pruebas más evidentes de fuerza de resistencia y de   25
vitalidad que las procedentes del coloniaje de la América latina, y sin embargo, no hay una sociedad más calumniada por la ignorancia y por la maledicencia. Periodistas que de todo son dignos menos dc guiar la opinión pública; viajeros sin conciencia y sin juicio científico; explotadores desengañados, vulgo imbécil que juzga de los pueblos y de los hombres   30
por el mal que de ellos oye; curiosidad maligna que nunca aprende sino lo que daña; orgullo ridículo que afecta desdén por todo lo que no tiene la sanción de la fuerza coercitiva, tales son los agentes del injusto descrédito de América latina. Esa opinión anónima va de calumniadores a crédulos, de crédulos a irreflexivos, de colectadores de noticias a comentadores   35
ignorantes, de la prensa a la opinión, de la opinión al bufete de los gobernantes, y Alemania comete la torpeza de dificultar la emigración de sus nacionales hacia aquellos pueblos y Francia e Inglaterra incurren más de una vez en la insensata debilidad de hacer alardes de fuerza con indefensos, y las legaciones diplomáticas se convierten en agencias de   40
reclamaciones inicuas o repugnantes, y los Ministros residentes se atreven

a protestar contra las leyes civiles o políticas de pueblos soberanos. . .
Pero, ¿cuándo no han sido injustos con los desheredados los herederos de
fuerza y fortuna? ¿Cuándo no ha sido torpemente empleada la fuerza?
¿Cuándo no ha sido altanera la fortuna?

5   ¿Quién daba a las estaciones navales de Europa el derecho de
desembarcar fuerza armada en Montevideo cada vez que los extranjeros
hospedados creían en peligro sus intereses? ¿Quién en los Estados Unidos
puede reconocer a buques de la armada federal el derecho que se arrogan
de desembarcar pelotones armados cada vez que hay una revuelta en
10   Panamá? ¿Quién puede racionalmente conceder el derecho de juzgar
acerbadamente de los pueblos recién constituidos, a pueblos ya viejos que
aún no han conseguido constituirse o a sociedades que deben su pujanza
juvenil a un conjunto de circunstancias favorables o de antecedentes
tradicionales que prueban su buena suerte mucho más que su aptitud?
15   ¿Quién ha de tener por justas las apreciaciones hechas sobre republicanos
por monárquicos que fundan su juicio en los errores de su punto de vista?
¿Quién da a los europeos el derecho de juzgar de la vida americana con el
criterio de la vida europea? ¿Quién da a los norteamericanos el derecho de
juzgar a los sudamericanos, tomando como base de juicio su fortuna, su
20   fuerza, su bienestar, sus felices tradiciones del Viejo Continente: habían
empleado quince siglos en esa operación de la vida social. ¿En qué razón
científica pueden fundarse para exigir de pueblos que lejos de poder
construir su presente en su pasado, han tenido fatalmente que destruir por
completo su pasado?
25   Hasta el siglo XV, ninguna de las sociedades europeas había logrado
fundir los diversos matices etnográficos que constituyen desde entonces
la unidad de la raza y de carácter en las varias naciones del Viejo
Continente: había empleado quince siglos en esa operación de la química
social. ¿En qué razón científica pueden fundarse para exigir que las
30   sociedades latinoamericanas hagan en sesenta, cincuenta o menos años de
independencia la fusión de elementos tan heterogéneos como los que
constituyen la población de esas sociedades recién nacidas?
Hasta el siglo XV, ninguna de las sociedades europeas había
conseguido crear en la homogeneidad de su población el sentimiento de la
35   unidad nacional: quince siglos emplearon en la obra. ¿En qué razón
histórica se fundan para exigir de las naciones improvisadas de la América
latina, que tengan la fuerza resultante del espíritu de nacionalidad?. . .
Diez y nueve siglos de guerras exteriores e intestinas, de revoluciones
monstruosas y ridículas, de atrocidades abominables y de hipocresías
40   abominadas, ha costado a Europa la sanción de un derecho internacional
común y el parlamento de una forma de gobierno absurda; hoy mismo, la
conquista acaba de echar por tierra el derecho internacional; y la hipocresía
está dando nombres de república a parodias repulsivas.

¿Con qué derecho puede Europa reírse de sociedades embrionarias, que si no tienen fuerza suficiente para imponer un derecho común de gentes, tiene lógica bastante para no adulterar la forma de gobierno que adoptaron?. . .

Diez y nueve siglos de lucha intelectual ha sostenido Europa con su 5 ignorancia y su barbarie, y en diez y nueve siglos no ha logrado sofocar a la ignorancia ni destruir a la barbarie. . .

Esos contentos de sí mismos, que deben a la democracia americana la noción de la libertad y del progreso fundados en la educación del pueblo, no han podido todavía educar su población, ya suficientemente preparada 10 por la inmensa suma de conocimientos diluidos indirectamente por la industria, por las artes mecánicas y las artes plásticas en todas y en cada una de las creaciones materiales del progreso. ¿En qué se fundan para pedir a la América latina que ahora empieza a pensar, a trabajar y a progresar, que hasta ahora no ha tenido esos elementos de educación 15 indirecta, la civilización y la libertad que sólo puede resultar de la completa educación de un pueblo ?. . .

¿Quiénes poblaron lo que hoy son Estados Unidos y por qué? ¿Quiénes poblaron lo que es hoy América latina y para qué? ¿Qué representa España? ¿Qué progreso del ser humano significa la colo- 20 nización de la América sajona? ¿Qué retroceso de la humanidad significa la colonización de la América latina? ¿Cuál es el sistema colonial de Inglaterra? ¿Cuál es el sistema colonial de España? Dados uno y otro principio colonial ¿qué consecuencias se derivan a priori, cuáles se dieron en realidad? ¿Cuál de las guerras de independencia empezó antes? ¿Cuál 25 duró menos de las dos? ¿En cuál de ellas puso la metrópoli respectiva más violencia? ¿Cuál de las dos sociedades que se emancipaban encontró más auxiliares? La guerra de independencia en Norte América ¿fue una revolución o una mera evolución? La guerra de independencia en la América latina ¿no era a la vez una revolución político-social y una 30 evolución moral e intelectual? Dada la tarea que tocaba a una y otra ¿cuál de las dos sociedades, la angloamericana o la neolatina, tenía más dificultades que vencer? ¿Cuál de las dos sociedades podía ser, debía ser y era más ilustrada? ¿En qué momentos se hicieron una y otra independientes ?. . . 35

¿En qué momento empieza la emigración europea del trabajo y adónde podía de preferencia dirigirse? ¿Qué población tenían los trece estados de la Unión en el momento de declararse soberanos y cuántos habitantes tenían los estados latinoamericanos?. . . ¿En qué proporción han estado los inmigrantes y la población de los Estados Unidos? ¿Qué 40 parte ha tenido en el trabajo, en la producción, en la riqueza inicial y combinada el elemento extranjero ? ¿Qué ha representado ante la industria, ante la ciencia, ante el espíritu de progreso y de civilización esa corriente continua de inmigrantes ?

Cuando se haya contestado concienzudamente a estas preguntas, el maravillado de los progresos de los Estados Unidos o el orgulloso de ellos tendrá idoneidad para juzgar y juzgará con el merecido acatamiento a Norte América; pero se pasmará de que, siendo los medios tan desproporcionados, no sea mayor la diferencia entre la América latina y la sajona, y sea tan vigoroso, tan perseverante, tan concienzudo el de aquella generosa porción del Continente.

JOSE ENRIQUE RODO

Si el mérito del modernismo se juzgara únicamente por la celebridad del verso y el poema, se hubiera agotado prematuramente en el panorama americano. El modernismo enriqueció la ficción y la prosa de ideas. El pensador que mejor se distinguió por el estilo artístico de la palabra fue, sin duda, José Enrique Rodó, escritor uruguayo nacido en Montevideo en 1871. Pertenecía a una generación de sello imborrable en su país: el poeta Julio Herrera y Reissig, el novelista Carlos Reyles, el dramaturgo Florencio Sánchez, el cuentista Horacio Quiroga y el ensayista Carlos Vaz Ferreira. La primera obra importante de Rodó fue *Ariel* (1900). Preocupado por entonces, como otros intelectuales, por el creciente poder de los Estados Unidos en el continente, escribió su libro de posición doctrinaria, pero no para combatir, sino para fundamentar un nuevo y luminoso optimismo. *Ariel* tuvo, naturalmente, inmensa repercusión en el liberalismo universitario y en las clases medias de reciente formación. El éxito, además, era entendible. Apenas hacía dos años que España había sido derrotada, y cuatro de creada la Unión Panamericana. Sus ideas eran la mejor alternativa.

Ariel está concebido sobre la transcripción de un discurso que un maestro propone a sus discípulos. Los personajes simbólicos procedían de la *Biblia*, de las fantasías de Shakespeare en *The Tempest*, y de un drama de Renán. Pero la revelación es nueva. Ariel, genio sutil y puro del aire, representa la fusión del paganismo helénico y el cristianismo, la democracia y el pensamiento elevado, mientras el salvaje Calibán simboliza la vulgaridad y el apetito utilitario. Sin duda, Rodó no quiso expresar de modo tajante la oposición entre Ariel y Calibán, entre la América hispana y la América sajona, entre el espíritu y la técnica. No podía reducir el libro a tales esquemas presuntuosos. No podía hacerlo sin sospechar que Calibán, tenía también sus formas de democracia y porvenir.

La obra de Rodó está hecha de tolerancia y reflexión, un tanto dócil a las aspiraciones selectas de la clase dirigente, pero sin odios ni retórica estruendosa. "El tiempo es el sumo renovador", confesó en *Motivos de*

Proteo (1909). Su arielismo descubrió, aunque de modo ilusorio, un sentimiento hispánico de unidad continental. Su bella prosa carece de inquietudes económicas o sociales de fondo. Queda todavía por saber, como se ha dicho, si la América de esta parte será como Ariel, un nuevo espíritu en la tradición occidental, o por el contrario, el auténtico Calibán, un producto mestizado de la cultura en trance de lograr algo distinto. Rodó falleció en 1917 en el cuarto de un hotel, en la ciudad de Palermo, Italia, solo y casi en la total pobreza.

ARIEL

Aquella tarde, el viejo y venerado maestro, a quien solían llamar Próspero, por alusión al sabio mago de *La Tempestad* shakesperiana, se despedía de sus jóvenes discípulos, pasado un año de tareas, congregándolos una vez más a su alrededor.

Ya habían llegado ellos a la amplia sala de estudio, en la que un gusto delicado y severo esmerábase por todas partes en honrar la noble presencia de los libros, fieles compañeros de Próspero. Dominaba en la sala —como numen de su ambiente sereno—un bronce primoroso, que figuraba al Ariel de *La Tempestad*. Junto a este bronce se sentaba habitualmente el maestro, y por ello le llamaban con el nombre del mago a quien sirve y favorece en el drama el fantástico personaje que había interpretado el escultor. Quizá en su enseñanza y su carácter había, para el nombre, una razón y un sentido más profundos.

Ariel, genio del aire, representa, en el simbolismo de la obra de Shakespeare, la parte noble y alada del espíritu. Ariel es el imperio de la razón y el sentimiento sobre los bajos estímulos de la irracionalidad; es el entusiasmo generoso, el móvil alto y desinteresado en la acción, la espiritualidad de la cultura, la vivacidad y la gracia de la inteligencia,—el término ideal a que asciende la selección humana rectificando en el hombre superior los tenaces vestigios de Calibán símbolo de sensualidad y de torpeza, con el cincel perseverante de la vida.

Próspero acarició, meditando, la frente de la estatua; dispuso luego al grupo juvenil en torno suyo; y con su firme voz—voz magistral, que tenía para fijar la idea e insinuarse en las profundidades del espíritu, bien la esclarecedora penetración del rayo de luz, bien el golpe incisivo del cincel en el mármol, bien el toque impregnante del pincel en el lienzo o de la onda en la arena,—comenzó a decir, frente a una atención afectuosa:

Junto a la estatua que habéis visto presidir, cada tarde, nuestros coloquios de amigos, en los que he procurado despojar a la enseñanza de toda ingrata austeridad, voy a hablaros de nuevo, para que sea nuestra despedida como el sello estampado en un convenio de sentimientos y de ideas. Invoco a Ariel como mi numen. Quisiera ahora para mi palabra la más suave y persuasiva unción que ella haya tenido jamás. Pienso que hablar a la juventud sobre nobles y elevados motivos, cualesquiera que sean, es un 5 género de oratoria sagrada. Pienso también que el espíritu de la juventud es un terreno generoso donde la simiente de una palabra oportuna suele rendir, en corto tiempo, los frutos de una inmortal vegetación....

Por desdicha, es en los tiempos y las civilizaciones que han alcanzado una completa y refinada cultura donde el peligro de esa limitación de los 10 espíritus tiene una importancia más real y conduce a resultados más temibles. Quiere, en efecto, la ley de evolución, manifestándose en la sociedad como en la naturaleza por una creciente tendencia a la heterogeneidad, que, a medida que la cultura general de las sociedades avanza, se limite correlativamente la extensión de las aptitudes individuales 15 y haya de ceñirse el campo de acción de cada uno a una especialidad más restringida. Sin dejar de constituir una condición necesaria de progreso, ese desenvolvimiento del espíritu de especialización trae consigo desventajas visibles, que no se limitan a estrechar el horizonte de cada inteligencia, falseando necesariamente su concepto del mundo, sino que 20 alcanzan y perjudican, por la dispersión de las afecciones y los hábitos individuales, al sentimiento de la solidaridad. Augusto Comte[1] ha señalado bien este peligro de las civilizaciones avanzadas. Un alto estado de perfeccionamiento social tiene para él un grave inconveniente en la facilidad con que suscita la aparición de espíritus deformados y estrechos; de 25 espíritus 'muy capaces bajo un aspecto único y monstruosamente ineptos bajo todos los otros'. El empequeñecimiento de un cerebro humano por el comercio continuo de un solo género de ideas, por el ejercicio indefinido de un solo modo de actividad, es para Comte un resultado comparable a la mísera suerte del obrero a quien la división del trabajo de taller obliga a 30 consumir en la invariable operación de un detalle mecánico todas las energías de su vida. En uno y otro caso, el efecto moral es inspirar una desastrosa indiferencia por el aspecto general de los intereses de la humanidad. Y aunque esta especie de automatismo humano—agrega el pensador positivista—no constituye felizmente sino la extrema influencia 35 dispersiva del principio de especialización, su realidad, muy frecuente, exige que se atribuya a su apreciación una verdadera importancia.

No menos que a la solidez, daña esa influencia dispersiva a la *estética* de la estructura social. La belleza incomparable de Atenas, lo imperecedero

---

[1]Augusto Comte (1789-1857), filósofo francés, fundador del positivismo.

del modelo legado por sus manos de diosa[2] a la admiración y el encanto de la humanidad, nacen de que aquella ciudad de prodigios fundó su concepción de la vida en el concierto de todas las facultades humanas, en la libre y acordada expansión de todas las energías capaces de contribuir a la gloria y al poder de los hombres. Atenas supo engrandecer a la vez el sentido de lo ideal y el de lo real, la razón y el instinto, las fuerzas del espíritu y las del cuerpo. Cinceló las cuatro faces del alma. Cada ateniense libre describe en derredor de sí, para contener su acción, un círculo perfecto, en el que ningún desordenado impulso quebrantará la graciosa proporción de la línea. Es atleta y escultura viviente en el gimnasio, ciudadano en el Pnix,[3] polemista y pensador en los pórticos. Ejercita su voluntad en toda suerte de acción viril y su pensamiento en toda preocupación fecunda. Por eso afirma Macaulay[4] que un día de la vida pública del Atica es más brillante programa de enseñanza que los que hoy calculamos para nuestros modernos centros de instrucción. Y de aquel libre y único florecimiento de la plenitud de nuestra naturaleza, surgió el *milagro griego,*—una inimitable y encantadora mezcla de animación y de serenidad, una primavera del espíritu humano, una sonrisa de la historia.

En nuestros tiempos, la creciente complejidad de nuestra civilización privaría de toda seriedad al pensamiento de restaurar esa armonía, sólo posible entre los elementos de una graciosa sencillez.

Pero dentro de la misma complejidad de nuestra cultura; dentro de la diferenciación progresiva de caracteres, de aptitudes, de méritos, que es la ineludible consecuencia del progreso en el desenvolvimiento social, cabe salvar una razonable participación de todos en ciertas ideas y sentimientos fundamentales que mantengan la unidad y el concierto de la vida,—en ciertos *intereses del alma,* ante los cuales la dignidad del ser racional no consiente la indiferencia de ninguno de nosotros.

Cuando el sentido de la utilidad material y el bienestar, domina en el carácter de las sociedades humanas con la energía que tiene en lo presente, los resultados del espíritu estrecho y la cultura unilateral son particularmente funestos a la difusión de aquellas preocupaciones puramente ideales que, siendo objeto de amor para quienes les consagran las energías más nobles y perseverantes de su vida, se convierten en una remota, y quizá no sospechada, región, para una inmensa parte de los otros.... Yo os ruego que os defendáis, en la milicia de la vida, contra la mutilación de vuestro espíritu por la tiranía de un objetivo único e interesado. No entreguéis nunca a la utilidad o a la pasión, sino una parte

---

[2] Referencia a Atenea, deidad protectora de Atenas.
[3] Pnix: lugar público donde se reunían los atenienses.
[4] Thomas Babington Macaulay (1800-59), estadista, historiador y poeta inglés.

de vosotros. Aun dentro de la esclavitud material, hay la posibilidad de
salvar la libertad interior: la de la razón y el sentimiento. No tratéis, pues, de
justificar, por la absorción del trabajo o el combate, la esclavitud de
vuestro espíritu. ...
   Con relación a las condiciones de la vida de América, adquiere esta   5
necesidad de precisar el verdadero concepto de nuestro régimen social, un
doble imperio. El presuroso crecimiento de nuestras democracias por la
incesante agregación de una enorme multitud cosmopolita; por la afluencia
inmigratoria, que se incorpora a un núcleo aún débil para verificar un
activo trabajo de asimilación y encauzar el torrente humano con los   10
medios que ofrecen la solidez secular de la estructura social, el orden
político seguro y los elementos de una cultura que haya arraigado
íntimamente, —nos expone en el porvenir a los peligros de la degeneración
democrática, que ahoga bajo la fuerza ciega del número toda noción de calidad; que desvanece en la conciencia de las sociedades todo justo   15
sentimiento del orden; y que, librando su ordenación jerárquica a la
torpeza del acaso, conduce forzosamente a hacer triunfar las más
injustificadas e innobles de las supremacías.
   Es indudable que nuestro interés egoísta debería llevarnos, —a falta
de virtud, —a ser hospitalarios. Ha tiempo que la suprema necesidad de   20
colmar el vacío moral del desierto, hizo decir a un publicista ilustre que, en
América, *gobernar es poblar*.5 Pero esta fórmula famosa encierra una
verdad contra cuya estrecha interpretación es necesario prevenirse, porque
conduciría a atribuir una incondicional eficacia civilizadora al valor
cuantitativo de la muchedumbre. Gobernar es poblar, asimilando, en primer   25
término; educando y seleccionando, después. Si la aparición y el
florecimiento, en la sociedad, de las más elevadas actividades humanas, de
las que determinan la alta cultura, requieren como condición indispensable
la existencia de una población cuantiosa y densa, es precisamente porque
esa importancia cuantitativa de la población, dando lugar a la más   30
compleja división del trabajo, posibilita la formación de fuertes elementos
dirigentes que hagan efectivo el dominio de la *calidad* sobre el *número*.
La multitud, la masa anónima, no es nada por sí misma. La multitud será un
instrumento de barbarie o de civilización según carezca o no del
coeficiente de una alta dirección moral. Hay una verdad profunda en el   35
fondo de la paradoja de Emerson6 que exige que cada país del globo sea
juzgado según la minoría y no según la mayoría de sus habitantes. La
civilización de un pueblo adquiere su carácter, no de las manifestaciones

5 Consigna de Juan Bautista Alberdi referida a las *Bases y puntos de partida para la organización de la Confederación Argentina* (1852). Sobre este autor véase el capítulo *Las miserias de la guerra.*
6 Referencia al poeta Ralph Waldo Emerson (1803-82) y su *Representative Men* (1850).

de su prosperidad o de su grandeza material, sino de las superiores maneras de pensar y de sentir que dentro de ella son posibles; y ya observaba
Comte, para mostrar cómo en cuestiones de intelectualidad, de moralidad,
de sentimiento, sería insensato pretender que la calidad   pueda ser
sustituida en ningún caso por el número, que ni de la acumulación de
muchos espíritus vulgares se obtendrá jamás el equivalente de un cerebro
de genio, ni de la acumulación de muchas virtudes mediocres el
equivalente de un rasgo de abnegación o de heroísmo.

La concepción utilitaria,[7] como idea del destino humano, y la
igualdad en lo mediocre, como norma de la proporción social, componen,
íntimamente relacionadas, la fórmula de lo que ha solido llamarse, en
Europa, el espíritu de *americanismo*. Es imposible meditar sobre ambas
inspiraciones de la conducta y la sociabilidad, y compararlas con las que
les son opuestas, sin que la asociación traiga, con insistencia, a la mente, la
imagen de esa democracia formidable y fecunda, que, allá en el Norte,
ostenta las manifestaciones de su prosperidad y su poder, como una
deslumbradora prueba   que abona en favor de la eficacia de sus
instituciones y de la dirección de sus ideas. Si ha podido decirse del
utilitarismo, que es el verbo del espíritu inglés, los Estados Unidos pueden
ser considerados la encarnación del verbo utilitario. Y el Evangelio de este
verbo, se difunde por todas partes a favor de los milagros materiales del
triunfo. Hispano-América ya no es enteramente calificable, con relación a
él, de tierra de gentiles.[8] La poderosa federación va realizando entre
nosotros una suerte de conquista moral. La admiración por su grandeza y
por su fuerza es un sentimiento que avanza a grandes pasos en el espíritu
de nuestros hombres dirigentes, y aun más quizá, en el de las
muchedumbres, fascinables por la impresión de la victoria, Y de admirarla se
pasa por una transición facilísima a imitarla. La admiración y la creencia
son ya modos pasivos de imitación para el psicólogo. "La tendencia
imitativa de nuestra naturaleza moral —decía Bagehot— tiene su asiento
en aquella parte del alma en que reside la credibilidad."[9] El sentido y la
experiencia vulgares serían suficientes para establecer por sí solos esa
sencilla relación. Se imita a aquél en cuya superioridad o cuyo prestigio se

[7] Sin duda se refiere a la doctrina del economista y filósofo inglés John Stuart Mill
(1806-1873), autor del *Utilitarianism* (1863). Es probable que Rodó desconociera la
obra y las ideas sobre *el pragmatismo* expuestas por el filósofo norteamericano
William James (1842-1910).
[8] *gentiles:* llamábase así a los idólatras o paganos. En América se les llamó a los
indios, por su beatitud natural y propensos a recibir la fe cristiana. "Hay que atraer a
los gentiles con suavidad, pero a los cristianos hay que arrancarles por la fuerza lo
que está prohibido" (Fray Bartolomé de *Las Casas, Proposiciones, IV*).
[9] Walter Bagehot (1826-77), economista inglés, autor del volumen *Physics and
Politics* (1869).

cree. Es así como la visión de una América *deslatinizada* por propia voluntad, sin la extorsión de la conquista, y regenerada luego a imagen y semejanza del arquetipo del Norte, flota ya sobre los sueños de muchos sinceros interesados por nuestro porvenir, inspira la fruición con que ellos formulan a cada paso los más sugestivos paralelos, y se manifiesta por cons- 5
tantes propósitos de innovación y de reforma. Tenemos nuestra *nordomanía.* Es necesario oponerle los límites que la razón y el sentimiento señalan de consuno. No doy yo a tales límites el sentido de una absoluta negación. Comprendo bien que se adquieran inspiraciones, luces, enseñanzas, en el 10
ejemplo de los fuertes; y no desconozco que una inteligente atención fijada en lo exterior para reflejar de todas partes la imagen de lo beneficioso y de lo útil es singularmente fecunda cuando se trata de pueblos que aún forman y modelan su entidad nacional. Comprendo bien que se aspire a rectificar, por la educación perseverante, aquellos trazos del carácter de 15
una sociedad humana que necesiten concordar con nuevas exigencias de la civilización y nuevas oportunidades de la vida, equilibrando así, por medio de una influencia innovadora, las fuerzas de la herencia y la costumbre. Pero no veo la gloria, ni el propósito de desnaturalizar el carácter de los pueblos,—su genio *personal,*—para imponerles la identificación 20
con un modelo extraño al que ellos sacrifiquen la originalidad irreemplazable de su espíritu; ni en la creencia ingenua de que eso pueda obtenerse alguna vez por procedimientos artificiales e improvisados de imitación. Ese irreflexivo traslado de lo que es natural y espontáneo en una sociedad al seno de otra, donde no tenga raíces ni en la naturaleza ni 25
en la historia, equivalía para Michelet a la tentativa de incorporar, por simple agregación, una cosa muerta a un organismo vivo.[10] En sociabilidad, como en literatura, como en arte, la imitación inconsulta no hará nunca sino deformar las líneas del modelo. . .

Todo juicio severo que se formule de los americanos del Norte debe 30
empezar por rendirles, como se haría con altos adversarios, la formalidad caballeresca de un saludo. Siento fácil mi espíritu para cumplirla. La huella de sus pasos no se borrará jamás en los anales del derecho humano; porque ellos han sido los primeros en hacer surgir nuestro moderno concepto de la libertad, de las inseguridades del ensayo y de las 35
imaginaciones de la utopía, para convertirla en bronce imperecedero y realidad viviente; porque han demostrado con su ejemplo la posibilidad de extender a un inmenso organismo nacional la inconmovible autoridad de una república; porque, con su organización federativa, han revelado—según la feliz expresión de Tocqueville—la manera como se 4(
pueden conciliar con el brillo y el poder de los estados grandes la felicidad

---

[10] Referencia a *Le Peuple* del historiador francés Jules Michelet (1798-1874).

y la paz de los pequeños.[11] Suyos son algunos de los rasgos más audaces con que ha de destacarse en la perspectiva del tiempo la obra de este siglo. Suya es la gloria de haber revelado plenamente —acentuando la más firme nota de belleza moral de nuestra civilización—la grandeza y el poder del trabajo; esa fuerza bendita que la antigüedad abandonaba a la abyección de la esclavitud, y que hoy identificamos con la más alta expresión de la dignidad humana, fundada en la conciencia y la actividad del propio mérito. Fuertes, tenaces, teniendo la inacción por oprobio, ellos han puesto en manos del *mechanic* de sus talleres y el *farmer* de sus campos, la clava hercúlea[12] del mito, y han dado al genio humano una nueva e inesperada belleza ciñéndole el mandil de cuero del forjador. Cada uno de ellos avanza a conquistar la vida como el desierto los primitivos puritanos....

Pero la idealidad de lo hermoso no apasiona al descendiente de los austeros puritanos. Tampoco le apasiona la idealidad de lo verdadero. Menosprecia todo ejercicio del pensamiento que prescinda de una inmediata finalidad, por vano e infecundo. No le lleva a la ciencia un desinteresado anhelo de verdad, ni se ha manifestado ningún caso capaz de amarla por sí misma. La investigación no es para él sino el antecedente de la aplicación utilitaria. Sus gloriosos empeños por difundir los beneficios de la educación popular, están inspirados en el noble propósito de comunicar los elementos fundamentales del saber al mayor número; pero no nos revelan que, al mismo tiempo que ese acrecentamiento extensivo de la educación, se preocupe de seleccionarla y elevarla, para auxiliar el esfuerzo de las superioridades que ambicionen erguirse sobre la general mediocridad. Así, el resultado de su porfiada guerra a la ignorancia, ha sido la semi-cultura universal y una profunda languidez de la alta cultura. En igual proporción que la ignorancia radical, disminuyen en el ambiente de esa gigantesca democracia, la superior sabiduría y el genio. He ahí por qué la historia de su actividad pensadora es una progresión decreciente de brillo y de originalidad....

Con relación a los sentimientos morales, el impulso mecánico del utilitarismo ha encontrado el resorte moderador de una fuerte tradición religiosa. Pero no por eso debe creerse que ha cedido la dirección de la conducta a un verdadero principio de desinterés. La religiosidad de los americanos, como derivación extremada de la inglesa, no es más que una fuerza auxiliatoria de la legislación penal, que evacuaría su puesto el día que fuera posible dar a la moral utilitaria la autoridad religiosa que

---

[11] Alexis Clerel de Tocqueville (1805-59), escritor francés, autor de *La Démocratie en Amérique* (1835-40).
[12] Se refiere al instrumento que utilizó Hércules para ejecutar sus doce trabajos. Cf. Darío, "Salutación del optimista", *infra*, n. 4.

ambicionaba darle Stuart Mill.[13] La más elevada cúspide de su moral es la moral de Franklin:[14] —Una filosofía de la conducta, que halla su término en lo mediocre de la honestidad, en la utilidad de la prudencia; de cuyo seno no surgirán jamás ni la santidad, ni el heroísmo....

En el fondo de su declarado espíritu de rivalidad hacia Europa, hay   5
un menosprecio que es ingenuo, y hay la profunda convicción de que ellos están destinados a oscurecer, en breve plazo, su superioridad espiritual y su gloria, cumpliéndose, una vez más, en las evoluciones de la civilización humana, la dura ley de los misterios antiguos en que el iniciado daba muerte al iniciador. Inútil sería tender a convencerles de que, aunque   10
la contribución que han llevado a los progresos de la libertad y de la utilidad haya sido, indudablemente, cuantiosa, y aunque debiera atribuírsele en justicia la significación de una obra universal, de una obra *humana*, ella es insuficiente para hacer transmudarse, en dirección al nuevo Capitolio,[15] el eje del mundo....   15

La naturaleza no les ha concedido el genio de la propaganda ni la vocación apostólica. Carecen de ese don superior de amabilidad-- en alto sentido,—de ese extraordinario poder de simpatía, con que las razas que han sido dotadas de un cometido providencial de educación, saben hacer de su cultura algo parecido a la belleza de la Helena clásica,[16] en la que   20
todos creían reconocer un rasgo propio. Aquella civilización puede abundar, o abunda indudablemente, en sugestiones y en ejemplos fecundos; ella puede inspirar admiración, asombro, respeto; pero es difícil que cuando el extranjero divisa de alta mar su gigantesco símbolo, la Libertad de Bartholdi,[17] que yergue triunfalmente su antorcha sobre el   25
puerto de Nueva York, se despierte en su ánimo la emoción profunda y religiosa con que el viajero antiguo debía ver surgir, en las noches diáfanas del Ática, el toque luminoso que la lanza de oro de la Atenea del Acrópolis dejaba notar a la distancia en la pureza del ambiente sereno....

---

13 Véase *supra, n. 7*
14 Referencia a Benjamín Franklin (1706-90), político, escritor y físico norteamericano.
15 El Capitolio original era una de las siete colinas que rodean la ciudad de Roma desde donde se levantaba el templo de Júpiter. En Washington se construyó el segundo o nuevo.
16 Helena de Troya.
17 Se refiere al notable escultor francés (1834-1904), quién diseñó la famosa estatua. Darío, que había leído a Rodó, hace un parecido comentario en su oda "A Roosevelt". Véase *infra*.

RUBEN DARIO

El más grande de los poetas modernistas, y uno de los mayores de la lengua española, nació en el pueblo de Netapa, Nicaragua, en 1867. Se llamaba en verdad Félix Rubén García Sarmiento. El apellido, con el que firmará resueltamente sus obras, lo tomó de un antepasado suyo, un cacique del lugar. Fue un poeta precoz. Consumado bohemio, por un asunto de amores, dejó su país y llegó a Chile en 1886. Dos años después publicó *Azul...*, un libro de versos y de cuentos, que conmocionó a la crítica por la belleza de su estilo inusitado y la gracia de su fantasía. Darío fue siempre un viajero de variados horizontes. Al llegar a Buenos Aires en 1893, se encontró con el ambiente propicio y con otros nombres ilustres del mismo fervor literario (Leopoldo Lugones, Jaimes Freyre). De esta época son sus versos de *Prosas profanas* (1896), y la serie de artículos *Los raros,* dedicado a escritores hispánicos y franceses. Su voz se hacía sentir, con el orgullo de una generación independiente, y su credo se impuso también en España.

Pero he aquí que el poeta de los cisnes, de los bosques y los sátiros, de las princesas melancólicas, se llena de espanto y de zozobra, cuando ocurre el desastre de Cuba y, sobre ese terreno abonado, la política intervencionista de los Estados Unidos en tierra continental. Darío se hallaba en Europa. Su esteticismo entra en crisis. En 1905 publica sus *Cantos de vida y esperanza,* en nuevo estilo soberbio y ardientemente social. Escribe así, quizás, para responder al infundio de Rodó (que además le admiraba), al decir el uruguayo que "indudablemente, Rubén Darío no es el poeta de América". El poeta responde con su voz heroica, indoamericana: "Si en estos cantos hay política (dice en el Prefacio) es porque aparece universal. Y si encontráis versos a un presidente, es porque son un clamor continental. Mañana podremos ser yanquis (y es lo más probable); de todas maneras, mi protesta queda escrita sobre las alas de los inmaculados cisnes, tan ilustres como Júpiter."

Pocos años después Darío comienza a cerrar su ciclo poético. En 1907 publica en Madrid, otro volumen de vaticinios, *El Canto Errante,* orientado esta vez hacia la integridad y la paz del continente. El último será *Canto a la Argentina* (1914). El poeta viaja de París a Nueva York. Estaba ya minado por el alcohol, y regresa a su patria para morir. Darío falleció el 6 de febrero de 1916, en León de Nicaragua.

SALUTACION DEL OPTIMISTA

Inclitas razas ubérrimas, sangre de Hispania fecunda,
espíritus fraternos, luminosas almas, ¡salve!
Porque llega el momento en que habrán de cantar nuevos himnos
lenguas de gloria. Un vasto rumor llena los ámbitos:
mágicas ondas de vida van renaciendo de pronto;   5
retrocede el olvido, retrocede engañada la muerte;
se anuncia un reino nuevo, feliz sibila sueña,[1]
y en la caja pandórica[2] de que tantas desgracias surgieron
encontramos de súbito, talismánica, pura, riente,
cual pudiera decirla en sus versos Virgilio divino,[3]   10
la divina reina de luz, ¡la celeste esperanza!

Pálidas indolencias, desconfianzas fatales que a tumba
o a perpetuo presidio, condenasteis al noble entusiasmo,
ya veréis el salir del sol en un triunfo de liras,   15
mientras dos continentes, abonados de huesos gloriosos,
del Hércules[4] antiguo la gran sombra soberbia evocando,
digan al orbe: la alta virtud resucita,
que a la hispana progenie hizo dueña de siglos.

[1]Se refiere a la última edad anunciada por virgilio en los versos de la Sibila de Cumas *(Las Bucólicas, Egloga* IV).

[2] La que abrió Pandora y de la cual surgieron todos los males que afligen al mundo; la Esperanza fue lo único que quedó en el fondo de la caja.

[3] Le llama así al ilustre poeta latino por haberse interpretado la Egloga IV de *Las Bucólicas* como vaticinio del nacimiento de Cristo. Esta égloga le valió el honor a Virgilio de ser un poeta casi cristiano, y que el mismo Dante lo tomara como el guía en su *Comedia*, calificada después de *Divina.*

[4] Nombre romano de Heracles. Al titán ·se le atribuye la hazaña destacada de abrir con un golpe de su brazo el estrecho de Gibraltar. Desde antiguo se le dio el nombre de Columnas de Hércules a los dos promontorios emplazados a la salida del Mediterráneo. Tras el descubrimiento de América, el escudo español que ostentaba el símbolo de las dos columnas adoptó la divisa *Plus Ultra,* como modo de entenderse la proyección del destino europeo en el Nuevo Mundo.

Abominad la boca que predice desgracias eternas;
abominad los ojos que ven sólo zodíacos funestos;
abominad las manos que apedrean las ruinas ilustres,
o que la tea empuñan o la daga suicida.

5

Siéntense sordos ímpetus en las entrañas del mundo,
la inminencia de algo fatal hoy conmueve la tierra;
fuertes colosos caen, se desbandan bicéfalas águilas,5
y algo se inicia como vasto social cataclismo
10   sobre la faz del orbe. ¿Quién dirá que las savias dormidas
no despierten entonces en el tronco del roble gigante
bajo el cual se exprimió la ubre de la loba romana?6
¿Quién será el pusilánime que al vigor español niegue músculos
y que al alma española juzgase áptera y ciega y tullida?
15   No es Babilonia ni Nínive enterrada en olvido y en polvo,
ni entre momias y piedras reina que habita el sepulcro,
la nación generosa, coronada de orgullo inmarchito,
que hacia el lado del alba fija las miradas ansiosas,
ni la que tras los mares en que yace sepulta la Atlántida,7
20   tiene su coro de vástagos, altos, robustos y fuertes.

Únanse, brillen, secúndense tantos vigores dispersos;
formen todos un solo haz de energía ecuménica.
Sangre de Hispania fecunda, sólidas, ínclitas razas,
25   muestren los dones pretéritos que fueron antaño su triunfo.
Vuelva el antiguo entusiasmo, vuelva el espíritu ardiente
que regará lenguas de fuego8 en esa epifanía.
Juntas las testas ancianas ceñidas de líricos lauros
y las cabezas jóvenes que la alta Minerva9 decora,
30   así los manes heroicos de los primitivos abuelos,

---

5 El águila de dos cabezas fue emblema
de los antiguos pueblos hititas del Asia.
Después se convirtió en el símbolo
imperial por excelencia *(Aquila helia-
ca)*. Es el águila que mira hacia la salida
y la puesta del sol. Es probable que Darío se refiera a las amenazas de la guerra
europea. Resulta curioso que por entonces el emperador austro-húngaro
Francisco José, hiciera circular monedas
con el emblema del águila de dos
cabezas.
6 Se entiende la civilización que tuvo a
los hermanos Rómulo y Remo como
fundadores de Roma, y que según la
leyenda fueron amamantados por una
loba.
7 Continente mítico que se cree ocupaba
el Océano Atlántico. Platón hace tales
referencias en los diálogos *Timeo o de la
Naturaleza y* en *Critias o la A tlántida.*
8 *lenguas de fuego:* pertenece a la
tradición bíblica del *verbo* o fuego de
Dios. Simboliza la venida del Espíritu
Santo sobre los apóstoles: "Y se les
aparecieron lenguas repartidas, como de
fuego, que se asentó sobre cada uno de
ellos" *(Hechos,* 2:3).
9 Diosa de las artes y de la sabiduría.

de los egregios padres que abrieron el surco pristino,
sientan los soplos agrarios de primaverales retornos
y el rumor de espigas que inició la labor triptolémica.[10]
Un continente y otro renovando las viejas prosapias,
en espiritu unidos, en espíritu y ansias y lengua,   35
ven llegar el momento en que habrán de cantar nuevos himnos.
La latina estirpe verá la gran alba futura
en un trueno de música gloriosa; millones de labios
saludarán la espléndida luz que vendrá del Oriente,[11]
Oriente augusto en donde todo lo cambia y renueva   40
la eternidad de Dios, la actividad infinita.
Y así sea esperanza la visión permanente en nosotros,
¡Ínclitas razas ubérrimas, sangre de Hispania fecunda!

A ROOSEVELT

¡Es con voz de la Biblia,[12] o verso de Walt Whitman,
que habría de llegar hasta ti, Cazador![13]
¡Primitivo y moderno, sencillo y complicado,
con un algo de Washington y cuatro de Nemrod![14]
Eres los Estados Unidos,   5
eres el futuro invasor
de la América ingenua que tiene sangre indígena,
que aún reza a Jesucristo y aún habla en español.

Eres soberbio y fuerte ejemplar de tu raza;   10
eres culto, eres hábil; te opones a Tolstoy.[15]

---

10 *triptolémica:* relativa a la agricultura, por asociación con Triptolemo, rey   de
Eleusis, que aprendió de Ceres el arte de cultivar la tierra, inventó el arado y enseñó
todo lo que sabía a los habitantes del Atica.
11 El alba futura o la "transmigración de la celestial Jerusalem", siempre de signo
apocalíptico. Véase en la tradición americana, Juan de Solórzano Pereyra, *Política
Indiana,* Libro I, Cap. VII.
12 Símbolo del protestantismo, para Rubén Darío. Mas también es evidente que se
refiere al poderoso estilo profético de la Biblia.
13 Theodore Roosevelt (1858-1919), presidente de los Estados Unidos desde 1901
hasta 1909, cultivaba el deporte, la caza y las jineteadas. Según una anécdota, hacía
alardes de cazar búfalos desde las ventanillas de un tren en marcha.
14 Rey legendario de Caldea y famoso cazador, según la *Biblia* (Génesis, X, 10).
15 Alexei Tolstoy (1828-1910), novelista que predicó la doctrina de vivir con extrema
sencillez y sin ofrecer resistencia.

Y domando caballos, o asesinando tigres,
eres un Alejandro—Nabucodonosor.[16]
(Eres un profesor de Energía,[17]
15 como dicen los locos de hoy.)

Crees que la vida es incendio,
que el progreso es erupción;
que en donde pones la bala
20 el porvenir pones.

No.

Los Estados Unidos son potentes y grandes.
Cuando ellos se estremecen hay un hondo temblor
25 que pasa por las vértebras enormes de los Andes.
Si clamáis, se oye el rugir del león.
Ya Hugo a Grant lo dijo: "Las estrellas son vuestras."[18]
(Apenas brilla, alzándose, el argentino sol
y la estrella chilena[19] se levanta. . .) Sois ricos.
30 Juntáis al culto de Hércules el culto de Mammón;[20]
y alumbrando el camino de la fácil conquista,
la Libertad levanta su antorcha en Nueva York.

Más la América nuestra, que tenía poetas
35 desde los viejos tiempos de Netzahualcoyotl,[21]
que ha guardado las huellas de los pies del gran Baco,
que el alfabeto pánico en un tiempo aprendió;[22]
que consultó los astros, que conoció la Atlántida
cuyo nombre nos llega resonando en Platón,
40 que desde los remotos momentos de su vida
vive de luz, de fuego, de perfume, de amor,

---

[16] Combinación de Alejandro el Grande y Nabucodonosor, rey de Babilonia, conquistadores los dos, aunque no siempre con iguales propósitos.
[17] Se refiere a la prédica casi fanática de la actividad y voluntad de dominio que el mismo Roosevelt expuso en su libro *The Strenuous Life* (1900) .
[18] La visita del presidente Ulysses Grant a Francia (1877) fue motivo de una serie de artículos en que Víctor Hugo le expresaba su antipatía.
[19] El sol y la estrella son símbolos de las banderas de la Argentina y Chile.
[20] Dios fenicio de las riquezas materiales.
[21] Rey filósofo-poeta de Texcoco (1402-1470), cuyos poemas escritos en nahuatl se conservan en los *Cantares Mexicanos*.
[22] Darío se refiere a la leyenda según la cual el sátiro Pan, acompañado por Baco, trajo a América un sistema de escritura que luego se perdió.

la América del grande Moctezuma, del Inca,   40
la América fragante de Cristóbal Colón,
la América católica, la América española,
la América en que dijo el noble Guatemoc:
"Yo no estoy en un lecho de rosas";[23] esa América
que tiembla de huracanes y que vive de amor;   45
hombres de ojos sajones y alma bárbara, vive.
Y sueña. Y ama, y vibra; y es la hija del Sol.
Tened cuidado. ¡Vive la América española!
Hay mil cachorros sueltos del León Español.
Se necesitaría, Roosevelt, ser Dios mismo,   50
el Riflero terrible y el fuerte Cazador,
para poder tenernos en vuestras férreas garras.

Y, pues, contáis con todo, falta una cosa: ¡Dios!

LOS CISNES

¿Qué signo haces, ¡oh Cisne!, con tu encorvado cuello
al paso de los tristes y errantes soñadores?
¿Por qué tan silencioso de ser blanco y ser bello,
tiránico a las aguas e impasible a las flores?

Yo te saludo ahora como en versos latinos
te saludara antaño Publio Ovidio Nasón,[24]
Los mismos ruiseñores cantan los mismos trinos,
y en diferentes lenguas es la misma canción.

A vosotros mi lengua no debe ser extraña.
A Garcilaso[25] visteis, acaso, alguna vez...
Soy un hijo de América, soy un nieto de España...
Quevedo pudo hablaros en verso en Aranjuez[26]...

---

23 Palabras que se le atribuyen al último emperador azteca (Guatemoc o
Cuacthemoc), al ser torturado junto a su hermano para que revelara el lugar en que
se creía que ocultaba los tesoros del imperio.
24 Poeta latino, autor de la famosa *Metamorfosis,* obra en la que se relata la
transformación en cisne que experimentó Cićno, hijo del rey de Liguria (II, 379).
25 Garcilaso de la Vega, poeta español (1503-1536). En la tercera de *sus Eglogas*
compara la muerte de una ninfa con la de un cisne.
26 Se refiere a los jardines y fuentes del palacio español y residencia de los reyes.
Francisco de Quevedo (1580-1645), notable poeta satírico, participó en la vida
cortesana durante el reinado de Felipe IV.

Cisnes, los abanicos de vuestras alas frescas
den a las frentes pálidas sus caricias más puras,
y alejen vuestras blancas figuras pintorescas
de nuestras mentes tristes las ideas oscuras.

Brumas septentrionales nos llenan de tristezas,
se mueren nuestras rosas, se agostan nuestras palmas;
casi no hay ilusiones para nuestras cabezas,
y somos los mendigos de nuestras pobres almas.

Nos predican la guerra con águilas feroces,
gerifaltes de antaño revienen a los puños;
mas no brillan las glorias de las antiguas hoces,
ni hay Rodrigos ni Jaimes, ni hay Alfonsos ni Nuños.27

Faltos de los alientos que dan las grandes cosas,
¿qué haremos los poetas sino buscar tus lagos?
A falta de laureles son muy dulces las rosas,
y a falta de victorias busquemos los halagos.

La América española como la España entera,
fija está en el Oriente de su fatal destino;28
yo interrogo a la Esfinge29 que el porvenir espera
con la interrogación de tu cuello divino.

¿Seremos entregados a los bárbaros fieros?
¿Tantos millones de hombres hablaremos inglés?
¿Ya no hay nobles hidalgos ni bravos caballeros?
¿Callaremos ahora para llorar después?

He lanzado mi grito, Cisnes, entre vosotros,
que habéis sido los fieles en la desilusión,
mientras siento una fuga de americanos potros
y el estertor postrero de un caduco león...

... Y un cisne negro dijo: "La noche anuncia el día."
Y uno blanco: " ¡La aurora es inmortal! ¡La aurora
es inmortal!" ¡Oh tierras de sol y de armonía,
aún guarda la Esperanza la caja de Pandora!

27Nombres que recuerdan famosos
héroes españoles: Rodrigo Díaz de Vivar,
el *Cid;* Jaime I, rey de Aragón, llamado
el Conquistador; Alfonso X, el Sabio, y
Nuño Rasura, juez legendario de Castilla.

28*Supra,* "Salutación del optimista", 11.
29Ser fabuloso de la mitología y la
arquitectura egipcia, pero que para los
griegos antiguos tenía significación de
destrucción y peste (cf. Sarmiento, n. 4).

INDICACIONES BIBLIOGRAFICAS

Germán Arciniegas, *Biografía del Caribe* ("Preludio del Canal", Libro C u a r t o) , Editorial Sudamericana, Buenos Aires, 1945.

Rubén Darío, *Obras Completas,* Editorial Afrodisio Aguado, S.A., Madrid, 1950-1955.

---, *La caravana pasa,* Garnier Hermanos, París,1902.

Waldo Frank, *América Hispana,* Espasa-Calpe, Madrid, 1932.

Eugenio María de Hostos, *Obras Completas* (véase "Temas s u d a m e r i c a n o s " , VIII), Editora Cultural, La Habana, 1939.

Juan Larrea, "Vaticinio de Rubén Darío", *Cuadernos Americanos,* I, 4 (M é x i c o , 1942).

Arturo Marasso, *Rubén Darío y su creación poética,* Editorial Kapelusz, B u e n o s Aires, 1954.

Antonio Salvador Pedreira, *Hostos, ciudadano de América,* Instituto de C u l t u r a Puertorriqueña, San Juan, 1964.

Carlos Rangel, *Del buen salvaje al buen revolucionario* ("Ariel y Calibán", IV), Monte Avila Editores, Caracas, 1976.

José Enrique Rodó, *Obras completas* (Prólogo de Alberto José Vaccaro), Editorial Antonio Zamora, Buenos Aires, 1948 y 1956.

Pedro Salinas, *Rubén Darío,* Editorial Losada, Buenos Aires, 1958.

David Viñas, *Contrapunto político en América Latina* (Primera Parte), Instituto de Capacitación Política, México, 1985.

8

LA REVOLUCION EMBOSCADA

México es un país que ha sufrido una serie de experiencias históricas que de modo inevitable han agudizado los estratos vivientes de su nacionalismo y combatividad. Habiéndose independizado de España, la situación social de la gran mayoría del pueblo permaneció casi como estuvo durante la Colonia. México nació a la vida independiente, y de modo insólito, con un emperador, Agustín de Iturbide. Padeció una cruenta guerra civil y religiosa, la pérdida de sus territorios que cedió a los Estados Unidos, el imperio de un monarca europeo, y antes de la revolución popular de 1910, el despotismo manso y largo de Porfirio Díaz. Aquel México oficial del dictador, de lujo insolente, ignoraba al México real cuya miseria no había aumentado un solo centavo desde el levantamiento del cura Miguel Hidalgo, mártir de la independencia. Al cabo de más de treinta años, Díaz había logrado pacificar el país y evitar la bancarrota, pero el estado estacionario de la economía sólo facultaba el frío cálculo de la élite en el poder y el privilegio del capitalismo foráneo. México era un país feudal, con yermos, latifundios y una masa hambrienta. No existía ningún sentimiento colectivo de reivindicación social. Más de 12 millones de personas dependían, en una población de 15 millones, de los salarios rurales.

La revolución de 1910 fue una explosión de violencia sin precedentes, espontánea y generalizada, con una sucesión de gobiernos que cayeron trágicamente o fueron fulminados por la traición. Francisco Madero, líder de la constitución liberal contra el déspota, creía con candor que el país esquilmado podía salvarse con reformas jurídicas. Todo el drama vergonzoso de esos dos años determinaron el incendio general. Madero fue traicionado por Victoriano Huerta, jefe militar de la presidencia, mientras la revolución crecía entre las masas rurales que exigían la reforma agraria y la anulación del estado de servidumbre.

El gobierno del usurpador Huerta fue tan siniestro como efímero. Por el sur venía Emiliano Zapata, y por el norte, Doroteo Arango, disfrazado con el nombre de otro, Pancho Villa. El primero tenía los ideales del varón, y encarnaba la lucha contra el despojo de siglos; el segundo era el cabecilla taimado, el personaje tenebroso que supera los hechos del bandido, del estratega y el caudillo. Cuando ambos entraron a la capital, revelaron todas las falencias de los hombres que no saben qué hacer con la victoria. Al gobierno llegó Venustiano Carranza, que había derrotado a Villa en Celaya y tramado el asesinato de Zapata. Sin embargo, durante su mandato sesionó el Congreso de Querétaro que impuso la Constitución socialista de 1917. La iglesia quedó excluída de la enseñanza pública, se estableció el matrimonio civil, se dictó la carta del trabajador, y se declaraba que las tierras, las aguas, y los minerales eran propiedad de la nación. Todo esto fue propicio para que durante la presidencia de Lázaro Cárdenas (1934-1940, se pusiera en práctica la reforma agraria y se nacionalizara el petróleo.

Había pasado así la bullanga revolucionaria sobre aquel inestable terreno volcánico que dejó un millón de muertos por causas de la guerra, el hambre y las epidemias de tifo. Pero la habilidad política del "sistema mexicano", no ha resuelto problemas de raíz y de fondo, como tampoco la dependencia de los Estados Unidos con una inversión cuatro veces mayor que en 1910. Cada día que pasa aumenta el número de campesinos sin tierra, y hay más de 10 millones de analfabetos con un futuro incierto.

Sin embargo, la revolución sacó del letargo a la población rural y le infundió nuevo orgullo al indio y el mestizo. El sentimiento puso también su nota de dolor en carne viva. El modernismo literario fue desplazado, no por injustas recriminaciones exóticas, sino porque había nacido otra tesitura de urgencia y de impulso. Los intelectuales, los escritores y los artistas, comenzaron a crear sobre el rico material documental que dejaba la contienda. Pero casi nadie vio el conflicto como un éxito. La crónica, la novela y el cuento, mostraron la herida del desencanto, como Solís, el desilusionado personaje de Mariano Azuela. Los herederos de la revolución no han resuelto todavía la arbitrariedad malvada, base de la psicología del poder y la corrupción administrativa. El país de Vasconcelos, violento y reprimido, o el de Rulfo, tierno y caído por el peso de culpas seculares, sigue siendo el lugar donde anida la vida que espera.

JOSE VASCONCELOS

En el orden del tiempo, no fue de los primeros en evocar las vicisitudes de la Revolución, pero ninguno como él ha sabido expresar tan vigorosamente el desorden sangriento de la contienda, girando en torno suyo. Había nacido Oaxaca, México, en 1882. Como su padre era agente de aduanas en Piedras Negras, pueblo limítrofe con el Estado de Texas, estudió en Eagle Pass. En 1905 se graduó como abogado en México. Muy consagrado a la política y la literatura, inmediatamente después fundó con otros intelectuales el Ateneo de la Juventud, una de las instituciones de mayor relieve en el destino cultural de México. De ahí proceden los nombres estelares de Antonio Caso, Alfonso Reyes, Pedro Henríquez Ureña, Julio Torri, Martín Luis Guzmán y el pintor Diego Rivera. Antes de iniciarse la guerra civil, vasconcelos se unió a Madero y, para apoyarlo, dirigió el periódico· El Antirreleccionista. No quiso aceptar puesto público alguno, y sin embargo, fue el intelectual oficial, el defensor periodístico del presidente. Partió hacia Europa después del desenlace brutal de Madero y Pino Suárez. En 1919 don Adolfo de la Huerta lo nombró rector de la Universidad Nacional. En 1921 fue ministro de Educación Pública; en 1929 candidato a la presidencia, sin éxito, y por fin director de la Biblioteca Nacional. Vasconcelos, que nunca dejó la intensa actividad pública y la pluma del escritor, murió en 1959.

Su obra ha sido copiosa y variada. Escribió cuentos, *La cita* (1945); teatro, *Prometeo vencedor* (1920), *Los robachicos* (1946). Como poseía un alto espíritu doctrinario, *La raza cósmica,* publicada en París (1925), resulta ser una aguda fábula sociológica, pero como el célebre *Ariel* de Rodó, se nos cae de la mano con fastidio, al ver tanto espléndido mesianismo. En cambio, la más vigorosa y atrayente novela autobiográfica es la que tituló, tratándose de él mismo, *Ulises criollo* (1935). "El averno", es tal vez un oscuro símbolo no adulterado por el tiempo, el más patético de los memoriales mexicanos.

EL AVERNO

Unas cuantas casas desocupadas había en lo que hoy es Balneario de Tampico, y el hotelillo rústico que nos tenía de huéspedes. Una inmersión por la mañana y otra al atardecer, nos dejaba penetrados de energía marinera.[1] Una tarde prolongamos el baño hasta el anochecer. Por el lado de tierra se metió el Sol. Por el mar avanzaron las sombras: levemente subía,   5 bajaba la superficie de las aguas con ritmos de respiración. La arena fina era un lecho blando. Pronto en el cielo alumbraron las mismas estrellas que contemplaron Eva y Adán desnudos en las noches del Paraíso. Hoy, en su abandono, con mayor afán buscan los cuerpos el consuelo de la posesión y la compañía. Pasó un buen rato sin más preocupación que los dedos que   10 entrelazan las manos, al aire los cuerpos tendidos extenuados. El frío de la noche nos obligó a levantar el campo.

De cena nos dieron la especialidad de la costa. Sopa de jaibas reparadora, si se toma en la juventud, y entramos en la noche con renovado ahinco de ahondar en la posesión.   15

Sonó el teléfono horas después de amanecido el día. Unicamente mi colega tampiqueño conocía mi encierro y en él me comunicaba la noticia estupenda: el general Reyes, poco después de ser libertado, había sido muerto en combate.[2] Madero estaba preso en Chapultepec. Tampico estaba en calma, lo mismo que todo el resto del país.   20

Rápidamente preparamos el regreso por el primer tren. Caminamos una noche y todo el día siguiente. Apretándonos sobre el asiento del pullman, ella comentaba:—Fue mi luna de miel; la primera—. A medida que nos acercábamos al centro del país aumentaban los detalles. La Escuela de Caballería y dos regimientos habían libertado a los fracasados de las dos   25 rebeliones anteriores: Reyes y Díaz.[3] El primero cayó muerto en el ataque a Palacio. El segundo se escapó refugiándose en la Ciudadela, donde se defendía con trescientos o cuarrocientos hombres. No había mayor motivo de alarma. No se concebía que cuatrocientos milicianos desleales pudieran derribar un régimen que contaba con el apoyo expreso de la nación.   30

Había un punto negro, sin embargo. El general Lauro Villar, comandante de la plaza, había sido herido en el primer encuentro y para sustituirlo se había aprovechado el ofrecimiento que en ese mismo instante

---

[1] Se refiere al romance compartido con "Adriana", cuyo nombre real era Elena Arizmendi Mejía. Era ésta una mujer de carácter aristocrático que se había comprometido en la fundación de un cuerpo de enfermeras neutrales, porque la Cruz Roja se negaba a atender a los revolucionarios. Vasconcelos salió en su defensa y se enamoró de ella.

[2] Se trata del general Bernardo Reyes que, como más adelante indica el autor, murió en la insurrección el 9 de febrero de 1913.
[3] El general Félix Díaz, sobrino del dictador depuesto (cf. Azuela, *infra*, n. 9).

hizo de su espada el general Victoriano Huerta. De momento se había convertido así en el jefe militar del centro del país.

Nuestro tren llegó casi a medianoche a la estación de Colonia. No había coches: así es que seguidos de cargadores nos trasladamos a pie por 5 la colonia Juárez, donde Adriana tenía su casa. El tráfico había sido prohibido por el centro de la ciudad, pero se transitaba en las zonas de habitación. De pronto, el tiroteo remoto de una ametralladora nos sobrecogió. Tras de mucho comentario dormimos unas horas; apenas hubo sol, me eché a la calle en dirección de mi casa por el Hipódromo, hasta 10 Tacubaya. No había novedad y confirmaban las noticias corrientes. Subiendo a la azotea me mostraron los estragos del cañoneo en las casas del barrio sitiado. No funcionaban ya los teléfonos ni corrían tranvías y taxis. Desempolvando una bicicleta arrumbada me dirigí a Chapultepec por calles interiores. —No pases por enfrente de la casa de los Mondragón[4] 15 —me recomendaron—. Era ya público que dicho mílite, tras de sobornar a algunos jefes, se había escondido y participába en la rebelión. Por el ascensor privado entré al Castillo. Los rosales de la terraza no denunciaban ninguna alarma. En uno de los miradores hallé a Sarita.[5] La rodeaban militares, entre ellos el director del ColegiosMilitar, situado en el anexo. Al 20 presentarme a los oficiales expresó que eran del Estado Mayor del general Huerta. No nos queríamos los oficiales y los maderistas; sin apretón de manos nos saludamos. Luego dijo la señora:—Pancho está en Palacio y desea mucho verlo. No es fácil atravesar la ciudad; pero en este momento salen para allá estos caballeros, y les voy a rogar que lo lleven. ¿Qué no- 25 ticias trae. . .?—. Pues —respondí—que el país está en paz. pero angustiado por el rumor de que el señor Madero está preso; me alegro de ver que no es cierto. . .—. Entonces, llamándome aparte, me recomendó: —Dígale eso mismo a Pancho. . . No está preso, pero quién sabe . . . todo el mundo desconfía del general Huerta, váyase pronto a ver a Pancho. Se lo 30 ruego. . .

Mientras bajábamos por la rampa hasta el sitio en que aguardaba el auto, uno de los oficiales me dijo:—Está bien, licenciado; nosotros lo llevamos, pero le advertimos que hay riesgo, sobre todo en un auto militar; el otro día nos perforaron a tiros la capota . . . si usted prefiere ir por su 35 lado. . .—. Era un oficial acicaladito, cintas de oro, reloj de pulsera, tieso como sus colegas; en seguida, sin disimular la intención agresiva repuse mirándolos:—No tengan miedo, conmigo van seguros. . . Soy hombre de suerte.

---

[4] El cabecilla principal era el general Manuel Mondragón.
[5] Sara Pérez de Madero.

No me golpearon allí mismo porque tenían atada la voluntad. Todavía no les llegaba la hora de la traición. Se tragaron el sarcasmo y también que tomara el sitio de honor del cochecillo poderoso. Sin incidente atravesamos las calles desiertas y entramos a Palacio. El único peligro serio estuvo en que pudieron tener el capricho de entregarme a los sublevados. . . En el 5 trayecto hablaban de los riesgos espeluznantes de los días anteriores. Todos habían sacado indemnes sus valiosas personas. En el Salón Azul encontré a Madero. Después del abrazo afectuoso le repetí la consigna: —El país está en paz, sólo que se dice que Huerta le ha quitado a usted el mando y lo ha convertido en un prisionero—. En ese instante asomó con 10 el andar zigzagueante de fiera cauta, el propio Victoriano Huerta. Madero reía de mi dicho.. . —A ver: oiga usted, general, oiga lo que dice V. . .—. Sin darme la cara, el taimado oyó y calló. Ni un músculo tembló en su faz renegrida. Sus ojos vieron desviado y sus labios no se abrieron. . . Madero habló:—Ya ve usted. . . Aquí está el general, todo lealtad. . .—. Y al pasarle 15 Madero el brazo por el hombro el traidor logró escurrirse.

Paseando sobre la alfombra, Madero me explicaba: "No acababa de emprenderse el asalto de la Ciudadela por temor de causar destrozos en las casas circundantes. El embajador americano[6] amenazaba con practicar un desembarco marino en Veracruz si se causaba perjuicio a uno solo de los 20 yanquis que vivían en la zona amenazada. El día anterior todo el cuerpo diplomático, empujado por el embajador, había ido a pedirle que renunciara. El les contestó despidiéndolos, negándoles el derecho de opinar en cuestiones de política mexicana...". —Pase por la Secretaría Particular—añadió—, y vuelva a la hora del almuerzo para que lo haga 25 con nosotros. Y no se preocupe; triunfaremos, porque toda la razón está de nuestra parte.

En la Secretaría halle menos optimismo. En torno a Sánchez Azcona estaban los viejos maderistas. Muchos no pisábamos el Palacio desde hacía meses, alejados más o menos por pequeñas inconsecuencias de los más 30 inmediatos colaboradores de Madero. El peligro nos volvía a juntar. Recuerdo, entre otros, a Bordes Mangel y Urueta. En voz alta se comentaba la pasividad de los ministros, especialmente la incapacidad notoria del encargado de la guerra. —Lo que debía hacer Madero—exclamaba Chucho Urueta—es mandar a paseo a todo su 35 gabinete y constituir otro con jóvenes de lealtad reconocida.

---

[6] Henry Lane Wilson, diplomático ultraconservador, quien continuamente informaba al gobierno de Washington acerca de la situacion mexicana, adulterando los hechos con el propósito que se realizara una intervención. Se le acusa de haber intrigado en el asesinato del presidente Madero.

Volví a los salones presidenciales momentos antes del almuerzo, y Maderó tornó a conversarme.—Luego que pase esto—afirmó— cambiaré el gabinete. Son muy honorables todos mis ministros; pero necesito gente más activa. Sobre ustedes los jóvenes caerá ahora la responsabilidad. No me van a decir que no. Verá usted; esto se resuelve en unos días, y en seguida reharemos el gobierno; tenemos que triunfar porque representamos el bien. Pobre de México si llegara a imponerse toda esa canalla que nos amenaza. No, no puede ser. El bien tiene que triunfar . . .—. En el comedor de Palacio se servía una comida sencilla, pero bien aderezada. Un Barsac de las viejas reservas llenaba de oro verdoso la transparencia de las copas. La conversación del Presidente era animosa; pero los ministros tenían aire lúgubre. De cuando en cuando estallaba una granada que se perdía por las azoteas, destrozando algún ladrillo y haciendo temblar ligeramente la cristalería.—¿Por qué—preguntó, dirigiéndome al ministro de la Guerra tras uno de esos disparos—, por qué los sublevados tienen tan buena puntería y, en cambio, los nuestros nunca le pegan a la Ciudadela? La versión de que estaban de acuerdo sublevados y atacantes me acababa de ser confirmada en la Secretaría. El Ministro de la Guerra, sin embargo, no tenía cara de traidor, sino de bembo.[7] —¿Por qué no asaltan y acaban en dos horas con ese manojo de ratas?—insistí—. Es una vergüenza que cuatrocientos hombres tengan en jaque a toda la Nación que está en paz y apoya al gobierno—. Sólo entonces contestó el ministro:—Eso no me compete; la responsabilidad de la situación la tiene el general Huerta.

También me habían aleccionado para que influyera sobre Madero a fin de que quitara el mando a Huerta y lo diera al general Angeles,[8] de lealtad insospechable. La víspera había hecho Huerta una infamia que justificaba el Consejo de Guerra aparte de la destitución. Por una calle estrecha que desemboca a la Ciudadela había metido un regimiento de irregulares maderistas. Los sitiados, sin duda prevenidos, se habían limitado a soltar las ametralladoras. Toda la ciudad vio la carnicería y la traición.—Y Madero no ve—exclamaban todos.

O no vio a tiempo o creyó más oportuno contemporizar, entregándose a lo irremediable: extremando a Huerta la confianza, para desarmarlo, y por lo mismo que ya se sentía en sus manos. Esta hipótesis, sin embargo, parece contraria al carácter decidido de Madero. Su valentía instintiva se hubiera rebelado de transigir con un canalla. Lo más probable es que el destino, al consumar fines tortuosos, cierra a los más lúcidos en el instante en que va a

---

[7] *bembo:* tonto, atontado.
[8] A los oficiales considerados adictos a Madero, inmediatamente después, se les llamó a la Comandancia Militar, y allí fueron tomados prisioneros. Eso sucedió con el general Felipe Angeles.

destruirlos. Sobreviene una especie de parálisis la víspera de las derrotas injustas, pero inevitables. La maldición que pesa sobre nuestra patria obscureció la mente del más despejado de sus hijos. Entorpeció la acción del más ágil de sus héroes. A Madero lo envolvió la sombra. ¿Qué gran destino ignora estos eclipses? De la penumbra saldría él limpio y glorioso, cometa 5 rutilante de la historia patria. Pero la nación caería en abismos que todavía no sobrepasa.

Las versiones populares eran rigurosamente exactas. Victoriano Huerta acudía también a la Embajada para verse de noche con los jefes sublevados, y si la traición no acababa de consumarse era porque no se 10 lograban acuerdos en la disputa del poder. Por su parte, el embajador tenía prisa. El cuatro de marzo se acababa su representación, y estábamos a mediados de febrero. Del reconocimiento del golpe de Estado por el gobierno americano dependía el éxito de los sublevados.

Hubo más días de angustia y tedio. Cañoneos intermitentes re- 15 cordaban a la ciudad que la lucha sangrienta se prolongaba. Por el barrio de Adriana, entre los jardines y chalets de lujo, hubo necesidad de levantar piras de cadáveres para quemar los caídos en las cercanías. Por las mañanas, siempre que había vehículo, me trasladaba a Palacio. Las tardes las pasaba con Adriana, y las noches en mi casa. Corrió el rumor de que 20 quizá se emprendería el ataque con tropas de refuerzo llegadas de los estados. En realidad, el refuerzo consistió en hacer traer el batallón de Blanquet,[9] el mismo que meses antes ametralló en Puebla a los maderistas. El título honorífico de este Blanquet, cofrade de Victoriano Huerta, era haber sido el soldado que dio el tiro de gracia a Maximiliano. Parece que 25 estos servicios de verdugo aseguran consideración permanente en ciertos ejércitos. Las declaraciones que los diarios arrancaban a Blanquet no fueron tranquilizadoras. Aseguraba que su misión era contribuir a la pacificación del país; pero ni una palabra de lealtad que ya se le negaba.

Por fin, un mediodía, Victoriano Huerta puso cátedra digna de los más 30 ilustres matadores de hombres. En nuestra historia del crimen, el sacrificio de Gustavo Madero[10] corre parejas con la emboscada que Carranza puso a Zapata, con la que Obregón y Calles pusieron a Villa. También el envenenamiento de Flores, rival peligroso de Calles; la ejecución de Serrano y Gómez; lo de Topilejo y lo que ha seguido, todo arranca de 35 aquella tarde sombría del encumbramiento de un traidor.

Gustavo se había instalado en Palacio al lado de su hermano. Además, se había demostrado peligroso, rindiendo él en persona a todo un grupo de oficiales cuando el asalto a Palacio por los reyistas. Ya no se burlaban de él; lo temían. Y Victoriano Huerta lo invitó a comer.—Esta misma tarde—le 40 dijo—tomaré la Ciudadela; pero antes he mandado preparar un almuerzo

---

[9] Aureliano Blanquet.
[10] Hermano del Presidente, asesinado alevosamente en el cuartel de la Ciudadela, como dirá el autor más adelante.

en el restaurante Gambrinus (el centro de la ciudad), y quiero que usted nos acompañe. Estaremos yo y mis oficiales y algunos íntimos. Dos altos jefes vendrán a buscarlo a mediodía—. Gustavo era un hombre arrojado.
No tenía estimación por Huerta, pero le hubiera parecido indigno de su
5   valor mostrarse indeciso en días en que significaba peligro entrar y salir de Palacio. Aceptó.
Félix Díaz desconfiaba de Huerta y le exigía una prueba.—Entrégame a Gustavo—le dijo—, y así comprenderé que no me tiendes una celada al proponerme la rendición—. El Pacto, además, ya había sido firmado. Los
10   de Félix Díaz reconocerían a Huerta como Presidente si derrocaba a Madero, y recibirían, en cambio, unos puestos en el Gabinete. Exigían unas arras de carne humana. Huitzilopochtli[11] recomenzaba su reino interrumpido por el maderismo.
Dos futuros "generales" recogieron a Gustavo como huésped y lo
15   condujeron al reservado del Gambrinus. Todo el comercio de las cercanías estaba cerrado; pero fue mandado abrir el restaurante sólo para consumar la fechoría. Se encontró Gustavo con otros oficiales que le rogaron esperarse. A poco llegó Huerta, lo abrazó y empezó la comida. Huerta miraba el reloj y parloteaba semiebrio; por fin, interrumpiéndose, exclamó:
20   —Vuelvo dentro de un instante: no se preocupen por mí-. Escapó, y enseguida los bravos comensales se echaron sobre su huésped, lo amordazaron y lo subieron a un auto previamente dispuesto. En el camino lo golpearon en la cabeza con las pistolas "reglamentarias", para impedir que forcejeara y para acallar sus voces de auxilio.
25   En la Ciudadela esperaba su presa el caudillo Félix Díaz. Personalmente vejó a Gustavo, ya mal herido. Otros vinieron a picarle el vientre con bayonetas. A tirones lo desnudaron; alguien le mutiló el miembro que acercó a los labios de la víctima. Luego lo pisotearon. Le dieron quizá el tiro de gracia. Lo cierto es que el cadáver no fue entregado a la familia; no
30   sufrió autopsia; destrozado, lo mandaron enterrar en secreto. Y el ojo de vidrio de Gustavo anduvo de mano en mano como trofeo.[12]
Concluído su rito azteca, el caudillo de la Ciudadela, como oficialmente empezó a titularse al sobrino del Dictador, se fue a sus habitaciones privadas; recibió a su barragana; se bañó, se perfumó. En
35   seguida, montó un hermoso caballo y salió con sus huestes rumbo a Palacio para cumplimentar al nuevo Presidente. No pocas damas de la antigua aristocracia porfirista mojaron sus pañuelos en lágrimas patrióticas y los arrojaron al paso del vencedor, que, "pálido y sonriente", dijeron los diarios al día siguiente, ostentaba un ramo de violetas en el ojal.

---

[11] Dios Sol del panteón azteca. Se le consagraba la guerra y los sacrificios humanos.
[12] Gustavo Madero, legislador de la bancada del Presidente, era tuerto. Las versiones populares dicen que fue antes despojado de su otro ojo con un bisturí y luego asesinado por la espalda.

Tan pronto como Huerta supo que Gustavo estaba entregado, bebió
su aguardiente habitual, se encerró en el cuarto de guardia y desde allí,
emboscado, dirigió el asalto. Fuerte escolta al mando de dos oficiales de su
Estado Mayor penetró en la Sala del Consejo. Dirigiéndose a Madero lo
declararon preso. En ese instante el ayudante presidencial, Gustavo   5
Garmendia, mató de un tiro en la cabeza al oficial traidor, hirió al otro y
puso en fuga a la escolta, pero no sin que antes disparase ésta, matando a
uno de los amigos que conversaban con Madero.

Apenas levantados los muertos, reunió Madero a los pocos que
estaban con él y se asomó al balcón de Palacio intentando llamar al pueblo   10
en su auxilio. Afuera, las calles totalmente desiertas demostraban el
cuidado que había tenido Huerta de aislar a su prisionero. Además, el
pueblo no había querido moverse. Uno de los días anteriores, después de
imprimir una proclama convocándolo, habíamos recorrido en un auto del
gobierno todos los barrios humildes donde antes tuvimos fuerza y amistad.   15
En todas partes se nos acogió con recelo. Y tenían razón: no les dábamos
armas; la ciudad ya no era nuestra. El comandante desleal, en ocho días,
con pretexto de unificar el mando, había depuesto comisarios, se había
apoderado de todos los servicios. Por otra parte, es mucho más fácil llevar
a un pueblo a tirar un gobierno que a defenderlo.   20

Retirándose del balcón, Madero comprendió que no le quedaba otra
esperanza que salir del Palacio, vivo. Afuera encontraría fuerzas que lo
ampararan. Forzaría la guardia, intentaría una de aquellas audacias que
otras veces le habían dado el triunfo en casos aparentemente perdidos.
Bajando por el ascensor privado encontró libre la antesala de abajo. . .   25
Pero al desembocar al corredor le atajó el paso nada menos que el general
Blanquet, al frente de su batallón de analfabetos. Todavía Madero se
encaró con los hombres que apuntaban los rifles, les marcó el alto y
exclamó: —Soy el Presidente de la República; abajo esas armas—. Tuvo un
instante de vacilación la tropa; entonces Blanquet, temblando, avanzó   30
pistola en mano:—Ríndase—balbuceó—. Sus oficiales se echaron sobre
Madero, lo sujetaron, lo registraron buscándole un arma. ¡Sin pistola se había estado imponiendo al centenar de pistoleros! Se apresó también a los
ministros que bajaron con Madero. A éste le pusieron centinela de vista en
un cuarto interior; después lo juntaron con su gabinete, poniendo escolta a   35
la puerta.

Ahora fue Victoriano Huerta quien salió al balcón. Las campanas de la
Catedral, prevenidas por sus secuaces, lanzaron repiques de triunfo,
lograron reunir alguna gente que se acercó curiosa y tímida. Huerta,
borracho, "discurseó" a la plebe. Se había hecho cargo del poder. Salvaría   40
a la patria. Bajarían los precios del pan y las cebollas (textual). El pueblo
estará contento. En seguida se entrevistó con sus prisioneros; empezó
tendiendo la mano a Madero; éste la rechazó, llamándolo traidor. Tendió la
mano a los ministros. Todos, a excepción de uno, rehusaron la mano del

beodo. Poco después se decretó la libertad de los ministros, pero siguieron
presos el Presidente y el Vicepresidente. En la Catedral seguían las campanas a vuelo. La columna "felicista" se
acercaba a Palacio. Los que diez días antes corrieron como liebres ante el
5 fuego de unos cuantos leales, avanzaban ahora con insolencia de
vencedores. Cada uno de los cuatrocientos traía el blasón de haber
ayudado a matar a un solo hombre: el valiente Gustavo. Hubo entre la
masa quien aclamó a los asesinos. Corría la voz de la ejecución de "Ojo
Parado"—el mote de Gustavo—. Sobre la sangre inocente, derramada con
10 impunidad, todavía la befa de la canalla metropolitana...—Se echaron a
"Ojo Parado..." ¡Viva Félix Díaz...!
    Los sucesos de esta última tarde me cogieron en casa de Adriana. Al
saberlos, la saqué de su domicilio para llevarla con sus familiares, y luego,
en mi bicicleta, me encaminé a Tacubaya. En la esquina de "Hagenbede"
15 me encontré con el regimiento de gendarmería sublevado en la Ciudadela,
con Félix Díaz. Venían por delante unos brutos echando arengas...—Ahora
sí, muchachos... ¡Viva Oaxaca, y mi general Félix Díaz...! Arriba Félix!
    Poca gente, desde la acera, contempló la escena, asombrada. Los
jinetes, detrás guardaban silencio siniestro. . . Sentí pasar un
20 estremecimiento por toda la espina. Me pareció que un mal sueño me
trasladaba a las épocas lúgubres de los cuartelazos a lo Santa Anna. Bajo
el maderismo gozamos la ilusión de pertenecer a un pueblo culto. Ahora el
pasado resurgía. Se iniciaba de nuevo el rosario de traiciones, los
asesinatos, el cinismo y el robo. . . México y todos sus hijos volvíamos a
25 entrar en la noche.

    Todo el mundo sabe lo que más tarde ocurrió. La Cámara de
Diputados pudo salvar a México si resiste a la presión de las armas. Pero
los jefes de los grupos gobiernistas fallaron en su mayoría. El más
30 significado de todos, Luis Cabrera, se había ausentado de México, semanas
antes de los sucesos, advertido quizá por sus viejas amistades reyistas.
Gustavo, jefe de la mayoría, acababa de ser suprimido. No más de media
docena de diputados votó contra la aceptación de la renuncia de Madero.
    Sorprendió a algunos que, dado su temple, Madero consintiese en
35 renunciar. Lo hizo porque se sintió desamparado del pueblo y porque se le
dijo que era esa la manera de salvar la vida de todos sus amigos presos.
    Hubo después otra renuncia incalificable: la del ministro de
Relaciones maderista que, por ley, se convertía en Presidente y que
renunció al instante, a fin de que la Cámara pudiese nombrar Presidente
40 interino al propio Victoriano Huerta. Se excusaban algunos de estas
cobardías, con el pretexto de que rindiéndolo todo al traidor se salvarían,
por lo menos, las vidas del Presidente Madero y del Vicepresidente Pino
Suárez. Momentáneamente paralizada, la Nación contempló todo este

derrumbre fascinada por el destino final de los altos funcionarios destituidos.

La mañana siguiente avisaron a mi bufete que Sarita, con el resto de la familia Madero, se había refugiado en la Embajada del Japón. Allí telefoneé para ofrecerme en lo que sirviera y me pidieron que influyese con Henry Lane Wilson. Sólo él podía impedir que don Francisco padeciese la misma suerte que Gustavo. Hacía tiempo que yo había cortado relaciones con Henry Lane. Sin embargo, aun a riesgo de sufrir un desaire, llamé por teléfono a la Embajada. Con la cortesía habitual del funcionario yanqui, el embajador se puso, en persona, al aparato:—*Don't worry, my friend*—. Madero sería enviado en tren especial a Veracruz para embarcarlo; eso era lo acordado; no corría peligro alguno. . .—Ya les he dicho a estas gentes—*these fellows*—que basta de venganzas y que no deben seguir matando gente—. *But you be very careful. Stay out of it.* . . Las seguridades del embajador que había condimentado el infame pastel tranquilizaron, no obstante, a los íntimos, y empezó para mí una curiosa agonía. Me aterraba la suerte de Madero, expulsado del país y, por lo mismo, casi perdonado. ¡Al fin de cuentas iba a resultar que Huerta la haría de héroe por librar al país de un mal gobierno, un gobierno débil! Y quedarían, no sólo impunes, sino alabados, los mismos criminales que acababan de asesinar a Gustavo, los bajos traidores que ya empezaban el saqueo de la Nación. Sin duda el embajador los aconsejaba con tino. Perdonar a Madero era salvarlos ante la historia, consolidarlos en el poder.

En cambio, si los salvajes obedecían a su natural instinto, si el drama nacional profundo de Quetzalcoatl[13] contra Huitchilobos se consumase esta vez, ya no sólo con la expulsión de Quetzalcoatl, sino con su sacrificio en el altar que despedazó a Cortés, ¡entonces quizá la misma iniquidad sin nombre provocaría reacción salvadora! Madero perdonado era inútil para sí mismo y para su patria; Madero hombre, había hablado alguna vez de hacer un viaje a la India para dedicarse al ascetismo y a la filosofia; pero tal no era, sin duda, su destino. Su misma capacidad filosófica quizá no era extraordinaria. En cambio, qué perfecto mito legaría a la historia si con su muerte vilipendiaba a los traidores; si su sacrificio provocaba la vindicta nacional. Madero, asesinado sería una bandera de la regeneración patria. Hay ocasiones en que el interés de la masa reclama la sangre del justo para limpiarse las pústulas. Cada calvario desnuda la iniquidad del fariseo. Para remover a las multitudes era preciso que se consumase la maldad sin nombre. Lo peor que podía ocurrir era un perdón otorgado por los usurpadores.

---

[13] "Serpiente de plumas de quetzal." Dios inventor de los hombres, de la dignidad, de la civilización y del saber. Su culto se oponía a la actitud místico-militarista simbolizada por el sangriento Huitzilopochtli.

Una mañana estuvo listo en la estación el tren que debía conducir a Madero al destierro; pero antes de que llegara el preso se dio contraorden, se declaró cancelado el viaje. No se hizo público el motivo, pero se le ha relacionado con la actitud inesperada de un jefe que tuvo un instante de
5 valentía. El general Velasco, comandante militar de Veracruz y más tarde terror de Pancho Villa, dijo que si Madero llegaba a Veracruz le rendiría honores de Presidente. Su renuncia había sido arrancada bajo presión; lo que ocurría deshonraba al Ejército. . . Lo triste es que este Velasco no hubiese sabido mantener hasta el fin su posición; pronto se puso al
10 servicio de Huerta. Por el momento, impidió el embarque de Madero. Al mismo tiempo, el nuevo gobierno recibía noticias que el público ignoraba. En distintas partes del país ocurrían levantamientos con la bandera maderista. En los Estados Unidos, en diversas ciudades se celebraban manifestaciones de protesta por la manera como el embajador
15 liquidaba la democracia en México. Una creciente inquietud acosaba a los facinerosos, que, al fin, decidieron deshacerse de su presa. Las salas del Palacio Nacional, que en adelante con tanta frecuencia habían de convertirse en conciliábulo de criminales, oyeron altercados que, en forma más o menos alterada, trascendían al público. . . Que si al proponerse el
20 crimen, De la Barra, el beato, dijo:—Hágase la voluntad de Dios. . . —. Que si Félix Díaz reclamaba que le entregasen los presos como le habían dado a Gustavo. Lo cierto es que la responsabilidad moral abarca a todos los que entonces y después sirvieron al soldado borracho que se improvisaba Presidente. La manera de la ejecución quedó encomendada a la pericia de
25 los generales. La reliquia del ejército juarista, el del tiro de gracia a Maximiliano, el heroico Blanquet, tomó a su cargo la faena. Se valió de un tal Cárdenas, coronel de los que aplicaron la ley fuga en tiempos de Porfirio Díaz. Se hizo repetir éste las órdenes, del propio Huerta, de Mondragón y de Blanquet, nuevos ministros de Estado, y preparó la fiesta
30 sagrada del militarismo azteca, el sacrificio de los prisioneros en la sombra de la noche del 22 de febrero de 1913, a la semana del golpe de Estado. Bandas de felicistas recorrían aquellos días la ciudad, obligaban a los transeúntes a dar vivas a Félix Díaz; asesinaban a capricho. Incendiaron el *Nueva Era,* periódico independiente, y saquearon casas de vencidos. Y
35 donde no quedó piedra sobre piedra fue en la finca de los Madero, por la colonia Juárez. No era propiedad del ex Presidente, sino de sus padres. Y éstos la habían construido con dineros ganados a la industria; nunca uno solo de ellos había disfrutado de cargos gubernamentales. Ni uno solo de los parientes de Madero construyó casa propia durante el período de su
40 gobierno. Ningún maderista funcionario se había enriquecido. Pues todo esto irritaba al nuevo orden de cosas. ¿Cómo iban a perdonar a una familia honrada y a un Presidente sin tacha los que más tarde, convertidos en huertistas o carrancistas o en callistas, habían de levantar una colonia nueva en el sitio más costoso de la ciudad? Movida por el instinto que

admira al ladrón y desprecia al hombre honesto, la plebe se ensañó en la casa de los Madero. Había que destruir hasta los cimientos de la honradez. Y desapareció el modesto hogar paterno del Presidente honrado. Y siguen dando pingües rentas las casas mal habitadas de los presidentes que han seguido a Madero. Se expulsaba el sistema maderista a la vez que se 5 acababa con el hombre. Se arrasaba lo que tenía de extraño, desusado, aquello de no lucrarse con el bien público. La sosamanía de no colgar a los rivales, de los árboles de la plaza pública, bien merecía el escarnio. Se acusaba a los Madero de tener sangre judía y se hubiera querido extinguir el clan entero. Eran todos honestos, laboriosos, y sirvieron a la 10 administración sin robarla. Estorbaban los planes de la dinastía sanguinaria y autóctona que tomaba de nuevo posesión de la cosa pública. Madero sigue expulsado de México.

La Iglesia mexicana también se mostró alborozada. Desaparecía, por fin, aquel presidente sospechoso de espiritismo. ¿Qué importaba que ahora 15 viniese un ebrio inmoral, si lo que ella suele perseguir es la heterodoxia, antes que la maldad y aun el ateísmo? En el diario de los católicos, El País, vimos todos con dolor y sorpresa el cable papal en que se felicitaba a Huerta "por haber restablecido la paz" y le enviaba bendiciones. Señalo este hecho inaudito sin ánimo de agravar los cargos que pesan sobre la 20 Iglesia mexicana, y sólo para que se vea uno de los pretextos, no la justificación, de las persecuciones religiosas que se han consumado con posterioridad. Por lo pronto, quienes por convicción nos inclinábamos a un acercamiento del Estado mexicano con la Iglesia, experimentamos ira y desconsuelo. 25

Tras de varios días de zozobra, una mañana publicaron los diarios el Boletín oficial de la muerte de Madero. Sin fuerza para leer los detalles, miré fijamente los encabezados. Un dolor no exento de consuelo raro me revelaba caminos incomprensibles del destino de las naciones. En la primera parada me bajé del tranvía y, llorando, caminé por la calzada de 30 Tacubaya. Anduve cerca de una hora, Y al pasar frente a la casa de los Valles, desde el balcón, Adolfo mé llamó y me hizo entrar. Allí encontré una situación penosa. Valles había ya renunciado su cargo; pero algunos familiares de su esposa figuraban en el nuevo régimen. Sin embargo, con bondad sincera y cortesía perfecta, me retuvieron hasta la hora del 35 almuerzo.—Los maderistas—decía Valles—, a pesar de que hoy los persiguen, pasarán a la historia como una aristocracia cívica. . .—. Era confortante hallar en el estercolero la perla de un corazón noble. Aquello no podría subsistir sin castigo; era menester levantar al país en armas. El pueblo no había intervenido en aquel drama y salía de él sin caudillo. Ya se 40 inventarían caudillos. Lo que importaba como cuestión de honor, era la venganza.

Al llegar a mi casa me daba vergüenza abrazar a mis hijos, me sentía humillado de legarles una patria envilecida. . . ¡Nuestro país no se merecía a Madero. . .!—había dicho Adolfo.

Por la tarde el buen amigo se presentó en mi casa. Había averiguado
5 entre las gentes de la nueva situación sus intenciones respecto de mí. No teniendo yo cargo que pudieran quitarme ni enemistad personal con ninguno de ellos, optaban por no tomarme en cuenta si yo me avenía a quedarme tranquilo. No exigían por ello ningún compromiso.

Ni lo habría contraído. Estaba seguro de que no tardarían en
10 producirse levantamientos. En el Norte, toda nuestra esperanza se cifraba en don Abraham González, gobernador de Chihuahua, que podía poner en pie de guerra su estado. Pronto se supo que los militares, después de aprehenderlo en Chihuahua, lo habían bajado del tren en una estación desierta, y lo habían asesinado. El ejecutor de la hazaña recibía como
15 premio la banda de general.

En Guerrero se habían vuelto a levantar en armas los Figueroa. Salieron tropas para Guerrero. En Sonora la Legislatura desconocía al nuevo régimen. De Coahuila llegaban noticias vagas. Don Venustiano ponía condiciones. No era maderista. El también había estado a punto de
20 levantarse contra Madero; pero ahora reclamaba que le conservasen el gobierno de Coahuila, y mientras Rodolfo Reyes salía a parlamentar con Carranza, la Legislatura de Coahuila, por voto unánime, impuso el camino de la rebelión.

No todo estaba perdido. Era el momento de conspirar y repartir los
25 fermentos. En mi bufete comencé a despedir clientes; otros me dejaron antes de que los despidiera. Aquello sería centro de conjuraciones hasta que viniese a cerrarlo la policía. El pormenor de estos días pavorosos requiere, por su extensión, el espacio aireado de otro volumen. Ojalá me sea dado escribirlo pronto y deshacerme de tanto recuerdo en favor de la
30 imprenta, pues a semejanza del marinero de Coleridge:

"till my ghastly tale is told,
this heart within me burns". 14

---

14 "... mientras no concluya mi horroroso relato/ por dentro arderá mi corazón" (Nota del autor).

MARIANO AZUELA

Los antecedentes en ocasiones citados sobre el tema colectivo de la rebelión armada, *Tomóchic* de Heriberto Frías o *La camada* de Salvador Quevedo y Zubieta, no pasaron de asomos o cuando más sirvieron de aliento para la novela *Los de abajo,* la primera en su género sobre el asunto y el ambiente típico de la revolución mexicana.

Azuela era de Jalisco, donde nació en 1873. Estudió medicina en Guadalajara y comenzó el ejercicio de su profesión en el pueblo natal, Lagos de Moreno. Gracias a sus *Páginas autobiográficas,* se ha podido indagar los ciclos de su elaboración artística y los pormenores de su vida. En la primera década del siglo Azuela ya había publicado algunas novelas sin mayor éxito ni gloria, *Maria Luisa* (1907), *Los fracasados* (1908), *Mala Yerba* (1909), y otras de carácter urbano y naturalista. Cuando sobrevino la Revolución, se unió a los partidarios de Madero, y luego se incorporó con Julián Medina, un caudillejo que admiraba, a las guerrillas de Francisco Villa. La experiencia vivida por el ilustre médico, y todo lo que oyó y le contaron, le sirvieron para urdir los episodios de su novela. *Los de abajo* apareció publicada en un folletín de El Paso, Texas, desde el 27 de octubre de 1915 al 21 de noviembre de ese mismo año, en 23 entregas. La novela se editó después en 1916 y 1920.

Los personajes de Azuela son, invariablemente, personajes tomados de la realidad brutal. El marco histórico corresponde a los últimos días de Huerta y queda en suspenso con el triunfo de Carranza sobre Villa. Pero Azuela es admirablemente imparcial, y sólo le interesa destacar la confusión, la violencia, la sordidez, la hipocresía, y algún rasgo de bondad nativa. El protagonista central es Demetrio Macías, un campesino intrépido de alma ingenua, pero perdido en la insensatez del ambiente bárbaro y moral.

Después que Azuela dejó el exilio de Texas, completó el ciclo narrativo de la revolución, sin abandonar el tema del trato inhumano de los hombres y el parasitismo egoísta de los poderosos: *Los caciques* (1917), *Las moscas* y *Las tribulaciones de una familia decente* (1918). Muchas más novelas escribió este narrador poderoso, donde habría que buscar casi con labor de antropólogo, los tipos humanos de su país. En 1950 Azuela fue distinguido con el Premio Nacional de Literatura. No quiso pertenecer a la Academia de la Lengua, porque dijo, no sabía escribir correctamente. Murió en 1952.

LOS DE ABAJO

Primera parte

XIII

—Yo soy de Limón, allí, muy cerca de Moyahua, del puro cañón de Juchipila.[1] Tenía mi casa, mis vacas y un pedazo de tierra para sembrar; es decir, que nada me faltaba. Pues, señor, nosotros los rancheros tenemos la costumbre de bajar al lugar cada ocho días. Oye uno su misa, oye el
5 sermón, luego va a la plaza, compra sus cebollas, sus jitomates[2] y todas las encomiendas. Después entra uno con los amigos a la tienda de Primitivo López a hacer las once. Se toma la copita; a veces es uno condescendiente y se deja cargar la mano, y se le sube el trago, y le da mucho gusto, y ríe uno, grita y canta, si le da su mucha gana. Todo está bueno, porque no se
10 ofende a nadie. Pero que comienzan a meterse con usté; que el policía pasa y pasa, arrima la oreja a la puerta; que al comisario o a los auxiliares se les ocurre quitarle a usté su gusto... ¡Claro, hombre, usté no tiene la sangre de horchata, usté lleva el alma en el cuerpo, a usté le da coraje, y se levanta y les dice su justo precio! Si entendieron, santo y bueno; a uno lo dejan en
15 paz, y en eso paró todo. Pero hay veces que quieren hablar ronco y golpeado[3]... y uno es lebroncito[4] de por sí... y no le cuadra que nadie le pele los ojos[5]... Y, sí señor; sale la daga, sale la pistola... ¡Y luego vamos a correr la sierra hasta que se les olvida el difuntito!

Bueno. ¿Qué pasó con don Mónico? ¡Faceto![6] Muchísimo menos que con los otros. ¡Ni siquiera vio correr el gallo![7]... Una escupida en las

[1] El protagonista principal, Demetrio Macías, se refiere a su lugar de procedencia, la aldea comunal de Limón, en el Estado de Zacatecas.
[2] *jitomate:* del náhualt *xitli,* ombligo, y *tomatl,* tomate. Cierto tipo de tomate muy rojo, grande y achatado, y una especie de ombligo en la parte inferior.
[3] *golpeado:* fuerte, en tono alzado o amenazante.

[4] *lebroncito:* procede de *lebrón* (liebre), con el que se apoda al hombre tímido, pero el caló mexicano le da sentido precisamente contrario: valentón, insolente; hombre difícil de engañar.
[5] *pelar los ojos:* mirar con intensidad, y sin disimulo de odio o agresividad.
[6] *faceto:* presuntuoso, chistoso, fácil de vencer y sin coraje.
[7] *correr el gallo:* correr sangre.

barbas por entrometido, y pare usté de contar... Pues con eso ha habido para que me eche encima a la Federación. Usté ha de saber del chisme ese de México, donde mataron al señor Madero[8] y a otro, a un tal Félix o Felipe Díaz,[9] ¡qué sé yo!... Bueno: pues el dicho don Mónico fue en persona a Zacatecas a traer escolta para que me agarraran. Que diz que yo 5 era maderista y que me iba a levantar. Pero como no faltan amigos, hubo quien me lo avisara a tiempo, y cuando los federales vinieron a Limón, yo ya me había pelado. Después vino mi compadre Anastasio, que hizo una muerte, y luego Pancracio, la Codorniz y muchos amigos y conocidos. Después se nos han ido juntando máṣ, y ya ve: hacemos la lucha como 10 podemos.

—Mi jefe—dijo Luis Cervantes[10] después de algunos minutos de silencio y meditación—, usted sabe ya que aquí cerca, en Juchipila, tenemos gente de Natera;[11] nos conviene ir a juntarnos con ellos antes de que tomen Zacatecas. Nos presentamos con el general... 15

—No tengo genio para eso... A mí no me cuadra rendirle a nadie.

—Pero usted, solo con unos cuantos hombres por acá, no dejará de pasar por un cabecilla sin importancia. La revolución gana indefectiblemente; luego que se acabe le dicen, como les dijo Madero a los que le ayudaron: "Amigos, muchas gracias; ahora vuélvanse a sus casas..." 20

—No quiero yo otra cosa, sino que me dejen en paz para volver a mi casa.

—Allá voy... No he terminado: "Ustedes, que me levantaron hasta la Presidencia de la República, arriesgando su vida, con peligro inminente de dejar viudas y huérfanos en la miseria, ahora que he conseguido mi objeto, 25 váyanse a coger el azadón y la pala, a medio vivir, siempre con hambre y

---

[8] Político de ideas democráticas, Francisco I. Madero (1873-1913), con el apoyo popular se sublevó contra la dictadura de Porfirio Díaz, apoderándose de la capital. Madero, ya en ia presidencia, fue traicionado y fusilado por el general Victoriano Huerta. Peor destino padeció su hermano Gustavo, a quien se le extrajo con un bisturí el único ojo sano que tenía, y arrojado ciego al patio militar de la Ciudadela, fue ultimado a tiros. (*supra* n. 12)
[9] *Félix o relipe Díaz:* la confusión de nombres es parte del desconocimiento ideológico que tenían los campesinos con respecto a lo que realmente pasaba.

Se trata, sin duda, del general Félix Díaz, sobrino del dictador fugado, y enemigo de las instituciones democráticas. Fue el responsable directo, juntamente con Huerta, de la ejecución de los hermanos Madero.
[10] *Luis Cervantes:* también conocido por el *Curro* (petimetre) en la novela, es el único personaje que hace de la revolución un negocio redondo, huyendo con dinero y estableciéndose en los Estados Unidos.
[11] *Pánfilo Natera:* general revolucionario que se unió a la insurrección desde el primer momento. Se apoderó de Zacatecas por segunda vez con el apoyo de Villa.

sin vestir, como estaban antes, mientras que nosotros, los de arriba,
hacemos unos cuantos millones de pesos."

Demetrio meneó la cabeza y sonriendo se rascó:

—¡Luisito ha dicho una verdad como un templo!—exclamó con
5   entusiasmo el barbero Venancio.

—Como decía—prosiguió Luis Cervantes, se acaba la revolución, y se
acabó todo. ¡ Lástima de tanta vida segada, de tantas viudas y huérfanos,
de tanta sangre vertida! Todo, ¿para qué? Para que unos cuantos bribones
se enriquezcan y todo quede igual o peor que   antes. Usted es
10   desprendido, y dice: "Yo no ambiciono más que volver a mi tierra." Pero
¿es de justicia privar a su mujer y a sus hijos de la fortuna de la Divina
Providencia le pone ahora en sus manos? ¿Será justo abandonar a la patria
en estos momentos solemnes en que va a necesitar de toda la abnegación
de sus hijos los humildes para que la salven, para que no la dejen caer de
15   nuevo en manos de sus eternos detentadores y verdugos, los caciques?...
¡No hay que olvidarse de lo más sagrado que existe en el mundo para el
hombre: la familia y la patria!...

Macías sonrió y sus ojos brillaron.

—¿Qué, será bueno ir con Natera, curro?

20   —No sólo bueno—pronunció insinuante Venancio--, sino indispensable, Demetrio.

—Mi jefe—continuó Cervantes—, usted me ha simpatizado desde
que lo conocí, y lo quiero cada vez más, porque sé todo lo que vale.
Permítame que sea enteramente franco. Usted no comprende todavía su
25   verdadera, su alta y nobilísima misión. Usted, hombre modesto y sin
ambiciones, no quiere ver el importantísimo papel que le toca en esta
revolución. Mentira que usted ande por aquí por don Mónico, el cacique;
usted se ha levantado contra el caciquismo que asola toda la nación.
Somos elementos de un gran movimiento social que tiene que concluir por
30   el engrandecimiento de nuestra patria. Somos instrumentos del destino
para la reivindicación de los sagrados derechos del pueblo. No peleamos
por derrocar a un asesino miserable, sino contra la tiranía misma. Eso es lo
que se llama luchar por principios, tener ideales. Por ellos luchan Villa,[12]
Natera, Carranza;[13] por ellos estamos luchando nosotros.

[12] *Villa*: Doroteo Arango, llamado *Pancho*, famoso guerrillero que secundó la
revolución de Madero y se unió a Carranza para derrotar al siniestro usurpador
Victoriano Huerta. Habiéndose distanciado de Carranza fue vencido por Obregón en
Celaya. Murió asesinado por sus enemigos.
[13] *Venustiano Carranza*: tras el asesinato de Madero, se levantó en armas y derrotó a
Huerta. Después de la victoria de Celaya, fue elegido presidente de la República
(1917-20). Dictó una constitución socialista y una reforma agraria. Como otras
figuras importantes, Madero, Zapata, Villa y Obregón, Carranza murió asesinado,
obra de la maniobra, la deslealtad y la traición.

—Sí, sí; cabalmente lo que yo he pensado—dijo Venancio entusiasmadísimo .

—Pancracio, apéate otras dos cervezas...

Segunda Parte

III

Le presento a usted, mi general Macías, a mi futura—pronunció 10
enfático Luis Cervantes, haciendo entrar al comedor a una muchacha de
rara belleza.

Todos se volvieron hacia ella, que abría sus grandes ojos azules con
azoro.

Tendría apenas catorce años; su piel era fresca y suave como un 15
pétalo de rosa; sus cabellos rubios, y la expresión de sus ojos con algo de
maligna curiosidad y mucho de vago temor infantil.

Luis Cervantes reparó en que Demetrio clavaba su mirada de ave de
rapiña en ella y se sintió satisfecho.

Se le abrió sitio entre el güero Margarito[14] y Luis Cervantes, enfrente 20
de Demetrio.

Entre los cristales, porcelanas y búcaros de flores, abundaban las
botellas de tequila.[15]

El Meco entró sudoroso y renegando, con una caja de cervezas a
cuestas. 25

Ustedes no conocen todavía a este güero—dijo la Pintada[16] reparando
en que él no quitaba los ojos de la novia de Luis Cervantes—. Tiene
mucha sal, y en el mundo no he visto gente más acabada que él.

Le lanzó una mirada lúbrica y añadió:

—¡Por eso no lo puedo ver ni pintado! 30

Rompió la orquesta una rumbosa marcha taurina. Los soldados
bramaron de alegría.

¡Qué menudo, mi general!... Le juro que en mi vida he comido otro
más bien guisado—dijo el güero Margarito, e hizo reminiscencias del
Delmónico de Chihuahua. 35

---

[14] Se dice *güero* al rubio, y aquí se trata del malvado personaje de ficción, que
anticipa—como puede leerse al final de este capítulo al disparar su revólver contra su
imagen en el espejo—el suicidio que comentará por carta Luis Cervantes (III, Cap. I).

[15] *tequila:* aguardiente que se destila de cierta especie de *maguey*, planta de la familia
del agave y la pita. Cf. *infra*, Romero, n. 13).

[16] Caso típico de la intrépida *soldadera* (mujeres llamadas también por otro apodo
galletas), la Pintada es hembra de fusil al hombro, pero nada honesta, cruel y
vengativa. Ella es precisamente la que causa la muerte de Camila, la amante
circunstancial de Demetrio.

—¿Le gusta de veras, güero? —repuso Demetrio—. Pos que le sirvan hasta que llene.

—Ese es mi mero gusto—confirmó Anastasio Montañés—, y eso es lo bonito; de que a mí me cuadra un guiso, como, como, hasta que lo eructo.

Siguió un ruido de bocazas y grandes tragantadas. Se bebió copiosamente.

Al final, Luis Cervantes tomó una copa de champaña y se puso de pie:

—Señor General...

—¡Hum! —interrumpió la Pintada. Hora va de discurso, y eso es cosa que a mí me aburre mucho. Voy mejor al corral, al cabo ya no hay qué comer.

Luis Cervantes ofreció el escudo de paño negro con una aguilita [17] de latón amarillo, en un brindis que nadie entendió, pero que todos aplaudieron con estrépito.

Demetrio tomó en sus manos la insignia de su nuevo grado y, muy encendido, la mirada brillante, relucientes los dientes, dijo con mucha ingenuidad:

—¿Y qué voy a hacer ahora yo con este zopilote? [18]

—Compadre—pronunció trémulo y en pie Anastasio Montañés—, yo no tengo que decirle...

Transcurrieron minutos enteros; las malditas palabras no querían acudir al llamado del compadre Anastasio. Su cara enrojecida perlaba el sudor en su frente, costrosa de mugre. Por fin se resolvió a terminar su brindis:

—Pos yo no tengo que decirle... sino que ya sabe que soy su compadre...

Y como todos habían aplaudido a Luis Cervantes, el propio Anastasio, al acabar, dio la señal, palmoteando con mucha gravedad.

Pero todo estuvo bien y su torpeza sirvió de estímulo. Brindaron el Manteca y la Codorniz.

Llegaba su turno al Meco, cuando se presentó la Pintada dando fuertes voces de júbilo. Chasqueando la lengua, pretendía meter al comedor una bellísima yegua de un negro azabache.

—¡Mi "avance"! ¡Mi "avance"! [19]—clamaba palmoteando el cuello enarcado del soberbio animal.

---

[17] *aguilita:* insignia del águila que llevaban los generales mexicanos sobre el pecho o el sombrero.

[18] *zopilote:* voz de origen náhuatl. Uno de los nombres del buitre americano, de color negro, cabeza pelada y pico encorvado. La comparación con el águila de la insignia es de broma y desprecio.

[19] *avance:* robo, saqueo, sobre todo en una guerra o revuelta militar.

La yegua se resistía a franquear la puerta; pero un tirón del cabestro y un latigazo en el anca la hicieron entrar con brío y estrépito.

Los soldados, embebecidos, contemplaban con mal reprimida envidia la rica presa.

—¡Yo no sé qué carga esta diabla de Pintada que siempre nos gana   5
los mejores "avances"! —clamó el guero Margarito--. Así la verán desde que se nos juntó en Tierra Blanca.—Epa, tú, Pancracio, anda a traerme un tercio de alfalfa pa mi yegua—ordenó secamente la Pintada.

Luego tendió la soga a un soldado.

Una vez más llenaron los vasos y las copas. Algunos comenzaban a   10
doblar el cuello y a entrecerrar los ojos; la mayoría gritaba jubilosa.

Y entre ellos la muchacha de Luis Cervantes, que había tirado todo el vino en un pañuelo, tornaba de una parte a la otra sus grandes ojos azules, llenos de azoro.

—Muchachos—grita de pie el güero Margarito, dominando con su   15
voz aguda y gutural el vocerío—, estoy cansado de vivir y me han dado ganas ahora de matarme. La Pintada ya me hartó... y este querubincito del cielo no arrienda siquiera a verme...

Luis Cervantes notó que las últimas palabras iban dirigidas a su novia, y con gran sorpresa vino a cuentas de que el pie que sentía entre los   20
dos de la muchacha no era de Demetrio, sino del güero Margarito.

Y la indignación hirvió en su pecho.

—¡Fíjense, muchachos—prosiguió el güero con el revólver en lo alto—; me voy a pegar un tiro en la merita frente!

Y apuntó al gran espejo del fondo, donde se veía de cuerpo entero.   25
—¡No te buigas,[20] Pintada!...

El espejo se estrelló en largos y puntiagudos fragmentos. La bala había pasado rozando los cabellos de la Pintada, que ni pestañeó siquiera.

Tercera parte

VI

La mujer de Demetrio Macías, loca de alegría, salió a encontrarlo por la   30
vereda de la sierra, llevando de la mano al niño.

¡Casi dos años de ausencia!

Se abrazaron y permanecieron mudos; ella embargada por los sollozos y las lágrimas.

Demetrio, pasmado, veía a su mujer envejecida, como si diez o veinte   35
años hubieran transcurrido ya. Luego miró al niño, que clavaba en él sus ojos con azoro. Y su corazón dio un vuelco cuando reparó en la

[20] *no te buigas:* no te muevas.

reproducción de las mismas líneas de acero de su rostro y en el brillo
flamante de sus ojos. Y quiso atraerlo·y abrazarlo; pero el chiquillo, muy
asustado, se refugió en el regazo de la madre.

—¡Es tu padre, hijo!... ¡Es tu padre!...

El muchacho metía la cabeza entre los pliegues de la falda y se
mantenía huraño.

Demetrio, que había dado su caballo al asistente, caminaba a pie y
poco a poco con su mujer y su hijo por la abrupta vereda de la sierra.

—¡Hora sí, bendito sea Dios que ya veniste!...[21] ¡Ya nunca nos
dejarás! ¿Verdad que ya te vas a quedar con nosotros?...

La faz de Demetrio se ensombreció.

Y los dos estuvieron silenciosos, angustiados.

Una nube negra se levantaba tras la sierra, y se oyó un trueno sordo.
Demetrio ahogó un suspiro. Los recuerdos afluían a su memoria como una
colmena.

La lluvia comenzó a caer en gruesas gotas y tuvieron que refugiarse
en una rocallosa covacha.

El aguacero se desató con estruendo y sacudió las blancas flores de
San Juan, manojos de estrellas prendidos en los árboles, en las peñas, entre
la maleza, en los pitahayos[22] y en toda la serranía.

Abajo, en el fondo del cañón y a través de la gasa de la lluvia, se
miraban las palmas rectas y cimbradoras; lentamente se mecían sus cabezas
angulosas y al soplo del viento se desplegaban en abanicos. Y todo era
serranía: ondulaciones de cerros que suceden a cerros, más cerros
cincundados de montañas y éstas encerradas en una muralla de sierra de
cumbres tan altas que su azul se perdía en el zafir .

—¡Demetrio, por Dios!... ¡Ya no te vayas!... ¡El corazón me avisa que
ahora te va a suceder algo!...

Y se deja sacudir de nuevo por el llanto.

El niño, asustado, llora a gritos, y ella tiene que refrenar su tremenda
pena para contentarlo.

La lluvia va cesando; una golondrina de plateado vientre y alas
angulosas cruza oblicuamente los hilos de cristal, de repente iluminados
por el sol vespertino.

—¿Por qué pelean ya, Demetrio?

Demetrio, las cejas muy juntas, toma distraído una piedrecita y la arroja
al fondo del cañón. Se mantiene pensativo viendo el desfiladero, y dice:

—Mira esa piedra cómo ya no se para...

---

[21]*veniste*: alteración por *viniste*

[22] *pitahayo* (o pitahaya): voz del Caribe. Cactus del tipo de los *Cereus*, llamados
también cirios o cardones.

VII

Fue una verdadera mañana de nupcias. Había llovido la víspera toda la noche y el cielo amanecía entoldado de blancas nubes. Por la cima de la sierra trotaban potrillos brutos de crines alzadas y colas tensas, gallardos con la gallardía de lo picachos que levantan su cabeza hasta besar las nubes. 5

Los soldados caminan por el abrupto peñascal contagiado de la alegría de la mañana. Nadie piensa en la artera bala que puede estarlo esperando más adelante. La gran alegría de la partida estriba cabalmente en lo imprevisto. Y por eso los soldados cantan, ríen y charlan locamente. En su alma rebulle el alma de las viejas tribus nómadas. Nada importa saber 10 adónde van y de dónde vienen; lo necesario es caminar, caminar siempre, no estacionarse jamás; ser dueños del valle, de las planicies, de la sierra y de todo lo que la vista abarca.

Arboles, cactus y helechos, todo aparece acabado de lavar. Las rocas, que muestran su ocre como el orín las viejas armaduras, vierten gruesas 15 gotas de agua transparente.

Los hombres de Macías hacen silencio un momento. Parece que han escuchado un ruido conocido: el estallar lejano de un cohete; pero pasan algunos minutos y nada se vuelve a oír.

—En esta misma sierra —dice Demetrio—, yo, sólo con veinte 20 hombres, les hice más de quinientas bajas a los federales...

Y cuando Demetrio comienza a referir aquel famoso hecho de armas, la gente se da cuenta del grave peligro que va corriendo. ¿Conque si el enemigo, en vez de estar a dos días de camino todavía, les fuera resultando escondido entre las malezas de aquel formidable barranco, por cuyo fondo 25 se han aventurado? Pero ¿quién sería capaz de revelar su miedo? ¿Cuándo los hombres de Demetrio dijeron: "Por aquí no caminamos"?

Y cuando comienza un tiroteo lejano, donde va la vanguardia, ni siquiera se sorprenden ya. Los reclutas vuelven grupas en desenfrenada fuga buscando la salida del cañón. 30

Una maldición se escapa de la garganta seca de Demetrio:

—¡Fuego!... ¡Fuego sobre los que corran!...

—¡A quitarles las alturas!—ruge después como una fiera.

Pero el enemigo, escondido a millaradas, desgrana sus ametralladoras, y los hombres de Demetrio caen como espigas cortadas por la hoz. 35

Demetrio derrama lágrimas de rabia y de dolor cuando Anastasio resbala lentamente de su caballo, sin exhalar una queja, y se queda tendido, inmóvil. Venancio cae a su lado, con el pecho horriblemente abierto por la ametralladora, y el Meco se desbarranca y rueda al fondo del abismo. De repente Demetrio se encuentra solo. Las balas zumban en sus 40 oídos como una granizada. Desmonta, arrástrase por las rocas hasta encontrar un parapeto, coloca una piedra que le defienda la cabeza y, pecho a tierra, comienza a disparar.

El enemigo se disemina, persiguiendo a los raros fugitivos que quedan ocultos entre los chaparros.

5   Demetrio apunta y no yerra un solo tiro... ¡Paf!... ¡Paf!... ¡ Paf! ...

Su puntería famosa lo llena de regocijo; donde pone el ojo pone la bala. Se acaba un cargador y mete otro nuevo. Y apunta...

El humo de la fusilería no acaba de extinguirse. Las cigarras entonan su canto imperturbable y misterioso; las palomas cantan con dulzura en las 10 rinconadas de las rocas; ramonean apaciblemente las vacas.

La sierra está de gala; sobre sus cúspides inaccesibles cae la niebla albísima como un crespón de nieve sobre la cabeza de una novia.

Y al pie de una resquebrajadura enorme y suntuosa como pórtico de vieja catedral, Demetrio Macías, con los ojos fijos para siempre, sigue 15 apuntando con el cañón de su fusil...

JUAN RULFO

En 1918 nació Juan Rulfo en Sayula, Estado de Jalisco, región de las tierras bajas que gozaron alguna vez de prosperidad, pero la guerra y los vientos del desierto redujeron a la ruina y la desesperanza. Rulfo creció allí, en San Gabriel, en una hacienda de sus abuelos. Cuando sobrevino la guerra cristera, su padre fue asesinado. También murieron todos sus tíos. Como falleció su madre en 1930, Juan y sus hermanos fueron destinados a un orfanatorio de monjas francesas. Su destino parecía así marcado infelizmente por experiencias que sólo el arte narrativo pudo sublimar tiempo después.

Rulfo estudió en Guadalajara, y luego en México, pero nunca terminó carrera alguna, y sin mayores deseos, fue siempre un burócrata de empleos ocasionales. Avido lector, mostraba un carácter reservado, reticente, enemigo de toda publicidad, quizás porque nunca pudo quitarse el sentimiento angustiado de su pasado y de su gente. Tocado ya por la fama, cuéntase que en la Embajada de Italia, el novelista Alberto Moravia le instó: "Señor Rulfo, está por terminar la cena y no hemos escuchado su voz," y entonces Rulfo contestó: "Saben ustedes, allá en Comala están desenterrando los cadáveres de los caballos."

A Rulfo le bastaron dos libros, uno de cuentos, *El llano en llamas* (1953), y una novela de estructura novedosa, *Pedro Páramo* (1955), para ser consagrado de pronto escritor nacional. Su última novela, después de un largo silencio, *La cordillera* (1966), resulta ser un resumen desfalleciente de su estilo inconfundible. Pero toda su obra sólo puede concebirse sobre el fondo histórico y humano de la Revolución (de las revoluciones) en esas regiones desventuradas. El escritor no deja de invocar la violencia, el crimen, el despojo, la muerte, la frustración y la insensibilidad moral. Rulfo es épico y escéptico, pero la gravitación de su estilo es nuevo y de misteriosa pureza. Su criollismo no es típico o pintoresco, sino más bien definido por el alma de la región evocada. Cabe aquí recordar que la literatura y el tiempo acumulan experiencias distintas, y que no hay *ruptura* con lo que antes se hizo, sino más bien, como en la vida ocurre, un paso adelante. Rulfo ha definido así su estilo: "Lo que yo no quería era hablar como un libro escrito. Quería no hablar como se escribe, sino escribir como se habla" (Reina Roffó, *Autobiografía armada)*. En el breve cuento "Nos han dado la tierra", presenta Rulfo el caso de cuatro revolucionarios, que en los años de la desmovilización (tiempos de Elías Calles, de Cárdenas), todavía el lenguaje seguía siendo el de las promesas y la farsa.

En 1976 fue nombrado miembro de la Academia Mexicana de la Lengua. Recibió el Premio Príncipe de Asturias, en España, y en 1985 la Universidad Nacional de México lo declaró doctor honoris causa. Falleció el 7 de enero de 1986.

NOS HAN DADO LA TIERRA

Después de tantas horas de caminar sin encontrar ni una sombra de árbol, ni una semilla de árbol, ni una raíz de nada, se oye el ladrar de los perros.

Uno ha creído a veces, en medio de este camino sin orillas, que nada habría después; que no se podría encontrar nada al otro lado, al final de esta llanura rajada de grietas y de arroyos secos. Pero sí, hay algo. Hay un pueblo. Se oye que ladran los perros y se siente en el aire el olor del humo, y se saborea ese olor de la gente como si fuera una esperanza.

Pero el pueblo está todavía muy allá. Es el viento el que lo acerca.

Hemos venido caminando desde el amanecer. Ahorita son algo así como las cuatro de la tarde. Alguien se asoma al cielo, estira los ojos hacia donde está colgado el sol y dice:

—Son como las cuatro de la tarde.

Ese alguien es Melitón. Junto con él, vamos Faustino, Esteban y yo. Somos cuatro. Yo los cuento: dos adelante, otros dos atrás. Miro más atrás y no veo a nadie. Entonces me digo: "Somos cuatro". Hace rato, como a eso de las once, éramos veintitantos; pero puñito a puñito se han ido desperdigando hasta quedar nada más este nudo que somos nosotros.

Faustino dice:

—Puede que llueva.

Todos levantamos la cara y miramos una nube negra y pesada que pasa por encima de nuestras cabezas. Y pensamos: "Puede que sí."

No decimos lo que pensamos. Hace ya tiempo que se nos acabaron las ganas de hablar. Se nos acabaron con el calor. Uno platicaría muy a gusto en otra parte, pero aquí cuesta trabajo. Uno platica aquí y las palabras se calientan en la boca con el calor de afuera, y se le resecan a uno en la lengua hasta que acaban con el resuello. Aquí así son las cosas. Por eso a nadie le da por platicar.

Cae una gota de agua, grande, gorda, haciendo un agujero en la tierra y dejando una plasta como la de un salivazo. Cae sola. Nosotros esperamos a que sigan cayendo más y las buscamos con los ojos. Pero no hay ninguna más. No llueve. Ahora si se mira el cielo se ve a la nube aguacera corriéndose muy lejos, a toda prisa. El viento que viene del pueblo se le   5
arrima empujándola contra las sombras azules de los cerros. Y a la gota caída por equivocación se la come la tierra y la desaparece en su sed.
¿Quién diablos haría este llano tan grande? ¿Para qué sirve, eh?
Hemos vuelto a caminar, nos habíamos detenido para ver llover. No llovió. Ahora volvemos a caminar. Y a mí se me ocurre que hemos   10
caminado más de lo que llevamos andado. Se me ocurre eso. De haber llovido quizá se me ocurrieran otras cosas. Con todo, yo sé que desde que yo era muchacho, no vi llover nunca sobre el llano, lo que se llama llover.
No, el llano no es cosa que sirva. No hay ni conejos ni pájaros. No hay nada. A no ser unos cuantos huizaches[1] trespeleques[2] y una que otra   15
manchita de zacate[3] con las hojas enroscadas; a no ser eso, no hay nada.
Y por aquí vamos nosotros. Los cuatro a pie; Antes andábamos a caballo y traíamos terciada[4] una carabina. Ahora no traemos ni siquiera la carabina.
Yo siempre he pensado que en eso de quitarnos la carabina hicieron   20
bien. Por acá resulta peligroso andar armado. Lo matan a uno sin avisarle, viéndolo a toda hora con "la 30" amarrada a las correas. Pero los caballos son otro asunto. De venir a caballo ya hubiéramos probado el agua verde del río, y paseado nuestros estómagos por las calles del pueblo para que se les bajara la comida. Ya lo hubiéramos hecho de tener todos aquellos   25
caballos que teníamos. Pero también nos quitaron los caballos junto con la carabina.
Vuelvo hacia todos lados y miro el llano. Tanta y tamaña tierra para nada. Se le resbalan a uno los ojos al no encontrar cosa que los detenga.
Sólo unas cuantas lagartijas salen a asomar la cabeza por encima de sus   30
agujeros, y luego que sienten la tatema[5] del sol corren a esconderse en la sombrita de una piedra. Pero nosotros, cuando tengamos que trabajar aquí, ¿qué haremos para enfriarnos del sol, eh? Porque a nosotros nos dieron esta costra de tepetate[6] para que la sembráramos.

---

[1] *Huizache:* procede del náhuatl *huixachi,* especie de acacia espinosa que crece en matorrales. Es el *aromo criollo o espinillo* conocido en la Argentina.
[2] *trespeleque:* de condición pobre, de poca altura, sin valor.
[3] *zacate:* del náhuatl, gramínea. Hierba, pasto, paja.
[4] *terciada:* cargado a la espalda.
[5] *tatema:* calor fuerte.
[6] *tepetate: voz* náhualt, *tetl,* piedra; *petatl,* petate. Piedra amarillenta y porosa.

Nos dijeron:
—Del pueblo para acá es de ustedes.
Nosotros preguntamos:
—¿El Llano?
5 —Sí, el llano. Todo el Llano Grande.
Nosotros paramos la jeta[7] para decir que el llano no lo queríamos. Que
queríamos lo que estaba junto al río. Del río para allá, por las vegas, donde
están esos árboles llamados casuarinas y las paraneras[8] y la tierra buena.
No este duro pellejo de vaca que se llama el Llano.
10 Pero no nos dejaron decir nuestras cosas. El delegado no venía a
conversar con nosotros. Nos puso los papeles en la mano y nos dijo:
—No se vayan a asustar por tener tanto terreno para ustedes
solos.
—Es que el Llano, señor delegado...
15 —Son miles y miles de yuntas.[9]
—Pero no hay agua. Ni siquiera para hacer un buche hay agua.
—¿Y el temporal? Nadie les dijo que se les iba a dotar con tierras de
riego. En cuanto allí llueva, se levantará el maíz como si lo estiraran.
—Pero, señor delegado, la tierra está deslavada,[10] dura. No creemos
20 que el arado se entierre en esa como cantera que es la tierra del Llano.
Habría que hacer agujeros con el azadón para sembrar la semilla y ni aun
así es positivo que nazca nada, ni maíz ni nada nacerá.
—Eso manifiéstenlo por escrito. Y ahora váyanse. Es al latifundio al
que tienen que atacar, no al Gobierno que les da la tierra.
25 —Espérenos usted, señor delegado. Nosotros no hemos dicho nada
contra el Centro.[11] Todo es contra el Llano... No se puede contra lo que no
se puede. Eso es lo que hemos dicho... Espérenos usted para explicarle.
Mire, vamos a comenzar por donde íbamos...
Pero él no nos quiso oír.
30 Así nos han dado esta tierra. Y en este comal[12] acalorado quieren que
sembremos semillas de algo, para ver si algo retoña y se levanta. Pero nada
se levantará de aquí. Ni zopilotes. Uno los ve allá cada y cuando, muy
arriba, volando a la carrera; tratando de salir lo más pronto posible de este
blanco terregal[13] endurecido, donde nada se mueve y por donde uno
35 camina como reculando.

---

[7] *parar la jeta:* hablar de viva voz.
[8] *paranera:* alteración de pradera.
[9] *yunta:* de *junta.* En México, medida de
superficie cuya equivalencia varía de
tres y media a seis hectáreas.
[10] *deslavada:* sin corriente de agua.
[11]*Centro:* el gobierno central de México.

[12] *comal:* del náhuatl *comalli.* Disco
chato de barro en el cual se cuecen las
tortillas de maíz. Por extensión, lugar
llano y caliente.
[13] *terregal:* tierra suelta y abundante que
se levanta en fáciles tolvaneras.
Debemos observar que incluso esta
tierra se ha endurecido.

Melitón dice:

—Esta es la tierra que nos han dado.

Faustino dice:

—¿Qué?

Yo no digo nada. Yo pienso: "Melitón no tiene la cabeza en su lugar. 5
Ha de ser el calor el que lo hace hablar así. El calor que le ha traspasado el
sombrero y le ha calentado la cabeza. Y si no, ¿por qué dice lo que dice?
¿Cuál tierra nos han dado, Melitón? Aquí no hay ni la tantita que
necesitaría el viento para jugar a los remolinos."

Melitón vuelve a decir: 10

—Servirá de algo. Servirá aunque sea para correr yeguas.

—¿Cuáles yeguas?—le pregunta Esteban.

Yo no me había fijado bien a bien en Esteban. Ahora que habla, me
fijo en él. Lleva puesto un gabán que le llega al ombligo, debajo del gabán
saca la cabeza algo así como una gallina. 15

Sí, es una gallina colorada la que lleva Esteban debajo del gabán. Se le
ven los ojos dormidos y el pico abierto como si bostezara. Yo le pregunto:

—Oye, Teban, ¿de dónde pepenaste[14] esa gallina?

—¡Es la mía!—dice él.

—No la traías antes. ¿Dónde la mercaste, eh? 20

—No la merqué, es la gallina de mi corral.

—Entonces te la trajiste de bastimiento, ¿no?

—No, la traigo para cuidarla. Mi casa se quedó sola y sin nadie para
que le diera de comer: por eso me la traje. Siempre que salgo lejos cargo
con ella. 25

—Allí escondida se te va a ahogar. Mejor sácala al aire.

El se la acomoda debajo del brazo y le sopla el aire caliente de su
boca. Luego dice:

—Estamos llegando al derrumbadero.

Yo ya no oigo lo que sigue diciendo Esteban. Nos hemos puesto en 30
fila para bajar la barranca y él va mero[15] adelante. Se ve que ha agarrado a
la gallina por las patas y la zangolotea a cada rato, para no golpearle la
cabeza contra las piedras.

Conforme bajamos, la tierra se hace buena. Sube polvo desde
nosotros como si fuera un atajo de mulas lo que bajara por allí; pero nos 35
gusta llenarnos de polvo. Nos gusta. Después de venir durante once horas
pisando la dureza del Llano, nos sentimos muy a gusto envueltos en
aquella cosa que brinca sobre nosotros y sabe a tierra.

---

[14] *pepenar:* del náhuatl *pepena*, recoger, levantar del suelo.
[15] *mero:* adverbio de uso variable en América. Aquí indica *justo,* exactamente.

Por encima del río, sobre las copas verdes de las casuarinas, vuelan parvadas de chachalacas[16] verdes. Eso también es lo que nos gusta.

Ahora los ladridos de los perros se oyen aquí, junto a nosotros, y es que el viento que viene del pueblo retacha[17] en la barranca y la llena de todos sus ruidos.

5 Esteban ha vuelto a abrazar su gallina cuando nos acercamos a las primeras casas. Le desata las patas para desentumecerla, y luego él y su gallina desaparecen detrás de unos tepemezquites.[18]

—¡Por aquí arriendo[19] yo!—nos dice Esteban.

10 Nosotros seguimos adelante, más adentro del pueblo.

La tierra que nos ha dado está allá arriba.

---

[16] *chachalaca:* ave del tamaño de una gallina, cornún, comestible, de ojos rojos y sin cresta. No cesa de gritar mientras vuela.
[17] *retachar:* rebotar, rechazar.
[18] *tepemezquite* (tepemesquite): árbol de ramas dispersas que no dan densa sombra.
[19] *arrendar:* tomar hacia un rumbo o dirección.

INDICACIONES BIBLIOGRAFICAS

Fernando Alegría, *Breve historia de la novela hispanoamericana,* Ediciones de Andrea, México, 1959.

Mariano Azuela, *Obras completas* (prólogo de Francisco Monterde), Fondo de Cultura Económica, México, 1958-1960.

Daniel Cossío Villegas, *Historia mínima de México,* El Colegio de México, México

Manuel González Ramírez, *La revolución social de México,* Fondo de C u l t u r a Económica, México-Buenos Aires, 1960.

Luis Harss, *Los nuestros* ("Juan Rulfo o la pena sin nombre"), Editorial S u d a - mericana, 1976.

Seymour Menton, "La estructura épica de *Los de abajo* y un prólogo especulativo", *Hispania* 50 (1967).

Timothy Murad, "Animal inagery and structural Unity in Mariano Azuela's *Los de abajo", Journal of Spanish studies: Twentieth Century,* Vol. 7, 2 (1979).

Octavio Paz, *El laberinto de la soledad,* Edición Cuadernos Americanos, M é x i c o , 1950.

Samuel Ramos, *El perfil del hombre y la cultura de México,* Espasa-Calpe Mexi- cana, 1974.

Hugo Rodríguez Alcalá, *El arte de Juan Rulfo,* INBA, México, 1965.

Reina Roffé, *Juan Rulfo. Autobiografía armada,* Corregidor, Buenos Aires, 1973.

Juan Rulfo *El llano en llamas* (prólogo de Carlos Blanco Aguinaga), E d i c i o n e s Cátedra, Madrid, 1986.

José Vasconcelos, *Ulises criollo* (1935), en *Obras completas,* Libreros Mexicanos, México, 1976.

9

EL RIGOR DE LA TIERRA

Un día hubo en que Cristóbal Colón fue el hombre más feliz de la tierra. El día en que el navegante afortunado llega a la isla de Guanahaní, y sus ojos contemplan los brillantes colores del Nuevo Mundo. Sin haberlo él sospechado todavía, América fue un obsequio del Océano, el único continente que se extendía de polo a polo. "Certifico a sus Altezas que no existe mejor tierra ni mejor gente", había escrito el descubridor, y le llegó la muerte sin conocer realmente el territorio más diverso del planeta. En esas tierras inmensas había apenas trece millones de habitantes.

La aventura de la conquista ibérica, con toda la violencia y drástica imposición de la cruz y la espada, fue uno de los hechos más asombrosos de la historia. En casi medio siglo se había cruzado la mayoría del territorio, habían caído los imperios indígenas, se daba la vuelta al mundo, se fundaron los sitios urbanos que hoy existen, y se difundió la lengua y la cultura de Castilla. Pero el mundo americano estaba fuera de la proporción en que se había desarrollado la vida del hombre europeo. Desde hacía siglos, la lucha entre el hombre y la topografía estaban en serena convivencia. El paisaje era plácido, y el hombre había encontrado allí un reposo orgánico sin el déficit mental del aislamiento y la desproporción de las fuerzas.

En América la situación ecológica era de gravitación distinta. Cada uno a su manera, lo han dicho los cronistas y viajeros, José Acosta, Humboldt, Azara, Keyserling, Ortega y Gasset, con tantos y múltiples ensayos originales, que resulta ya simple el aserto de Pablo Rojas Paz: "América fue otro continente de soledad. Nada hecho a la medida del hombre sino de una raza de gigantes" (*El canto de la llanura,* II).

Los europeos habían llegado a un ámbito extenso, que no era el suyo. Asimismo, el esquema clásico de la unidad de la historia, de la sociología, de la técnica o de la geografía, no podía corresponder al juicio eurocéntrico de la vida y la naturaleza. Pero, ciertamente, las civilizaciones indígenas, sin el uso de la rueda, con ausencia del caballo y el desconocimiento de la navegación, habían existido encerradas en fortalezas naturales. Al sobrevenir la Conquista, se cruzaron las rutas y se vio el hemisferio en perspectiva, pero las fuerzas nutricias del suelo se impusieron al criollo y el mestizo que tuvieron que crear nuevos códigos de existencia frente a la adversidad implacable.

En América existen regiones que permanecen intocadas, "donde se siente que todavía no ha terminado el sexto día del Génesis", se dirá en la novela de Rómulo Gallegos, *Doña Bárbara* (1929), considerada la obra cumbre del llano venezolano. Más de una vez, los buenos sentimientos colectivos se han visto postergados, por intereses políticos distintos, y cada país con su héroe, y cada héroe con su comarca, han resistido a todo tipo de tratado con sus vecinos, mientras se buscaba aliarse con los poderes foráneos. Ha sido el mal y la virtud. Cada región tiene su rostro y sus problemas humanos, sus mitos y su lenguaje peculiar. La naturaleza ha formado su ilusión y su conflicto. La soledad ha propiciado su lirismo, su vértigo psicológico y su visión. El estilo de vida se formó según los sentimientos originales del indio y el brío iluso de los españoles. El pasado sigue siendo una lección de la historia que, después de tantos años, vuelve a comunicarse con su silencio. Ponce de León embrujado por la Fuente de la Juventud; Martínez de Irala por el fabuloso Paititi; Jiménez de Quesada tras las quimeras de Eldorado; Francisco de Orellana en el río de las Amazonas; Pedro de Mendoza, sitiado por el hambre y las bolas incendiarias de los indios. Todos se extraviaron o fueron a morir en la realidad desconocida.

La América ibérica, el previsible paraíso de Colón y de León Pinelo, valga la ironía, nunca fue por adopción mental la tierra arcádica de los puritanos que llegaron por su cuenta en la *Mayflower* a los bosques de Massachusetts. Fue la naturaleza inmensa y hostil (tesis que consta en Sarmiento), el celo materno que dispone con ciega voluntad de personaje, la violencia y el castigo zoológico (tesis pesimista de Martínez Estrada).

Las obras destacadas que surgieron después de la segunda década del siglo, postulaban el escenario rural, de animación dramática, pero sin acusar el sentimentalismo y el paisaje idílico de los románticos. Se contaba con los buenos tonos del estilo modernista, pero también se trataba de renunciar a la simulación cosmopolita de sus inquietudes. El relato regional surge animado de visiones vernáculas, en las que se proyectaba una búsqueda de identidad cultural. Las incursiones, un tanto prestigiosas de un personaje solitario, tienen casi siempre el aire de un aprendizaje mítico. La circunstancia que haya sido ésta, precisamente, una inmersión en la intrahistoria, sirvió a muchos críticos, incluso a Menéndez Pelayo o a Torres Rioseco, para explicar el carácter peculiar de las letras americanas.

El momento de este arte narrativo trata de conciliar el apego a la tierra y el destino ético del hombre. Una nueva imagen del mundo americano, con cierta dosis de autobiografía y palpitaciones de nostalgia. Arturo

Cova, protagonista de *La vorágine,* el resero Fabio Cáceres en *Don Segundo Sombra* o el pequeño Ernesto de *Los ríos profundos,* cada uno está ligado al espacio vital de la selva, de la pampa o la sierra del Perú, y cada uno empeñado en la búsqueda de la realidad viviente, peculiar, intransferible de una perspectiva regional.

JOSE EUSTASIO RIVERA

Como el admirable novelista Jorge Isaacs, autor de *María,* Rivera nació en Colombia, en 1888. Hijo de una familia de hacendados, estudió pedagogía en Bogotá, y ejerció la enseñanza en Ibagué, capital de la provincia de Tolima. En 1917 recibió el título de abogado, militó en política, y fue nombrado secretario de las comisiones que hacían la demarcación de la frontera con Venezuela. Su destino iba a ser marcado por una honda experiencia. Rivera se internó en 1922 en el vigoroso territorio comprendido entre el Orinoco y el Amazonas, conoció a los caucheros, enfermó de malaria y estuvo perdido en la selva más de cuarenta días. En 1923 fue elegido diputado, encargándose de investigar el empleo de los fondos gubernamentales, tema por entonces bastante escabroso. Las denuncias del escritor, en la prensa incluso, le crearon múltiples enemistades y la reclusión política.

Rivera, que había ensayado la poesía, publicó un volumen de sonetos admirables, *Tierra de promisión* (1921), y el éxito editorial consagró al poeta en los medios intelectuales de Bogotá. Eran poemas de atildado modernismo, de lujo criollista, y en cierto modo un canto al espectáculo maravilloso del trópico, la fauna, la flora y las costumbres. Pero el autor era todavía un advenedizo que no había pasado por la iniciación verídica de la barbarie silvestre. Todo su sistema mental había cambiado de perspectiva cuando redactó *La vorágine,* publicada en 1924. Esta novela de pesadilla, que es además una denuncia (los crímenes atroces, las niñas indias utilizadas como rameras, las flores parásitas que llenan el suelo de abejas o las terribles hormigas arrieras), está concebida según las aventuras de Arturo Cova, que huye de Bogotá con una mujer, mata a su adversario para salvarla, y al fin los dos se pierden en la selva para siempre. *La vorágine* fue escrita con alarde autobiográfico, y Rivera se encargó de divulgarlo, al colocar en las primeras páginas del libro, como retrato del protagonista, su propia y verdadera fotografía. Técnicamente, la novela cuenta con un doble narrador, Clemente Silva, que interpola una multitud de episodios que rodean al desdichado Cova y su amante.

La naturaleza vengativa triunfa en el libro, y en la vida, se impuso al autor, por mediación del tiempo. Después de un viaje en misión oficial a La Habana, en 1928, murió Rivera sorpresivamente en Nueva York, cuya causa mortal fue la malaria contraída en la selva.

LA VORAGINE

Amaneció. La ansiedad que los sostenía les acentuó en el rostro la mueca trágica. Magros, febricitantes, con los ojos enrojecidos y los pulsos trémulos, se dieron a esperar que saliera el sol. La actitud de aquellos dementes bajo los
5 árboles infundía miedo. Olvidaron sonreír, y, cuando pensaban en la sonrisa, les plegaba la boca un rictus fanático.

El cielo no se divisaba por ninguna parte. Lentamente empezó a llover. Nadie dijo nada, pero se miraron y se comprendieron.

Decididos a regresar, moviéronse sobre el rastro del día anterior, por la
10 orilla de una laguna donde las señales desaparecían. Sus huellas en el barro eran pequeños pozos que se inundaban. Sin embargo, el rumbero tomó la pista,[1] gozando del más absoluto silencio como hasta las nueve de la mañana, cuando entraron a unos chuscales[2] de plebeya vegetación donde ocurría un fenómeno singular: tropas de conejos y guatines,[3] dóciles o
15 atontados, se les metían por entre las piernas buscando refugio. Momentos después, un grave rumor como de linfas precipitadas se sentía venir por la inmensidad.

—¡Santo Dios! ¡Las tambochas![4]

Entonces sólo pensaron en huir. Prefirieron las sanguijuelas y se
20 guarecieron en un rebalse,[5] con el agua sobre los hombros.

Desde allí miraron pasar la primera ronda. A semejanza de las cenizas que a lo lejos lanzan las quemas, caían sobre la charca fugitivas tribus de cucarachas y coleópteros, mientras que las márgenes se poblaban de arácnidos y reptiles, obligando a los hombres a sacudir las aguas mefíticas[6]
25 para que no avanzaran en ellas. Un temblor continuo agitaba el suelo, cual si las hojarascas hirvieran solas. Por debajo de troncos y raíces avanzaba el tumulto de la invasión, a tiempo que los árboles se cubrían de una mancha negra que iba ascendiendo implacablemente a afligir las ramas, a saquear

---

[1] *rumbero:* de rumbear, el guía de la pista o el camino.
[2] *chuscat:* colectivo de *chusque* (especie de bambú delgado).
[3] *guatines* (guatín): ave trepadora, loro.
[4] Temibles hormigas venenosas, carnívoras y ciegas. Se las distingue por su cabeza roja, viajan en rondas como las langostas, y destruyen cuanto encuentran a su paso.
[5] *rebalse:* remanso.
[6] *mefítico:* fétido, mal olor.

los nidos, a colocarse en los agujeros. Alguna comadreja desorbitada, algún lagarto moroso, alguna rata recién parida, eran ansiadas presas de aquel ejército, que las descarnaba, entre chillidos, con una presteza de ácidos disolventes.

¿Cuánto tiempo duró el martirio de aquellos hombres, sepultados en   5
cieno líquido hasta el mentón, que observaban con ojos pávidos el desfile de un enemigo que pasaba, pasaba y volvía a pasar? ¡Horas horripilantes en que saborearon a sorbo y sorbo las alquitaradas hieles de la tortura!

Cuando calcularon que se alejaba la última ronda, pretendieron salir a tierra, pero sus miembros estaban paralizados, sin fuerzas para despegarse 10
del barrizal donde se habían enterrado vivos.

Mas no debían morir allí. Era preciso hacer un esfuerzo. El indio Venancio logró agarrarse de algunas matas y comenzó a luchar. Agarróse luego de unos bejucos. Varias tambochas desgaritadas[7] le royeron las manos. Poco a poco sintió ensancharse el molde de fango que lo ceñía.   15
Sus piernas, al desligarse de lo profundo, produjeron chasquidos sordos!, "¡Upa!, ¡otra vez y no desmayar! ¡Animo! ¡Animo!"

Ya salió. En el hoyo vacío burbujeó el agua.

Jadeando, boca arriba, oyó desesperarse a sus compañeros, que imploraban ayuda. " ¡Déjenme descansar!" Una hora después, valiéndose 20
de palos y maromas[8] consiguió sacarlos a todos.

Esta fue la postrera vez que sufrieron juntos ¿Hacia qué lado quedó la pista? Sentían la cabeza en llamas y el cuerpo rígido. Pedro Fajardo empezó a toser convulsivamente, bañándose en sangre, por un vómito de hemoptisis.[9]   25

Mas no tuvieron lástima del cadáver. Coutinho, el mayor, les aconsejaba no perder tiempo. "Quitarle el cuchillo de la cintura y dejarlo ahí. ¿Quién lo convidó? ¿Para qué se vino si estaba enfermo? No los debía perjudicar". Y en diciendo esto, obligó a su hermano a subir por una copaiba para observar el rumbo del sol.   30

El desdichado joven, con pedazos de su camisa, hizo una manea para los tobillos. En vano pretendió adherirse al tronco. Lo montaron sobre las espaldas para que se prendiera más arriba, y repitió el forcejeo titánico, pero la corteza se despegaba y lo hacía deslizar y recomenzar. Los de abajo lo sostenían, apuntándolo con horquetas, y, alucinados por el deseo, 35
como que triplicaban sus estaturas para ayudarlo. Al fin ganó la primera rama. Vientre, brazos, pecho, rodillas le vertían sangre. "¿Ves algo? ¿Ves algo?" le preguntaban. ¡Y con la cabeza decía que no!

---

[7] *desgaritar:* perder el rumbo.
[8] *maroma:* cuerda gruesa.
[9] *hemoptisis:* sangre.

Ya ni se acordaban de hacer silencio para no provocar la selva. Una violencia absurda les pervertía los corazones. Manoteaban hacia la altura para interrogar a Lauro Coutinho: "¿No ves nada? ¡Hay que subirse más y fijarse bien!"
5 Lauro, sobre la rama, pegado al tronco, acezaba [10] sin responderles. A tamaña altitud, tenía la apariencia de un mono herido que anhelaba ocultarse del cazador. " ¡Cobarde, hay que subir más!" y locos de furia lo amenazaban. Mas, de pronto, el muchacho intentó bajarse. Un gruñido de odio
10 resonó debajo. Lauro, despavorido, les contestaba: "Vienen más tambochas! Vienen más tambo. . . "
La última sílaba se le quedó entre la garganta, porque el otro Coutinho, con un tiro de carabina lo hizo descender como una pelota. El fratricida se quedó viéndolos. " ¡Ah, Dios mío! ¡Maté a mi hermano,
15 maté a mi hermano!" Y, arrojando el arma, echó a correr. Cada cual corrió sin saber adónde. Y para siempre se dispersaron. . .

[10] *acezar:* jadear.

RICARDO GUIRALDES

La devoción más intensa de Ricardo Güiraldes fue la poesía. La definía con frecuencia diciendo que era aquello hacia lo cual tiende el poeta. Y vivió con sentimiento casi religioso este horizonte inalcanzable. Sus cuentos, sus relatos o sus poemas místicos de sabor pampeano, admiten esta prueba. Güiraldes nació en pleno centro de Buenos Aires, en 1886. Su padre, además de hacendado, había sido un hombre público de prestigio. Cuando no había cumplido aún dos años, Ricardo fue llevado a París. De allí volvió a su tierra natal, cuatro años después, hablando francés y alemán. En la estancia paterna, cerca de San Antonio de Areco, aprendió a pulsar la guitarra y a cantar con la tristeza sobria de la llanura. Un gaucho de nombré Segundo Ramírez, que había sido resero en su juventud, fue el agente de sus sueños; le contó las leyendas de la pampa, y lo inició en la ciencia varonil de su oficio.

Pero un día la familia de Güiraldes se trasladó a Buenos Aires. Entonces el poeta se mostró como un estudiante retraído, poco dado a estrictas disciplinas. Inició las carreras de arquitectura y de leyes, pero ambas resultaron un entero fracaso, puesto que ya lo había invadido, como él mismo dijo, el "vicio impune" de la lectura. Cervantes, los poetas gauchescos, Lugones, Mallarmé, Poe, Flaubert y Laforgue, fueron sus predilectos. Tras un largo viaje a Europa y al extremo Oriente, retornó a la Argentina con la cabeza llena de sueños y de poemas. En 1915 publicó *El cencerro de cristal,* libro de versos, y *Cuentos de muerte y de sangre.* Una crítica ácida, poco dada a los destellos de la poesía de vanguardia, hirió al poeta. Desalentado, arrojó los ejemplares que le quedaban a un pozo de la estancia. Dos años más tarde publicó, sin embargo, *Raucho,* una novela casi autobiográfica. A ella le siguió el relato sentimental *Rosaura* y la intriga evocativa *Xaimaca,* concebida ésta sobre el recuerdo de un viaje a las Antillas.

Güiraldes regresó a París. Se unió a los poetas de vanguardia y estableció una amistad fecunda con Valéry Larbaud que lo animó a escribir una obra argentina esencial. El optimismo renació en su corazón.

Ignorado, burlado todavía, fundó con Borges y Rojas Paz la revista *Proa*. En 1926 apareció *Don Segundo Sombra,* su novela inmortal. Aquel tropero de su niñez, intacto en su recuerdo, venía a representar la sabiduría de la pampa, el dominio de sí mismo y la libertad (no la que se tiene en concepto, sino la que se ama practicándola) . Fue la sombra poderosa y el amparo del huérfano Fabio Cáceres, para quien vivir montado en su caballo, arreando su tropilla, era tener como el poeta alma de horizonte. El éxito fue fulminante. Güiraldes lograba así, con esta novela de intensidad increíble, seguir el destino de la poesía gauchesca que habían creado Hidalgo, Ascasubi, Hudson, Hernández y los hermanos Gutiérrez. Al año siguiente, el 8 de octubre de 1927, Güiraldes moría en París. "Necesito entrar sereno al infinito," había dicho antes.

DON SEGUNDO SOMBRA
XV

¡Qué estancia ni qué misa! Ya podíamos mirar para todos lados, sin divisar más que una tierra baya[1] y flaca como azonzada por la fiebre. Me acordé de una noche pasada al lado de mi tía Mercedes (dale con mi tía). Los huesos querían como sobrarle el cuero y estaba más sumida[2] que mula
5 de noria. Pero mejor es que lo sangren a uno los tábanos y no acordarse de esas cosas.

Habíamos dejado la tropa en un potrero[3] pastoso, antes de que nos mandaran para la costa a hacer noche y descansar en un puesto.[4] ¡Bien haiga el puesto! Desde lejos lo vimos blanquear como un
10 huesito en la llanura amarilla. A un lado tenía un álamo, más pelado que paja de escoba, al otro tres palos blancos en forma de palenque.

La tierra del patio, despareja y cascaruda, más que asentada por mano de hombre parecía endurecida por el pisoteo de la hacienda que, cuando estaba el rancho solo, venía a lamer la sal del blanqueo.
15 Don Sixto Gaitán, hombre seco como un bajo salitroso y arrugado como lonja de rebenque, venía dándonos, de a puchitos,[5] datos sobre la estancia. Eran cuarenta leguas en forma de cuadro. Para el lado de la mañana estaba el mar, que sólo la gente baqueana alcanzaba por entre los

[1] *baya:* amarillenta. Término que se aplica comúnmente a los caballos de ese pelo.
[2] *sumida:* flaca, consumida.
[3] *potrero:* campo cercado.
[4] *puesto:* pequeña población en una parte estratégica e la estancia que se pone al cuidado de una persona o familia.
[5] *de a puchitos:* poco a poco. Resto, colilla del cigarrillo o el cigarrillo mismo. Procede del quechua *puchu,* pucho, residuo.

grejales.[6] En dirección opuesta, tierra adentro, había buen campo de pastoreo; pero eso estaba muy retirado del lugar en que nos encontrábamos.

Bendito sea si me importaba algo de los detalles de aquella estancia, que parecía como tirada en el olvido, sin poblaciones dignas de cristianos,   5
sin alegría, sin gracia de Dios. Don Sixto hablaba de su vida. El pasaba temporadas en el rancho solitario. La familia estaba allá, en un puesto cerca de las casas. Tenía un hijito embrujado que le querían llevar los diablos. Miré a Don Segundo para ver qué efecto le hacía esta última parte de   10
las confidencias. Don Segundo ni mosqueaba.[7]

Me dije que el paisano del rancho perdido debía tener extraviado el entendimiento y dejé ahí reflexiones, porque bastante tenía con mirar el campo y más bien hubiese deseado hacer preguntas acerca del mar y de los cangrejales.   15

Aunque el arreo sea bueno y no le haya sobado al resero[8] el cuerpo más que lo debido, siempre se apea uno con gusto de los apretados cojinillos[9] para ensayar pasos desacostumbrados. El palenque, con sus postes blancos, llamó mi atención de cerca, mientras desarrugaba a manotones el chiripá[10] y aflojaba las coyunturas.   20

Don Segundo me dijo riendo:

—Son espinas de un pescao del que entuavía no has comido.

—Hace más de cincuenta años —explicó Don Sixto— que la ballena, tal vez extraviada, vino a morir en estas costas. El patrón se hizo llevar el güeserío a las casas, "pa adorno", decía él. Aquí ha quedao este palenquito.   25

—Mirá, qué bicho pa asarlo con cuero[11] —dije, temeroso de que me estuvieran tomando por zonzo.

—Estas son tres costillas—concluyó Don Sixto, agregando para cumplir con su deber de hospitalidad—: Pasen adelante si gustan; en la cocina hay yerba y menesteres pa cebar[12]...; yo voy a dir juntando unas   30
bostas y algunos güesitos pa'l juego.

6 Terreno pantanoso donde habitan innumerables cangrejos. Son increíblemente voraces y en poco tiempo pueden dar cuenta de un animal que cae en sus madrigueras.

7 ni mosqueaba: ni se movía. Viene de mosquear o acción del equino que mueve la cabeza para espantar las moscas.

8 resero: jinete conductor de tropas (reses) de ganado.

9 cojinillos: cueros de oveja (pellones) del recado de montar.

10 chiripá: manta o paño que se pasa entre las piernas a modo de pantalones .

11 Comparación con dosis de ironía puesto que en la cocina criolla se asa con cuero y muy lentamente, la carne de novillo o de ternera.

12 cebar: preparar ia infusión con yerba ,mate.

A la media hora de una conversación interrumpida por el lagrimeo y la tos que me imponía la humareda espesa de la bosta, gané el campo so pretexto de ver para dónde se había recostado mi tropilla.[13]
Más vale el campo, por fiero que sea, que estar tosiendo a la orilla del
5 fuego como vieja rezadora.
Mi tropilla se había alejado caminando con cautela de quien está revisando campo para comprar, despuntando los pastos, mirando a veces en derredor o a lo lejos, como buscando un punto de referencia. El picazo[14] en que iba montado, relinchó. La yegua madrina[15] alzó la cabeza,
10 desparramando un tropel de notas de su cencerro. Todos los caballos miraron hacia mí. ¿Por qué estábamos así descontiados y como buscando abrigo?
Casi entreverado con mis pingos,[16] me dejé estar mirando el horizonte. La yegua Garúa olfateó hacia el mar y nos pusimos a seguir
15 aquel rumbo, como una obligación.
—¡Campo fiero y desamparao!—dije en voz alta.
Ibamos por un pajal descolorido y duro que los caballos husmeaban despreciativamente, con algo de alarma. También yo sentía un presagio de hostilidad.
20 Cruzábamos unas lagunitas secas. No sé por qué pensé en lagunas, dado que ninguna diferencia de nivel existía con el resto de la pampa.
—¡Campo bruto!—dije otra vez, como contestando a un insulto imaginario.
De atrás de unos junquillales [17] voló de golpe una bandada de patos,
25 apretada como tiro de munición. El bayo Comadreja plantó los cuatro vasos, en una sentada brusca, y bufó a lo mula. Quedamos todos quietos, en un aumento de recelo.
Atrás de los junquillales, vimos azulear una chapa de agua como de tres cuadras. Volaron bandurrias, teros reales y chajás.[18] Parecían tener
30 miedo y quedaron vichándonos[19] desde el otro lado del charco. Sabían algo más que nosotros. ¿Qué?
Garúa trotó dando un rodeo, seguida por Comadreja, y bajó hacia el agua. Nosotros quedamos a orillas del pajonal.

---

[13] *tropilla:* conjunto de caballos que siguen a una yegua madrina.
[14] *picazo* (o picaso): caballo de pelo oscuro con frente blanca o listada.
[15] *madrina:* yegua tutelar, muy obediente, que se distingue por su color y también por el cencerro o cascabel que lleva colgado al cuello.
[16] *pingo:* caballo de hermosa estampa, de buen andar y que se estima.
[17] *junquillal* (o junquillar): colectivo de junquillo.
[18] Aves que pertenecen al orden de las zancudas.
[19] *vichar* (o bichar): mirar con recelo, observar.

El barro negro que rodeaba el agua, parecía como picado de viruelas. Miles de agujeritos se apretaban en manada unos contra otros. Unos pocos cangrejos paseaban de perfil, como huyendo de un peligro Me pareció que el suelo debía de sufrir como animal embichado.[20] —¡Ahá! —dije, un cangrejal.—Y me pregunté por qué me había dado 5 ese día por hablar en voz alta. Como si mi palabra hubiese sido voz de mando, voló de un solo vuelo la sabandija. Garúa y Comadreja, castigados por repentino terror, corrieron hacia nosotros. Dudé de mis ojos. Garúa había perdido sus cuatro patas y avanzaba apenas arrastrándose sobre el vientre. Y el barro se abría como 10 un surco de agua. "Murió la yegua", me dije. Pero Garúa, tirada sobre el costillar, remaba con las cuatro patas, avanzando como si nadara, Con tanta rapidez, que no daba tiempo a que la tierra, desmoronada en sinuosa herida se juntara tras ella. Aquello hizo un ruido sordo y lúgubre, hasta que la yegua pisó firme. "Linda madrinita baquiana", murmuré con 15 emoción y recordé que me había sido vendida por un paisano del Rincón de López. Sí, pero ¿y mi bayo?

Comadreja se había detenido ante la caída de Garúa. Dos veces intentó echarse al cangrejal, para vencerlo a lo bruto, pero tuvo que volver atrás, después de haberse perdido casi totalmente, salvándose a pura 20 energía, con quejidos de esfuerzo.

Sin perder tiempo, arrié mi tropilla en su dirección, recordando el camino seguido hoy por la yegua. Me encomendé a Dios, para que no me dejara desviar ni un metro de la dirección que recordaba. En una atropellada alcancé con ansia el lugar en que estaba Comadreja. que se 25 entreveró con sus compañeros, y al grito de " ¡Vuelva!", salí, yegua en punta, para el lado del campo firme.

Pasado el apuro, seguimos como muchachos castigados, hinchando el lomo y con las cabezas muy gachas.

Llegando al rancho pensaba: La casa es la casa, en cualquier parte 30 que esté y por pobre que sea.

El rancho, antes tan miserable, me resultaba, al volver del paisaje, un palacio. Y sentí bien su abrigo de hogar humano, tan seguro cuando se piensa en afuera.

Aunque todavía fuese temprano, mi padrino y Don Sixto preparaban 35 la comida en el patio. Me preguntaron por mi paseo.

—Lindo no más. Casi pierdo el bayo—contesté, e, interrogado, relaté el percance.

Don Segundo comentó a manera de consejo:

—El hombre que sale solo, debe golver solo. 40

—Y aquí estoy—concluí con aplomo.

---

[20] *embichado:* que padece de bichera o gusanera.

Atardecía. El cielo tendió unas nubes sobre el horizonte, como un paisano acomoda sus coloreadas matras[21] para dormir. Sentí que la soledad me corría por el espinazo, como un chorrito de agua. La noche nos perdió en su oscuridad.
5 Me dije que no éramos nadie. Como siempre, andábamos de un lado para otro, en quehaceres de último momento. Ibamos del recado[22] al rancho, del rancho al pozo, del pozo a la leña. No podía dejar yo de pensar en los cangrejales. La pampa debía sufrir por ese lado y... ¡Dios ampare las osamentas! Al día siguiente
10 están blancas. ¡Qué momento, sentir que el suelo afloja! Irse sumiendo poco a poco. Y el barrial que debe apretar los costillares. ¡Morirse ahogado en tierra! Y saber que el bicherío le va a arrancar de a pellizcos la carne... Sentirlos llegar al hueso, al vientre, a las partes, convertidas en una albóndiga de sangre e inmundicias, con millares de cáscaras dentro,
15 removiendo el dolor en un vértigo de voracidad... ¡Bien haiga! ¡Qué regalo el frescor de la tierra del patio, al través de las botas de potro![23]
Y miré para arriba. Otro cangrejal, pero de luces. Atrás de cada uno de esos agujeritos debía haber un ángel. ¡Qué cantidad de estrellas! ¡Qué grandura! Hasta la pampa resultaba chiquita. Y tuve ganas de reír.

---

[21] matra: manta de lana burda que sirve de bajera o sudadera en el recado de montar.
[22] recado: silla de montar del Río de la Plata.
[23] botas de potro: calzado peculiar del gaucho, de cuero crudo, bien sobado, que se obtiene de la pierna entera de un potro o de una vaca.

JOSE MARIA ARGUEDAS

Escritor, folklorista y etnólogo, Arguedas nació en la sierra sur del Perú en 1911. Hijo de blancos, fue criado por los indios y habló quechua durante su infancia. Periódicamente "rescatado" por su padre, estudió en Abancay y en la ciudad costeña de Inca. Habiendo logrado educarse en la Universidad de San Marcos, a la sombra de la generación de *Amauta,* se formará su espíritu rebelde, reivindicativo, de vocación social en favor de la cultura indígena.

Casi toda la obra de Arguedas es la más pura evocación interior del hombre andino, tal como lo había conocido en su delicada y amorosa fantasía. El primer volumen de sus cuentos, *Agua,* data de 1935. Escribió novelas memorables, entre otras, *Yawar fiesta* (1940) sobre la expulsión de los indios de las tierras comunales; *Los ríos profundos* (1958), sobre la vida de un niño que entristece en un mundo hostil; *Todas las sangres* (1964), sobre el poder de los gamonales; *El zorro de arriba y el zorro de abajo,* póstuma, sobre la realidad última, la tierra prometida para el indio.

Los ríos profundos (la sangre de la tierra que hace crecer la vida), es quizás la novela que mejor corresponde a su nombre y, literalmente, a la cosmovisión de su biografía. Ernesto es un chico que viaja con su padre abogado, haciendo ruta por los pueblos de la sierra, hasta que éste decide internarlo en un colegio religioso en Abancay. Pero en el silencio de su corazón, el recuerdo le trae el reposo de los valles, de los ríos, de las plantas, de las aves y la música de los indios ("la materia de que estoy hecho, la difusa región de donde me arrancaron para lanzarme entre los hombres", IX). Cada pueblo que el padre elegía para vivir tenía un río. La voz de los ríos es la voz divina que aniquila la fiebre, que arroja el dolor a la Gran Selva, al país de los muertos. Los hombres destruyen la obra de Dios, y el mundo se vuelve hostil cuando se viola el código moral de la naturaleza.

En cuanto al idealismo del escritor, se puede estar de acuerdo, pero el mundo sigue siendo complejísimo. El crítico José Miguel Oviedo, a propósito de los narradores peruanos, ha dicho que "Arguedas—él mismo es un trasplantado que tuvo que aprender el español en la Capital—prueba que el país no está dividido entre indios y blancos, sino en infinitos estratos, en sociedades plurales, separadas por irreconciliables pero sutiles intereses que los echan a unos contra otros." Arguedas había caminado al borde de ese abismo, entre dos mundos que también sentía desde adentro, y que se le clavaron en el alma. Estaba además quebrantado por una enfermedad nerviosa, cuando en 1969 se quitó la vida.

LOS RIOS PROFUNDOS

Los viajes (II)

Mi padre no pudo encontrar nunca dónde fijar su residencia; fue un abogado de provincias, inestable y errante. Con él conocí más de doscientos pueblos. Temía a los valles cálidos y sólo pasaba por ellos como viajero; se quedaba a vivir algún tiempo en los pueblos de clima templado:
5 Pampas, Huaytará Coracora, Puquio, Andahuaylas, Yauyos, Cangallo... Siempre junto a un río pequeño, sin bosques, con grandes piedras lúcidas y peces menudos. El arrayán, los lambras, el sauce, el eucalipto, el capulí, la tara, son árboles de madera limpia, cuyas ramas y hojas se recortan libremente. El hombre los contempla desde lejos; y quien busca sombra se
10 acerca a ellos y reposa bajo un árbol que canta solo, con una voz profunda, en que los cielos, el agua y la tierra se confunden.
Las grandes piedras detienen el agua de esos ríos pequeños; y forman los remansos, las cascadas, los remolinos, los vados. Los puentes de madera o los puentes colgantes y las oroyas,[1] se apoyan en ellas. En el sol, brillan.
15 Es difícil escalarlas porque casi siempre son compactas y pulidas. Pero desde esas piedras se ve cómo se remonta el río, cómo aparece en los recodos, cómo en sus aguas se refleja la montaña. Los hombres nadan para alcanzar las grandes piedras, cortando el río llegan a ellas y duermen allí. Porque de ningún otro sitio se oye mejor el sonido del agua. En los ríos
20 anchos y grandes no todos llegan hasta las piedras. Sólo los nadadores, los audaces, los héroes; los demás, los humildes y los niños se quedan; miran desde la orilla, cómo los fuertes nadan en la corriente, donde el río es hondo, cómo llegan hasta las piedras solitarias, cómo las escalan, con cuánto trabajo, y luego se yerguen para contemplar la quebrada, para
25 aspirar la luz del río, el poder con que marcha y se interna en las regiones desconocidas.
Pero mi padre decidía irse de un pueblo a otro, cuando las montañas, los caminos, los campos de juego, el lugar donde duermen los pájaros, cuando los detalles del pueblo empezaban a formar parte de la memoria.

---

[1] *oroya:* cesta de cuero que se desliza por una cuerda o maroma tendida entre ambas márgenes de un río.

A mi padre le gustaba oír *huaynos;*[2] no sabía cantar, bailaba mal, pero recordaba a qué pueblo, a qué comunidad, a qué valle pertenecía tal o cual canto. A los pocos días de haber llegado a un pueblo averiguaba quién era el mejor arpista, el mejor tocador de charango,[3] de violín y de guitarra. Los llamaba, y pasaban en la casa toda una noche. En esos pueblos sólo los   5 indios tocan arpa y violín. Las casas que alquilaba mi padre eran las más baratas de los barrios centrales. El piso era de tierra y las paredes de adobe desnudo o enlucido con barro. Una lámpara de kerosene[4] nos alumbraba. Las habitaciones eran grandes; los músicos tocaban en una esquina. Los arpistas indios tocan con los ojos cerrados. La voz del arpa parecía brotar   10 de la oscuridad que hay dentro de la caja; y el charango formaba un torbellino que grababa en la memoria la letra y la música de los cantos.

En los pueblos, a cierta hora, las aves se dirigen visiblemente a lugares ya conocidos. A los pedregales, a las huertas, a los arbustos que crecen en la orilla de las aguadas. Y según el tiempo, su vuelo es distinto. La gente   15 del lugar no observa estos detalles, pero los viajeros, la gente que ha de irse, no los olvida. Las *tuyas* prefieren los árboles altos, los jilgueros duermen o descansan en los arbustos amarillos; el *chihuaco* canta en los árboles de hojas oscuras: el saúco, el eucalipto, el lambras; no va a los sauces. Las tórtolas vuelan a las paredes viejas y horadadas; las torcazas   20 buscan las quebradas, los pequeños bosques de apariencia lejana; prefieren que se les oiga a cierta distancia. El gorrión es el único que está en todos los pueblos y en todas partes. El *viuda-pisk'o* salta sobre las grandes matas de espino, abre las alas negras, las sacude, y luego grita. Los loros grandes son viajeros. Los loros pequeños prefieren los cactos, los árboles   25 de espino. Cuando empieza a oscurecer se reparten todas esas aves en el cielo; según los pueblos toman diferentes direcciones, y sus viajes los recuerda quien las ha visto, sus trayectos no se confunden en la memoria.

Cierta vez llegamos a un pueblo cuyos vecinos principales odian a los forasteros. El pueblo es grande y con pocos indios. Las faldas de los   30 cerros están cubiertas por extensos campos de linaza.[5] Todo el valle parece sembrado de lagunas. La flor azul de la linaza tiene el color de las aguas de altura. Los campos de linaza parecen lagunas agitadas; y, según el poder del viento, las ondas son menudas o extensas.

---

[2] *huayno:* canción y baile de origen incaico (nota del autor).
[3] *charango:* especie de guitarrita o bandurria de los aborígenes andinos. Por caja se utiliza el caparazón de un armadillo y consta de cinco cuerdas de tripa muy fina que producen tonos agudos y muy vivaces.
[4] kerosene (o querosén): aceite derivado de la destilación del petróleo.
[5] *campo de linaza:* linar, tierra sembrada de lino. El diccionario de la Academia registra "linaza" para la semilla del lino.

Cerca del pueblo, todos los caminos están orillados de árboles de capulí. Eran unos árboles frondosos, altos, de tronco luminoso: los únicos árboles frutales del valle. Los pájaros de pico duro, la *tuya,* el *viuda-pisk'o,* el *chihuaco,* rondaban las huertas. Todos los niños del pueblo se lanzaban
5 sobre los árboles, en la tarde y al mediodía. Nadie que los haya visto podrá olvidar la lucha de los niños de ese pueblo contra los pájaros. En los pueblos trigueros, se arma a los niños con hondas y latas vacías; los niños caminan por las sendas que cruzan los trigales; hacen tronar sus hondas, cantan y agitan el badajo de las latas. Ruegan a los pájaros en sus
10 canciones, les avisan: "¡Está envenenado el trigo! ¡Idos, idos! ¡Volad, volad! Es del señor cura. ¡Salid! ¡Buscad otros campos!" En el pueblo del que hablo, todos los niños estaban armados con hondas de jebe; cazaban a los pájaros como a enemigos de guerra; reunían los cadáveres a la salida de las huertas, en el camino, y los contaban: veinte *tuyas,* cuarenta *chihuacos,*
15 diez *viuda-pisk'os.*

Un cerro alto y puntiagudo era el vigía del pueblo. En la cumbre estaba clavada una cruz; la más grande' y poderosa de cuantas he visto. En mayo la bajaron al pueblo para que fuera bendecida. Una multitud de indios vinieron de las comunidades del valle; y se reunieron con los pocos
20 comuneros del pueblo, al pie del cerro. Ya estaban borrachos, y cargaban odres llenos de aguardiente. Luego escalaron el cerro, lanzando gritos, llorando. Desclavaron la cruz y la bajaron en peso. Vinieron por las faldas erizadas y peladas de la montaña y llegaron de noche.

Yo abandoné ese pueblo cuando los indios velaban su cruz en medio
25 de la plaza. Se habían reunido con sus mujeres, alumbrándose con lámparas y pequeñas fogatas. Era pasada la medianoche. Clavé en las esquinas unos carteles en que me despedía de los vecinos del pueblo, los maldecía. Salí a pie, hacia Huancayo.

En ese pueblo quisieron matarnos de hambre; apostaron un celador en
30 cada esquina de nuestra casa para amenazar a los litigantes[6] que iban al estudio de mi padre; odiaban a los forasteros como a las bandas de langostas. Mi padre viajaría en un camión, al amanecer; yo salí a pie en la noche. La cruz estaba tendida en la plaza. Había poca música; la voz de unas cuantas arpas opacas se perdía en la pampa.[7] Los indios hacen bulla
35 durante las vísperas, pero en esa plaza estaban echados, hombres y mujeres; hablaban junto a la cruz, en la sombra, como los sapos grandes que croan desde los pantanos.

---

[6] Es evidente la procedencia autobiográfica del suceso indicado, sabiéndose que el padre de Arguedas, abogado, defendía a las comunidades indígenas que requerían sus tierras expropiadas por el gobierno.
[7] *pampa: voz* quechua. Espacio abierto. En la región rioplatense tiene la significación de llanura.

Lejos de allí, ya en la cordillera, encontré otros pueblos que velaban su cruz. Cantaban sin mucho ánimo. Pero estaban bien alumbrados; centenares de velas iluminaban las parédes en las que habían reclinado las cruces.

Sobre el abra,[8] antes de pasar la cumbre, recordé las hileras de árboles 5 de capulí que orillan los muros en ese pueblo; cómo caían, enredándose en las ramas, los pájaros heridos a honda; el río pequeño, tranquilo, sin piedras grandes, cruzando en silencio los campos de linaza; los peces menudos en cuyos costados brilla el sol; la expresión agresiva e inolvidable de las gentes. 10

Era un pueblo hostil que vive en la rabia, y la contagia. En la esquina de una calle donde crecía yerba de romaza que escondía grillos y sapos, había una tienda. Vivía allí una joven alta, de ojos azules. Varias noche fui a esa esquina a cantar *huaynos* que jamás se habían oído en el pueblo. Fue un homenaje desinteresado. Robaba maíz al comenzar la noche, cocinaba 15 choclos[9] con mi padre en una olla de barro, la única de nuestra casa. Después de comer, odiábamos al pueblo y planeábamos nuestra fuga. Al fin nos acostábamos: pero yo me levantaba cuando mi padre empezaba a roncar. Más allá del patio seco de nuestra casa había un canchón[10] largo cubierto de una yerba alta, venenosa para las bestias; sobre el canchón 20 alargaban sus ramas grandes capulíes de la huerta vecina. Por temor al bosque tupido, en cuyo interior caminaban millares de sapos de cuerpo granulado, no me acerqué nunca a las ramas de ese capulí. Cuando salía en la noche, los sapos croaban a intervalos; su coro frío me acompañaba varias cuadras. Llegaba a la esquina, y junto a la tienda de aquella joven que 25 parecía ser la única que no miraba con ojos severos a los extraños, cantaba *huaynos* de Querobamba, de Lambrama, de Sañayca, de Toraya, de Andahuaylas... de los pueblos más lejanos; cantos de las quebradas profundas. Me desahogaba; vertía el desprecio amargo y el odio con que en ese pueblo nos miraban, el fuego de mis viajes por las grandes 30 cordilleras, la imagen de tantos ríos, de los puentes que cuelgan sobre el agua que corre desesperada, la luz resplandeciente y la sombra de las nubes más altas y temibles. Luego regresaba a mi casa, despacio, pensando con lucidez en el tiempo en que alcanzaría la edad y la decisión necesarias para acercarme a una mujer hermosa; tanto más bella si vivía en pueblos 35 hostiles.

---

[8] *abra:* lugar despejado en el monte o el bosque.
[9] *choclo:* voz quechua. La espiga del maíz.
[10] *canchón:* aumentativo de *cancha,* voz de origen quechua, que significa espacio cercado.

INDICACIONES BIBLIOGRAFICAS

Guillermo Ara, *Ricardo Güiraldes*, Editorial La Mandrágora, Buenos Aires, 1961.

JoséMaríaArguedas, *Los ríos profundos,* Editorial Losada, Buenos Aires, 1971.

Ricardo Giiraldes, *Obras completas* (Prólogo de Francisco Luis Bernárdez y al cuidado de Juan José Güiraldes y Augusto Mario Delfino), Emecé Editores, Buenos Aires, 1962.

Julio Ortega, *Texto, comunicación y cultura: Los ríos profundos,* Centro de Estudios para el Desarrollo y la Participación, Lima, 1982.

José Miguel Oviedo, "Una discusión permanente", en *América Latina en su Literatura* (coordinación e introducción de César Fernández Moreno), S i g l o Veintiuno, México, 1972.

José Eustasio Rivera, *La vorágine,* Editorial Tamayo y Cía., Bogotá, 1924.

Pablo Rojas Paz, *El canto de la llanura,* Editorial Nova, Buenos Aires, 1955.

Eduardo Romano, *Análisis de Don Segundo Sombra,* Centro Editor de América Latina, Buenos Aires, 1967.

José A. Valente, "La naturaleza y el hombre en *La vorágine",* Cuadernos Hispanoamericanos 67 (1955).

Armando Zárate, "Segundo Sombra: el doble, el ancestro, el fantasma", *Chasqui* vol. 7, 2 (1977).

10

LA TERNURA SOCIAL

A principios de este siglo el carácter lírico del Modernismo, con todas las concurrencias artísticas y espíritu de renovación, había ocupado un gran lugar en la visión y en el gusto de la creación poética. El más ilustre animador fue Rubén Darío, entre esa gran pléyade de poetas, con la fundamentación estética de Rodó, y la prosa de ficción deslumbrante de Enrique Larreta. Pero era ésta ya una época de fin y de cambio, de crisis moral y social, en la que resultaba un tanto agraviante que el artista se concentrara en la continua y delicada motivación estetizante. Como hemos visto, el mismo Darío lo había comprendido así, porque el panorama de América no presentaba una realidad puramente exótica, sino una experiencia cruenta, incluso anormal, frente a una burguesía minoritaria y complaciente.

El Modernismo fue, como en el caso de todos los movimientos literarios de América, una obra de modulación mental más bien que un programa. Le precedía el espíritu romántico, pero sin los ideales del pasado, y sólo algunos comprendieron los signos de una transfiguración distinta. Este fue el caso de poetas y escritores que derivaron hacia un carácter social, dejando a un lado el lirismo multicolor y pintoresco, para internarse en las realidades cotidianas, íntimas y colectivas (y del "yo" al compañero de batallas del "nosotros"). No se trataba de poseer únicamente un estilo, sino de hallar una fraternidad inherente, y toparse con la tristeza insana y dolorosa del hombre.

El Modernismo, en realidad, no entró en agonía, puesto que había sido producto de una generación ambiciosa. Entraron en agonía sus éxtasis, sus evocaciones helenísticas, sus motivos aristocráticos, de extraña mixtura en América. El siglo se llenaba de nuevas perspectivas y de ideologías radicales. Nadie podía evitar el contagio. La economía capitalista, las guerras internacionales, la miseria de las masas, la prostitución, el sindicalismo de origen libertario o socialista, todo en su conjunto, informe y primitivo, conspiraba en la multitud de las ciudades incipientes.

La fisura había penetrado en la sensibilidad artística, política, cultural, no sólo porque las instituciones liberales eran manipuladas por las oligarquías, sino porque la psicología del habitante había cambiado de tipo, de ambiente y de hostilidad. La ciudad indiana devino en metrópoli. El poeta se ha vuelto incrédulo, bohemio, y anarquista sin saberlo. El apogeo rápido de las capitales (Buenos Aires, Montevideo, Santiago), se llena de inmigrantes y de gente rural. Hay quienes fracasan o se desvían. El día es una condena o una lucha. La noche es viva y azarosa. El feísmo sentimental (lo nuevo que nacía) se entremezcla con los recursos refinados de la herencia modernista, porque el sentido emocional del poeta fascinado por la ciudad, sabe también que le roe y conturba, dejándole en el alma la curiosidad del hombre pesimista. No hay otra opción. No mejora "la calidad de la vida", como no había llegado todavía la ruptura con el mundo burgués ni despuntado la rebelión de las masas.

La poesía de Evaristo Carriego es casi anormal, como lo fue la poesía gauchesca, si por anormal se entiende una literatura que no tiene connotación con otras de su tiempo. La poesía tierna de Carriego es un estilo, es un acento, y si a algo se parece, hay que buscarlo en el sentimiento cotidiano de Guido y Spano o en Almafuerte (Pedro Palacios). Es la poesía sencilla, directa y hasta trivial del suburbio, que presiente lo más triste de los solitarios sin redención. Poesía que no se crispa con violencia sino con dolor. Carriego es el poeta criollo del barrio, de los seres inadaptados, que viven sin comprender su propio drama, en el antiguo y nuevo mundo de la ciudad.

Lo que hay detrás de las grandes urbes, es la vida del obraje en la selva o en las minas del desierto. Hay allí otra ternura que procede de la más lejana memoria americana, de aquella América del subsuelo mineral, que alarmó la piadosa denuncia de fray Bartolomé de las Casas. Millones de hombres han padecido mientras crecía la excesiva riqueza del oro, del salitre, del cobre o del carbón. Se trata de una historia sin brillo y sin color. Chile fue siempre una tierra de mineros, y hasta se hizo una guerra para quedarse con los ricos desiertos de Bolivia y el Perú. En esta tradición no caben los amenos cuadros de costumbres. El dolor es mucho más hondo. El minero elige la vida como un suicidio. Sólo así puede entenderse la prosa de Baldomero Lillo, el narrador épico de los socavones de la tierra.

Una poesía de amor filial, honda y desamparada, nacida de la impotencia de los débiles y los oprimidos (cálida ternura en Carriego), resplandece con agonías de humanidad en César Vallejo. La vida rural, la vida minera del Perú, le hicieron brotar poemas de turbulenta descarga psíquica. Después, en París, se sintió sufrir por la humanidad entera, o más bien, quería sufrir en conjunto con Dios y todos los hombres. "Mi dolor es tan hondo, que no tuvo ya causa ni carece de causa", llega a decir, y lánzase en busca de ese otro Dios que camina con él, y a quien debe dolerle mucho el corazón, según sostiene. Su obra enlaza maravillosamente los tres niveles más intensos de la naturaleza poética: lo suyo personal, el sentimiento colectivo, y su padecer a ultranza, metafísico. Nadie, después de él, pudo reunir mejor esta alianza de la poesía con la ternura humana.

EVARISTO CARRIEGO

Nació en la provincia argentina de Entre Ríos en 1883. Contaba apenas cuatro años de edad cuando sus padres dejaron Paraná y se establecieron en Buenos Aires. Allí cursó, con bastante indiferencia el tercer año del bachillerato. Como fracasara en su intento de seguir la carrera militar, porque tenía afectada la vista, se dedicó al periodismo, frecuentó los cenáculos literarios y, naturalmente, estuvo afiliado al modernismo.

Pero fue el tono interior de su vida, lo que había observado y sentido, las noches de tristeza y de vigilia intelectual, los motivos que tocaron para siempre al tierno poeta de arrabal. Instalado en su barrio de Palermo, casi sobre las orillas del campo, comenzó a escribir en el periódico anarquista *La Protesta* (del olvidado Alberto Ghiraldo), y cuando éste fue clausurado, en la revista *Caras y Caretas*. La mayoría de sus poemas fueron incorporados después al volumen de título ambiguo, *Misas herejes* (1908), creaciones de sentimiento popular, con mucho de salmo, y casi nada sensual ("Que este verso, que has pedido/ vaya hacia ti, como enviado de algún recuerdo volcado/ en una tierra de olvido..."). Carriego era un poeta fuerte, de trágica sencillez, que recitaba sus estrofas entre amigos, quizás sin suponer el valor que cobraría la belleza de su purísima palabra.

El alma del suburbio, libro póstumo, se publicó en 1913. Es el libro más intenso del pequeño y amargo mundo de la ciudad. Del poeta escribió Borges en un prólogo: "El suburbio crea a Carriego y es recreado por él. Algo que no podremos recuperar, algo cuyo sentido sabemos pero no cuya forma, algo cotidiano y trivial y no percibido hasta entonces, que reveló a Carriego que el universo (que se da entero en cada instante, en cualquier lugar) también estaba ahí, en el mero presente, en Palermo, en 1904. *Entrad, que también aquí están los dioses,* dijo Heráclito de Efeso a las personas que lo hallaron calentándose en la cocina".

Se dice que Carriego vestía siempre de negro, quizás de luto por el recuerdo fiel de una muchacha que enfermó fatalmente de tisis. El poeta murió a los 29 años, también de tuberculosis, en la casa de la calle Honduras donde siempre había vivido.

RESIDUO DE FABRICA

Hoy ha tosido mucho. Van dos noches
que no puede dormir: noches fatales,
en esa oscura pieza donde pasa
sus más amargos días, sin quejarse.

El taller la enfermó, y así, vencida
en plena juventud, quizás no sabe
de una hermosa esperanza que acaricie
sus largos sufrimientos de incurable.

Abandonada siempre, son sus horas
como su enfermedad: interminables.
Sólo a ratos, el padre se le acerca
cuando llega borracho, por la tarde. . .

Pero es para decirle lo de siempre,
el invariable insulto, el mismo ultraje:
¡le reprocha el dinero que le cuesta
y la llama haragana, el miserable!

Ha tosido de nuevo. El hermanito
que a veces en la pieza se distrae
jugando, sin hablarla, se ha quedado
de pronto serio como si pensase. . .

Después se ha levantado, y bruscamente
se ha ido murmurando al alejarse,
con algo de pesar y mucho de asco
—que la puerca, otra vez escupe sangre . . .

DETRAS DEL MOSTRADOR

Ayer la vi, al pasar, en'la taberna,
detrás del mostrador, como una estatua...
Vaso de carne juvenil que atrae
a los borrachos con su hermosa cara.

Azucena regada con ajenjo,[1]
surgida en el ambiente de la crápula,
florece, como muchas, en el vicio
perfumando ese búcaro de miasmas.

¡Canción de esclavitud! Belleza triste,
belleza de hospital, ya disecada
quién sabe por qué mano que la empuja,
casi siempre, hasta el sitio de la infamia...[2]

Y pasa sin dolor, así, inconsciente,
su vida material de carne esclava:
¡copa de invitaciones y de olvido
sobre el hastiado bebedor volcada!

---

[1] *ajenjo:* planta de la cual se extrae una esencia amarga para preparar la bebida alcohólica de bastante toxicidad.
[2] prostitución o trata de blancas.

BALDOMERO LILLO

Se ha dicho (y además, entre otros, lo afirmó el poeta Pablo Neruda) que Baldomero Lillo es el primer narrador realista social del Continente. Se ha dicho también que era un voraz lector de Zola y Dostoiewski, y que de tales influencias se formó su voz de pesimismo y de protesta.

Nacido en la población chilena de Lota, en 1867, Lillo fue minero, y pasó por la vida azarosa y difícil de estos hombres cuando no existía todavía una legislación obrera ni las máquinas modernas que han salvado a esta gente de morir en las galerías siniestras. Cabe establecer, sin embargo, que el apoyo familiar vino pronto, y que tanto él como su hermano Samuel, que sería un ilustre poeta, pudieron educarse en la Capital.

Baldomero Lillo fue siempre un hombre débil y enfermizo, y aun cuando se había retirado totalmente del trabajo minero que odiaba, creíase afectado de neumoconiosis en sus momentos de crisis. Toda su obra tiene la virtud de ser breve, cuatro colecciones de cuentos y una novela sin terminar. Tenía 36 años cuando el relato "Juan Fariña" fue premiado en el concurso que organizó la *Revista Católica*. En las intensas páginas que tituló *Sub terra* (1904), que le hicieron célebre, figuraba, entre otros, el notable cuento "La compuerta número 12", drama de un padre que decide sacrificar a su hijo en el trabajo de la mina porque sabía que ese era su único destino.

El volumen siguiente de Lillo, *Sub sole* (1907), está concebido como un fresco más amplio, fuera de las minas, pero las mismas ternuras que encontró en el fondo de la tierra, las desplazó hacia las contingencias de los campos y los pueblos chilenos. Estos fueron los únicos libros que Lillo publicara. En 1942, el crítico J.S. González Vera recogió una serie de cuentos dispersos que aparecieron con el título de *Relatos populares, y* tiempo después *El hallazgo y otros cuentos* (1956). Antes, el destino humano y la ficción se habían contaminado. Baldomero Lillo murió tísico en 1923, cruento desenlace, quizás por la enfermedad que había temido siempre.

LA COMPUERTA NUMERO 12

Pablo se aferró instintivamente a las piernas de su padre. Zumbábanle los oídos y el piso que huía debajo de sus pies le producía una extraña sensación de angustia. Creíase precipitado en aquel agujero cuya negra abertura había entrevisto al penetrar en la jaula,[1] y sus grandes ojos miraban con espanto las lóbregas paredes del pozo en el que se hundían 5 con vertiginosa rapidez. En aquel silencioso descenso sin trepidación ni más ruido que el del agua goteando sobre la techumbre de hierro las luces de las lámparas parecían prontas a extinguirse y a sus débiles destellos se delineaban vagamente en la penumbra las hendiduras y partes salientes de la roca: una serie interminable de negras sombras que volaban como saetas 10 hacia lo alto .

Pasado un minuto, la velocidad disminuyó bruscamente, los pies asentáronse con más solidez en el piso fugitivo y el pesado armazón de hierro, con un áspero rechinar de goznes y de cadenas, quedo inmóvil a la entrada de la galería. 15

El viejo tomó de la mano al pequeño y juntos se internaron en el negro túnel. Eran de los primeros en llegar y el movimiento de la mina no empezaba aún. De la galería bastante alta para permitir al minero erguir su elevada talla, sólo se distinguía parte de la techumbre cruzada por gruesos maderos. Las paredes laterales permanecían invisibles en la oscuridad 20 profunda que llenaba la vasta y lóbrega excavación.

A cuarenta metros del pique[2] se detuvieron ante una especie de gruta excavada en la roca. Del techo agrietado, de color de hollín, colgaba un candil de hoja de lata[3] cuyo macilento resplandor daba a la estancia la apariencia de una cripta enlutada y llena de sombras. En el fondo, sentado 25 delante de una mesa, un hombre pequeño, ya entrado en años, hacía anotaciones en un enorme registro. Su negro traje hacía resaltar la palidez del rostro surcado por profundas arrugas. Al ruido de pasos levantó la cabeza y fijó una mirada interrogadora en el viejo minero, quien avanzó con timidez, diciendo con voz llena de sumisión y de respeto: 30

—Señor, aquí traigo el chico.

[1] *jaula:* en este caso, armazón de hierro que se emplea en los pozos de las minas para subir y bajar los operarios o los materiales.
[2] *pique:* lugar donde se extrae con barreta (palanca de hierro), cuña o pico el carbón de piedra.
[3] Resulta curioso que el autor indique un "candil de hoja de lata" cuando hacía ya tiempo que Davy Humphrey (1778-1829) había inventado la lámpara de seguridad que evitaba la explosión del grisú o gas metano que se desprende en las minas de carbón. En el primer párrafo del relato, sin embargo, menciona que 'había luces de lámparas' y más adelante "lámparas sujetas a las viseras de las gorras de cuero".

Los ojos penetrantes del capataz abarcaron de una ojeada el cuerpecillo endeble del muchacho. Sus delgados miembros y la infantil inconsciencia del moreno rostro en el que brillaban dos ojos muy abiertos como de medrosa bestezuela, lo impresionaron desfavorablemente, y su corazón endurecido por el espectáculo diario de tantas miserias, experimentó una piadosa sacudida a la vista de aquel pequeñuelo arrancado a sus juegos infantiles y condenado, como tantas infelices criaturas, a languidecer miserablemente en las húmedas galerías, junto a las puertas de ventilación. Las duras líneas de su rostro se suavizaron y con fingida aspereza le dijo al viejo que muy inquieto por aquel examen fijaba en él una ansiosa mirada:

—¡Hombre! este muchacho es todavía muy débil para el trabajo. ¿Es hijo tuyo?

—Sí, señor.

—Pues debías tener lástima de sus pocos años y antes de enterrarlo aquí enviarlo a la escuela por algún tiempo.

—Señor—balbuceó la voz ruda del minero en la que vibraba un acento de dolorosa súplica—, somos seis en casa y uno solo el que trabaja. Pablo cumplió ya los ocho años y debe ganar el pan que come y, como hijo de mineros, su oficio será el de sus mayores, que no tuvieron nunca otra escuela que la mina.

Su voz opaca y temblorosa se extinguió repentinamente en un acceso de tos, pero sus ojos húmedos imploraban con tal insistencia, que el capataz vencido por aquel mudo ruego llevó a sus labios un silbato y arrancó de él un sonido agudo que repercutió a lo lejos en la desierta galería. Oyóse un rumor de pasos precipitados y una oscura silueta se dibujó en el hueco de la puerta.

—Juan—exclamó el hombrecillo, dirigiéndose al recién llegado—lleva este chico a la compuerta número doce, reemplazará al hijo de José, el carretillero, aplastado ayer por la corrida.

Y volviéndose bruscamente hacia el viejo, que empezaba a murmurar una frase de agradecimiento, díjole con tono duro y severo:

—He visto que en la última semana no has alcanzado a los cinco cajones que es el mínimum diario que se exige de cada barretero.[4] No olvides que si esto sucede otra vez, será preciso darte de baja para que ocupe tu sitio otro más activo.

Y haciendo con la diestra un ademán enérgico, lo despidió.

Los tres se marcharon silenciosos y el rumor de sus pisadas fue alejándose poco a poco en la oscura galería. Caminaban entre dos hileras de rieles cuyas traviesas[5] hundidas en el suelo fangoso trataban de evitar

---

4 *barretero:* operario que trabaja con la barra o barreta (véase *supra,* n. 2).
5 *traviesas:* cada uno de los maderos que se atraviesan en una vía férrea para asentar sobre ellos los rieles.

alargando o acortando el paso, guiándose por los gruesos clavos que sujetaban las barras de acero. El guía, un hombre joven aún, iba delante y más atrás con el pequeño Pablo de la mano seguía el viejo con la barba sumida en el pecho, hondamente preocupado. Las palabras del capataz y la amenaza en ellas contenida habían llenado de angustia su corazón. Desde   5 algún tiempo su decadencia era visible para todos; cada día se acercaba más el fatal lindero que una vez traspasado convierte al obrero viejo en un trasto inútil dentro de la mina. En balde desde el amanecer hasta la noche durante catorce horas mortales, revolviéndose como un reptil en la estrecha labor, atacaba la hulla furiosamente, encarnizándose contra el filón   10 inagotable que tantas generaciones de forzados como él arañaban sin cesar en las entrañas de la tierra.

Pero aquella lucha tenaz v sin tregua convertía muy pronto en viejos decrépitos a los más jóvenes y vigorosos. Allí en la lóbrega madriguera húmeda y estrecha, encorvábanse las espaldas y aflojábanse los músculos   15 y, como el potro resabiado[6] que se estremece tembloroso a la vista de la vara, los viejos mineros cada mañana sentían tiritar sus carnes al contacto de la veta. Pero el hambre es aguijón más eficaz que el látigo y la espuela, y reanudaban taciturnos la tarea agobiadora, y la veta entera acribillada por mil   partes   por   aquella   carcoma   humana,   vibraba   sutilmente,   20 desmoronándose pedazo a pedazo, mordida por el diente cuadrangular del pico, como la arenisca de la ribera a los embates del mar.

La súbita detención del guía arrancó al viejo de sus tristes cavilaciones. Una puerta les cerraba el camino en aquella dirección, y en el suelo arrimado a la pared había un bulto pequeño cuyos contornos se   25 destacaron confusamente heridos por las luces vacilantes de las lámparas: era un niño de diez años acurrucado en un hueco de la muralla.

Con los codos en las rodillas y el pálido rostro entre las manos enflaquecidas, mudo e inmóvil, pareció no percibir a los obreros que traspusieron el umbral y lo dejaron de nuevo sumido en la oscuridad. Sus   30 ojos abiertos, sin expresión, estaban fijos obstinadamente hacia arriba, absortos tal vez, en la contemplación de un panorama imaginario que, como el miraje[7] del desierto, atraía sus pupilas sedientas de luz, húmedas por la nostalgia del lejano resplandor del día.

Encargado del manejo de esa puerta, pasaba las horas interminables   35 de su encierro sumergido en un ensimismamiento doloroso, abrumado por aquella lápida enorme que ahogó para siempre en él la inquieta y grácil movilidad de la infancia, cuyos sufrimientos dejan en el alma que los comprende una amargura infinita y un sentimiento de execración acerbo por el egoísmo y la cobardía humanos.   40

---

[6] *potro resabiado:* se dice del animal arisco, que conserva resabios o   malas costumbres de la vida salvaje.
[7] *miraje:* espejismo.

Los dos hombres y el niño después de caminar algún tiempo por un estrecho corredor, desembocaron en una alta galería de arrastre[8] de cuya techumbre caía una lluvia continua de gruesas gotas de agua. Un ruido sordo y lejano, como si un martillo gigantesco golpease sobre sus cabezas la armadura del planeta, escuchábase a intervalos. Aquel rumor, cuyo origen Pablo no acertaba a explicarse, era el choque de las olas en las rompientes de la costa. Anduvieron aún un corto trecho y se encontraron por fin delante de la compuerta numero doce.

—Aquí es—dijo el guía, deteniéndose junto a la hoja de tablas que giraba sujeta a un marco de madera incrustado en la roca.

Las tinieblas eran tan espesas que las rojizas luces de las lámparas, sujetas a las viseras de las gorras de cuero, apenas dejaban entrever aquel obstáculo.

Pablo, que no se explicaba ese alto repentino, contemplaba silencioso a sus acompañantes, quienes, después de cambiar entre sí algunas palabras breves y rápidas, se pusieron a enseñarle con jovialidad y empeño el manejo de la compuerta. El rapaz, siguiendo sus indicaciones, la abrió y cerró repetidas veces, desvaneciendo la incertidumbre del padre que temía que las fuerzas de su hijo no bastasen para aquel trabajo.

El viejo manifestó su contento, pasando la callosa mano por la inculta cabellera de su primogénito, quien hasta allí no había demostrado cansancio ni inquietud. Su juvenil imaginación impresionada por aquel espectáculo nuevo y desconocido se hallaba aturdida, desorientada. Parecíale a veces que estaba en un cuarto a oscuras y creía ver a cada instante abrirse una ventana y entrar por ella los brillantes rayos del sol, y aunque su inexperto corazoncillo no experimentaba ya la angustia que le asaltó en el pozo de bajada, aquellos mimos y caricias a que no estaba acostumbrado despertaron su desconfianza.

Una luz brilló a lo lejos en la galería y luego se oyó el chirrido de las ruedas sobre la vía, mientras un trote pesado y rápido hacía retumbar el suelo.

—¡Es la corrida!—exclamaron a uh tiempo los dos hombres.

—Pronto, Pablo—dijo el viejo—, a ver cómo cumples tu obligación.

El pequeño con los puños apretados apoyó su diminuto cuerpo contra la hoja que cedió lentamente hasta tocar la pared. Apenas ejectuada esta operación, un caballo oscuro, sudoroso y jadeante, cruzó rápido delante de ellos, arrastrando un pesado tren cargado de mineral.

Los obreros se miraron satisfechos. El novato era ya un portero experimentado, y el viejo, inclinando su alta estatura, empezó a hablarle zalameramente: él no era ya un chicuelo, como los que quedaban allá arriba que lloran por nada y están siempre cogidos de las faldas de las mujeres, sino un hombre, un valiente, nada menos que un obrero, es decir, un camarada a quien había que tratar como tal. Y en breves frases le dio a

---

[8] *arrastre:* talud o inclinación de las paredes de la mina.

entender que les era forzoso dejarlo solo; pero que no tuviese miedo, pues había en la mina muchísimos otros de su edad, desempeñando el mismo trabajo; que él estaba cerca y vendría a verlo de cuando en cuando, y una vez terminada la faena regresarían juntos a casa.

Pablo oía aquello con espanto creciente y por toda respuesta se cogió con ambas manos de la blusa del minero. Hasta entonces no se había dado cuenta exacta de lo que se exigía de él. El giro inesperado que tomaba lo que creyó un simple paseo, le produjo un miedo cerval, y dominado por un deseo vehementísimo de abandonar aquel sitio, de ver a su madre y a sus hermanos y de encontrarse otra vez a la claridad del día, sólo contestaba a las afectuosas razones de su padre con un ¡vamos! quejumbroso y lleno de miedo. Ni promesas ni amenazas lo convencían, y el ¡vamos, padre!, brotaba de sus labios cada vez más dolorido y apremiante.

Una violenta contrariedad se pintó el rostro del viejo minero; pero al ver aquellos ojos llenos de lágrimas, desolados y suplicantes, levantados hacia él, su naciente cólera se trocó en una piedad infinita: ¡era todavía tan débil y pequeño! Y el amor paternal adormecido en lo íntimo de su ser recobró de súbito su fuerza avasalladora.

El recuerdo de su vida, de esos cuarenta años de trabajos y sufrimientos se presentó de repente a su imaginación, y con honda congoja comprobó que de aquella labor inmensa sólo le restaba un cuerpo exhausto que tal vez muy pronto arrojarían de la mina como un estorbo, y al pensar que idéntico destino aguardaba a la triste criatura, le acometió de improviso un deseo imperioso de disputar su presa a ese monstruo insaciable, que arrancaba del regazo de las madres los hijos apenas crecidos para convertirlos en esos parias, cuyas espaldas reciben con el mismo estoicismo el golpe brutal del amo y las caricias de la roca en las inclinadas galerías.

Pero aquel sentimiento de rebelión que empezaba a germinar en él se extinguió repentinamente ante el recuerdo de su pobre hogar y de los seres hambrientos y desnudos de los que era el único sostén, y su vieja experiencia le demostró lo insensato de su quimera. La mina no soltaba nunca al que había cogido, y como eslabones nuevos que se sustituyen a los viejos y gastados de una cadena sin fin, abajo los hijos sucedían a los padres, y en el hondo pozo el subir y bajar de aquella marea viviente no se interrumpiría jamás. Los pequeñuelos respirando el aire empozoñado de la mina crecían raquíticos, débiles, paliduchos, pero había que resignarse, pues para eso habían nacido.

Y con resuelto ademán el viejo desenrolló de su cintura una cuerda delgada y fuerte y a pesar de la resistencia y súplicas del niño lo ató con ella por mitad del cuerpo y aseguró, en seguida, la otra extremidad en un grueso perno incrustado en la roca. Trozos de cordel adheridos a aquel hierro indicaban que no era la primera vez que prestaba un servicio semejante.

La criatura medio muerta de terror lanzaba gritos penetrantes de pavorosa angustia, y hubo que emplear la violencia para arrancarla de entre las piernas del padre, a las que se había asido con todas sus fuerzas. Sus ruegos y clamores llenaban la galería, sin que la tierna víctima, más desdichada que el bíblico Isaac,[9] oyese una voz amiga que detuviera el brazo paternal armado contra su propia carne, por el crimen y la iniquidad de los hombres.

Sus voces llamando al viejo que se alejaba tenían acentos tan desgarradores, tan hondos y vibrantes, que el infeliz padre sintió de nuevo flaquear su resolución. Mas, aquel desfallecimiento sólo duró un instante, y tapándose los oídos para no escuchar aquellos gritos que le atenaceaban las entrañas, apresuró la marcha apartándose de aquel sitio. Antes de abandonar la galería, se detuvo un instante, y escuchó: una vocecilla tenue como un soplo clamaba allá muy lejos, debilitada por la distancia:

—¡Madre! ¡Madre!

Entonces echó a correr como un loco, acosado por el doliente vagido, y no se detuvo sino cuando se halló delante de la veta, a la vista de la cual su dolor se convirtió de pronto en furiosa ira y, empuñando el mango del pico, la atacó rabiosamente. En el duro bloque caían los golpes como espesa granizada sobre sonoros cristales, y el diente de acero se hundía en aquella masa negra y brillante, arrancando trozos enormes que se amontonaban entre las piernas del obrero, mientras un polvo espeso cubría como un velo la vacilante luz de la lámpara.

Las cortantes aristas del carbón volaban con fuerza, hiriéndole el rostro, el cuello y el pecho desnudo. Hilos de sangre mezclábanse al copioso sudor que inundaba su cuerpo, que penetraba como una cuña en la brecha abierta, ensanchándose con el afán del presidiario que horada el muro que lo oprime; pero sin la esperanza que alienta y fortalece al prisionero: hallar al fin de la jornada una vida nueva, llena de sol, de aire y de libertad.

---

[9] Se refiere al hijo de Abraham en la Biblia, conocido por su obediencia sumisa, al ser conducido por su padre para sacrificarlo sobre el monte Noria y establecer así un pacto con Dios (*Génesis*, 22:1-19).

CESAR VALLEJO

El 15 de abril de 1938 murió César Vallejo en la Clínica Arago de París. Había dicho: "En suma, no poseo para expresar mi vida sino mi muerte". Ese mismo día, el ejército de la República se retiraba vencido a lo largo del Ebro. Era Viernes Santo. "España, me voy a España", dicen que deliraba. Para quienes seguían de cerca la guerra española, su agonía pareció simbólica, de unánime dolor universal. Pocos días antes había escrito uno de los libros más extraordinarios sobre la contienda, *España, aparta de mí este cáliz,* que fue publicado después de su muerte.

Vallejo había nacido en Santiago de Chuco, en la sierra del Perú, en 1892. Sus abuelos habían sido, curiosamente, dos sacerdotes españoles y dos indígenas peruanas. Se formó según preceptos religiosos, pero no quiso hacerse sacerdote, carrera a la que su familia lo creía destinado. En verdad resultó todo lo contrario. Llegó a reprocharle a Dios, en muchos de sus poemas, que hubiese hecho tan desventurados a los hombres.

Prontamente se alejó de su hogar, pero un sentimiento de orfandad y de culpa le persiguió siempre. Se trasladó a Trujillo, trabajó de preceptor y recibió la licenciatura en Letras. Mientras tanto vino a reunirse con escritores de vanguardia. Conoció a Juan Carlos Mariátegui y al líder estudiantil Haya de la Torre. Casi enseguida estuvo al borde del crimen pasional. Empuñó una pistola contra Mirto, su amada de aquellos días angustiosos, pero felizmente el disparo no salió. En el trayecto a Lima, superada la crisis emocional, escribió: "Estoy sereno, con luz". En 1918 publicó su primer libro de poemas, *Los heraldos negros.* Después de aparecer *Trilce,* en 1922, salió hacia París. Allí conoció la miseria y se refugió en el comunismo. Casado con Georgette Philippart, que lo arrebató de una prostituta con la cual vivía, muy pronto el matrimonio dilapidó la herencia que ella había recibido. El poeta para sobrevivir se afanaba en diversos trabajos literarios, dramas y ensayos que en nada mitigaban su pobreza. Enfrentaba una crisis profunda, psíquica y moral, que se agravaba con la guerra de España. El heroísmo del pueblo español frente al fascismo lo exalta y angustia. En 1937 sale para España y pronuncia allí una conferencia mientras el país ardía en llamas. Vuelve a Francia y funda un comité en defensa de la República. En tal momento, poseído de una intensa inspiración escribe *Poemas humanos,* y en ellos presiente su muerte que no tardaría en venir. Muere, al parecer, cuando los sucesos de España y los suyos propios habían roto los hilos de sus nervios. Días después sobre dos fotografías, Pablo Picasso dibujaba su rostro, radiante de arrugas. Sus ojos, en cambio, parecian mirar hacia una lejanía insituable.

LA RUEDA DEL HAMBRIENTO

Por entre mis propios dientes salgo humeando,
dando voces, pujando,
bajándome los pantalones...
Vacá[1] mi estómago, vacá mi yeyuno,
la miseria me saca por entre mis propios dientes,
cogido con un palito por el puño de la camisa.

Una piedra en que sentarme
¿no habrá ahora para mí?
Aun aquella piedra en que tropieza la mujer que ha dado a luz,
la madre del cordero, la causa, la raíz,
¿ésa no habrá ahora para mí?
¡Siquiera aquella otra,
que ha pasado agachándose por mi alma!
Siquiera la calcárida o la mala (humilde océano)
o la que ya no sirve ni para ser tirada contra el hombre,
¡ésa dámela ahora para mí!

Siquiera la que hallarén atravesada y sola en un insulto,
¡ésa dádmela ahora para mí!
Siquiera la torcida y coronada, en que resuena
solamente una vez el andar de las rectas conciencias,
o, al menos, esa otra, que arrojada en digna curva,
va a caer por sí misma,
en profesión de entraña verdadera,
¡esa dádmela ahora para mí!

[1] *vacá:* de vacante, vacío.

Un pedazo de pan, ¿tampoco habrá para mí?
Ya no más he de ser lo que siempre he de ser,
pero dadme una piedra en que sentarme,
pero dadme, por favor, un pedazo de pan en que sentarme,[2]
pero dadme
en español
algo, en fin, de beber, de comer, de vivir, de reposarse,
y después me iré...
Hallo una extraña forma, está muy rota
y sucia mi camisa
y ya no tengo nada, esto es horrendo.

LOS DESGRACIADOS

Ya va a venir el día, dá
cuerda a tu brazo, búscate debajo
del colchón, vuelve a pararte
en tu cabeza, para andar derecho.
Ya va a venir el día, ponte el saco.

Ya va a venir el día; ten
fuerte en la mano a tu intestino grande, reflexiona,
antes de meditar, pues es horrible
cuando le cae a uno la desgracia
y se le cae a uno a fondo el diente.

Necesitas comer, pero, me digo,
no tengas pena, que no es de pobres
la pena, el sollozar junto a su tumba;
remiéndate, recuerda,
confía en tu hilo blanco, fuma, pasa lista
a tu cadena y guárdala detrás de tu retrato.
Ya va a venir el día, ponte el alma.

---

[2] En la Biblia la piedra y el pan se vinculan al "maná descendido del cielo o la transfiguración de la piedra en pan" *(Exodo, 17:6; San Mateo, 4:3).*

Ya va a venir el día; pasan,
han abierto en el hotel un ojo,
azotándolo, dándole con un espejo tuyo...
¿tiemblas? Es el estado remoto de la frente
y la nación reciente del estómago.
Roncan aún ... ¡Qué universo se lleva este ronquido!
¡Cómo quedan tus poros, enjuiciándolo!
¡Con cuántos doses, ¡ay! estás tan solo!
Ya va a venir el día, ponte el sueño.

Ya va a venir el día, repito
por el órgano oral de tu silencio
y urge tomar la izquierda con el hambre
y tomar la derecha con la sed; de todos modos,
abstente de ser pobre con los ricos,
atiza tu frío, porque en él se integra mi calor, amada víctima.
Ya va a venir el día, ponte el sol.

Ya va a venir el día;
la mañana, la mar, el meteoro, van
en pos de tu cansancio, con banderas,
y, por tu orgullo clásico, las hienas
cuentan sus pasos al compás del asno,
la panadera piensa en ti,
el carnicero piensa en ti, palpando
el hacha en que están presos
el acero y el hierro y el metal; jamás olvides
que durante la misa no hay amigos.
Ya va a venir el día, ponte el sol.

Ya viene el día; dobla
el aliento, triplica
tu bondad rencorosa
y da codos al miedo, nexo y énfasis,
pues tú, como se observa en tu entrepierna y siendo
el malo, ¡ay! inmortal,
has soñado esta noche que vivías
de nada y morías de todo...

Fin de noviembre o primera semana de diciembre 1937.

MASA[1]

Al fin de la batalla,
y muerto el combatiente, vino hacia él un hombre
y le dijo: "¡No mueras; te amo tanto!"
Pero el cadáver ¡ay! siguió rnuriendo.

Se le acercaron dos y repitiéronle:
"¡No nos dejes! ¡valor! ¡Vuelve a la vida!"
Pero el cadáver ¡ay! siguió muriendo.

Acudieron a él veinte, cien, mil, quinientos mil,
clamando: " ¡Tanto amor, y no poder nada contra la muerte!"
Pero el cadáver ¡ay! siguió muriendo.

Le rodearon millones de individuos,
con un ruego común: " ¡Quédate, hermano!"
Pero el cadáver ¡ay! siguió muriendo.

Entonces todos los hombres de la tierra
le rodearon, les vio el cadáver triste, emocionado;
incorporóse lentamente, abrazó al primer hombre; echóse a andar...

---

[1] Este poema procede del libro póstumo *España, aparta de mí este cáliz,* enteramente dedicado a los voluntarios de la República durante la guerra civil española (1936-39). Se ha dicho que el protagonista del poemario, Pedro Rojas ("cuyo cadáver estaba lleno de mundo") es el mismo que reaparece aquí, tanto como en los cantos IX, X, y XI del mismo libro.

INDICACIONES BIBLIOGRAFICAS

Jorge Luis Borges, *Evaristo Carriego,* Editorial Gleizer, Buenos Aires, 1930.
—*Prólogos,* Torres Agüero Editor, Buenos Aires,1975.
André Coyné, *César Vallejo y su obra poética,* Editorial Letras Peruanas, Lima, 1958.
Angel Flores *Historia y antología del cuento y la novela hispanoamericana,* Las Americas Publishing, New York, 1967.
Juan Larrea, *César Vallejo o Hispanoamérica en la cruz de su razón,* Universidad Nacional de Córdoba, Cordoba (Argentina), 1958.
Baldomero Lillo, *Obras completas* (Introducción biográfica de Raúl Silva Castro), Nascimento, Santiago de Chile, 1968.
Luis Monguió, *César Vallejo. Vida y obra,* Hispanic Institute, New York, 1952.
César Vallejo, *Poesías completas* (Edición de César Miró), Editorial Losada, Buenos Aires, 1949.
Armando Zárate, "Premonición y vísperas", *Revista Iberoamericana* 80 (julio septiembre, 1972).
—, *César Vallejo: Enunciados de la guerra española,* Rodolfo Alonso Editor, Buenos Aires, 1976.
Alberto Zum Felde, *La narrativa hispanoamericana,* Aguilar Editores, Madrid, 1964.

II

SI O NO A LA IGLESIA

Los reyes de España fueron vicarios de Cristo en América, con el asentimiento de los pontífices romanos, el derecho a la "guerra justa" y la servidumbre de los indios. Fue misión de la monarquía imponer el cristianismo, la erección de templos, la concesión de tierras, tributos, beneficios y la dirección de la enseñanza. La doctrina católica tuvo así un área de vigencia muchísimo mayor que la del idioma, pues abarcaba casi la totalidad del Continente, incluidos Haití y el Brasil.

En el principio fue la violencia. Un todo indivisible en dos acciones consagradas por el poder del monarca y el prelado. Pero al mismo tiempo el patronato real en América no podía realizarse sin conflicto, puesto que el Humanismo español de entonces se inclinaba hacia la necesidad de una reforma interior de la Iglesia y de las leyes feudales de la conquista. La acción civilizadora, que incluso se logró contra los españoles mismos, tenía en cuenta los pueblos indígenas, reconocidos como gentiles, y como tales, merecedores de justicia y de trato religioso por la fe. Fray Bartolomé de Las Casas, quizás sin proponérselo, a través de Francisco de Vitoria y los juristas de Burgos, había contribuido a dar los fundamentos válidos de un patronato religioso que no pertenecía enteramente al rey ni al pontífice, sino a los gobiernos de cada territorio en el Nuevo Mundo. Fue el sueño evangélico de Vasco de Quiroga y de las misiones jesuíticas.

La Iglesia terminó por consentir que el nuevo continente era un fuero directo de la corona, fundado su derecho en donación o cesión del Papa, de acuerdo a la teoría de las dos espadas, la espiritual y la temporal. Sin embargo, al producirse la emancipación, la caída de la autoridad española significó un golpe fatal para la hegemonía de la Iglesia en la dirección teológica y administrativa de casta aliada a la nobleza. La élite criolla y revolucionaria trató de imponer las doctrinas laicas, en la educación, las artes, las ciencias, y contra la jerarquía eclesiástica y el catequismo psicológico (el terror y la esperanza). Se establecía de esta forma la nueva dicotomía en los estados americanos, ya que la Curia contaba con devotísimos intereses económicos, y decidió defender con tenacidad sus antiguos fueros y privilegios municipales. En aquellos países donde el regalismo del monarca, las propiedades territoriales y los beneficios eran inmensos, la resistencia católica fue mucho más violenta. En México, para poner un ejemplo, el presidente Gómez Farías decidió el derecho de patronato, suprimió diezmos y votos monásticos, confiscó los templos y excluyó a los clérigos de la enseñanza superior (1833). Este movimiento, llamado de Reforma (en la práctica lamentable por la subasta indiscriminada de tierras pertenecientes al clero), nada logró en el fondo contra la devoción y la santurronería de las masas, que vieron en la Iglesia una víctima de las leyes del Estado.

El siglo XIX fue la noche oscura de la religión católica en el mundo, mientras la ética protestante de raíces más democráticas, ascendía con un vigor sin precedentes. Este hecho, desde luego, nunca fue compartido en el mundo hispánico, porque resultaba ajeno o impropio. La lucha, pues, habría de librarse dentro de la misma tradición histórica, aun cuando se tratara de creencias híbridas y mestizadas. Como la jerarquía religiosa perdía prestigio moral, y puesta en el índice de la hipocresía civil, tuvo que aliarse a las fuerzas conservadoras o castrenses. Nunca tuvo mayor auge que bajo los gobiernos teocráticos de Rodríguez de Francia o de Gabriel García Moreno, paladines del Santo Oficio y de los movimientos contrarios a la libertad de los pueblos. En la Argentina, donde la burocracia virreinal y clerical fue casi nula por centurias, se padeció de pronto una reacción de clérigos y militares en 1943, como nunca había ocurrido en su historia. En otros países, donde los militares utilizaron un lenguaje deformado de la democracia, la Iglesia no hizo más que aceptar en silencio la dictadura, en tanto que las divisas de estos estados siguiera engrosando la cartera de acciones del Vaticano.

Cabe admitir todavía, después de tantos años de beligerancia amarga, que ciertos sectores del clero estacionario, persisten en batallar con los liberales laicos y los librepensadores, a quienes teme más que a Satanás. Por otra parte, las coincidencias tácticas y la simpatía mutua de católicos y comunistas, se han visto en ocasiones facilitadas por argumentos anticapitalistas, o como enemigos de las sociedades opulentas, con peligro de alejarse de las condiciones exitosas del futuro. Sin embargo, la reciente concientización de la Iglesia americana popular, de espíritu no tan ascético como práctico, ha tenido ya sus mártires y, entre otros, la del desventurado cura revolucionario de Colombia, Camilo Torres, muerto en un encuentro con las tropas del ejército en 1966. El nuevo movimiento religioso ha postulado también sus contribuciones ideológicas, formuladas por el sacerdote peruano Gustavo Rodríguez en su *Teología de la liberación* (1972). Es precisamente este nuevo sentimiento cristiano y el amor por los tristes y explotados, esta "opción por los pobres", que explicaría la tesitura del talentoso poeta Ernesto Cardenal, uno de los cuatro sacerdotes que ocuparon puesto en el gabinete sandinista de Nicaragua. Los tribunales represivos del Vaticano los han censurado. Su ruego, su protesta, es un deseo de justicia divina, pero no creemos que defiendan ya aquella flor digna del paraíso prometido, sin tener la certidumbre que primero se logre en esta tierra.

RUFINO BLANCO FOMBONA

Contemporáneo de los últimos modernistas, aunque de una manera distinta y hasta opuesta ("el gran costumbrista de la decadencia autocrática," le llamó Luis Alberto Sánchez), el ácido y combativo poeta venezolano nació en Caracas en 1874. No había concluido sus estudios cuando fue nombrado cónsul en Filadelfia. Gobernador del territorio federal Amazonas y secretario de la Cámara de Diputados, sufrirá la prisión y también el destierro durante la larga dictadura de Juan Vicente Gómez.

Escritor de múltiples pasiones y vuelos de fantasía, los versos de su *Pequeña Opera Lírica* (1904), fueron distinguidos con el prólogo de Rubén Darío, quien además escribió en el libro tercero de *La caravana pasa:* "Artista delicado y raro, al propio tiempo que espíritu osado y violento; hay en sus versos trino y aletazo, suave pluma y garra de bronce". Se enemistará después del admirado maestro, con este retrato: "Viejo Sileno, lleno de whisky y de ignominia", pero Blanco Fombona era así, por tesitura y carácter.

Autor de ficciones, sus *Cuentos americanos* aparecieron primero en francés (1903), y más tarde otros de ambiente extranjero, *Cuentos franceses, Cuentos yanquis, Cuentos españoles,* hallazgos de su vida viajera. Novelista de temas urbanos, donde ronda el déspota militar, destaca la vida inútil del bueno expuesta a la maldad en *El hombre de hierro* (1907), y el triunfo del avaro vergonzoso en *El hombre de oro* (1915). El arte y la injuria se mezclan en *La máscara heroica* (1923), la más dura acusación que se haya escrito contra su enemigo, Juan Vicente Gómez, y en *La mitra en la mano* (1927), el virulento ataque contra el clero de su país.

A otra categoría (quizás la mejor), y donde es casi imposible deslindar la ficción, pertenecen sus volúmenes autobiográficos: *Diario de mi vida, la novela de dos años* (1929); *Camino de imperfección* (1933), y *Dos años y medio de inquietud* (1942). Allí deja ver su carácter, su prosa de color, su odio, su inteligencia, su furia ideológica y enconos contra las jerarquías establecidas. De sí mismo dijo en *Camino de imperfección,* para epitafio: "Su vivir fue ilógico. Su pensar fue contradictorio. No le temió nunca a la verdad. "

Blanco Fombona escribió numerosos ensayos de vitalidad polémica y exégesis noveladas de fervor patriótico *(Las mocedades de Bolívar,* 1941). Murió en Buenos Aires en 1944.

CAMINO DE IMPERFECCION

1906

4 de diciembre.—Se dice de Jesús que fue Dios y hombre verdadero. Quizás fue un Dios falso y hombre más falso aún. El hombre no es bueno y Cristo lo fue: luego no fue un hombre verdadero. Vino a llenar de tristeza el mundo, y a suprimir, cuanto era dable, el más humano, viril y noble
5 sentimiento: el orgullo. Su vida, más bella que su muerte: perdonó adúlteras y redimió pecadoras[1] y latigueó mercaderes,[2] con superior idea de la verdadera justicia, que manchaba, a pesar de todo, con prédicas inmorales, en su empeño de formular una teoría de constante deposición.[3] Esta teoría es nociva por cuanto exalta a los mediocres y ofrece a los
10 pobres de espíritu el reino de los cielos; daña el desarrollo de los mejores, que vale como apagar en el espacio las estrellas y borrar las encaminadoras columnas de fuego.[4] La multitud acepta regocijada esa doctrina porque el renunciamiento de los fuertes la lisonjea, a ella que nada tiene que renunciar. La multitud encantada proclama esa doctrina y sacrifica al
15 pastor en obsequio de los borregos. Sacrificando al individuo en aras de la comunidad, llega la comunidad a culminar en estas entidades igualitarias y grises como Estados Unidos.[5]

[1] Caso explícito la mujer adúltera y condenada a muerte (San Juan, 8: 1-11).
[2] Esta idea de la expulsión de los mercaderes del templo está tomada de la profusa iconografía que existe sobre el episodio protagonizado por Jesús, a quien se le atribuye el uso del látigo (cf. *San Marcos,* 11:15 -18) .
[3] *deposición:* privación o degradación de empleo o dignidad.
[4] Referente el peregrinaje del pueblo hebreo a la entrada del desierto: "Y Jehová iba delante de ellos de día en una columna de nube, para guiarlos por el camino, y de noche en una columna de fuego para alumbrarles *(Exodo,* 13:21).
[5] Comentario ya ensayado por Rodó en *Ariel* (Cf. *supra,* n. 14), y con anterioridad por Tocqueville que trataba de elucidar el problema de la libertad frente a la igualdad *(La democracia en América,* 1835 y 1840). El ingenioso Jorge Luis Borges, casi de modo parecido, dirá atinadamente un disparate: "Estados Unidos y Rusia no son otra cosa que dos países extraordinariamente mediocres" (en la revista *Hombre de Mundo,* nov. de 1977).

De ser Cristo un Dios—cosa que debieran negar los cristianos—, fue un Dios perverso. Si fue bueno como hombre, no lo fue en cuanto Dios. ¿Por qué, siendo todopoderoso, en su carácter divino, no triunfó sobre sus adversarios, perdonándolos luego? Ya que, deidad caprichosa, quiso descender del Paraíso a mezclarse en nuestros asuntos terrenos, tratando y 5 riñendo de quién a quién con míseros mortales, eso era el camino del decoro: vencerlos como más fuerte y perdonarlos como más.santo. Pero no. Cristo no imitó a Hércules, semi-dios fuerte y bueno. Fue un Dios débil y bondadoso solo en palabras. Consintió en que lo crucificaran pudiendo impedirlo para legar a todo un pueblo el odio del mundo. Cuando España 10 y Portugal queman o expulsan a los judíos; cuando Roma los enjaula en el Geto[6] cuando Alemania y Francia los calumnian, los persiguen, los deportan a la Isla del Diablo;[7] cuando la policía de Rusia, por orden del Zar y del Santo Sínodo,[8] en pleno siglo XX, prende fuego a aldehuelas israelitas y arcabucea a los que se escapan de entre las llamas, al son de un 15 alalí[9] religioso, como en caza de alimañas carniceras, todas las llamas ibéricas, todas las calumnias y deportaciones franco-tudescas, todas las jaulas italianas, todas las cacerías moscovitas claman contra Jesús; y sobre la cabeza de Jesús caen las lágrimas y la sangre que ha vertido el pueblo hebreo, durante dos mil años. 20

Sócrates, que enseñó a dudar a los hombres y a confiar demasiado en "las luces de la razón", predicador de moral como todos los corrompidos; y Jesús—absurdo en cuanto hombre y en cuanto divinidad—, son los paradigmas de moral y los dioses contra los que es de mal tono y peligroso alzar la voz. ¿No es verdad, mis elefantes bátavos,[10] borrachos de 25 schiedam?[11] ¿No es cierto, mis sacos de tocino yanqui? Pero hay algo más ruin que los dioses y moralistas de esos pueblos—por más indígenas—, los héroes: aquellos taciturnos Orange,[12] parados en el centro de la corriente que los cubre de espuma y de limo, parados con la testarudez de una piedra: y aquel Washington—que es sólo grande por la causa que 30

---

6 *Geto* (ghetto) barrio donde se confinaba a los judíos.
7 Una de las tres pequeñas islas de la Guayana Francesa. El oficial del ejército francés Alfred Dreyfus, de origen judío, después de un juicio controvertido permaneció en la prisión inhumana de la Isla desde 1895 a 1899. El escritor Emile Zola, que salió en su defensa, escribió el libelo *Yo acuso*.
8 Asamblea Suprema de la Iglesia Rusa.
9 *alalí (o lelilí):* grito de algazara, vocerío de los moros.
10 *bátavo:* natural de Batavia, nombre latino de Holanda.
11 *schiedam* (Schiedam): capital de los Países Bajos, en la Holanda meridional.
12 Debe aludir a Guillermo II, príncipe de Orango (1672-1702), puesto que gracias a su habilidad, salvó a su patria (holanda) de la invasión francesa, rompiendo los diques ante los ejércitos de Luis XIV.

defendió: la libertad—religioso, mediocre, metalizado, marido de viuda rica,
bebedor de cerveza, dueño de esclavos negros, burgués provincial, amigo
de aburridos visiteos, cuyo mayor título al renombre consiste en no haber
sabido hacer uso de la victoria. Y cuenta que no hablo del nauseabundo
5 Lutero, enemigo de la simonía, de las orgías pontificales, de las estatuas, de
los palacios, y resurrector de la barbarie germánica.

JOSE RUBEN ROMERO

Nació en Cotija de la Paz, en el estado mexicano de Michoacán, en 1890. Hijo de un comerciante de escasa fortuna, se dedicó a constantes lecturas, meditaciones y también a la poesía, especie de vocación de tránsito hacia su obra narrativa y popular. Cuando Porfirio Díaz dejó México, como todos los escritores jóvenes que fueron sorprendidos por la contienda, se hizo revolucionario. Tenía veinte años. Pero después su vida transcurrió silenciosa y cordial, y si tuvo éxito, lo aceptó con humor y bastante humildad. Romero fue receptor de Rentas, secretario de gobierno de Michoacán, docente sin título, constitucionalista en 1917, cónsul en España, y embajador en Cuba y el Brasil.

Como poeta ensayó el verso tradicional y festivo, pero hay tonos de brillo vernáculo y ligereza inventiva en *Tacámbaro* (1922) y en *Versos viejos* (1930). La prosa, en cambio, es realista, graciosa, escéptica y autobiográfica. Los personajes de sus novelas son típicos de la vida aldeana, destituidos de toda esperanza, sin consuelo o salvación. Sobre los recuerdos de su rincón provinciano escribió *Apuntes de un lugareño* (1932) y *Desbandada* (1934). Los sucesos de la Revolución fueron evocados en *El pueblo inocente* (1935), y luego en *Mi caballo, mi perro y mi rifle* (1936).

José Rubén Romero, que había asistido al estallido de la guerra civil en España, cuando regresa a México publica *La vida inútil de Pito Pérez.* Será su obra más notable y conocida. Según el propósito del autor—la revelación del humor cruel, el sarcasmo y la ironía —Jesús Pérez Gaona en la vida real o Pito Pérez de la ficción, representa la pobre dignidad humana del pícaro, la figura irremediable del *perdido* hispánico de América. Pito Pérez es el nuevo Periquillo Sarniento. Es un filósofo anarquista y vagabundo. Represen ta la Revolución en su aspecto menos arrogante. Ha sido tratado mal desde la infancia. No cree en Dios, cree en el "pobre Diablo". Como todos los desheredados de su clase, no tiene más armas que la fantasía y, como acólito de la Iglesia a la cual fue destinado, sólo le interesaba valerse como podía de sus migajas. Decide robar, porque después de todo, en la casa del cura también se roba. Pito Pérez, vencido, humillado por todo lo que la vida le niega, como único amor, se agencia de la Caneca, un esqueleto de mujer, que se lleva del Hospital de Zamora. Cuando muere, en el basural de un camposanto, hallaron en un bolsillo, entre otras, estas palabras: "Si Jesús no quiso renunciar a ser Dios, ¿qué puedes esperar de los hombres?". Romero escribió asimismo con tono de desesperanza *Anticipación a la muerte* y un capricho humorístico, *Una vez fui rico* en 1939. Murió en México, sorpresivamente, en 1952.

LA VIDA INUTIL DE PITO PEREZ

> *"¡Pobrecito del Diablo,*
> *qué lastima le tengo!"*
> *PITO PEREZ*

La silueta obscura de un hombre recortaba el arco luminoso del campanario. Era Pito Pérez, absorto en la contemplación del paisaje.

Sus grandes zapatones rotos hacían muecas de dolor; su pantalón parecía confeccionado con telarañas, y su chaqueta, abrochada con un alfiler de seguridad, pedía socorro por todas las abiertas costuras sin que sus gritos lograran la conmiseración de las gentes. Un viejo "carrete" de paja nimbaba de oro la cabeza de Pito Pérez.

Debajo de tan miserable vestidura el cuerpo, aun más miserable, mostraba sus pellejos descoloridos; y el rostro, pálido y enjuto, parecía el de un asceta consumido por los ayunos y las vigilias.

—¿Qué hace usted en la torre, Pito Pérez?

—Vine a pescar recuerdos con el cebo del paisaje.

—Pues yo vengo a forjar imágenes en la fragua del crepúsculo.

—¿ Le hago a usted mala obra?

—Hombre, no. ¿ Y yo a usted?

—Tampoco. Subimos a la torre con fines diversos, y cada quien por su lado, conseguirá su intento: usted, el poeta, apartarse de la tierra el tiempo necesario para cazar los consonantes—catorce avecillas temblorosas—de un soneto. Yo, acercarme más a mi pueblo, para recogerlo con los ojos antes de dejarlo, quizás para siempre: para llevarme en la memoria todos sus rincones; sus calles, sus huertas, sus cerros. ¡Acaso nunca más vuelva a mirarlos!...

—Cuénteme cosas de su vida, Pito Pérez.

—No puedo ahora, porque tengo que acudir a la cita de un amigo que me ofreció regalarme con unas copas; sería un sacrilegio desaprovechar tan rica ocasión.

—Vamos a cerrar un trato: venga usted todas las tardes, y yo le pagaré su conversación, al bajar de la torre, con una botella.

—¿De lo que yo elija? ¿De coñac? ¿De champaña?... Pero no se asuste; esas bebidas son para ricos desnaturalizados que no sienten amor por nuestra patria. Imagino que los que toman esas cosas son como aquellos mexicanos que fueron a Europa a traerse a un príncipe rubio como el champaña.[1] 5

Hay que gastar de lo que el país produce: hombres morenos, como Juárez,[2] para que nos gobiernen; y para beber, tequila,[3] charanda o aguardiente de Puruarán,[4] hijo de caña de azúcar, que es tan noble como la uva. Le aseguro que si en la misa se consagrara con aguardiente de caña, los curas serían más humildes y más dulces con su rebaño. 10

—Bueno, es usted tan pintoresco que le pago cada hora de conversación con una botella de ese aguardiente de Puruarán que usted exalta tanto. ¡Así somos los hombres de malos: ofrecemos un aperitivo a un hambriento, pero nunca una pieza de pan!

—¿Y usted piensa que va a divertirse oyéndome, y que mi vida es un 15 mosaico de gracias o una cajita de música que toca solamente aires alegres? Mi vida es triste como la de todos los truhanes, pero tanto he visto a las gentes reír de mi dolor, que he acabado por sonreir yo también, pensando que mis penas no serán tan amargas, puesto que producen en los demás, algún regocijo. Me voy en busca de mi generoso copero, 20 porque yo nunca falto a mi palabra de beber a costa ajena. Mañana le tocará a usted su turno, de acuerdo con lo estipulado.

Y Pito Pérez desapareció por el caracol de la torre, como un centavo mugroso por la hendedura de una alcancía.

Pito Pérez llegó a nuestra cita, con exactitud cronométrica. Su porte 25 era el mismo del día anterior, luciendo además, un cuello postizo, de celuloide, una corbata de plastrón,[5] que semejaba nido despanzurrado, y un clavel rojo en el ojal, como mancha de sangre sobre la sucia chaqueta.

El sol parecía también un clavel reventón prendido en la mantilla de encajes del firmamento. 30

—Viene usted muy elegante, Pito Pérez.

—¡En qué forma! Ni mi madre me reconocería. Lo malo está en que no armoniza el terno[6] con el color de los zapatos, y en que el sombrero me viene chico porque el difunto era menos cabezón que yo.

---

[1] Se refiere al archiduque Maximiliano de Austria (1832-1867). Véase el capítulo *Las miserias de la guerra.*
[2] Benito Juárez (106-1872). Ordenó el fusilamiento de Maximiliano y consolidó la República Mexicana en 1867.
[3] tequila: nombre que procede de un pueblo de Jalisco. Bebida que se destila de una especie de magüey (cf *supra,* Azuela, n. 15).
[4] Población en el Estado de Michoacán.
[5] *plastrón:* galicismo por *pechera.*
[6] *terno:* prendas de vestir.

Nombré a mi madre y comenzaremos por ella la narración que usted me ha pedido y que creo completamente inútil. Mi madre fue una santa que se desvivió por hacer el bien. Ella pasaba las noches en claro velando enfermos, como una Hermana de la Caridad; ella nos quitaba el pan de la boca para ofrecerlo al más pobre; sus manos parecían de seda para amortajar difuntos, y cuando yo nací otro niño de la vecindad se quedó sin madre, y la mía le brindó sus pechos generosos. El niño advenedizo se crió fuerte y robusto, en tanto que yo aparecía débil y enfermo porque la leche no alcanzaba para los dos. Este fue mi primer infortunio y el caso se ha repetido a través de toda mi existencia. Crecía al mismo tiempo que mis hermanos, pero como no había recursos para costearnos carrera a los tres, ni becas para todos, prefirieron a los dos mayores; de modo que Joaquín fue al Seminario y Francisco a San Nicolás,[7] porque mi madre quería tener sacerdote y abogado. El uno para que nos tuviera bienquistos de tejas arriba, y el otro para que nos defendiera de tejas abajo. Para mí eligieron un oficio que participara de las dos profesiones y me hicieron acólito de la parroquia. Así vestiría sotana, como el cura, y manejaría dineros como el abogado, porque los acólitos son como los albaceas de los santos, ya que en sus manos naufragan las limosnas que se colectan a la hora de los oficios divinos. En mis funciones eclesiásticas fui cumplido y respetuoso con los curas de la iglesia. Jamás di la espalda, irreverentemente, al altar en que Nuestro Amo estaba manifiesto; nunca eché semillas de chile al incensario, para hacer llorar al celebrante y a los devotos que se le acercaban; ni me oriné por los rincones de la sacristía, como los demás acólitos.

A la hora de las comidas, las gentes me veían pasar, rumbo a mi casa, vestido con la sotana roja, y comentaban emocionadas:

"—¡Ah, qué buen muchacho este de doña Conchita Gaona, tan piadoso y tan seriecito!"

¿Y sabe usted por qué no me apeaba mi vestido de acólito? Pues porque no tenía pantalones que ponerme y con las faldillas de la sotana cubría mis desnudeces hasta los tobillos. Así aprendí que los hábitos sirven para ocultar muchas cosas que a la luz del día son inmorales.

Un tal Melquíades Ruiz, apodado San Dimas,[8] era mi compañero de oficio, y además mi mentor, de picardías.

Primero me enseñó a fumar hasta en el interior del templo, y después a beberme el vino de las vinajeras. Decíanle San Dimas, no porque fuera devoto del Buen Ladrón, sino por lo bueno de ladrón que era.

Cierta vez vimos que un ranchero rico de Turiran,[9] echó en el cepillo

[7] Nombre tradicional de la Universidad del Estado de Michoacán, en Morelia.

[8] *San Dimas:* el "buen ladrón" que murió en el Calvario y mereció oir de Jesús las palabras "Hoy estarás conmigo en el Paraíso".

[9] Población de Michoacán.

del Señor del Prendimiento[10] una moneda de a peso, después de rezar largamente, en acción de gracias, porque en sus tierras no había helado.

"—Mira, Pito—me dijo San Dimas—qué suerte tiene el Señor del Prendimiento y con cuánto desdén recibe las dádivas de sus fieles para que luego el señor cura las gaste en su propio provecho. Ya oíste que quiere 5
hacer un viaje a Morelia para comprarse, con todo lo que caiga de limosnas en estos días, un mueble bejuco. ¿Qué te parece si nosotros madrugamos al cura y le damos su llegón a la alcancía?"

San Dimas me convenció sin mucho esfuerzo. El tenía cierto dominio sobre mí, por ser de mayor edad que yo y por sus ojos saltones que 10
parecían de iluminado. Agregue usted a esto que mis teorías sobre la propiedad privada nunca fueron muy estrictas, y mucho menos tratándose de bienes terrenos de los santos, que siempre me imaginé muy indulgentes con los menesterosos y, además, sin personalidad legal reconocida para acusar a los hombres ante los tribunales del fuero común. 15

—¿Y la conciencia, Pito Pérez?

—La tengo arrinconada en la covacha de los chismes inútiles.

A la mañana siguiente ambos monaguillos llegamos al templo cuando apenas clareaba el alba, y mientras San Dimas encendía las velas del altar mayor para la primera misa y vigilaba la puerta de la sacristía, encaminéme 20
de puntillas hasta donde estaba el Señor del Prendimiento, y sacando un cuchillo mocho que llevaba prevenido debajo de la sotana, levanté con él la tapa de la alcancía, metiendo en ella, con mucho miedo, ambas manos. Entre las monedas de cobre, las de plata abrían tamaños ojos, asustadas, como doncellas sorprendidas en cueros por una banda de salteadores. 25

"—¡Chist!" —me hizo San Dimas desde el altar mayor al oír tintinear los centavos—y yo me asusté tanto que vi claramente   al Señor del Prendimiento que hacia ademán como para atraparme. En un colorado paliacate[11] vacié el dinero y, apresurado y tembloroso, se lo entregué a San Dimas, que salió de la iglesia como alma que lleva el Diablo. 30

Entró Nazario el sacristán, y me dijo:

"—Muévete, Pito, que ya se está revistiendo el padre para la misa. "

Yo me dirigí a la sacristía mirando cómo llegaban al templo las primeras beatas, acomodándose en las tarimas de los confesionarios, para reconciliar culpas de la noche anterior. 35

El padre Coscorrón estaba revistiéndose y sólo le faltaba embrocarse la negra y galoneada casulla de las celebraciones de difuntos.

Los monaguillos decíamosle al padre Coscorrón, por su carácter iracundo y por lo seguido que vapuleaba nuestras pobres cabezas con sus dedos amarillos y nudosos como cañas de carrizo. 40

---

[10] Imagen de Jesús en el momento de ser detenido por la soldadesca romana.
[11] *paliacate:* pañuelo grande de colores vivos.

Salimos, pues, a celebrar el santo sacrificio, el padre con los ojos bajos, pero a cuya inquisición nada se escapaba, y yo, de ayudante, con el misal sobre el pecho, muy devotamente y orejeando[12] para todas partes, atento a notar si se había descubierto el hurto. El padre parecía un capitular[13] de oro; yo, junto a él, una insignificante minúscula impresa en tinta roja.

Cavilando en mi delito, olvidábanseme las respuestas de la misa, y para que no lo notara el padre, hacía yo una boruca[14] tan incomprensible como el latín de algunos clérigos de misa y olla.[15] Al cambio del misal para las últimas oraciones, miré de soslayo hacia el Señor del Prendimiento y vi que el sacristán hablaba acaloradamente en medio de un grupo de beatas, que observaban con atención el cepo vacío. La mañana nos había traicionado con su luz cobarde, y cuando entramos a la sacristía, Nazario salió a nuestro encuentro y dijo con voz tan agitada como si anunciara un terremoto:

"—¡Robaron al Señor del Prendimiento!"

"—¿Qué dices, Nazario? ¿Se llevaron el santo?"

"—No, señor, ¡que se llevaron el santo dinero de su alcancía!"

"—¿En dónde está San Dimas?"—gritó el padre Coscorrón clavándome los ojos, como si quisiera horadar mi pensamiento; y tirando el cíngulo y la estola, me llevó a empellones hasta un rincón de la sacristía.

"—Pito Pérez, ponte de rodillas y reza el *Yo Pecador* para confesarte: ¿Quién se robó el dinero de Nuestro Señor?"

"—No sé, padre."

"—*Hic et nunc*[16] te condeno si no me dices quién es el ladrón..."

"—Yo fui, Padre"—exclamé con un tono angustiado, temeroso de aquellas palabras en latín que no entendía, y que por lo mismo pareciéronme formidables.

El cura agarró con sus dedos de alambre una de mis orejas, que poco faltó para que se desprendiera de su sitio, y zarandeándome despiadadamente me dijo:

"—¡Fuera de aquí, fariseo, sin vergüenza, Pito cochambrudo,[17] y devuelve inmediatamente el dinero, si no quieres consumirte en los apretados infiernos!"

Cuando el padre Coscorrón aflojó un poco los dedos, dí la estampida y no paré hasta el corral de mi casa. No volví a ver a San Dimas, que se quedó con lo robado, y todo el pueblo supo nuestra hazaña porque el padre Coscorrón se encargó de pregonarla desde el púlpito:

---

[12] *orejear:* escuchar con disimulo.
[13] *capitular:* letra mayúscula.
[14] *boruca:* bulla (rezo fingido, altisonante y desordenado). .
[15] *clérigo de misa y olla:* cura de pocas luces o ignorante.
[16] *Hic et nunc* (latín): "Aquí y ahora" .
[17] *cochambrudo:* de *cocho,* puerco; cochambroso, detestable.

"—Dos Judas[18] traidores robaron el templo; por caridad yo no diré quiénes son, pero uno es conocido por San Dimas, y al otro le dicen Pito Pérez"...

Lo más triste del caso fue que San Dimas pudo volver a la parroquia, rehabilitado por mi confesión. El se quedó con el santo y la limosna, como   5
dice el viejo refrán; en cambio, yo cargué con el desprestigio, y como único recuerdo de mi vida de acólito, me quedé con la sotana roja, chorreada de cera y llena de las quemaduras que le hicieron las chispas del incensario.

—Pito Pérez, nadie sabe para quién trabaja: ese San Dimas debe   10
haber pensado que ladrón que roba a ladrón tiene cinco años de perdón, y que el que va por lana sale trasquilado.

—No me diga usted más refranes, que cada uno de ellos puede servir de epígrafe a los capítulos de mi vida. Y me voy porque ya tengo el gaznate seco. Venga, pues, el importe de la botella, que hoy lo tengo bien   15
ganado...

---

[18] *Judas:* referencia a Judas Iscariote, nombre del apóstol que vendió a Jesús por treinta dineros, y cuya mención ha pasado a la lengua para designar al traidor.

ERNESTO CARDENAL

Después del sagrado manantial de San Juan de la Cruz o del poeta litúrgico George Herbert, parecía que la musa apostólica estaba condenada al vacío retórico. Nuestra época es irónica y aun agria frente a lo Absoluto. Pero cabe aquí una justa aclaración. Ernesto Cardenal, sacerdote, poeta y revolucionario, para darle vuelta al tópico envejecido, ha logrado que su poesía tenga un lugar distinto en nuestro tiempo.

Ernesto Cardenal nació en Granada, Nicaragua, en 1925. Estudió filosofía y letras en la Universidad de México y el posgrado en Columbia University de Nueva York. En 1954 intervino en la rebelión fallida contra el tirano Anastasio Somoza, y logró salvarse casi por milagro. Oculto largo tiempo, escribió *Hora 0,* uno de los poemas más intensos de la rebeldía contemporánea. Cae el dictador, ultimado a balazos, pero le sucede uno de sus hijos. Cardenal sufre una honda crisis. En 1957 ingresa a un monasterio trapense en Kentucky, bajo el ministerio del poeta monje Thomas Merton. La vida conventual le inspira el libro *Vida en el amor.* Pero el aislamiento trapense hiere su salud. Pasa a México, luego a Colombia, donde estudia teología, y luego en 1965 se ordena sacerdote en la catedral de Managua.

Por aquel entonces escribe la serie novedosa de *Salmos,* utilizando el versículo y siguiendo la postura *exteriorista* de su poesía (poetización objetiva de la realidad). Siente una fe infinita. Dios ha hecho fluir la idea fuerte de la revolución en su alma. El poeta, que llega a decir que la lectura del Evangelio lo ha hecho marxista, tiene allí una visión apocalíptica, la destrucción del mundo por el amor, el fuego que encenderá la verdadera fraternidad humana.

Una década pasa Cardenal en la comunidad religiosa de Solentiname, en el gran lago de Nicaragua, que él mismo ha fundado, con el apoyo de los campesinos y pescadores de las cercanías. Pero la comunidad es destruida por orden de Somoza ("el Chigüín") y el poeta escapa, otra vez, de la prisión y la tortura. Se refugia en Costa Rica, viaja a Cuba, y en 1979 regresa a su patria para poner fin a la dinastía corrupta.

La obra de Cardenal, voz estremecedora y delicada, comprende en resumen, lo siguiente: *La ciudad deshabitada*, 1946; *Hora 0*, 1960; *Epigramas*, 1961; *Salmos;* 1964; *El estrecho dudoso*, 1966; *Homenaje a los Indios Americanos*, 1969; *Vida en el amor*, 1969; *En Cuba*, 1972; *Canto Nacional*, 1973; *El Evangelio en Solentiname*, 1975; *Tocar el cielo*, 1981; *Quetzalcóatl*, 1985.

SALMO 5

Escucha mis palabras oh Señor
                                    Oye mis gemidos
Escucha mi protesta
Porque no eres tú un Dios amigo de los dictadores
ni partidario de su política
ni te influencia la propaganda
ni estás en sociedad con el gángster

No existe sinceridad en sus discursos
ni en sus declaraciones de prensa

Hablan de paz en sus discursos
mientras aumentan su producción de guerra
Hablan de paz en las Conferencias de Paz
y en secreto se preparan para la guerra
                    Sus radios mentirosos rugen toda la
                              noche
Sus escritorios están llenos de planes criminales y expedientes
        siniestros
Pero tú me salvarás de sus planes
Hablan con la boca de las ametralladoras
Sus lenguas relucientes
                              son las bayonetas. . .

Castígalos oh Dios
malogra su política
confunde sus memorandums
                    impide sus programas
A la hora de la Sirena de Alarma
tu estarás conmigo

tú serás mi refugio el día de la Bomba[1]
Al que no cree en la mentira de sus anuncios comerciales
ni en sus campañas publicitarias ni en sus campañas
    políticas
        tú lo bendices
Lo rodeas con tu amor
        como con tanques blindados

SALMO 21

Dios mío Dios mío ¿por qué me has abandonado?[2]
Soy una caricatura de hombre
        el desprecio del pueblo
Se burlan de mí en todos los periódicos
Me rodean los tanques blindados
estoy apuntado por las ametralladoras
y cercado de alambradas
        las alambradas electrizadas
Todo el día me pasan lista
Me tatuaron un número
Me han fotografiado entre las alambradas
y se pueden contar como en una radiografía]a todos mis huesos
Me han llevado desnudo a la cámara de gas
y se repartieron mis ropas y mis zapatos
Grito pidiendo morfina y nadie me oye
grito con la camisa de fuerza[3]
grito toda la noche en el asilo de enfermos mentales
en la sala de enfermos incurables
en el ala de enfermos contagiosos
en el asilo de ancianos
agonizo bañado de sudor en la clínica del psiquiatra
me ahogo en la cámara de oxígeno
lloro en la estación de policía
en el patio del presidio

---

[1] La bomba atómica (o la bomba H). Ante la amenaza de las armas absolutas ("operación de alerta"), los cabecillas secretos de las grandes potencias contarían con galerías subterráneas, estaciones flotantes en el Artico y, supuestamente, satélites artificiales. De ahí el comentario un tanto irónico de Cardenal frente a la locura planetaria.
[2] Ultimas palabras de Jesús antes de rendir el espíritu en la Cruz *(San Mateo, 27:46)*.
[3] Tienda hermética que recubre la cama de un paciente en crisis asmática o cardíaca.

en la cámara de torturas
                                en el orfelinato
estoy contaminado de radioactividad
          y nadie se me acerca para no contagiarse
Pero yo podré hablar de ti a mis hermanos
Te ensalzaré en la reunión de nuestro pueblo
Resonarán mis himnos en medio de un gran pueblo
Los pobres tendrán un banquete
Nuestro pueblo celebrará una gran fiesta
El pueblo nuevo que va a nacer

INDICACIONES BIBLIOGRAFICAS

Rufino Blanco Fombona, *Camino de imperfección; diario de mi vida* (1906-1913), Editorial América, Madrid, 1933.

R. Cansinos-Assens, *Poetas y prosistas del novecientos* (sobre Rufino Blanco Fombona, pp. 50-72), Editorial América, Madrid, 1919.

María Casas de Faunce, *La novela picaresca latinoamericana* (sobre José Rubén Romero, Cap. IV), Cupsa Editorial, Madrid, 1977.

Daniel Levine, *Churches and Politics in Latin America,* Sage Publishing, Beverly Hills, 1980.

Nino Lo Bello, *The Vatican Empire,* Trident Press, New York, 1968.

José Promis Ojeda, "Espíritu y materia: los *Salmos* de Ernesto Cardenal, poeta de la liberación latinoamericana", Fernando García Cambeiro, Buenos Aires, 1975.

José Miguel Oviedo, "Ernesto Cardenal: un místico comprometido", *Imagen* 35 (Caracas, 1968).

Angel Rama, *Rufino Blanco Fombona* íntimo, Monte Avila Editores, Caracas, 1975.

José Rubén Romero, *Obras completas,* Editorial Porrúa, México, 1963.

Luis Alberto Sánchez, *Proceso y contenido de la novela hispano-americana,* Editorial Gredos, Madrid, 1953.

12

EL POETA CONTRA EL DESPOTA

En Europa el despotismo de las monarquías siempre estuvo ligado al poder absoluto del Estado. Su fundamento lícito lo encarnaba la figura del rey y su descendencia. En América, antes de la llegada de los españoles, el despotismo era también teocrático, pero casi enteramente ritual. Cuando las dos culturas se fundieron, la superioridad relativa del sistema europeo, semifeudal, político y legalista, modeló las formas de conducta, aunque sin criterios éticos definidos. En una geografía tan variada como primitiva, el destino de las nuevas repúblicas se proyectó conforme una estructura de tipo paternalista y religioso, casi siempre dependiente del subsidio del fisco o del Estado. La superioridad de la espada, sostén absoluto frente al tutelaje exterior, no renunció a la tradición de su fuero histórico. Obraba prácticamente como la guardia pretoriana de los emperadores romanos, cuya presencia en la capital bastaba para imponer el orden a todo exceso de la vida civil.

De esta manera las instituciones de la república padecieron la intervención o la violencia de tipo castrense. La tiranía, en tales casos, siempre fue un despojo o un delito. El despotismo, mucho más sutil (porque burla la ley constitucional), resulta más taimado y perverso. San Martín renunció a la suma distinción de gobernar a los pueblos, precisamente cuando comprendió que la libertad interior, que era la más profunda, estaba ya en manos de tutores venales o demagogos. Bolívar, aunque más tarde, tuvo la experiencia viva de ser excluido de su proyecto continental.

Sin la práctica de un poder político eficiente y autónomo, con el clericalismo que resistía la libertad de pensar, y con leyes revocadas por cada golpe de Estado, resultaba casi imposible la educación popular según principios democráticos. Habiéndose confundido el poder militar con el gobierno legítimo, tenía que surgir el más típico y espantoso padecimiento histórico del Nuevo Mundo, el déspota o el tirano, en sus formas prodigiosas (el "patriarca", el "supremo", el "conductor"). Pero tal veneración ilegítima no fue entera causa suya, sino más bien el resultado de la degradación moral de las instituciones libres y de la clase favorecida que también lo busca porque no encuentra un tratamiento social adecuado ante las exigencias de las masas desorientadas por el despojo o el hambre. Contra Rosas, casi simultáneamente, habían escrito Sarmiento, Echeverría y el poeta gauchesco Hilario Ascasubi. La descripción del fenómeno, en tales casos, difería como las puertas del infierno. Lo mismo puede decirse de José Mármol, cuyo retrato tenso y espantoso del tirano en su novela *Amalia* (1851-55), resulta una pesadilla del instinto homicida. En el siglo pasado el fenómeno del déspota era visto como la obra furtiva del genio del Mal, la encarnación simultánea del horror y la burla. Tal designio, además, era aceptado por el déspota con interesada complacencia. Se explica así que déspota vergonzoso fuera el general Santa Anna, que propició en México homenajes póstumos a su pierna mutilada, tanto como el beato García Moreno, a quien se intentó canonizarlo. Nada más natural, en consecuencia, que el déspota se presente como el guía único de la causa americana, el justiciero de los pobres, y el combatiente olímpico de los apátridas y los herejes. Su éxito se apoyaba en la demagogia y en la impunidad de su misión. Su jactancioso mandato procedía de la desesperación social, de la anarquía o de la crisis de la nación. De allí al miedo, sólo resta un paso, y la libertad ya no interesa a los pueblos.

Al cabo de más de un siglo de las prédicas de Sarmiento o de Montalvo, la discusión sobre tales personajes no es raro que ocupe un primer lugar en un curso serio de historia o literatura. Que Alejo Carpentier o García Márquez, sigan escribiendo fácilmente sobre el tema, no es una ficción más o menos pedantesca. Sobre el filo del nuevo siglo, en su ensayo *Nuestra América,* José Martí, siguiendo la idea de Bolívar, trató de explicar la realidad de las sociedades hispánicas: "Por esa conformidad con los elementos naturales desdeñados, han subido los tiranos de América al poder y han caído en cuanto les hicieron traición. Las repúblicas han purgado en las tiranías su incapacidad para conocer los elementos verdaderos del país, derivar de ellos la forma de gobierno y gobernar con ellos."

Lo propio de América ha sido vivir, hasta ahora, entre equívocos inevitables, aun contra lo que se desprecia, se purga y se tiene por canalla. El déspota, no carente de instinto político, supo disfrazar el vicio por la virtud. En casi todos los países, cuando éste aparece después de algún golpe de Estado, lo primero que invalida es la libertad artística y la libertad de pensar. Bajo la opresión política, los intelectuales son perseguidos, marginados o tuvieron que exiliarse. Más de una vez se ha dicho que el despotismo no es otra cosa que la actitud vandálica que quiere desquitarse de la civilización. Pero, ciertamente, tanto la dictadura como el falso héroe que la encarna, no se ha debido a la rusticidad del bárbaro. El mismo Sarmiento autor del *Facundo,* tuvo que corregir su tesis tiempo después.

Los herederos de Rosas (y lo mismo concierne al reinado de la familia Somoza en Nicaragua), salían de los liceos militares, de los claustros religiosos y aun de las universidades. La denuncia del déspota ha sido en América, cabe decirlo, una pragmática cultural a través de todos sus ciclos históricos. Cuando ya no existían los tribunales de justicia, la misión del escritor ocupó su lugar. En la medida en que todo ya era absurdo o insólito, como ocurre cuando alguna ideología espantosa forma a los tiranos, la poesía salió de la oscuridad y brotó de nuevo. En 1931, Vicente Huidobro que vivía en París, anunció los prolegómenos del fascismo (y del nazismo) y el peligro de su perversión mundial. Como caso inaudito en 1943 se impuso en la Argentina una revuelta clérigo-militar que dio por resultado el régimen político de Juan Perón. Después se llenó de dictadores el continente. La encrucijada de la historia, está como se ve todavía, zanjada en este terreno.

JORGE LUIS BORGES

La gran revolución del relato fantástico, después de Poe o de Wells, la realizó prácticamente él solo. Borges es ya un símbolo y un mito. Ha sabido ejecutar con su lenguaje y su estilo inquisitivo la gran cirugía de la paradoja de la vida y de la poesía contemporánea. Nació en la Argentina en 1899. Creció en un barrio de Buenos Aires, Palermo, donde tuvo su corte el famoso dictador Juan Manuel de Rosas y vivió el poeta bohemio Evaristo Carriego. Tal vez por esto Borges evoca en sus poemas el linaje criollo de sus antepasados, entre los cuales recuerda al prócer Francisco de Laprida y al héroe de la Independencia Manuel Isidoro Suárez.

El padre de Borges, escritor también, fue su guía espiritual. A los nueve años ya había leído a Cervantes, la literatura gauchesca, Dickens, Kipling y Mark Twain. Durante la primera guerra europea su familia vivió en Ginebra. Allí aprendió francés, alemán, y perfeccionó los conocimientos que tenía de la lengua inglesa. En 1918 pasó a España, donde participó en el movimiento de poesía ultraísta.

Tres años después regresó a Buenos Aires para decir que lo más importante era renovar la metáfora. Luego renegó de ella. Pero en 1932 confesó que el "ultraísmo muerto" era un fantasma que seguía habitándolo. La verdad es que la obra de Borges surge de una doble vertiente, a la vez criolla y moderna. Sus primeros libros de versos, *Fervor de Buenos Aires, Luna de enfrente, Cuaderno San Martín,* escritos entre 1923 y 1929, son paisajes íntimos del poeta asombrado por la luminosidad de la pampa y el suburbio. Pero la fama no le llegó por sus versos. Sin embargo, *Historia universal de la infamia* (1935), *Ficciones* (1944) *El Aleph* (1949), y *La muerte y la brújula* (1951), son piezas excepcionales, del poeta y narrador genial. Borges fue además un estilista lúcido, un hábil y temible polemista en el ensayo y la crítica literaria. Su tradición es universal. Abarca tanto la *Biblia,* el *Quijote,* la *Odisea,* como el *Martín Fierro* o el *Alcorán* .

Borges ha declarado, casi irónicamente, que muy pocas "muertes" ha tenido en su vida, quizás para rechazar con ello un romanticismo engañoso. Sin embargo, lo llevó casi al borde de la tumba, una septicemia luego de la cual comenzó a escribir sus mejores relatos. Lentamente fue quedándose ciego; padeció la fiebre, el insomnio, y como si se repitiera otra vez la historia de sus antepasados, los martirios de la dictadura. En sus últimos años entendió que su destino de ciego era como el de Homero o el de Milton. En *El hacedor,* uno de sus libros dictados en la imposibilidad de escribir, condenó la amenaza de los déspotas, los únicos cobardes. Decidió morir en Ginebra, donde falleció en 1986.

PAGINA PARA RECORDAR AL CORONEL
SUAREZ,[1] VENCEDOR EN JUNIN[2]

Qué importan las penurias, el destierro,[3]
la humillación de envejecer, la sombra creciente
del dictador sobre la patria,[4] la casa en el Barrio del Alto[5]
que vendieron sus hermanos mientras guerreaba, los días inútiles
(los días que uno espera olvidar, los días que uno sabe que olvidará),
si tuvo su hora alta, a caballo,
en la visible pampa de Junín como en un escenario para el futuro,
como si el anfiteatro de montañas fuera el futuro
Qué importa el tiempo sucesivo si en él
hubo una plenitud, un éxtasis, una tarde.

Sirvió trece años en las guerras de América. Al fin
la suerte lo llevó al Estado Oriental, a campos del Río Negro.[6]
En los atardeceres pensaría
que para él había florecido esa rosa:

[1]Manuel Isidoro Suárez nació en Buenos Aires en 1799 y murió en el exilio de Montevideo en 1846. Borges, que descendía por vía materna del guerrero de la Independencia, lo evocó también en el poema "Inscripción sepulcral" *(Fervor de Buenos Aires,* 1923). El poema aquí presentado fue incluido en el libro *El otro, el mismo* (1930-1967).
[2] Llano del Perú (cf. Olmedo, n. 1).
[3] Después de combatir contra el Imperio del Brasil, Juárez que era enemigo de Juan Manuel de Rosas, tuvo que emigrar al Uruguay en 1829.
[4] Se refiere a la tiranía absoluta y vitalicia de Rosas que desnaturalizó el régimen republicano.
[5] Barrio del Alto o Alto de San Pedro Telmo (cf. Echeverría, n. 4).
[6] Suárez contrajo enlace con Jacinta de Haedo, de antigua prosapia uruguaya, cuyo apellido procede de la colonización española que se había establecido en el actual departamento de Río Negro.

la encarnada batalla de Junín, el instante infinito
en que las lanzas se tocaron, la orden que movió la batalla,
la derrota inicial,[7] y entre los fragores
(no menos brusca para él que para la tropa)
su voz gritando a los peruanos que arremetieran,
la luz, el ímpetu y la fatalidad de la carga,
el furioso laberinto de los ejércitos,
la batalla de lanzas en la que no retumbó un solo tiro[8]
el godo[9] que atravesó con el hierro,
la victoria, la felicidad, la fatiga, un principio de sueño,
y la gente muriendo entre los pantanos,
y Bolívar pronunciando palabras sin duda históricas[10]
y el sol ya occidental[11] y el recuperado sabor del agua y del vino,
y aquel muerto sin cara porque la pisó y borró la batalla . . .

Su bisnieto escribe estos versos y una tácita voz
desde lo antiguo de la sangre le llega:
—Qué importa mi batalla de Junín si es una gloriosa memoria,
una fecha que se aprende para un examen o un lugar en el atlas.
La batalla es eterna y puede prescindir de la pompa
de visibles ejércitos con clarines;
Junín son dos civiles que en una esquina maldicen a un tirano,[12]
o un hombre oscuro que se muere en la cárcel.

1953

7 El mismo Bolívar, quien mandaba todas las tropas, pero no tuvo participación directa en el combate, estaba a punto de retirarse vencido cuando la intervención de Suárez cambió la suerte de la batalla.
8 En Junín no se utilizaron armas de fuego. Fue el choque de dos masas de caballería, y el resultado fulgurante como corresponde (cf. Olmedo, n. 3).
9 La palabra godo se asociaba al régimen colonial español, y a los individuos del bando pro-español en las guerras de la Independencia.
10 Frente al regimiento formado después de la batalla, estas fueron entre otras, las palabras de Bolívar: "Veis, aquí, señores, que cuando la historia describa la gloriosa batalla de Junín, si es verídica y severa, la atribuirá al valor y audacia de este joven coronel; ya no seréis "Húsares de la Guardia"; os denominaréis desde

hoy: "Lanceros de Junín" (cf. Jacinto Yaben, Biografias argentinas y sudamericanas, Buenos Aires, 1940, Vol. V, p. 771).
11 La batalla comenzó a las cinco de la tarde, y concluyó cuarenta y cinco minutos después.
12 Se refiere a Juan Perón. El poema está fechado en 1953. En cierta oportunidad, Borges comentó: "No puedo hablar con imparcialidad: mi madre, mi hermana y mi sobrino estuvieron en la cárcel. A mí me echaron de un puesto mínimo que ocupaba en una biblioteca de las afueras; un detective me seguía a todos lados" ("La violencia: miradas opuestas", diálogo entre J.L. Borges y Eduardo Gudiño Kieffer, coordinado por María Esther Vázquez. Diario La Nación, 6 de agosto de 1972).

PABLO NERUDA

Pablo Neruda ha merecido como poeta y también como militante político el Premio Lenin y el Premio Nobel. Su obra refleja, como su vida, un vasto prisma vital. Fue bohemio, vagabundo, diplomático, revolucionario, y todo lo sufrió y lo envolvió en su fuego verbal. Se llamaba, en verdad, Neftalí Ricardo Reyes, pero su temprana admiración por el escritor checo Jan Neruda, lo llevó a cambiar su nombre. Había nacido en la población de Parral, en el centro de Chile. Ese mismo año de 1904 murió su madre, consumida por la tuberculosis. Su padre era ferroviario y lo llevó a Temuco donde estudió el liceo.

Fue siempre un contumaz enamorado. Sus primeros poemas fueron misivas de amor que le escribió a la hija de un herrero llamada Blanca Wilson. En Temuco conoció a la poetisa Gabriela Mistral que le enseñó a amar los libros y a leer los novelistas rusos. Un día tomó un tren nocturno y llegó a Santiago. Sin embargo, allí comenzaron sus padecimientos y allí comenzó a escribir poemas de auténtico valor. En 1924 logra la fama con un libro de pasión adolescente, *Veinte poemas de amor y una canción desesperada,* el libro más leído del mundo hispánico junto con las *Rimas* de Bécquer y *María* de Jorge Isaacs.

En 1926 Neruda escribió un libro de influjo vanguardista y visionario, *Tentativa del hombre infinito,* y un intenso relato, *El habitante y su esperanza.* Poco después el gobierno lo nombró cónsul en Oriente. Allí padeció el robo, la miseria y la soledad. En Rangún conoció a una muchacha birmana, Josie Bliss. No se casó con ella, pero de aquella relación nacieron los versos más dolorosos, agónicos y sensuales. A esos poemas los tituló *Residencia en la tierra,* cuyo primer tomo apareció en 1933.

Neruda obtuvo después el consulado de Buenos Aires y el de Madrid en 1934. La guerra de España cambió su destino. Neruda se identificó con el hombre social y la fraternidad popular. *España en el corazón,* de 1937, fue el libro en el cual condenó la invasión fascista en la península. Después sale de España y vive en México. Regresa a Chile y es perseguido por el gobierno de González Videla. En sus *Memorias,* dejó escrito sobre este personaje: "En la fauna de nuestra América, los grandes dictadores han sido saurios gigantescos, sobrevivientes de un feudalismo colosal en tierras prehistóricas. El judas chileno fue sólo un aprendiz de tirano y en la escala de los saurios no pasaría de ser un venenoso lagarto".

En 1950 Neruda publicó el *Canto general,* el libro más extenso y fervorosamente épico que se haya escrito para exaltar el nombre de América. Cuando acusa a los déspotas y tiranos es implacable. Neruda fue embajador del presidente Allende en París. Por enfermedad tuvo que regresar a su patria. Allí los trágicos sucesos del país, el golpe de estado y el saqueo de su casa, apresuraron su muerte. Esta acaeció en 1973.

LOS DICTADORES

Ha quedado un olor entre los cañaverales:
una mezcla de sangre y cuerpo, un penetrante
pétalo nauseabundo.
Entre los cocoteros las tumbas están llenas
de huesos demolidos, de estertores callados.
El delicado sátrapa conversa
con copas, cuellos y cordones de oro.
El pequeño palacio brilla como un reloj
y las rápidas risas enguantadas
atraviesan a veces los pasillos
y se reunen a las voces muertas
y a las bocas azules frescamente enterradas.
El llanto está escondido como una planta
cuya semilla cae sin cesar sobre el suelo
y hace crecer sin luz las grandes hojas ciegas.
El odio se ha formado escama a escama,
golpe a golpe, en el agua terrible del pantano,
con un hocico lleno de légamo y silencio.

VICENTE HUIDOBRO

Es uno de los autores de mayor brillo e inventiva en la poesía contemporánea. Había nacido en Santiago de Chile en 1893, de familia pudiente, con un poderoso sentido patricio y colonial. Sin embargo, estimulado por su madre que había adivinado tempranamente su raro ingenio, se convirtió siendo un adolescente y mientras cursaba el liceo de la Compañía de Jesús, en un rebelde y en un poeta. Sus lecturas preferidas fueron de poetas audaces, tanto en imágenes como en sutilezas. Leyó a Whitman, Mallarmé, Lugones; pero Emerson fue quien lo inició en la misión profética de la poesía. En el prefacio a su libro *Adán,* que data de 1916, escribió: "Mi Adán no es un Adán bíblico, aquel mono de barro al cual infunden vida soplándole la nariz; es el Adán científico." Pocos meses después Huidobro llegaba a Buenos Aires con una nueva teoría poética, el *creacionismo.* La poesía, dijo en una conferencia, no debe imitar la naturaleza sino crear un mundo nuevo. Así argumentó que la idea del artista creador, el artista-dios, se la había sugerido un viejo poeta indio de la América del Sur que le dijo: "No cantes la lluvia, poeta, haz llover."

Huidobro que sabia moverse con éxito en el mundo literario, con media docena de libros publicados ya y muy ufano con su teoría, dispuso imponerla en Europa. En París colaboró en la revista *Nord-Sud,* junto a Guillaume Apollinaire, Max Jacob y André Breton, entre otros. En 1918 pasó a España y su presencia allí ayudó a formar la nueva escuela ultraísta. Sus mejores títulos ya eran *El espejo de agua, Horizon carré, Tour Eiffel, Hallalí, Ecuatorial y Poemas árticos.*

Huidobro era, además, un incorregible polemista y llegó a crearse enemistades profundas. Se burló de Marinetti aduciendo que el *futurismo* había sido antes americano; a Pierre Reverdy le negó prioridad en la invención creacionista, y acusó a Pablo Neruda de plagio. Al margen de esto su obra crecía. *Altazor, Temblor de cielo* y *Tres inmensas novelas* (que escribió con el escultor Hans Arp en Arcachon), son de 1931. Quería abarcarlo todo y cultivó también la novela: *Cagliostro, La próxima, Papá o el diario de Alicia Mir,* son obras plenas de gracia e inventiva.

Pero sus poemas últimos son graves y angustiados. *El ciudadano del olvido* de 1941 es obra vigorosa, pero de una gran tristeza, muy obsesionado el poeta por el tiempo y la muerte. Falleció en 1948, en Chile, en el predio de su familia. Allí está su tumba, sobre una colina que mira al mar.

LA CIGÜEÑA ENCADENADA[1]
novela[2] patriótica y alsaciana

La Alsacia,[3] como su nombre lo indica, es un país llamado a los más altos destinos. Es el país más limpio del mundo; cambia sus camisas sucias cada treinta años. Digiere sus banderas como su exquisito Paté de Foie de piano, célebre en toda la tierra. Su delicioso queso oliente a violín Stradivarius, su Munster de Luna creciente sirve como brújula para   5 encontrar en las capas geológicas del mundo la raza *poloise,* tan conocidas por el *esprit polois.*

De estas capas geológicas propias, ellos importan en toneles su lengua *poloise* y los nudos de corbata cabezal[4] de las campesinas alsacianas, sólo llevados por Madame Chenille en las grandes ocasiones de   10 las grandes guerras.

Aunque los cigüeñenses comieron durante un tiempo el imponderable Paté de niños belgas, no han perdido, sin embargo, la pureza de su lengua *poloise,* en la cual, desde los tiempos de César como todos sabéis en vez de *sí,* se dice *ya,* y en vez de *no* se dice *nein.*   15

—Ya, ya, nein, nein, gritaba la voz sonora de Hans Gunter, que se paseaba con su fusil cazando jabalíes sobre las cornisas y entre las gárgolas de la catedral de Estrasburgo.

---

[1] El título "La cigüeña encadenada" es una trasposición del nombre de la revista satírica muy popular en Francia, *Le canard enchainé.* Como se sabe, Canard designa en francés no sólo el pato o ánade, sino también "noticia falsa", cuento chismoso, de los que tanto se abusa en política. Huidobro-Arp hicieron la trasposición al castellano mediante la *cigüeña* que posee otras connotaciones muy distintas y, en especial, la de traer a los recién nacidos en el pico. Además de ser chistoso, tal vez quisiera aludir a la nueva época a punto de nacer y que el capitalismo mantenía entre cadenas. Tales eran, por entonces, algunas de las ideas de Huidobro.

[2] *novela:* del latín *novella, se* usa aquí el término *novela* con el significado de cuento o novela breve, como originalmente se entendía en Italia y en España.

[3] *Alsacia:* como asimismo la provincia de Lorena, son dos regiones de la frontera franco-germana que en la actualidad están bajo la soberanía francesa.

[4] *Corbata cabezal:* típico tocado de las mujeres alsacianas.

El pobre Hans erró el último disparo, y en vez de matar un jabalí de dos toneladas y media, mató un magnífico cuadro bíblico del gran pintor Henner. El cuadro que se alejaba flotando sobre el río YII,[5] recibió el tiro en pleno corazón, pero como estaba firmado Herman Chatriam, se pudo ver
5 que era un himno musical. Ayudado de un imán, Hans Gunter lo sacó del agua y sirviéndose de la respiración artificial, de repetidos masajes e inyecciones de coramina, pudo volverlo a la vida. Su primera palabra al reabrir los ojos fue una pregunta angustiada:
—¿Cómo está mi madre patria?
10 Pero como Hans Gunter sólo comprendía el *polois,* respondió:
—Ya, ya, Berlín es una gran ciudad.
—No—contestó el poliglota herido—, yo pregunto por Babilonia. Quisiera saber si los tigres de bengala o los fuegos fatuos han devorado a la Ciudad Luz.*
15 Apenas pronunciadas estas palabras, la Ciudad Luz, a caballo sobre un arco de triunfo alazán llegó a todo galope.
—Bonjour, Monsieur et Dame. ¿Ustedes hablaban de mí, Monsieur et Dame? ¿No es verdad Monsieur et Dame?
Hans Gunter, para hacerse entender mejor, respondió en latín:
20 —Aquí no hay Monsieur et Dame; sólo hay bosques y catedrales domésticas.
La selva, con las manos encadenadas por el agresor, pedía auxilio. Entonces la catedral, Hans Gunter, la Ciudad Luz y el poliglota herido se pusieron sus hermosos monóculos en el ojo derecho y vieron la terrible
25 batalla que se libraba no lejos de allí, como de costumbre.
La batalla de Hastings ardía y tronaba. El señor Hastings en persona dirigía el combate. Tres capas de cadáveres cubrían el suelo. Cada capa estaba separada de la otra por una rebanada de jamón. Grandes olas de heroísmo montaban hacia las nubes amenazando con tragarse todos los
30 teatros y los barcos que huían bajo las órdenes del capitán Aníbal y el teniente Nelson.

---

[5] *Río YII:* río del Uruguay

*La Ciudad Luz era célebre por sus luces, por sus W. C. ultra modernos, un hoyo en el suelo, sobre el cual se hace caca en equilibrio o planeando, como conviene en este siglo del deporte y la aviación, por la avaricia de los extranjeros y la generosidad de sus hijos, por la estupidez de los extranjeros y la inteligencia de sus hijos y sus nietos, por sus ascensores, siempre en "Arret Momentáné"[6], esos ascensores en los cuales sólo cabía la dueña de la casa y la mitad de su marido, tan diferentes de los otros ascensores de rastacueros; donde caben dos o tres familias, etc.

[6] *Arret Momentáné:* en francés por "fuera de servicio".

Para un noble corazón de soldado, era algo admirable ver cómo el viejo general Moltke ponía en fuga a los mámaros. Huían dando gritos de bailarinas diplomadas. Entre tanto el pequeño caporal[7] que acababa de desembarcar de la isla de los Cisnes[8] con tres regimientos de soldados, aún no desconocidos, atacó violentamente la falange de elefantes blancos de   5 Cayo Graco. Moltke empezó a retirarse protegido por la flota de Coligny. El asalto a la bayoneta de nuestros valientes trescientos mil alpinos, apoyados por nuestros incomparables 68 y la caballería de nuestros invencibles meridionales, había empezado a las seis de la mañana. A las siete llegaban   10 nuestros heroicos diablos amarillos, seguidos de cerca por nuestros indomables tirolianos. La Legión Extranjera, compuesta de miles de inmundos metecos, había perdido todos sus extranjeros. En su sitio, el general Hernán Cortés había colocado nuestra intrépida Legión de Honor.

El cañón tronaba, un diluvio de balas caía desde cuarenta días y   15 cuarenta noches, un muro de obuses avanzaba lentamente hacia el centro del mundo. Este muro estaba decorado con frescos y bajorrelieves de la gran época egipcia y algunos cuadros de batallas históricas para despertar el entusiasmo de nuestros valientes soldados. Por medio de rápidos ascensores se sabía hasta el punto culminante de la parábola descrita por   20 nuestras balas y desde allí se podía contemplar el efecto desastroso que hacía nuestro fuego nutrido en las filas enemigas. Pequeños panteones flotaban en el aire y se veían frescas coronas y ramos de flores sobre las tumbas de mármol.

El poliglota herido bostezó y luego contó a Hans Gunter que   25 últimamente había visto en nuestra ilustre Babilonia una representación teatral en la Gran Opera a beneficio de los primeros mutilados de la guerra, en la cual se demostraba claramente que las provincias cautivas nos han amado siempre con el afecto sincero de su seguro servidor. Al levantarse el telón vimos dos cigüeñas encadenadas que después de haber oído un   30 hermoso y maternal poema de Catherine (traje que representa a nuestra amada patria) lloraban amargamente. Sus lágrimas subían de punto o echaban punto al oír el verso que decía:

Hijas, he aquí mi pecho,   35
Os aguardo con los brazos abiertos.

---

[7] *El pequeño caporal: 'le petit caporal'*, Napoleón.
[8] *Isla de los Cisnes:* la isla de Elba donde Napoleón permaneció prisionero.

La señora Troisieme Weber abría su brazos más grandes que la Australia y las dos cigüeñas encadenadas que, como el lector habrá comprendido, representaban las provincias cautivas que todo país posee en el extranjero, estallaron en gritos desolados, dirigiéndose a Madeleine (que simboliza a nuestra amada patria).

—Madre, libértanos. Madre, pronto volveremos a tu seno.

Después de esta delicada historia del poliglota herido, la Ciudad Luz advirtió que era bastante difícil hacer comprender a los *polois* cautivos todas las amarguras que ella había sufrido.

De tiempo en tiempo se oían aún las voces de las cautivas:

—Madre, rompe nuestras cadenas. Mamá, libértanos del yugo extranjero .

—Mamá, queremos volver a tu seno tibio y perfumado.

La Ciudad Luz retiró su monóculo y dijo a sus amigos:

—Los cigüeñenses nos han hecho sufrir tanto. Cada vez que queríamos explicarles nuestro martirio, respondían cantando la vieja canción de los turistas:

La Cigüeña e mobile
Cual piuma al vento.[9]

La catedral, Hans Gunter y los jabalíes lloraban sin consuelo al oír la historia de semejante dolor.

Volvían a oírse los gritos de las cautivas:

—Mamá, mamá, me hice pipí en los calzones.

Los relojes de la Selva Negra y los quesos mámaros respondían:

—Cucú, cucú.

El poliglota herido intervino ante los grandes escritores Vicente Arp y Hans Huidobro, para suplicarles que no olvidaran el tono superior y noble que debe tener una historia histórica.

Todo lector de los periódicos *polois* sabe reconocer ese tono por su olor a biombo y su sabor a limonada de salchichas gaseosas.

En vista de lo cual, los estimados artistas y queridos colegas Huidobro Arp y Hans Vicente arrancaron las piedras de nieve de sus ojos y las reemplazaron con oriflamas de lises y lotos que inmediatamente echaron raíces en esa buena tierra vegetal y crecieron como cuatro antenas recibiendo las ondas de valses guerreros y de las últimas batallas.

[9] Cómica trasposición de la famosa aria "La donna e mobile" de la ópera *Rigoletto* de Verdi.

Nuestros heroicos soldados habían sido vencidos por los fugitivos mámaros. No hay ni que decir que nosotros éramos superiores desde todo punto de vista. Nuestra inteligencia franca, clara, frente a la hipocresía habitual de los pesados mámaros que se vanagloriaban de ser capaces de vencernos en tres días con sus ochenta miserables cañones, punto de vista 5 absolutamente falso y ridículo, pues fuimos vencidos en dos horas y por treinta cañones, lo que prueba su ignorancia estratégica. Los desgraciados vencedores ni siquiera supieron aprovecharse de su victoria. Apenas lograron destruirnos algunas plazas fuertes y tomarnos Londres, París, Berlín, Madrid, Roma, Viena y Praga. Nosotros conservamos siempre 10 Concarneau, Albacete, Sorrento, Hull, Francfort, Delft y Montecarlo.

Con cuánta razón nuestros diarios hablaban del misterio inexplicable de la derrota. Nuestra superioridad de raza es indiscutible. La elegancia y la belleza de nuestras mujeres no tiene rival en parte alguna. El talento agudo de nuestros hombres, su esprit, ¿cómo puede compararse con la 15 inteligencia nebulosa y grasienta de los mámaros, de raza impura y sin tradiciones seculares? ¿Por qué razón fuimos vencidos? ¡Qué insondable misterio! ¿Por qué fuimos vencidos? ¿Fue a causa de la crisis financiera y artística? ¿Fue a causa de la falta de ejercicio metódico en nuestras tropas? ¿O acaso a causa de que nuestros soldados no habían tomado su aperitivo 20 aquel día? Imposible explicarse la derrota. Ella quedará como una incógnita en la historia.

La catedral, Hans Gunter, la Ciudad Luz, el poliglota herido y la Selva Negra bajaron de la plataforma de la catedral. A fuerza de dar vueltas y más vueltas, se convertían en carrouseles, de sus estómagos salía una 25 música alegre e infernal, pequeños trineos les crecían en los callos de los pies y cientos de trompos giraban en torno de ellos. Se producían enormes torbellinos en los cuales los generales Aníbal, Nelson, Moltke, Pompeyo, Hernán Cortés, Napoleón, fueron devorados y salieron transformados en ojales con rosas. 30

La Alsacia, habiendo invadido a la Lorena, y los lorenos completamente derrotados, la guerra terminó.

Una vez terminada la sangrienta pesadilla y todo el mundo en paz, no había más que prepararse para la nueva guerra.

La repartición de medallas, condecoraciones y caramelos con- 35 memorativos duró seis meses.

La construcción de monumentos de victoria en forma de águila, citrones, gallos, mocos, paralelepípedos, sabañones, relámpagos, etc., ocupó otros seis meses. Se fijó la fecha de los aniversarios gloriosos y todo el año siguiente fue día de fiesta, todo el año se vio cruzado de cabalgatas 40 floridas, de procesiones que giraban en torno de cada monumento. De todos los rincones del mundo venían grupos diversos a colocar como homenaje ante esos símbolos de la gloria, conejos embalsamados, coronas de cigarrillos turcos, canarios domesticados, bisteques melodiosos, dentaduras de vírgenes, anafes de petróleo patinados por los siglos. Los olivos de la paz florecían en los sombreros de todos los hombres y en las medias de todas las mujeres. Todo el mundo estaba contento y bendecía el nombre de los grandes jefes que les habían conducido a la guerra. El etalón oro había caído bajo el talón de las pantuflas o babuchas o chinelas. Millones de obreros sin trabajo cantaban felices al son de sus guitarras bien comidas, a la luz de la luna. Los periódicos de los diferentes países hablaban de los encantos de la próxima guerra, insultaban al futuro enemigo que era proclamado asesino, bandido, vampiro, lamedor de cementerios violador de selvas vírgenes y de fetos, bárbaro cavernícola, Atila, necrófilo, mutilador de gulf streams, ladrón de volcanes y de péndulos, cobarde sembrador de pulgas intoxicadas y tantas otras cosas difíciles de anotar de paso.

Entre tanto, en las ciudades y en los campos las gentes comían deliciosas velas, cerrojos en salsa Pompadour, ensaladas de llaves ganzúas, jergones a la mayonesa, corbatas a la crema y chirridos de puerta a la Duncan. Bebían glicerina helada, el sudor de sus frentes y leche de perra terranova con tinta Parker.

En esos años maravillosos, las finanzas marchaban de mejor en mejor, como siempre después de las guerras; estos sobre todo, gracias al magnífico plan Dupont, luego mejorado por el eficaz plan Schulzl, el cual a su vez fue superado por el plan Eggg, el cual aún fue mejorado, aunque parezca imposible, por el plan del Presidente Cheese y el de la coronela Checkmate. Estos planes se ocupaban de resolver todos los problemas económicos y familiares, principalmente la compra de materías tías[10] y materias últimas, tan necesarias a la fabricación de derivados, reemplazar el pan por ampolletas eléctricas, los pollos por virutas de espejo, las langostas por anteojos de cura.

En aquel entonces se creó la gran Sociedad de las Visiones.[11] Era éste un centro internacional de unión y de concordia, un tribunal superhumano cuya sede se estableció en la punta del Tupungato. Allí se pronunciaban hermosos discursos insecticidas, mientras los miembros de la organización oían religiosamente balancéandose en sus columpios bajo los árboles atentos. Llamó mucho la atención el discurso del gran orador Pérez, sobre el arte delicado del voyeur,[12] la manera de abrir un agujero en el muro de un hotel, mejor aún de una honesta casa de tolerancia y ver todo lo que

---

[10]*Materias tías: por* 'materias primas' .
[11] *Sociedad de las visiones:por* 'Sociedad de las Naciones'.
[12] *Voyeur:* se dice de la persona que goza en observar escenas eróticas.

pasa en el cuarto vecino. No menos espléndido fue el discurso del
delegado Cook sobre los efectos insuperables de la cocaína y la morfina,
muy recomendada para los octogenarios y sobre todo, en la lactancia de
los nonagenarios. Pronto la Sociedad de las Visiones dedicó todas sus
energías a componer dulces *berceuses* y canciones para las primeras   5
comuniones.
    Un día de calor, la Sociedad se diluyó completamente. Sólo quedaron
en algunos asientos, pequeños pedazos de hielo que fueron empleados en
la fabricación de refinados cóckteles.
    Poco después acaeció un hecho de suma importancia: la muerte del   10
héroe de la Inmensa Guerra, el mariscal Duval. Su entierro fue algo
sublime. Raras veces se había visto semejante espectáculo. Millones de
personas asistieron a sus funerales. Todas las tropas desfilaron con sus
banderas, sus trofeos y sus abuelas. El féretro del mariscal iba colocado en
la punta de un cañón. A cada cañonazo, el féretro saltaba al cielo y volvía   15
a caer a su sitio con una precisión maravillosa, como las pelotitas de carey
en los chorros de agua. Detrás del ataúd del gran jefe, marchaba tristemente
su caballo desnudo, el caballo que el héroe había montado en sus grandes
batallas; más atrás seguía su perro favorito, aullando a la muerte, luego venía el gato de luto, el loro con los ojos llenos de lágrimas, marchando al   20
mismo paso solemne de su canario tan amado. Después seguían sus
zapatos, los últimos tres pares de zapatos que el mariscal había puesto en
sus intrépidos pies, detrás, su bastón, marchaba a la altura de la mano, su
sombrero a la altura de la cabeza y el último cigarro fumado hasta la mitad,
el día antes de su muerte, marchaba afligido a la altura de la boca. Luego,   25
bajo un inmenso palio y llevado por cuatro reyes, venía en un espléndido
bocal de piedras preciosas la próstata del ilustre jefe. Seguían detrás, en el
orden en que les nombraremos: el cardenal en velocípedo y diez obispos
en bicicletas, la cámara y el senado en patines, el presidente y sus ministros
y luego los académicos con sus cucharas envainadas debajo de la casaca   30
verde limón.
    En honor del mariscal y para perpetuar su memoria entre los hombres,
todas las avenidas, las plazas y las calles fueron bautizadas con su nombre.
En medio del entusiasmo general todos los ríos, las montañas, los árboles,
las flores, los animales, los insectos, fueron bautizados Duval. Todas las   35
familias se llamaron Duval. Dios fue honrado por los creyentes con el
nombre de Duval. Los mejores platos en los restaurantes, y los mejores
vinos, se llamaron Duval. Pronto todo se llamó Duval. Así la lengua fue
extremadamente hermosa y simple. Cuando dos amigos se encontraban en
una calle o en un bar, se hablaban en el más puro duval. Uno decía al otro: 40
    —Duval, duval, duvalduval, duvalval.
    Lo que antes se habría dicho: Es increíble el número de cochinos
extranjeros que hay en el mundo.

El marido, al volver a casa, contaba a su mujer los acontecimientos del día:

—Duval, duvalduvalduval, duval, duvalduval, duval, duval.

Lo que quería decir en lenguaje vulgar: Esta tarde perdí un guante en las Galeries Lafayette.

Su mujer le respondía:

—¿Duvalduval, duval, duvaldu val, duduval? Duval, duvalduvalduvalduval, duval, duval.

Lo que puede traducirse así en lengua inculta: ¿No sería en otra parte? Te diré que la cocinera quemó el asado. Esto te pasa por llegar tarde.

A lo cual el marido contestaba, colérico:

—Duval.

Queriendo decir en el viejo idioma: mierda.

INDICACIONES BIBLIOGRAFICAS

Amado Alonso, *Poesía y estilo de Pablo Neruda,* Editorial Losada, Buenos Aires, 1941.

John M. Bennett y Pablo Virumbrales, *El pensamiento político latinoamericano,* Oxford University Press, New York, 1976.

Jorge Luis Borges, *Obra poética (1923-1967),* Emecé Editores, Buenos Aires, 1967.

René de Costa, *Vicente Huidobro y el creacionismo,* Taurus Ediciones, Madrid, 1975.

Vicente Huidobro, *Obras completas* (Prólogo de Braulio Arenas), Editorial ZigZag, Santiago de Chile, 1964.

Miguel Jorrín y John D. Martz, *Latin-American Political Thought and Ideology,* The University of North Carolina Press, Pennsylvania, 1970.

Manuel Mujica Lainez, "Borges et les ancêtres", en Jorge Luis Borges, *L'Herne,* Buenos Aires, 1963.

Pablo Neruda, *Canto General,* Ediciones Océano, México, 1950; Losada, 2 vols., Buenos Aires, 1963.

—, *Confieso que he vivido. Memorias,* Editorial Seix Barral, Barcelona, 1980.

Humberto M. Rasi, 'The final creole: Borges' View of Argentine History", en Charles Newman and Mary Kinzie, *Prose for Borges,* Northeastern University Press, Evanston, 1974.

Jorge Sábato, *Tres aproximaciones a la literatura de nuestro tiempo,* Editorial Universitaria, Santiago de Chile, 1968.

Guillermo Sucre, *Borges, el poeta,* Monte Avila Editores, Caracas, 1968.

Guillermo de Torre, *Literaturas europeas de vanguardia,* Madrid, 1925.

—, *Historia de las literaturas de vanguardia,* Editorial Guadarrama, Madrid, 1965.

Donald A. Yates, "La biblioteca de Borges", *Iberomania* 3, Nueva época (Madrid: 1975).

13

LA LUCHA DEL PUEBLO

La lucha espontánea y decidida de una revolución social se ha revelado en las regiones más sufridas del hemisferio como la única alternativa de cambiar el designio de países explotados y oprimidos. Los gestores ideológicos parecen contar con una fe combativa sólo comparable a la que impulsó en su momento la emancipación de las colonias españolas. La rebelión inicial se justifica en principio como lucha contra el imperialismo, la pobreza y la opresión. Como se trata también de terminar con la política del déspota canónico, el plan de batalla consistió en gestar una empresa de alto significado moral. Para ser posible la *liberación,* y tal es el término válido, se requería la acción popular, con fusil en la mano. Era preciso volver a la gesta anónima, pero con la certeza del sacrificio de Martí y de Sandino. Así fue concebido en Cuba el asalto al Cuartel Moncada, el 26 de julio de 1953, y más tarde la formación de la milicia rebelde en la Sierra Maestra. La liberación había logrado así su objetivo, sobre las probabilidades del sacrificio heroico.

Pero los resultados de la revolución, incluso como fuerza social auténtica, son todavía imprevisibles. Muchas veces estos resultados no están a la vista. La revolución francesa se debió a los enciclopedistas mucho más que a los jacobinos. Ningún revolucionario, que lo sea de verdad, decide un programa de servidumbre como forma de lograr la libertad superior o más fecunda. El endurecimiento del Estado, tal como lo impuso Fidel Castro, no debiera confundirse con el fenómeno exclusivo de los tiempos modernos destinado a crear nuevas éticas de cultura y libertad. Este será siempre el dilema del poder moral y político de las sociedades. En la América hispánica, como se sabe, las leyes y las constituciones fracasaron con respecto a la ordenación jurídica de los derechos del hombre, no porque no hayan existido la Audiencia o la Corte Suprema, sino porque todo se impuso más bien en teoría o con carácter disciplinario. Esto explica los constantes actos de subversión y de violencia en lo dilatado del tiempo.

Cada revolución configura un compromiso vital que sólo puede usarse legítimamente en el dominio de la región a que pertenece. El leninismo es la última influencia occidental, y la decisiva, pero la motivación de los hombres comprende la realidad concreta, y no puede definirse en términos abstractos. La expoliación, la lucha y los resultados no fueron los mismos en la India de Gandhi o en la Rusia de Stalin. En América el conflicto no corresponde únicamente al enconado reflejo de lucha de clases o al expolio exclusivo del proletariado urbano. Ninguna agitación principal se libra entre el indio, el negro o el blanco, sino más bien entre malvados y oprimidos. En la región del Caribe y Centro América, el obstáculo no ha sido el sentimiento democrático o el régimen republicano, sino la cuestión agraria (el latifundio y el peonaje), la dependencia del capital foráneo, la corrupción de las finanzas públicas, los instrumentos opresivos y todo adelanto reducido al círculo vicioso de los empresarios feudales. Cada vez que un acorazado yanqui circulaba por las costas de Cuba o Nicaragua, la oligarquía en el poder, sin misión histórica alguna en la creación de un capitalismo pujante, cedía a la presión externa. Esa falta de seguridad nacional, era fácil convertirla en deformaciones políticas de tipo fascista, que no fomenta el trabajo inteligente de la cultura, medra con el poder, y predica un racionalismo demagógico y resentido.

Desde esta perspectiva, nadie puede suponer que la revolución contra Fulgencio Batista o Anastasio Somoza haya sido sólo un rasgo épico para revelar los errores de un loco o un maniático. La guerra armada contra el dictador tampoco puede significar la glorificación de la violencia. Con la guerra se condena al asesinato. Se combate porque existe el horror, la tortura, el despojo, el régimen que manda a matar y envilece la condición humana. Desde luego, la importancia de la liberación no depende de una clase o de un partido. Cuando se trata de un escritor o de un científico, de un industrial o de un burgués, lo importante es la función que ocupa en el desarrollo del bien común. Adopta su verdadero semblante y no la máscara que lleva en la vida social. Y no se trata sólo de cambiar el mundo, sino también el hombre. Tal sentimiento se une a la fantasía, la ilusión y la lucha. Son los valores del hombre contemporáneo. Proceden de Cervantes, de Rousseau y de Lenin. De no haber existido en América una tradición de rebeldía idiomática, social, política (Echeverría, Mariátegui, Martí, Neruda o Vallejo), la liberación hubiera sido nada más que un atentando doméstico y sin grandeza. El poeta Nicolás Guillén decía, no sin inmodestia, haber prefigurado la revolución cubana en sus libros. Ernesto *Che* Guevara, el guerrillero de la Sierra Maestra, portaba el fusil y el *Quijote,* como Alejandro la espada y la *Ilíada.* El sacerdote Ernesto Cardenal, distinguido por la curia romana como católico sospechoso, escribió de modo categórico: "Los hombres van a ser juzgados no por su fe, no por ser cristianos, marxistas o ateos, sino por haber dado comida, vestido y vivienda o educación; y por haber hecho lo contrario, o sea, que la humanidad va a ser juzgada por haber sido revolucionarios o contrarrevolucionarios." Para el optimismo rebelde ya no se trata únicamente de la fe o los deseos, que pueden ser efímeros, sino de los actos por la significación que tienen, cuando se decide elevar la lucha y el trabajo colectivo a la dignidad del hombre.

NICOLAS GUILLEN

Orgulloso de su sangre mulata, que pudo expresar con la mejor claridad poética, Nicolás Guillén nació en Camagüey, Cuba, en 1902. Como ha dicho en sus memorias (*Páginas vueltas,* 1982), estudió en escuelas públicas y católicas, pero el verdadero mentor fue su padre, periodista y senador liberal, que lo inició en la lectura de la poesía. Junto a él se hizo tipógrafo en la redacción del periódico *La Libertad.* Pero en 1917 su padre fue asesinado en su finca, tras una revuelta contra el gobierno del general Mario García Ménocal. Por entonces Guillén había comenzado a escribir poesía y, sin duda, el hecho trágico debió incidir en su destino. Más de una vez tuvo la visión de la muerte ("Iba yo por un camino..."), y también en su forma que ofende la condición humana ("Mátame al amanecer,/ o de noche, si tú quieres;/ pero que te pueda ver/ la mano").

En 1921 Guillén había iniciado en La Habana la carrera de Leyes, pero no sintió ese llamado, y renunció. Hacia 1927 tenía escrito ya poemas de vanguardia, y un libro, *Cerebro y corazón,* que no quiso publicar. Circulaba, por entonces, la lírica negra o antillana. Guillén descubre el riquísimo folklore de los temas afrocriollos, los ritmos populares, y el sentimiento social que había ensayado el poeta Regino Pedroso. En 1930 publica *Motivos de son,* poemas escritos según el ritmo del baile cubano y la letra del romance. Tales motivos habían sido tomados de la vida de los pobres negros que habitaban los solares urbanos. *Sóngoro cosongo,* que aparece en 1931, es ya el idioma hecho del poeta, espontáneo, figurativo, "el sentimiento de la vida directa, inmediata, terrenal", según le decía Miguel de Unamuno en una carta laudatoria. El acento social, irónico frente a la represión y el imperialismo, se continúa y ahonda en *West Indies Ltd.* (1934). Guillén que defendía la causa de la República española, viaja a la península. En Valencia escribe *España* (1937). La situación de su país le toca en el alma. Tiene el recuerdo de su padre. Presiente el peligro trágico de la lucha, y clama contra el militarismo al servicio de los poderosos. Publica *Cantos para soldados y sones para turistas* (1937). Guillén se declara comunista. No puede regresar a Cuba. En el exilio escribe *El son entero* (1947). Después de la caída de Perón, vive en la Argentina. Guillén universaliza sus sentimientos, más allá de las Antillas, en *La paloma de vuelo popular* (1958). Regresa a Cuba tras el triunfo de la revolución. Publica con nuevo entusiasmo, *Tengo* (1964), *El gran zoo* (1967), *Cuatro canciones para el Che* (1969) y *La rueda dentada* (1972). Mientras tanto, sigue escribiendo en Cuba. Su concepto de la historia se podrá discutir, no su esperanza, antedatada en el prólogo de *Sóngoro cosongo:* "Nuestra risa madrugará sobre los ríos y los pájaros."

NO SE POR QUE PIENSAS TU

No sé por qué piensas tú,
soldado, que te odio yo,
si somos la misma cosa
yo,
tú.

Tú eres pobre, lo soy yo;
soy de abajo, lo eres tú;
¿de dónde has sacado tú,
soldado, que te odio yo?

Me duele que a veces tú
te olvides de quién soy yo;
caramba, si yo soy tú,
lo mismo que tú eres yo.

Pero no por eso yo
he de malquererte, tú;
si somos la misma cosa,
yo,
tú,
no sé por qué piensas tú,
soldado, que te odio yo.

Ya nos veremos yo y tú,
juntos en la misma calle,
hombro con hombro, tú y yo,
sin odios ni yo ni tú,
·pero sabiendo tú y yo,
a dónde vamos yo y tú...
¡No sé por qué piensas tú,
soldado, que te odio yo!

FUSILAMIENTO

Van a fusilar
a un hombre que tiene los brazos atados.
Hay cuatro soldados
para disparar.
Son cuatro soldados
callados,
que están amarrados,
lo mismo que el hombre amarrado que van
    a matar.

—¿Puedes escapar ?
—¡No puedo correr!
—¡Ya van a tirar!
—¡Qué vamos a hacer!
—Quizá los rifles no estén cargados...
—¡Seis balas tienen de fiero plomo
—¡Quizá no tiren esos soldados!
—¡Eres un tonto de tomo y lomo!

Tiraron.
(¿Cómo fue que pudieron tirar?)
Mataron.
(¿Cómo fue que pudieron matar?)
Eran cuatro soldados
callados,
y les hizo una seña,
bajando su sable,
un señor oficial;

eran cuatro soldados
atados,
lo mismo que el hombre que fueron
    los cuatro a matar.

ERNESTO *CHE* GUEVARA

Ernesto Guevara de la Serna nació en la ciudad argentina de Rosario en 1928. Procedía de una familia burguesa, y de hacendados que habían perdido su fortuna. Durante toda su vida padeció de asma. Desde su infancia se sintió conmovido por el sufrimiento de los débiles, los pobres y los animales. Cuando llega a Buenos Aires, para estudiar medicina, participó en las disensiones estudiantiles contra Perón. Habiendo viajado al Perú, asistió a los leprosos en la localidad de San Pedro. De vuelta a su país, se graduó de médico en 1953. Impresionado todavía por la miseria de los indios, se internó en la selva y llegó a Guatemala. En julio de 1954 el coronel Castillo Armas, financiado por la United Fruit Company, invadió el país. Guevara actuó en la defensa civil, y cuando cayó el gobierno reformista de Jacobo Arbenz, su nombre figuraba entre los condenados a muerte. La embajada argentina le concedió su salvoconducto para dirigirse a México. Allí conoció a Fidel Castro. En 1956 estaba entre los 82 hombres que se embarcaron en el yate *Granma* para iniciar la revolución contra Batista. Dos años más tarde, la guerra había llegado a su fin. El ejército rebelde ocupó La Habana el 4 de enero de 1959.

La carrera política del médico *Che* Guevara (cuyo sobrenombre sería título de hombría y afecto), sólo iba a durar doce años, un período muy breve comparado con su vasta fama internacional. No porque haya sido presidente del Banco Nacional de Cuba o ministro de Industria. Su acción había revelado las escenas más conmovedoras del drama humano, y su valor desinteresado el carácter heroico de la liberación. Estaba hecho de firmeza y de ternura. Quiso terminar su misión, y echar las bases del "hombre nuevo", que había profetizado, a cargo de su propio destino. Fue escritor en el sentido más ético. El doctrinario escribió *La guerra de guerrillas* (1960), el artista *Pasajes de la guerra revolucionaria,* y el solitario, como José Martí, el *Diario de Bolivia,* hasta el momento absoluto de su inmolación.

Solitario, y al mismo tiempo consciente de pertenecer a la gran corriente de la humanidad, el ideólogo mítico de la revolución, un día desaparece de Cuba. El mundo no sabía dónde estaba. Pero la historia lo encuentra. Mil doscientos soldados, en Bolivia, le pisaban la sombra. En la Quebrada de Yuro es herido en una pierna y un brazo. En el pueblito de La Higuera, en el cuarto de una escuela, una ráfaga de balas terminó con su vida el 9 de octubre de 1967. Al saber la noticia, el poeta Nicolás Guillén escribió: "No porque hayas caído tu luz es menos alta". En la Biblioteca Nacional de La Habana se conserva una edición de sus *Obras completas,* que está formada por siete volúmenes y contiene absolutamente todo lo redactado por aquel guerrillero desventurado.

PASAJES DE LA GUERRA REVOLUCIONARIA

ALEGRIA DE PIO

Alegría de Pío es un lugar de la Provincia de Oriente, Municipio de Niquero, cerca de Cabo Cruz, donde fuimos sorprendidos el día 5 de diciembre de 1956 por las tropas de la dictadura.

Veníamos extenuados después de una caminata no tan larga como penosa. Habíamos desembarcado el 2 de diciembre en el lugar conocido por Playa de las Coloradas, perdiendo casi todo nuestro equipo y caminando durante interminables horas por ciénagas de agua de mar, con botas nuevas; esto había provocado ulceraciones en los pies de casi toda la tropa. Pero no era nuestro único enemigo el calzado o las afecciones fúngicas.[1] Habíamos llegado a Cuba después de siete días de marcha a través del Golfo de México y el Mar Caribe, sin alimentos, con el barco en malas condiciones, casi todo el mundo mareado por falta de costumbre de navegación, después de salir el 25 de noviembre del puerto de Tuxpan, un día de norte en que la navegación está prohibida. Todo esto había dejado sus huellas en la tropa integrada por bisoños que nunca habían entrado en combate.

Ya no quedaba de nuestros equipos de guerra nada más que el fusil, la canana y algunas balas mojadas. Nuestro arsenal había desaparecido, nuestras mochilas se habían quedado en los pantanos, en su gran mayoría. Caminamos de noche, el día anterior, por las guardarrayas[2] de las cañas del Central Niquero, que pertenecía a Julio Lobo en aquella época. Debido a nuestra inexperiencia, saciábamos nuestra hambre y nuestra sed comiendo cañas a la orilla del camino y dejando allí el bagazo,[3] pero además de eso, no necesitaron los guardias el auxilio de pesquisas indirectas, pues nuestro guía, según nos enteramos años después, fue el autor principal de la

[1] *fúngico: (a):* dificultad en la cicatrización de las heridas.
[2] *guardarraya:* senda o carretera muy angosta que divide predios o heredades.
[3] *bagazo:* residuo fibroso de la caña de azúcar.

traición, llevándolos hasta nosotros. Al guía se le había dejado en libertad la noche anterior, cometiendo un error que repetiríamos algunas veces durante la lucha, hasta aprender que los elementos de la población civil cuyos antecedentes se desconocen deben ser vigilados siempre que se esté en zonas de peligro. Nunca debimos permitirle irse a nuestro falso guía.

En la madrugada del día 5, eran pocos los que podían dar un paso más; la gente desmayada, caminaba pequeñas distancias para pedir descansos prolongados. Debido a ello, se ordenó un alto a la orilla de un cañaveral, en un bosquecito ralo, relativamente cercano al monte firme. La mayoría de nosotros durmió aquella mañana.

Señales desacostumbradas empezaron a ocurrir a mediodía, cuando los aviones Biber y otros tipos de avionetas del ejército y de particulares empezaron a rondar por las cercanías. Algunos de nuestro grupo, tranquilamente, cortaban cañas mientras pasaban los aviones sin pensar en lo visibles que eran dadas la baja altura y poca velocidad a que volaban los aparatos enemigos. Mi tarea en aquella época, como médico de la tropa, era curar las llagas de los pies heridos. Creo recordar mi última cura en aquel día. Se llamaba aquel compañero Humberto Lamotte y ésa era su última jornada. Está en mi memoria la figura cansada y angustiada llevando en la mano los zapatos que no podía ponerse mientras se dirigía del botiquín de campaña hasta su puesto.

El compañero Montané y yo estábamos recostados contra un tronco, hablando de nuestros respectivos hijos; comíamos la magra ración —medio chorizo y dos galletas—cuando sonó un disparo; diferencia de segundos solamente y un huracán de balas—o al menos eso pareció a nuestro angustiado espíritu durante aquella prueba de fuego—se cernía sobre el grupo de 82 hombres. Mi fusil no era de los mejores, deliberadamente lo había pedido así porque mis condiciones físicas eran deplorables después de un largo ataque de asma soportado durante toda la travesía marítima y no quería que fuera a perder un arma buena en mis manos. No sé en qué momento ni cómo sucedieron las cosas; los recuerdos ya son borrosos. Me acuerdo que, en medio del tiroteo, Almeida[4] —en ese entonces capitán—vino a mi lado para preguntar las órdenes que había, pero ya no había nadie allí para darlas. Según me enteré después, Fidel trató en vano de agrupar a la gente en el cañaveral cercano, al que había que llegar cruzando la guardarraya solamente. La sorpresa había sido demasiado grande, las balas demasiado nutridas. Almeida volvió a hacerse cargo de su grupo, en ese momento un compañero dejó una caja de balas casi a mis pies, se lo indiqué y el hombre me contestó con cara que recuerdo perfectamente, por la angustia que reflejaba, algo así como 'no es hora para

[4] Juan Almeida, segundo después de Fidel Castro, al mando de uno de los dos grupos que formaban la expedición.

cajas de balas', e inmediatamente siguió el camino del cañaveral (después murió asesinado por uno de los esbirros de Batista). Quizás esa fue la primera vez que tuve planteado prácticamente ante mí el dilema de mi dedicación a la medicina o a mi deber de soldado revolucionario. Tenía delante una mochila llena de medicamentos y una caja de balas, las dos 5 eran mucho peso para transportarlas juntas; tomé la caja de balas, dejando la mochila para cruzar el claro que me separaba de las cañas. Recuerdo perfectamente a Faustino Pérez, de rodillas en la guardarraya, disparando su pistola ametralladora. Cerca de mí un compañero llamado Arbentosa, caminaba hacia el cañaveral. Una ráfaga que no se distinguió de las demás, 10 nos alcanzó a los dos. Sentí un fuerte golpe en el pecho y una herida en el cuello; me di a mí mismo por muerto. Arbentosa, vomitando sangre por la nariz, la boca y la enorme herida de la bala cuarenta y cinco, gritó algo así como "me mataron" y empezó a disparar alocadamente pues no se veía a nadie en aquel momento. Le dije a Faustino, desde el suelo, "me 15 fastidiaron" (pero más fuerte la palabra), Faustino me echó una mirada en medio de su tarea y me dijo que no era nada, pero en sus ojos se leía la condena que significaba mi herida.

Quedé tendido; disparé un tiro hacia el monte siguiendo el mismo oscuro impulso del herido. Inmediatamente, me puse a pensar en la mejor 20 manera de morir en ese minuto en que parecía todo perdido. Recordé un viejo cuento de Jack London, donde el protagonista, apoyado en un tronco de árbol se dispone a acabar con dignidad su vida, al saberse condenado a muerte por congelación, en las zonas heladas de Alaska.[5] Es la única imagen que recuerdo. Alguien, de rodillas, gritaba que había que 25 rendirse y se oyó atrás una voz, que después supe pertenecía a Camilo Cienfuegos, gritando: "Aquí no se rinde nadie..." y una palabrota después. Ponce se acercó agitado, con la respiración anhelante, mostrando un balazo que aparentemente le atravesaba el pulmón. Me dijo que estaba herido y le manifesté, con toda indiferencia, que yo también. Siguió Ponce 30 arrastrándose hacia el cañaveral, así como otros compañeros ilesos. Por un momento quedé solo, tendido allí esperando la muerte. Almeida llegó hasta mí y me dio ánimos para seguir; a pesar de los dolores, lo hice y entramos en el cañaveral. Allí vi al gran compañero Raúl Suárez, con su dedo pulgar destrozado por una bala y Faustino Pérez vendándoselo junto a un 3 tronco; después todo se confundía en medio de las avionetas que pasaban bajo, tirando algunos disparos de ametralladora, sembrando más confusión en medio de escenas a veces dantescas y a veces grotescas, como la de un corpulento combatiente que quería esconderse tras de una caña, y otro que pedía silencio en medio de la batahola tremenda de los tiros, sin 4 saberse bien para qué.

5 Cf. Jack London (1876-1916), _The Son of the Wolf_ (1900).

Se formó un grupo que dirigía Almeida y en el que estábamos además el hoy Comandante Ramiro Valdés, en aquella época teniente, y los compañeros Chao y Benítez; con Almeida a la cabeza, cruzamos la última guardarraya del cañaveral para alcanzar un monte salvador. En ese momento se oían los primeros gritos: "fuego", en el cañaveral y se levantaban columnas de humo y fuego; aunque no lo puedo asegurar, porque pensaba más en la amargura de la derrota y en la inminencia de mi muerte, que en los acontecimientos de la lucha. Caminamos hasta que la noche nos impidió avanzar y resolvimos dormir todos juntos, amontonados, atacados por los mosquitos, atenazados por la sed y el hambre. Así fue nuestro bautismo de fuego, el día 5 de diciembre de 1956, en las cercanías de Niquero. Así se inició la forja de lo que sería el Ejército Rebelde.

ERNESTO CARDENAL

El poeta nicaragüense Ernesto Cardenal, autor de los *Salmos* que comentamos en el Capítulo 11, escribió otro libro excepcional que tituló *Hora cero* (México, 1960). La lucha del pueblo contra la dinastía Somoza tenía que construirse por encima de sus propias cenizas, y en virtud de un nuevo sentimiento de humanidad. El arte de Cardenal es vigoroso, lírico y épico. El ojo gráfico del poeta dibuja un presente exacto. El heroísmo es la semilla del porvenir, y la muerte no es muerte, sino el complemento de una vida nueva y alerta. El minutero en la esfera del reloj no retrocede jamás.

HORA CERO

En abril, en Nicaragua, los campos están secos.
Es el mes de las quemas de los campos,
del calor, y los potreros cubiertos de brasas,
y los cerros que son de color de carbón;
del viento caliente, y el aire que huele a quemado,   5
y de los campos que se ven azulados por el humo
y las polvaredas de los tractores destroncando;
de los cauces de los ríos secos como caminos
y las ramas de los palos peladas como raíces;
de los soles borrosos y rojos como sangre   10
y las lunas enormes y rojas como soles,
y las quemas lejanas, de noche, como estrellas.
En mayo llegan las primeras lluvias.
La hierba tierna renace de las cenizas.
Los lodosos tractores roturan la tierra.   15
Los caminos se llenan de mariposas y de charcos,
y las noches son frescas, y cargadas de insectos,
y llueve toda la noche. En mayo

florecen los malinches[1] en las calles de Managua.
Pero abril en Nicaragua es el mes de la muerte.

En abril los mataron.
Yo estuve con ellos en la rebelión de abril[2]
y aprendí a manejar una ametralladora Rising.
Y Adolfo Báez Bone era mi amigo:[3]
Lo persiguieron con aviones, con camiones,
con reflectores, con bombas lacrimógenas,
con radios, con perros, con guardias;
y yo recuerdo las nubes rojas sobre la Casa Presidencial
como algodones ensangrentados,
y la luna roja sobre la Casa Presidencial.
La radio clandestina decía que vivía.
El pueblo no creía que había muerto.
(Y no ha muerto).

Porque a veces nace un hombre en una tierra
que es esa tierra.
Y la tierra en que es enterrado ese hombre
es ese hombre.
Y los hombres que después nacen en esa tierra
son ese hombre.
Y Adolfo Báez Bone era ese hombre.

"Si a mí me pusieran a escoger mi destino
(me había dicho Báez Bone tres días antes)
entre morir asesinado como Sandino
o ser Presidente como el asesino de Sandino
yo escogería el destino de Sandino."
Y el escogió su destino.
La gloria no es la que enseñan los textos de historia:
es una zopilotera[4] en un campo y un gran hedor.

---

[1] *malinche:* planta leguminosa originaria de las Antillas, que se viste de vistosas flores rojas *(Poinciana pulcherrima).*
[2] Insurrección armada del 4 de abril de 1954 contra el régimen de Anastasio Somoza.
[3] En esa rebelión murieron los ex militares vinculados a la Legión del Caribe, Adolfo Báez Bone, Rafael Praslin y Agustín Alfaro.
[4] *zopilotera:* partida de zopilotes (buitres).

Pero cuando muere un héroe
no se muere:
sino que ese héroe renace
en una Nación.
Después EE.UU. le mandó más armas a Somoza;
como media mañana estuvieron pasando las armas;
camiones y camiones cargados con cajones de armas;
todos marcados U.S.A. MADE IN U.S.A.,
armas para echar más presos, para perseguir libros,   10
para robarle a Juan Potosme cinco pesos.
Yo vi pasar esas armas por la Avenida Roosevelt.
Y la gente callada en las calles las veía pasar:
el flaco, el descalzo, el de la bicicleta,
el negro, el trompudo, aquella la de amarillo,   15
el alto, el chele, el pelón, el bigotudo
el ñato, el chirizo, el murruco, el requeneto:[5]
y la cara de toda esa gente
era la de un ex teniente muerto.

La música de los mambos bajaba hasta Managua.
Con sus ojos rojos y turbios como los de los tiburones
pero un tiburón con guardaespaldas y con armamentos
(Eulamia nicaragüensis)
Somoza estaba bailando mambo   25
mambo mambo
qué rico el mambo
cuando los estaban matando.
Y Tachito Somoza (el hijo)[6] sube a la Casa Presidencial
a cambiarse una camisa manchada de sangre   30
por otra limpia.
Manchada de sangre con chile.
Los perros de la prisión aullaban de lástima.
Los vecinos de los cuarteles oían los gritos.
Primero era un grito solo en mitad de la noche,   35
y después más gritos y más gritos
y después un silencio... Después una descarga
y un tiro solo. Después otro silencio,
y una ambulancia.

---

5 Vocablos locales, en los dos versos, a saber: *chele* (rubio), *pelón* (calvo), *ñato*
(chato, romo), *chirizo* (de pelo muy liso y parado), *murruco* (motoso, ensortijado),
requeneto (gordo, rechoncho).
6 Se trata de Luis Somoza Debayle, hijo mayor del dictador, quien había fallecido en
1956 a raíz de un atentado.

¡Y en la cárcel otra vez están aullando los perros!
El ruido de la puerta de hierro que se cierra
detrás de vos y entonces empiezan las preguntas
y la acusación, la acusación de conspiración
5   y la confesión, y después las alucinaciones.
La foto de tu esposa relumbrando como un foco
delante de vos y las noches llenas de alaridos
y de ruidos y de silencio, un silencio sepulcral,
y otra vez la misma pregunta, la misma pregunta,
10   y el mismo ruido repetido y el foco en los ojos
y después los largos meses que siguieron.
¡Ah poder acostarse uno esta noche en su cama
sin temor a ser levantado y sacado de su casa,
a los golpes en la puerta y al timbre de noche!
15

Suenan tiros en la noche, o parecen tiros.
Pasan pesados camiones, y se paran,
y siguen. Uno ha oído sus voces.
Es en la esquina. Estarán cambiando de guardia.
20   Uno ha oído sus risas y sus armas.
El sastre de en frente ha encendido la luz.
Y pareció que golpearon aquí. O donde el sastre.
¡Quién sabe si esta noche vos estás en la lista!
Y sigue la noche. Y falta mucha noche todavía.
25   Y el día no será sino una noche con sol.
La quietud de la noche bajo el gran solazo.

El Ministro Americano Mr. Whelan[7]
asiste a la fiesta de la Casa Presidencial.
30   Las luces de la Presidencial se ven desde todo Managua.
La música de la fiesta llega hasta las celdas de los presos
en la quieta brisa de Managua bajo la Ley Marcial.
Los presos en sus celdas alcanzan a oír la música
entre los gritos de los torturados en las pilas.
35   Arriba en la Presidencial Mr. Whelan dice:
Fine party!

---

[7] Thomas Whelan, nombrado embajador de los Estados Unidos en 1951.

Como le dijo a Sumner Welles el sonofabitch de Roosevelt:
"Somoza is a sonofabitch
            but he's ours."[8]
Esclavo de los extranjeros
        y tirano de su pueblo   5
impuesto por la intervención
        y mantenido por la no intervención:
SOMOZA FOREVER

El espía que sale de día   10
El agente que sale de noche
y el arresto de noche:
Los que están presos por hablar en un bus
o por gritar un Viva
o por un chiste.   15
"Acusado de hablar mal del Sr. Presidente..."
Y los juzgados por un juez con cara de sapo
o en Consejos de Guerra por guardias con caras de perro;
a los que han hecho beber orines y comer mierda
(cuando tengáis Constitución recordadlos)   20
los de la bayoneta en la boca y la aguja en el ojo,
las pilas electrizadas y el foco en los ojos.
—"Es un hijueputa, Mr. Wellès, pero es de nosotros."
Y en Guatemala, en Costa Rica, en México,
los exiliados de noche se despiertan gritando,   25
soñando que les están aplicando otra vez la "maquinita",
o que están otra vez amarrados
y ven venir a Tachito con la aguja.
"...Y galán, hombré..."
                    (decía un campesino).   30
"Sí, era él. Y galán, hombré...
Blanco, con su camisita amarilla
de manga corta.
            Galán, el jodido."

                                                                    35
Cuando anochece en Nicaragua la Casa Presidencial
se llena de sombras. Y aparecen caras.
Caras en la oscuridad.
        Las caras ensangrentadas.

[8] Del general Anastasio Somoza, Franklin D. Roosevelt se expresaría con una frase
similar aplicada por él al dictador dominicano Rafael Leónidas Trujillo: *I know he is*   45
a son of a bitch, but he is our son of a bitch.

Adolfo Báez Bone; Pablo Leal sin lengua;
Luis Gabuardi mi compañero de clase al que quemaron
vivo
y murió gritando *¡Muera Somoza!*
La cara del telegrafista de 16 años
(y no se sabe ni siquiera su nombre)
que transmitía de noche mensajes clandestinos
a Costa Rica, telegramas temblorosos a través
de la noche, desde la Nicaragua oscura de Tacho
(y no figurará en los textos de historia)
y fue descubierto, y murió mirando a Tachito;
su cara lo mira todavía. El muchacho
al que encontraron de noche pegando papeletas
SOMOZA ES UN LADRON
y es arriado al monte por unos guardias riendo...
Y tantas otras sombras, tantas otras sombras;
las sombras de las zopiloteras de Wiwilí;[9]
la sombra de Estrada; la sombra de Umanzor;
la sombra de Sócrates Sandino;
y la gran sombra, la del gran crimen,
la sombra de Augusto César Sandino;[10]
Todas las noches en Managua la Casa Presidencial
se llena de sombras.
Pero el héroe nace cuando muere
y la hierba verde renace de los carbones.

[9] Dos días después de ser asesinado Sandino la Guardia Nacional causa la masacre de Wiwilí asiento de la Cooperativa del Río Coco, establecida por los rebeldes. Allí fueron asesinados más de trescientos sandinistas, hombres, mujeres y niños.
[10] El 21 de febrero de 1934, Sandino y los generales Juan Pablo Umanzor y Francisco Estrada, son asesinados después de haber cenado con el presidente Juan Bautista Sacasa para tratar la paz. La casa del ministro Sofonías Salvatierra (negociador por parte del gobierno), es igualmente asaltada y asesinado Sócrates Sandino, hermano del revolucionario principal. Anastasio Somoza, al frente del cuerpo militar, fue el autor de todos los crímenes.

INDICACIONES BIBLIOGRAFICAS

John Beverley, *Del Lazarillo al sandinismo: estudios sobre la función ideológica de la literatura española e hispanoamericana,* Prisma Institute, Minneapolis, 1987.

Ernesto Cardenal, *Poesía y revolución: antología poética,* Editorial Edicol, México, 1984.

-—, *Vida en el amor,* Editorial Sígueme, Salamanca, 1984.

Regis Debray, *Che's Guerrilla War,* Penguin Books, Harmondsworth, 1975.

Jaime de Giorgis, "Tres poemas de Ernesto Cardenal" (comentarios sobre *Hora cero),* en *Ernesto Cardenal, poeta de la liberación latinoamericana,* Fernando García Cambeiro, Buenos Aires, 1975.

Ernesto Che Guevara, *Obra revolucionaria* (Prólogo de Roberto Fernández Retamar) Ediciones Era, México, 1985.

Nicolás Guillén, *Cantos para soldados y sones para turistas* (Prólogo de Juan Marinello), Editorial Masas, México, 1937.

—, *Obra poética,* 2. vols. Editorial de Arte y Literatura, La Habana, 1974.

— *Páginas vueltas: memoria,* Presencia Latinoamericana. México, 1982.

Saúl Ibargoyen y Jorge Boccanera, *Poesía rebelde en Latinoamérica,* Editores Mexicanos Unidos, México, 1978.

Robert Márquez, *Latin American Revolutionary Poetry* (A Bilingual Anthology), Monthly Review Press, New York, 1974.

Nancy Morejón, *Recopilación de textos sobre Nicolás Guillén,* Casa de las Américas, La Habana, 1974.

14

CONTRA LOS MALVADOS

El mito, la epopeya, los romances, el cuento, la novela, y ahora el cine, han poblado las escenas de la existencia y la ficción de innumerables seres perversos, satánicos, homicidas y traidores. Pero el arte no tiene el fin obligado de expresar sólo un mensaje alegórico o moral. Muchas veces los valores estéticos tienen una fuerza extraña e inexplicable. El artista, puede decirse, pierde su integridad como individuo y se entrega a un poder de creación de instancias colectivas o visionarias. Sería totalmente falso si tuviera que deformar el destino de sus criaturas por prejuicios. Los clásicos griegos, que ya conocían esta dificultad, le concedían únicamente a las Furias o divinidades del infierno, la potestad del castigo. Con más sutileza, el artista moderno sabe que el hombre es responsable de todo y por todos. La verdad del mundo no puede reducirse a la garantía de los valores divinos. En este caso, el éxito del perverso es un extravío de la vida humana o un acto de cobardía aceptado por la "parte maldita" del hombre.

Es decir, se sabe que el hombre es, tentado o poseído, el más depredatorio de los seres vivientes. Toda definición del bien y del mal sólo cuenta con la razón y la experiencia secular de la humanidad. La lucha contra el mal es ineluctable, pero si hay moral auténtica, su existencia siempre está en juego. Como el amor, como el bien, la oscuridad satánica y el sentido criminal actúan con igual decisión. Nietzsche, denunciando la moral tal como nos era enseñada sobre el filo de dos guerras mundiales, admitió la condenación: "El hombre es el animal más cruel." Y es porque la especie humana, mucho más compleja que la bestia, no sabe elegir el campo moral adecuado. El hombre ha creado la ley contra el desvarío, y las leyes pueden ser justas, magnánimas o severas, pero inadmisibles cuando se trata de proteger sólo a un grupo de personas. La existencia, en ese momento también ha fracasado, y la lucha se convierte en una nueva forma de la libertad.

No siempre la ignominia o la perversidad de los actos humanos tiene que ver con razones directas de orden político o ideológico. El hombre tiene que padecer, y aún más profundamente, la fatalidad que siempre lo castiga y lo envuelve. La fascinación del mal, tantas veces repetido por la literatura, puede ocurrir en el palacio de *Macbeth* como en la selva sin escapatoria de *La Vorágine.* En ese medio, existen hombres sin ninguna regla de sociabilidad útil, y tan dispuestos a cambiar de sustento, como de Dios o de Patria. Nuestro "mundo civilizado" tiene sus bárbaros, donde la tortura o la degradación son parte de su código habitual, bajo un tirano, o directamente subalternos de algún caudillejo de provincia. La prosa americana está llena de estos temas marginales, pero con tal fondo de violencia o de locura, que siempre hay color sangre en el espejo donde el hombre universal se mira. En el vívido realismo de Horacio Quiroga, por ejemplo, la venganza, la crueldad y la muerte, es tan común como los hechos del mundo cotidiano. En la imponente selva del río Paraná, hay patrones y capangas, indios, criollos y gringos, todos sometidos al talento retiniano del gran escritor. La ley aquí casi no tiene ningún sentido. Estos hombres, como los animales de los trópicos, actúan con la misma necesidad de lucha. La civilización, como tal, no existe. También han perdido la capacidad de entender la naturaleza. Han perdido el amor, y si lo sienten en algún momento de su existencia, lo ven cernido de sombra y de hostilidad.

Los críticos literarios suelen recordar que estas creaciones resultan mucho más intensas, más expresivas de la realidad sin que la historia quede abolida. No se trata de que la historia sea ficción. Son órdenes técnicamente distintos, pero los hechos, los personajes, la acción, se comportan como inherentes al medio psicológico y social. Así es natural que el autor de tales ficciones, aunque no se lo proponga, el mundo que imagina es tan real como su tiempo y su región. Cabe así admitir que la historia cambia de protagonistas, pero no sus funciones. Lo que cambia no es la naturaleza de las cosas, sino los procedimientos del narrador. La óptica castrense o militar, cuando no es justa, refiere que la violencia implica la posesión y el uso de las armas; supone la justificación del acto arbitrario, sin que sea importante la circunstancia por la cual se comete la agresión. El desalmado, el verdugo o el sicario, todo aquel que procede según una perspectiva autoritaria, tiene que descargarse también contra la dignidad del hombre común, como un servicio que se presta, en pueblos anarquizados, empobrecidos, brumosamente llenos de pordioseros y lacras humanas. Tales infelices no tienen ya comparación con los pícaros conocidos. Son restos del bobo, del lelo, de la bestia y la fealdad. El mundo es un drama espantoso, onírico y grotesco, por obra del estilo encantatorio de Miguel Asturias, el primero de los escritores, que en otro orden de belleza, también sustanció el lenguaje de las viejas crónicas indígenas en amalgama con las nuevas técnicas surrealistas de la ficción.

La obra del maestro guatemalteco es una pila voltaica de juegos verbales. Menos ambigua y suntuosa, pero no menos intensa, es la invención de García Márquez. Ambos tienen planteos artísticos distintos, pero en el acto de denunciar a los malvados, presentan los mismos colmillos del tigre. Uno era poeta, el otro, un novelista neto de visión poética. Como Horacio Quiroga y, también naturalmente como Juan Rulfo, los dos se han obstinado en presentar un mundo mítico, curioso y anormal. Todo esto, en verdad, se explica por el grado de injusticias seculares y el sello iluminativo de sus obras. Los dos han sido distinguidos con el Premio Nobel de Literatura, que sin duda tiene con ellos un incomparable valor.

HORACIO QUIROGA

El insigne creador de la selva, de trágica vida, nació en la ciudad del Salto, Uruguay, en 1878. El destino lo siguió de inmediato. Su padre, Prudencio Quiroga, perdió la vida en un accidente de caza. Su primera juventud fue también conmovida por el suicidio de su padrastro. En Montevideo se consagró débilmente al estudio y mucho a la bohemia. En 1900 hizo un viaje a París, donde padeció el hambre y la decepción. Cuando volvió a su patria, después de publicar un poemario inicial, *Los arrecifes de coral* (1901), le ocurrió un suceso tremendo. Mata por accidente, a su mejor amigo, Federico Ferrando, escapándose un tiro de pistola. Desesperado, se refugió en la casa de su hermana, en Buenos Aires. En 1903, habiendo conocido a Leopoldo Lugones, su poeta admirado, hizo con él un viaje a las ruinas de las misiones de los jesuitas. Lugones regresó a Buenos Aires para publicar un libro sobre *El Imperio Jesuítico,* y Quiroga para casarse. Pero otra vez lo ofende el destino. Su mujer, Ana María Cirés, se suicidó en 1915.

Durante muchos años Quiroga hizo la vida ruda del colono en el Chaco y Misiones, dedicándose al cultivo del algodón y, en ocasiones, asumiendo el cargo de Juez de Paz. La historia de su vida, aunque transfigurada como corresponde, está viva en sus libros de ficción. Escribió dos novelas extensas, *Historia de un amor turbio* (1908) y *Pasado amor* (1928). Pero lo más solitario, lo más intenso de su turbio destierro, está en sus cuentos que reunió con el título de *El crimen del otro* (1904); *Cuentos de amor, de locura y de muerte* (1917). En otras piezas de Quiroga, como *Cuentos de la selva* (1919) y *Anaconda* (1921), el animal alegorizado, sigue siendo el maestro del hombre, pero éstos no entienden los secretos mayores de su reino. Sobre el desafuero contra el sufrido *mensú* (el mensual de los obrajes), está forjado *El salvaje* (1920), cuyo cuento "La bofetada", es un ejemplo de la incompetencia (o de la locura) de un colono descastado a quien ofende sólo la sonrisa de un peón. Vidas absurdas, en agonía, anormales, componen el resto de los libros de Quiroga: *La gallina degollada y otros cuentos* (1925), *Los desterrados* (1926), y *Más allá* (1935).

Quiroga fue un narrador de la misteriosa realidad, con toda su carga psíquica y su aspecto horroroso (y venerado por otro autor genial de la selva, José Eustasio Rivera). Habiendo cumplido con su destino, víctima de un mal incurable, regresó a Buenos Aires. Una noche de febrero de 1937, se quitó la vida.

UNA BOFETADA

Acosta, mayordomo del "Meteoro" que remontaba el Alto Paraná cada quince días, sabía bien una cosa, y es ésta: que nada es más rápido, ni aun la corriente del mismo río, que la explosión de una damajuana de caña[1] lanzada sobre un obraje. Su aventura con Korner, pues, pudo finalizar en
5 un terreno harto conocido de él.
Por regla absoluta—con una sola excepción—que es ley en el Alto Paraná, en los obrajes no se permite caña. Ni los almacenes la venden, ni se tolera una sola botella, sea cual fuere su origen. En los obrajes hay resentimientos y amarguras que no conviene traer a la memoria de los
10 mensús.[2] Cien gramos de alcohol por cabeza, concluirían en dos horas con el obraje más militarizado.
A Acosta no le convenía una explosión de esta magnitud, y por esto su ingenio se ejercitaba en pequeños contrabandos, copas despachadas a los mensús en el mismo vapor, a la salida de cada puerto. El capitán lo sabía,
15 y con él el pasaje entero, formado casi exclusivamente por dueños y mayordomos de obraje. Pero como el astuto correntino[3] no pasaba de prudentes dosis, todo iba a pedir de boca.
Ahora bien, quiso la desgracia un día que a instancias de la bullanguera tropa de peones, Acosta sintiera relajarse un poco la rigidez de su
20 prudencia. El resultado fue un regocijo tan profundo, que se desencadenó entre los mensús una vertiginosa danza de baúles y guitarras que volaban por el aire.
El escándalo era serio. Bajaron el capitán y casi todos los pasajeros, siendo menester una nueva danza, pero esta vez de rebenque, sobre las
25 cabezas más locas. El proceder es habitual, y el capitán tenía el golpe rápido y duro. La tempestad cesó en seguida. Esto no obstante, se hizo atar de pie contra el palo mayor a un mensú más levantisco que los demás, y todo volvió a su norma.

---

[1] *caña:* aguardiente de caña.
[2] *mensú:* peón, mensual.
[3] *correntino:* gentilicio no insertado en el Manual académico. Persona oriunda de la Provincia de Corrientes, en la mesopotamia argentina.

Pero ahora tocaba el turno a Acosta. El dueño del obraje, en cuyo puerto estaba detenido el vapor, la emprendía con él:

—¡Usted, y sólo usted, tiene la culpa de estas cosas! ¡Por diez miserables centavos, echa a perder a los peones y ocasiona estos bochinches ! 5

El mayordomo, a fuer de mestizo, contemporizaba.

—¡Pero cállese, y tenga vergüenza! —proseguía Korner.— Por diez miserables centavos. . . Pero le aseguro que en cuanto llegue a Posadas, denuncio estas picardías a Mitain!

Mitain era el armador del "Meteoro", lo que tenía sin cuidado a 10 Acosta, quien concluyó por perder la paciencia.

—Al fin y al cabo —respondió—usted nada tiene que ver en esto. . . Si no le gusta, quéjese a quien quiera. . . En mi despacho yo hago lo que quiero.

—¡Es lo que vamos a ver! —gritó Korner, disponiéndose a subir. Pero 15 en la escalerilla vio por encima de la baranda de bronce al mensú atado al palo mayor. Había o no ironía en la mirada del prisionero: Korner se convenció de que la había, al reconocer en aquel indiecito de ojos fríos y bigotitos en punta, a un peón con quien había tenido algo que ver tres meses atrás. 20

Se encaminó al palo mayor, más rojo aún de rabia. El otro lo vio llegar, sin perder un instante su sonrisita.

—¡Con que sos vos! —le dijo Korner.— ¡Te he de hallar siempre en mi camino! Te había prohibido poner los pies en el obraje, y ahora venís de allí. . . ¡compadrito!4 25

El mensú, como si no oyera, continuó mirándolo con su minúscula sonrisa. Korner, entonces, ciego de ira, lo abofeteó de derecha y revés.

—¡Tomá.. . compadrito! ¡Así hay que tratar a los compadres como vos!

El mensú se puso lívido, y miró fijamente a Korner, quien oyó algunas 30 palabras:

—Algún día. . .

Korner sintió un nuevo impulso de hacerle tragar la amenaza, pero logró contenerse y subió, lanzando invectivas al mayordomo que traía el infierno a los obrajes. 35

Mas esta vez la ofensiva correspondía a Acosta. ¿Qué hace para molestar en lo hondo a Korner, su cara colorada, su lengua larga, y su maldito obraje?

No tardó en hallar el medio. Desde el siguiente viaje de subida, tuvo buen cuidado de surtir a escondidas a los peones que bajaban en Puerto 40

---

4 *compadrito:* valentón del hampa o de los suburbios.

Profundidad (el puerto de Korner) de una o dos damajuanas de caña. Los mensús, más aullantes que de costumbre, pasaban el contrabando en sus baúles, y esa misma noche estallaba el incendio en el obraje.

Durante dos meses, cada vapor que bajaba el río después de haberlo remontado el "Meteoro", alzaba indefectiblemente en Puerto Profundidad cuatro o cinco heridos. Korner, desesperado, no lograba localizar al contrabandista de caña, al incendiario. Pero al cabo de ese tiempo Acosta había considerado discreto no alimentar más el fuego, y los machetes dejaron de trabajar. Buen negocio, en suma, para el correntino, que había concebido venganza y ganancia, todo sobre la propia cabeza pelada de Korner.

Pasaron dos años. El mensú abofeteado había trabajado en varios obrajes, sin serle permitido poner una sola vez los pies en Puerto Profundidad. Ya se ve: el antiguo disgusto con Korner y el episodio del palo mayor, habían convertido al indiecito en persona poco grata a la administración. El mensú, entre tanto, invadido por la molicie aborigen, quedaba largas temporadas en Posadas, vagando, viviendo de sus bigotitos en punta que encendían el corazón de las mensualeras. Su corte de pelo en melena corta, sobre todo, muy poco común en el extremo norte, encantaba a las muchachas con la seducción de su aceite y violentas lociones.

Un buen día se decidía a aceptar la primera contrata al paso, y remontaba el Paraná. Chancelaba[5] presto su anticipo, pues tenía un magnífico brazo; descendía a este puerto, a aquél, los sondaba todos, tratando de llegar adonde quería. Pero era en vano. En todos los obrajes se le aceptaba con placer, menos en Puerto Profundidad: allí estaba demás. Cogíalo entonces nueva crisis de desgano y cansancio, y tornaba a pasar meses enteros en Posadas, el cuerpo enervado y el bigotito saturado de esencias.

Corrieron aún tres años. En ese tiempo el mensú subió una sola vez el Alto Paraná, habiendo concluído por considerar sus medios de vida actuales mucho menos fatigosos que los del monte. Y aunque el antiguo y duro cansancio de los brazos era ahora reemplazado por la constante fatiga de las piernas, hallaba aquello a su gusto.

No conocía—o no frecuentaba, por lo menos— de Posadas, más que la Bajada, y el puerto. No salía de ese barrio de los mensús; pasaba del rancho de una mensualera a otro: luego iba al boliche,[6] después al puerto, a festejar en corro de aullidos el embarque diario de los mensús, para concluir de noche en los bailes de cinco centavos la pieza.

---

5 *chancelaba:* tiene origen en el anglicismo *chance,* y así chancelar, calcular una oportunidad u ocasión.
6 *boliche:* voz del caló ('casa de juego'). En la región platense, almacén o despacho ordinario de bebidas.

—¡Ché amigo! —le gritaban los peones.— ¡No te gusta más tu hacha! ¡Te gusta la bailanta, ché amigo! El indiecito sonreía, satisfecho de sus bigotitos y su melena lustrosa.

Un día, sin embargo, levantó vivamente la cabeza y la volvió, toda oídos, a los conchabadores[7] que ofrecían espléndidos anticipos a una tropa 5 de mensús recién desembarcados. Se trataba del arriendo de Puerto Cabriuva, casi en los saltos del Guayra, por la empresa que regenteaba Korner. Había allí mucha madera en barranca, y se precisaba gente. Buen jornal, y un poco de caña, ya se sabe.

Tres días después, los mismos mensús que acababan de bajar 10 extenuados por nueve meses de obraje, tornaban a subir, después de haber derrochado fantástica y brutalmente en cuarenta y ocho horas doscientos pesos de anticipo.

No fue poca la sorpresa de los peones al ver al buen mozo entre ellos. ¡Opama[8] la fiesta, ché amigo! —le gritaban.— ¡Otra vez la hacha, 15 añá-mb!...[9]

Llegaron a Puerto Cabriuva, y desde esa misma tarde su cuadrilla fue destinada a las jangadas.[10]

Pasó, por consiguiente, dos meses trabajando bajo un sol de fuego tumbando vigas desde lo alto de la barranca al río, a punta de palanca, en 20 esfuerzos congestivos que tendían como alambres los tendones del cuello de los siete mensús enfilados.

Luego el trabajo en el río, a nado, con veinte brazas de agua bajo los pies, juntando los troncos, remolcándolos, inmovilizados en los cabezales de las vigas horas enteras, con la cabeza y los brazos únicamente fuera del 25 agua. Al cabo de cuatro, seis horas, el hombre trepa a la jangada, se le iza, mejor dicho, pues está helado. No es extraño, pues, que la administración tenga siempre reservada un poco de caña para estos casos, los únicos en los que se infringe la ley. El hombre toma una copa, y vuelve otra vez al agua. 30

El mensú tuvo así su parte en este rudo quehacer, y bajó con la inmensa almadía hasta Puerto Profundidad. Nuestro hombre había contado con esto para que se le permitiera bajar en el puerto. En efecto, en la comisaría del obraje o no se le reconoció, o se hizo la vista gorda en razón de la urgencia del trabajo. Lo cierto es que recibida la jangada, se le 35 encomendó al mensú, conjuntamente con tres peones, la conducción de

---

[7] conchabador: de conchabo (servicio). Persona que contrata peones a sueldo.
[8] opama: exclamación de sorpresa (literalmente "se acabó", "se puso fin").
[9] añá-mb: reducción del insulto guarani añamembuí o añamembi (hijo de la diabla).
[10] jangada: balsa o almadía.

una recua de mulas a la Carrería, varias leguas adentro. No pedía otra cosa el mensú, que salió a la mañana siguiente, arreando su tropilla por la picada[11] maestra.

Hacía ese día mucho calor. Entre la doble muralla del bosque, el
5 camino rojo deslumbraba de sol. El silencio de la selva a esa hora parecía aumentar la mareante vibración del aire sobre la arena volcánica. Ni un soplo de aire, ni un pío de pájaro. Bajo el sol a plomo que enmudecía a las chicharras, la tropilla aureolada de tábanos avanzaba monótonamente por la picada, cabizbaja de modorra y luz.
10 A la una los peones hicieron alto para tomar mate. Un momento después divisaban a su patrón que avanzaba hacia ellos por la picada. Venía solo, a caballo, con su gran casco de pita.[12] Korner se detuvo, hizo dos o tres preguntas al peón más inmediato, y recién entonces reconoció al indiecito, doblado sobre la pava de agua.
15 El rostro sudoroso de Korner enrojeció un punto más, y se irguió en los estribos.

—¡Eh, vos! ¡Qué hacés aquí!—le gritó furioso.

El indiecito se incorporó sin prisa.

—Parece que no sabe saludar a la gente—contestó avanzando hacia
20 su patrón.

Korner sacó el revólver e hizo fuego. El tiro tuvo tiempo de salir, pero a la loca: un revés de machete había lanzado al aire el revólver, con el índice adherido al gatillo. Un instante después Korner estaba por tierra, con el indiecito encima.
25 Los peones habían quedado inmóviles, ostensiblemente ganados por la audacia de su compañero.

—¡Sigan ustedes! —les gritó éste con voz ahogada, sin volver la cabeza. Los otros prosiguieron su deber, que era para ellos arrear las mulas según lo ordenado, y la tropilla se perdió en la picada.
30 El mensú, entonces, siempre conteniendo a Korner contra el suelo, tiró lejos el cuchillo de éste, y de un salto se puso de pie. Tenía en la mano el rebenque de su patrón, de cuero de anta.[13]

—Levantáte—le dijo.

Korner se levantó, empapado en sangre e insultos, e intentó una
35 embestida. Pero el látigo cayó tan violentamente sobre su cara que lo lanzó a tierra.

—Levantáte—repitió el mensú.

Korner tornó a levantarse.

—Ahora caminá.

---

[11] *picada:* paso, trocha o camino.
[12] *pita:* planta espinosa *(Agave americana)* de la cual se extraen fibras o hilos (cf. Echeverría, n. 33).
[13] *anta:* danta o tapir.

Y como Korner, enloquecido de indignación, iniciara otro ataque, el rebenque, con un seco y terrible golpe, cayó sobre su espalda.

—Caminá.

Korner caminó. Su humillación, casi apoplética, su mano desangrándose, la fatiga, lo habían vencido y caminaba. A ratos, sin embargo, 5 la intensidad de su afrenta deteníalo con un huracán de amenazas. Pero el mensú no parecía oír. El látigo caía de nuevo, terrible, sobre su nuca.

—Caminá.

Iban solos por la picada, rumbo al río, en silenciosa pareja, el mensú un poco detrás. El sol quemaba la cabeza, las botas, los pies. Igual silencio 10 que en la mañana, diluido en el mismo vago zumbido de la selva aletargada. Sólo de vez en cuando sonaba el restallido del rebenque sobre la espalda de Korner.

—Caminá.

Durante cinco horas, kilómetro tras kilómetro, Korner sorbió hasta las 15 heces la humillación y el dolor de su situación. Herido, ahogado, con fugitivos golpes de apoplejía, en balde intentó varias veces detenerse. El mensú no decía una palabra, pero el látigo caía de nuevo, y Korner caminaba.

Al entrar el sol, y para evitar la Comisaría, la pareja abandonó la picada 20 maestra por un pique[14] que conducía también al Paraná. Korner, perdida con ese cambio de rumbo la última posibilidad de auxilio, se tendió en el suelo, dispuesto a no dar un paso más. Pero el rebenque, con golpes de brazo habituado al hacha, comenzó a caer.

—Caminá. 25

Al quinto latigazo Korner se incorporó, y en el cuarto de hora final los rebencazos cayeron cada veinte pasos con incansable fuerza sobre la espalda y la nuca de Korner, que se tambaleaba como sonámbulo.

Llegaron por fin al río, cuya costa remontaron hasta la jangada. Korner tuvo que subir a ella, tuvo que caminar como le fue posible hasta el 30 extremo opuesto, y allí, en el límite de sus fuerzas, se desplomó de boca, la cabeza entre los brazos.

El mensú se acercó.

—Ahora—habló por fin—esto es para que saludés a la gente. . . Y esto para que sopapeés[15] a la gente. . . 35

Y el rebenque, con terrible y monótona violencia, cayó sin tregua sobre la cabeza y la nuca de Korner, arrancándole mechones sanguinolentos de pelo.

Korner no se movía más. El mensú cortó entonces las amarras de la jangada, y subiendo en la canoa, ató un cabo a la popa de la almadía y 40 paleó vigorosamente.

---

[14] *pique:* picada estrecha abierta en la selva. (cf. *supra, n.* 11).
[15] *sopapear:* golpe o sopapo que se da con la mano abierta en el rostro y de revés.

Por leve que fuera la tracción sobre la inmensa mole de vigas, el esfuerzo inicial bastó. La jangada viró insensiblemente, entró en la corriente, y el hombre cortó entonces el cabo. El sol había entrado hacía rato. El ambiente, calcinado dos horas antes, tenía ahora una frescura y quietud fúnebres. Bajo el cielo aún verde, la jangada derivaba girando, entraba en la sombra transparente de la costa paraguaya, para resurgir de nuevo, sólo una línea ya. El mensú derivaba también oblicuamente hacia el Brasil, donde debía permanecer hasta el fin de sus días.

—Voy a perder la bandera—murmuraba, mientras se ataba un hilo en la muñeca fatigada. Y con una fría mirada a la jangada que iba al desastre inevitable, concluyó entre dientes:

—¡Pero ése no va a sopapear más a nadie, gringo de un añá membuí!

MIGUEL ANGEL ASTURIAS

Asturias nació en la Capital de Guatemala en 1899, cuando ya ejercía el poder Manuel Estrada Cabrera, tirano enigmático y macabro, sobre cuyo modelo inventó intrigas y locuras esperpénticas. Con todo el tipo del indio, maya, robusto, de impresionante perfil aguileño, Asturias descendía de una familia culta. Su padre había sido juez y comerciante, y su madre maestra. El también fue abogado. Se doctoró en 1922 con la tesis *El problema del indio.* Pero fue en París, curiosamente, donde descubrió sus más intensas raíces. En La Sorbonne siguió cursos sobre mitos y religiones prehispánicas con el profesor Georges Reynaud. Cinco años se consagró a ese estudio, y por último a una versión del *Popol Vuh,* el libro sagrado de los maya quichés. Pero también fue importante que dispuso recrear de modo lingüístico y fantástico el legado de las viejas culturas, y novedosamente lo que había oído contar en su tierra natal. Así nacieron las *Leyendas de Guatemala* (1930), que el poeta Paul Valéry, por una carta, llamó "historia-sueños-poemas donde se confunden tan graciosamente las creencias, los cuentos y todas las edades de un pueblo".

De regreso a Guatemala en 1933, luchó contra el gobierno dictatorial de Jorge Ubico, como en su juventud lo hizo contra Estrada Cabrera. Censurado por su espacio radiofónico "Diario del Aire", volvió a exiliarse. En 1946 publicó *El señor presidente,* sobre el recuerdo del dictador macabro, que había comenzado a escribir en 1922, en la forma de un cuento llamado "Los mendigos políticos" . El gobierno reformista de Jacobo Arbenz distinguió a Asturias con puestos diplomáticos. Durante algunos años vivió en la Argentina y en Italia. Publicó poemas: *Sien de alondra* (1949) y *Claravigilia primaveral* (1965); novelas de escenas míticas y de invenciones mágicas, *Hombres de maíz* (1949), *Mulata de tal* (1963), y un ciclo narrativo políticosocial, *Viento fuerte* (1949), *El papa verde* (1964) y *Los ojos de los enterrados* (1960). *Week-end en Guatemala* (1957), acontece durante la invasión de Castillo Armas, y *Maladrón* (1969), propuso una visión de la conquista española a través de un episodio no histórico, pero posible.

Asturias fue poeta y narrador, de innegable autoctonismo y fantasía luminosa. Siguiendo el encanto especial de las viejas tradiciones míticas de su país, escribió con gracia, con ternura y fluidez sobre los desposeídos y contra los figurones sangrientos. Murió en Madrid en 1974.

EN EL PORTAL DEL SEÑOR[1]

Alumbra, lumbre de alumbre, Luzbel de piedralumbre![2] Como zumbido de oídos persistía el rumor de las campanas a la oración maldoblestar[3] de la luz en la sombra, de la sombra en la luz. ¡Alumbra, lumbre de alumbre, Luzbel de piedralumbre, sobre la podredumbre!
5 ¡Alumbra, lumbre de alumbre, sobre la podredumbre, Luzbel de piedralumbre! Alumbra, alumbra, lumbre de alumbre. . .alumbre..., alumbra.., alumbra, lumbre de alumbre. . ., alumbra, alumbre. . .

Los pordioseros se arrastraban por las cocinas del mercado, perdidos en la sombra de la Catedral helada, de paso hacia la Plaza de Armas, a lo 10 largo de calles tan anchas como mares, en la ciudad que se iba quedando atrás íngrima[4] y sola.

La noche los reunía al mismo tiempo que a las estrellas. Se juntaban a dormir en el Portal del Señor sin más lazo común que la miseria, maldiciendo unos de otros, insultándose a regañadientes con tirria de 15 enemigos que se buscan pleito, riñendo muchas veces a codazos y algunas con tierra y todo, revolcones en los que tras escupirse, rabiosos, se mordían. Ni almohada ni confianza halló jamás esta familia de parientes del basurero. Se acostaban separados, sin desvestirse, y dormían como ladrones, con la cabeza en el costal de sus riquezas: desperdicios de carne, 20 zapatos rotos, cabos de candela, puños de arroz cocido envueltos en periódicos viejos, naranjas y guineos[5] pasados.

---

[1] Titulo del capítulo inicial de *El señor presidente,* novela de evidente evocación de la dictadura de Estrada Cabrera. Cabe resumir que después de la muerte del coronel Parrales por uno de los mendigos, se desencadena una serie de investigaciones cuyo fin no es eliminar al culpable sino a los enemigos del gobierno.
[2] La mención de Luzbel (Lucifer), dentro del mismo juego de palabras curiosamente nos remite al ángel condenado (portador de la luz). Al gnosticismo se debe la tradición de que Luzbel ostentaba una piedra luminosa en la frente.
[3] *maldoblestar:* doble malestar.
[4] *íngrima:* abandonada.
[5] *guineo:* banana.

En las gradas del Portal se les veía vueltos a la pared, contar el dinero, morder las monedas de níquel para saber si eran falsas, hablar a solas, pasar revista a las provisiones de boca y de guerra, que de guerra andaban en la calle armados de piedras y escapularios, y engullirse a escondidas cachos de pan en seco. Nunca se supo que se socorrieran entre ellos; avaros de sus 5 desperdicios, como todo mendigo, preferían darlos a los perros antes que a sus compañeros de infortunio.

Comidos y con el dinero bajo siete nudos en un pañuelo atado al ombligo, se tiraban al suelo y caían en sueños agitados, tristes: pesadillas por las que veían desfilar cerca de sus ojos cerdos con hambre, mujeres 10 flacas, perros quebrados, ruedas de carruajes y fantasmas de Padres que entraban a la Catedral en orden de sepultura, precedidos por una tenia de luna crucificada en tibias heladas. A veces, en lo mejor del sueño, les despertaban los gritos de un idiota que se sentía perdido en la Plaza de Armas. A veces, el sollozar de una ciega que soñaba cubierta de moscas, 15 colgando de un clavo, como la carne en las carnicerías. A veces, los pasos de una patrulla que a golpes arrastraba a un prisionero político, seguido de mujeres que limpiaban las huellas de sangre con los pañuelos empapados en llanto. A veces, los ronquidos de un valetudinario tiñoso o la respiración de una sordomuda encinta que lloraba de miedo porque sentía un hijo en 20 las entrañas. Pero el grito del idiota era el más triste. Partía el cielo. Era un grito largo, sonsacado, sin acento humano.

Los domingos caía en medio de aquella sociedad extraña un borracho que, dormido, reclamaba a su madre llorando como un niño. Al oír el idiota la palabra madre, que en boca del borracho era imprecación a la vez que 25 lamento, se incorporaba, volvía a mirar a todos lados de punta a punta del Portal, enfrente, y tras despertarse bien y despertar a los compañeros con sus gritos, lloraba de miedo, juntando su llanto al del borracho.

Ladraban perros, se oían voces, y los más retobados[6] se alzaban del suelo a engordar el escándalo para que se callara. Que se callara o que 30 viniera la Policía. Pero la Policía no se acercaba ni por gusto. Ninguno de ellos tenía para pagar la multa. "¡Viva Francia!", gritaba Patahueca en medio de los gritos y los saltos del idiota, que acabó siendo el hazmerreír de los mendigos de aquel cojo bribón y mal hablado que, entre semana, algunas noches remedaba al borracho. Patahueca remedaba al borracho y 35 el Pelele—así apodaban al idiota—, que dormido daba la impresión de estar muerto, revivía a cada grito sin fijarse en los bultos arrebujados por el suelo en pedazos de manta, que al verle medio loco, rifaban palabritas de mal gusto y risas chillonas. Con los ojos lejos de las caras monstruosas de sus compañeros, sin ver nada, sin oír nada, sin sentir nada, fatigado por el llanto, 40 se quedaba dormido; pero al dormirse, carretilla de todas las noches, la voz de Patahueca le despertaba:

[6] *retobado*: en Centroamérica, respondón, rezongón.

—¡Madre!...

El *Pelele* abría los ojos de repente, como el que sueña que rueda en el vacío; dilataba las pupilas más y más, encogiéndose todo él, entraña herida cuando le empezaban a correr las lágrimas; luego se dormía poco a poco, vencido por el sueño, el cuerpo casi engrudo, con eco de bascas[7] en la conciencia rota. Pero al dormirse, al no más dormirse, la voz de otra prenda con boca le despertaba:

—¡Madre!...

Era la voz de el *Viuda,* mulato degenerado que, entre risa y risa, con pucheros de vieja, continuaba:

—... madre de misericordia, esperanza nuestra, Dios te salve, a ti llamamos los desterrados que caímos de leva...[8]

El idiota se despertaba riendo, parecía que a él también le daba risa su pena, hambre, corazón y lágrimas saltándole en los dientes, mientras los pordioseros arrebataban del aire la car-car-car-car-carcajada, del aire, del aire... la car-car-car-car-carcajada...; perdía el aliento un timbón[9] con los bigotes sucios de revolcado, y de la risa se orinaba un tuerto que daba cabezazos de chivo en la pared, y protestaban los ciegos porque no se podía dormir con tanta bulla, y el *Mosco,* un ciego al que le faltaban las dos piernas, porque esa manera de divertirse era de amujerados.

A los ciegos los oían como oír barrer y al *Mosco* ni siquiera lo oían. ¡Quién iba a hacer caso de sus fanfarronadas! "¡Yo, que pasé la infancia en un cuartel de artillería, "onde"[10] las patadas de las mulas y de los jefes me hicieron hombre con oficio de caballo, lo que me sirvió de joven para "jalar" por las calles la música de carreta! ¡Yo, que perdí los ojos en una borrachera sin saber cómo, la pierna derecha en otra borrachera sin saber cuándo, y la otra en otra borrachera, víctima de un automóvil, sin saber "ónde"!...

Contado por los mendigos, se regó entre la gente del pueblo que el *Pelele* se enloquecía al oír hablar de su madre. Calles, plazas, atrios y mercados recorría el infeliz en su afán de escapar al populacho que por aquí, que por allá, le gritaba a todas horas, como maldición del cielo, la palabra madre. Entraba a las casas en busca de asilo, pero de las casas le sacaban los perros o los criados. Lo echaban de los templos, de las tiendas, de todas partes, sin atender a su fatiga de bestia ni a sus ojos, que, a pesar de su inconsciencia, suplicaban perdón con la mirada.

La ciudad, grande, inmensamente grande para su fatiga, se fue haciendo pequeña para su congoja. A noches de espanto siguieron días de

---

[7] *bascas:* náuseas.
[8] *leva:* treta, engaño.
[9] *timbón:* gordo, barrigón.
[10] *onde:* elipsis de *donde.*

persecución, acosado por las gentes que, no contentas con gritarle: *"Pelelito,* el domingo te "asás"[11] con tu madre. . ., la vieja. . ., somato, chicharrón y chaleco!"[12], le golpeaban y arrancaban las ropas a pedazos. Seguido de chiquillos, se refugiaba en los barrios pobres, pero allí su suerte era más dura; allí, donde todos andaban a las puertas de la miseria, no sólo 5 lo insultaban, sino que, al verlo correr despavorido, le arrojaban piedras, ratas muertas y latas vacías.

De uno de esos barrios subió hacia el Portal del Señor un día como hoy a la oración, herido en la frente, sin sombrero, arrastrando la cola de un barrilete que de remeda remiendo le prendieron por detrás. Lo asustaban 10 las sombras de los muros, los pasos de los perros, las hojas que caían de los árboles, el rodar desigual de los vehículos. . . Cuando llegó al Portal, casi de noche, los mendigos, vueltos a la pared, contaban y recontaban sus ganancias. *Patahueca* la tenía con el *Mosco* por alegar; la sordomuda se sobaba el vientre para ella inexplicablemente crecido, y la ciega se mecía en 15 sueños colgada de un clavo, cubierta de moscas, como la carne en las carnicerías.

El idiota cayó medio muerto; llevaba noches y noches de no pegar los ojos, días y días de no asentar los pies. Los mendigos callaban y se rascaban las pulgas sin poder dormir, atentos a los pasos de los gendarmes 20 que iban y venían por la plaza poco alumbrada y los golpecitos de las armas de los centinelas, fantasmas envueltos en ponchos a rayas, que en las ventanas de los cuarteles vecinos velaban en pie de guerra, como todas las noches, al cuidado del Presidente de la República, cuyo domicilio se ignoraba porque habitaba en las afueras de la ciudad muchas casas a la 25 vez; cómo dormía, porque se contaba que al lado de un teléfono con un látigo en la mano, y a qué hora, porque sus amigos aseguraban que no dormía nunca.

Por el Portal del Señor avanzó un bulto. Los pordioseros se encogieron como gusanos. Al rechino de las botas militares respondía el 30 graznido de un pájaro siniestro en la noche oscura, navegable, sin fondo...

Patahueca peló los ojos; en el aire pesaba la amenaza del fin del mundo, y dijo a la lechuza:

—¡Hualí, hualí, "tomá" tu sal y tu chile. . .; no te tengo mal ni dita[13] y por si acaso, maldita! 35

El *Mosco* se buscaba la cara con los gestos. Dolía la atmósfera como cuando va a temblar. El *Viuda* hacía la cruz entre los ciegos. Sólo el *Pelele* dormía a pierna suelta, por una vez, roncando.

[11]*asás:* asar, calentarse.
[12] Juego de palabras marcadamente intencional que la jerga promiscua atribuye lo siguiente: *somato* (tunda, castigo), *chicharrón* (sabor a cuerno quemado), *chaleco* (estafa).
[13] *dita:* deuda o desgracia

El bulto se detuvo—la risa le entorchaba la cara—, acercóse al idiota
de puntepié y, en son de broma, le gritó:
—¡Madre!
No dijo más. Arrancado del suelo por el grito, el *Pelele* se le fue
encima y, sin darle tiempo a que hiciera uso de sus armas, le enterró los
dedos en los ojos, le hizo pedazos la nariz a dentelladas y le golpeó las
partes[14] con las rodillas hasta dejarlo inerte.
  Los mendigos cerraron los ojos horrorizados, la lechuza volvió a
pasar y el *Pelele* escapó por las calles en tinieblas, enloquecido bajo la
acción de espantoso paroxismo.
  Una fuerza ciega acababa de quitar la vida al coronel José Parrales
Sonriente, alias el *Hombre de la Mulita.*
  Estaba amaneciendo.

[14] *partes* (las partes pudendas): genitales externos.

GABRIEL GARCIA MARQUEZ

En 1928 nació García Márquez en el pueblito colombiano de Aracataca, situado en la región tropical y atlántica, probablemente muy parecido a Macondo, que el talento del famoso novelista revistió de caracteres míticos y catastróficos.

García Márquez fue criado por sus abuelos, y por ellos iniciado en la leyenda dorada de la "fiebre del banano", el abandono de la región, y la ruina económica. En 1940 viajó a Bogotá para estudiar con los jesuitas, y luego la carrera de Leyes, pero viviendo mal y con poco sustento, se decidió por el periodismo. Hacia 1946 escribía para *El Espectador* de Bogotá. Viajó por Europa. Desde Roma, donde fijó su residencia, enviaba impresiones y juicios sobre cine y literatura. Pero un día el dictador Rojas Pinillas cerró el diario, y condenado por el hambre, regresó a Colombia para casarse. En 1955 publicó *La hojarasca,* novela donde ya aparece Macondo, pueblo aislado de la civilización y castigado por el odio. Desde entonces seguirá el itinerario de ese mito. En 1959, cuando Castro entró en La Habana, lo designaron para que abriera la oficina de Prensa Latina en Bogotá. Mientras tanto, escribía sus ficciones. Según Luis Harss, *El coronel no tiene quien le escriba,* que publicó en 1961, es una de las obras más perfectas del escritor. Un año después, en *Los funerales de Mamá Grande,* congregó una serie de cuentos, de tesitura escueta y realista, casi una sátira del feudalismo absurdo y anacrónico de los pueblos colombianos. El ambiente, más bien trágico, prescinde de la intriga. En "Un día de estos", quizás el más admirable, hay dos fuerzas sociales en pugna, el alcalde militar que representa la impunidad de los malvados, y un dentista, que no pierde la ocasión de vengar, de algún modo, todas las víctimas cotidianas; obra en ese momento con la tortura, precisamente para negarla, cuando no hay ya otro modo de justicia.

Lo que trae después García Márquez no es el realismo imitativo, sino más bien, como se ha dicho, la maravillosa naturaleza de la realidad con rasgo de pesadilla. El novelista se dispara hacia temas irreales y fantásticos, pero elaborados con cabal sentido artístico. *La mala hora* (1962) es una novela escatológica, y *Cien años de soledad,* su novela más famosa publicada en 1967, es la historia completa, el destino trágico y último de Macondo.

UN DIA DE ESTOS

El lunes amaneció tibio y sin lluvia. Don Aurelio Escovar, dentista sin título y buen madrugador, abrió su gabinete a las seis. Sacó de la vidriera una dentadura postiza montada aún en el molde de yeso y puso sobre la mesa un puñado de instrumentos que ordenó de mayor a menor, como en una exposición. Llevaba una camisa a rayas, sin cuello, cerrada arriba con un botón dorado, y los pantalones sostenidos con cargadores elásticos. Era rígido, enjuto, con una mirada que raras veces correspondía a la situación, como la mirada de los sordos.

Cuando tuvo las cosas dispuestas sobre la mesa rodó la fresa[1] hacia el sillón de resortes y se sentó a pulir la dentadura postiza. Parecía no pensar en lo que hacía, pero trabajaba con obstinación, pedaleando en la fresa incluso cuando no se servía de ella.

Después de las ocho hizo una pausa para mirar el cielo por la ventana y vio dos gallinazos[2] pensativos que se secaban al sol en el caballete de la casa vecina. Siguió trabajando con la idea de que antes del almuerzo volvería a llover. La voz destemplada de su hijo de once años lo sacó de su abstracción.

—Papá.

—Qué.

—Dice el alcalde que si le sacas una muela.

—Dile que no estoy aquí.

Estaba puliendo un diente de oro. Lo retiró a la distancia del brazo y lo examinó con los ojos a medio cerrar. En la salita de espera volvió a gritar su hijo.

—Dice que sí estás porque te está oyendo.

El dentista siguió examinando el diente. Sólo cuando lo puso en la mesa con los trabajos terminados, dijo:

—Mejor.

Volvió a operar la fresa. De una cajita de cartón donde guardaba las cosas por hacer, sacó un puente de varias piezas y empezó a pulir el oro.

—Papá.

—Qué.

Aún no había cambiado de expresión.

—Dice que si no le sacas la muela te pega un tiro.

[1] *fresa:* barrena de movimiento circular que se emplea para labrar o pulir.
[2] *gallinazo:* ave de rapiña. Igualmente, aura, zopilote o chimango.
[3] *caballete:* lomo del tejado.

Sin apresurarse, con un movimiento extremadamente tranquilo, dejó
de pedalear la fresa, la retiró del sillón y abrió por completo la gaveta
inferior de la mesa. Allí estaba el revólver.

—Bueno—dijo—. Dile que venga a pegármelo.

Hizo girar el sillón hasta quedar de frente a la puerta, la mano   5
apoyada en el borde de la gaveta. El alcalde apareció en el umbral. Se
había afeitado la mejilla izquierda, pero en la otra, hinchada y dolorida,
tenía una barba de cinco días. El dentista vio en sus ojos marchitos muchas
noches de desesperación. Cerró la gaveta con la punta de los dedos y dijo
suavemente: 10

—Siéntese.

—Buenos días—dijo el alcalde.

—Buenos—dijo el dentista.

Mientras hervían los instrumentos, el alcalde apoyó el cráneo en el
cabezal de la silla y se sintió mejor. Respiraba un olor glacial. Era un   15
gabinete pobre: una vieja silla de madera, la fresa de pedal, y una vidriera
con pomos de loza. Frente a la silla, una ventana con un cancel de tela[4]
hasta la altura de un hombre. Cuando sintió que el dentista se acercaba, el
alcalde afirmó los talones y abrió la boca.

Don Aurelio Escovar le movió la cara hacia la luz. Después de   20
observar la muela dañada, ajustó la mandíbula con una cautelosa presión
de los dedos.

—Tiene que ser sin anestesia—dijo.

—¿Por qué?

—Porque tiene un absceso.   25

El alcalde lo miró en los ojos.

—Está bien—dijo, y trató de sonreír. El dentista no le correspondió.
Llevó a la mesa de trabajo la cacerola con los instrumentos hervidos y los
sacó del agua con unas pinzas frías, todavía sin apresurarse. Después rodó
la escupidera con la punta del zapato y fue a lavarse las manos en el   30
aguamanil. Hizo todo sin mirar al alcalde. Pero el alcalde no lo perdió de
vista.

Era una cordal[5] inferior. El dentista abrió las piernas y apretó la muela
con el gatillo caliente. El alcalde se aferró a las barras de la silla, descargó
toda su fuerza en los pies y sintió un vacío helado en los riñones, pero no   35
soltó un suspiro. El dentista sólo movió la muñeca. Sin rencor, mas bien
con una amarga ternura, dijo:

—Aquí nos paga veinte muertos, teniente.

El alcalde sintió un crujido de huesos en la mandíbula y sus ojos se
llenaron de lágrimas. Pero no suspiró hasta que no sintió salir la muela.   40

---

[4] *cancel de tela:* cortina.
[5] *cordal:* dícese del tercer molar, llamado *muela del juicio,* que sale en el extremo de
la mandíbula.

Entonces la vio a través de las lágrimas. Le pareció tan extraña a su dolor, que no pudo entender la tortura de sus cinco noches anteriores. Inclinado sobre la escupidera, sudoroso, jadeante, se desabotonó la guerrera y buscó a tientas el pañuelo en el bolsillo del pantalón. El dentista le dio un trapo limpio.

—Séquese las lágrimas—dijo.

El alcalde lo hizo. Estaba temblando. Mientras el dentista se lavaba las manos, vio el cielorraso desfondado y una telaraña polvorienta con huevos de araña e insectos muertos. El dentista regresó secándose las manos. "Acuéstese—dijo—y haga buches de agua de sal." El alcalde se puso de pie, se despidió con un displicente saludo militar, y se dirigió a la puerta estirando las piernas, sin abotonarse la guerrera.

—Me pasa la cuenta—dijo.

—¿A usted o al municipio?

El alcalde no lo miró. Cerró la puerta, y dijo, a través de la red metálica.

—Es la misma vaina.

INDICACIONES BIBLIOGRAFICAS

Miguel Angel Asturias, *El señor presidente,* Editorial Costa-Amic, México, 1946 .

Ariel Dorfman, *Imaginación y violencia en América,* Editorial Universitaria, Santiago de Chile, 1970.

Angel Flores *Aproximaciones a Horacio Quiroga,* Monte Avila Editores, Caracas, 1976.

Jean Franco, *La cultura moderna en América Latina* (Cap. V), Editorial Joaquín Mortiz, México, 1971.

Carlos Fuentes, *La nueva novela hispanoamericana,* Editorial Joaquín Mortiz, México, 1969.

Gabriel García Márquez, *Los funerales de la Mamá Grande,* Universidad Veracruzana, Xalapa, 1962.

Noé Jitrik, *Horacio Quiroga,* Centro Editor de América Latina, Buenos Aires, 1967.

Luis Leal, "Mito y realismo social en Miguel Angel Asturias", edición de Helmy F. Giacoman, *Homenaje a Miguel Angel Asturias,* Las Américas Publishing, New York, 1971.

Emir Rodríguez Monegal, *El desterrado. Vida y obra de Horacio Quiroga,* Editorial Losada, Buenos Aires,1968.

—, *Narradores de esta América,* Vol. I, Editorial Alfa, Montevideo, 1969.

Mauricio de la Selva, "Los funerales de la Mamá Grande", *Cuadernos Americanos* 159 (mayo-junio, 1969).

Paul Valéry, Prólogo a *Leyendas de Guatemala* (1930). Miguel A. Asturias, *Obras completas,* Editorial Aguilar„Madrid,1968.

Mario Vargas Llosa, *García Márquez: historia de un deicidio,* Editorial Seix Barral, Barcelona, 1971.

LA MARGINACION DE LOS HOMBRES

Después de la Primera Guerra Mundial la civilización Occidental demostró que no estaba exenta de una formidable catástrofe moral. A la vista de otros sucesos concurrentes, la revolución mexicana y la rusa, los intelectuales de América atentos a los conflictos sociales, decidieron cambiar de rumbo, de inquietudes, y también los ideales artísticos.

La admiración por la cultura europea era ferviente, honrada por el pensamiento, la discreción del buen gusto, y todos aquellos que buscaban la información indispensable para hallarse al tanto de lo que ocurría en el mundo. Pero al mismo tiempo, los escritores europeos, descreídos o aterrados por el violento eurocentrismo, alentaron la revalorización del proceso histórico americano. Si por una parte, el pesimismo de Oswald Spengler anunciaba el fin agónico de la civilización europea, el conde Hermann Keyserling (y de modo parecido Waldo Frank) suponían que en América Latina podía gestarse una literatura de gran profundidad telúrica.

Ponderable fue la inmensa creación de la novelística regional sólo comparable a la elaboración continental del Modernismo. Pero en verdad, hasta ese momento, la gigantesca aleación cultural del continente era de origen puramente especulativo. Algunos poetas y escritores sólo habían tenido una perspectiva vital de restauración criolla de sus zonas nativas, de inquietante veracidad humana, pero sin posibilidades de actualizar el cuadro del resto de la cultura. La realidad mostraba que existían inmensas mayorías marginadas, que no habían tenido la oportunidad de expresarse como suele ocurrir en sociedades homogéneas. La América hispánica ha sido (y lo es), una sociedad mestizada, pero dividida y desigual. Sus componentes étnicos y demográficos no están localizados en la misma capa de evolución histórica. La condición social de los hombres no es la misma. Existe un mundo legal y otro real. El primero los iguala a cualquier ciudadano, el otro lo discrimina y abandona. Los indios y los negros, con todo el derecho que tienen en el carácter distintivo de la cultura, no han superado las condiciones del capitalismo colonial. Lo mismo cabe, en la estructura general, para el zambo o el mulato, oriundos típicos de América por creación biológica. La ideología liberal que paradójicamente los inició en la abolición de su pasado rudimentario, los condenó al quietismo de la niñez cultural. Cuatro siglos se habían grabado en la tierra y el infierno. El indio americano, reducido a la servidumbre y el despojo, debió aceptar la negación de su mundo, y con él, el destierro en la misma tierra que habitaba. Con el negro había ocurrido otro destino más cruel ingestado en el orbe cristiano. Secuestrado y sometido a las torturas de la esclavitud, más de diez millones fueron desembarcados en las costas de América sin contar la otra mitad perdida en el mar.

Muchísimos escritores trataron el tema de las clases subalternas, la filosofía de los hechos (civilización y barbarie) y los problemas populares de América. Era siempre difícil dar con el estilo propio de sus vidas, y el carácter psíquico de su circunstancia. Era, si se quiere, una postura todavía costumbrista, cuyo mensaje estaba destinado a resolver el problema por medio de la educación. *Raza de bronce* (1919) de Alcides Arguedas, o *Pobre negro* (1937) de Rómulo Gallegos, fueron obras redentoras en su momento, y dispuestas para denunciar los grupos de privilegio. La revisión, en todo caso, de los valores nativos requería además el amor a la justicia y el sentimiento bien entendido de la civilización por parte de la clase dirigente.

Pero la existencia legítima de la cultura supone la revisión de los valores que motivaron las creencias previas. La actividad moral es equivalente a la aptitud que el hombre posee para salir del fracaso o considerar un nuevo proyecto. Completamente incrédulo con respecto a la integración del indígena propuesta por la élite letrada, José Carlos Mariátegui, revolucionario convencido, entendía que para *peruanizar* el país, había que empezar por asumir un marxismo práctico. No se trataba de impulsar un catecismo. Debía ser un medio de entender la nación profunda que residía en las comunidades campesinas, devolviéndoles las tierras, y respetando sus formas tradicionales de trabajo, de vida y de sentimientos. La realidad nueva tenía que ser tan digna como las nuevas posturas del arte. La prédica no fue infecunda, aunque sólo en la medida que fue literaria. La realidad étnica del conjunto de nuestros países, con sus dos principios raciales, el autóctono y el occidental, tuvieron en el Perú su gran poeta, César Vallejo, y un narrador eximio de intimidad nativa, José María Arguedas. En la región antillana, a partir de la motivación histórica independiente, el negro siempre tuvo y a pesar de su condición, una franca simpatía. La que asumió José Martí, tanto como el poeta Diego Vicente Tejera o las investigaciones de Fernando Ortiz, que dio macizo origen a una pléyade de escritores de aspiraciones comunes. Nicolás Guillén, Emilio Ballagas y Luis Palés Matos, revelaron los caracteres prototípicos de la negritud, que debía renacer a la vida y la lucha nacional.

Hasta ahora, lo que parece estar en crisis, es la aculturación de las sociedades marginales, y también el temor de que se postergue la identidad multiracial del hemisferio. Pablo Neruda, ha exaltado en su *Canción de gesta,* la importancia de su libertad y alegría, después de tantos siglos de afrenta y confusión. El destino de los indios, de los negros, de todos los hombres del continente, es la misma dependencia que les pone la mano al cuello, que los ahoga y confunde. Lo peor, como entiende Edmundo Desnoes, es la aceptación inconsciente de la desvalorización que contribuye al diseño ominoso de su propia vida miserable. Tal proceso no deja de ser paradójico. El continente de la utopía exaltada, de la celebración inédita y telúrica, parece condenada a fingir lo que los otros hacen en el mundo desarrollado y claudicar en la formación auténtica de sus valores.

JOSE CARLOS MARIATEGUI

El muy sistemático ensayista, el exégeta de los indios y sobre todo sincero analista de la realidad peruana, nació en la ciudad de Lima, en 1895. Huérfano de padre, padeció la pobreza y la renquera de una pierna que le causó una reyerta estudiantil. Cuatro años estuvo en cama. Aislándose de las bulliciosas inquietudes de la juventud, se volvió un espíritu serio y reflexivo, que comenzó a incursionar en los asuntos sociales, guiado por la admiración que le infundían González Prada y las lecturas del socialista español Luis Araquistán.

En 1919 se dedicó a combatir la dictadura de Augusto Leguía, y como tantos escritores "subversivos", le ocurrió lo de siempre. Tuvo que dejar el Perú. Pero tal acontecimiento fue de afortunado aprendizaje. En Italia se dedicó a estudiar a fondo el marxismo, asistió a la fundación del Partido Comunista, y también a la toma del poder por el fascismo. Habiéndose casado, en 1923 regresó al Perú, y emprendió una incansable propaganda socialista, a pesar que le fue amputada una pierna y obligado para siempre a usar una silla de ruedas. Durante cuatro años dirigió la revista *Amauta,* vocablo que quiere decir "maestro" en quechua. En 1925 publicó su primer libro, *La escena contemporánea,* con ensayos reflexivos sobre la crisis de la democracia, la revolución proletaria y las amenazas del fascismo .

En 1928 fundó el Partido Socialista y, en cierto modo, para oponerse al populismo de Haya de la Torre. Ese mismo año publicó su libro fundamental, *Siete ensayos de la realidad peruana.* El éxito fue rotundo, pero su intensa y breve vida estaba contada. Murió en 1930. Su obra está considerada como la primera exposición seria del marxismo en Latinoamérica, y fuera de todo magisterio alocado, más bien como un sentimiento práctico en el orden económico y social. Para él, la administración liberal, la moral, la Iglesia y aún la educación, no podían resolver el destino del indio y la tierra. Si el indio, decía, ocupa el primer plano en la literatura y el arte peruanos no será, seguramente, por su interés literario, sino porque las fuerzas nuevas y el impulso vital de la nación tienden a reivindicarlo.

EL PROBLEMA DEL INDIO Y LA TIERRA

Todas las tesis sobre el problema indígena, que ignoran o eluden a éste como problema económico-social, son otros tantos estériles ejercicios teoréticos —y a veces sólo verbales—, condenados a un absoluto descrédito. No las salva a algunas su buena fe. Prácticamente, todas no han servido sino para ocultar o desfigurar la realidad del problema. La crítica socialista lo descubre y esclarece, porque busca sus causas en la economía del país y no en su mecanismo administrativo, jurídico o eclesiástico, ni en su dualidad o pluralidad de razas, ni en sus condiciones culturales y morales. La cuestión indígena arranca de nuestra economía. Tiene sus raíces en el régimen de propiedad de la tierra. Cualquier intento de resolverla con medidas de administración o política, con métodos de enseñanza o con obras de vialidad, constituye un trabajo superficial o adjetivo, mientras subsista la feudalidad de los "gamonales".[1]

El "gamonalismo" invalida inevitablemente toda ley u ordenanza de protección indígena. El hacendado, el latifundista, es un señor feudal. Contra su autoridad, sufragiada por el ambiente y el hábito, es impotente la ley escrita. El trabajo gratuito está prohibido por la ley y, sin embargo, el trabajo gratuito, y aun el trabajo forzado, sobreviven en el latifundio. El juez, el subprefecto, el comisario, el maestro, el recaudador, están enfeudados a la gran propiedad. La ley no puede prevalecer contra los gamonales. El funcionario que se obstinase en imponerla, sería abandonado y sacrificado por el poder central, cerca del cual son siempre omnipotentes las influencias del gamonalismo, que actúan directamente o a través del parlamento, por una y otra vía con la misma eficacia. . .

La derrota más antigua y evidente es, sin duda, la de los que reducen la protección de los indígenas a un asunto de ordinaria administración. Desde los tiempos de la legislación colonial española, las ordenanzas sabias y prolijas, elaboradas después de concienzudas encuestas, se revelan totalmente infructuosas. La fecundidad de la República, desde las jornadas de la Independencia, en decretos, leyes y providencias encaminadas a amparar a los indios contra la exacción y el abuso, no es de las menos considerables. El gamonal de hoy, como el "encomendero" de ayer, tiene sin embargo muy poco que temer de la teoría administrativa. Sabe que la práctica es distinta.

---

[1]*gamonal:* cacique de pueblo. Sicario con desatención de mínima justicia.

El carácter individualista de la legislación de la República ha favorecido, incuestionablemente, la absorción de la propiedad indígena por el latifundismo. La situación del indio, a este respecto, estaba contemplada con mayor realismo por la legislación española. Pero la reforma jurídica no tiene más valor práctico que la reforma administrativa, frente a un 5 feudalismo intacto en su estructura económica. La suposición de que el problema indígena es un problema étnico, se nutre del más envejecido repertorio de ideas imperialistas. El concepto de razas inferiores sirvió al Occidente blanco para su obra de expansión y conquista. Esperar la emancipación indígena de un cruzamiento de la raza 10 aborígen con inmigrantes blancos, es una ingenuidad antisociológica. . . Los pueblos asiáticos, a los cuales no es inferior en un ápice el pueblo indio, han asimilado admirablemente la cultura occidental, en lo que tiene de más dinámica y creadora, sin transfusiones de sangre europea. . . La tendencia a considerar el problema indígena como un problema 15 moral, encarna una concepción liberal, humanitaria, ochocentista, iluminista, que en el orden político de Occidente anima y motiva las "ligas de los Derechos del Hombre". Las conferencias y sociedades antiesclavistas, que en Europa han denunciado más o menos infructuosamente los crímenes de los colonizadores, nacen de esta tendencia, que ha confiado siempre con 20 exceso en sus llamamientos al sentido moral de la civilización. . . La prédica humanitaria ni ha detenido ni embarazado en Europa el imperialismo ni ha modificado sus métodos. La lucha contra el imperialismo no confía ya sino en la solidaridad y en la fuerza de los movimientos de emancipación de las masas coloniales. . . 25

En el terreno de la razón y la moral, se situaba hace siglos, con mayor energía, o al menos mayor autoridad, la acción religiosa. Esta cruzada no obtuvo, sin embargo, sino leyes y providencias muy sabiamente inspiradas. La suerte de los indios no varió sustancialmente. Más evidentes posibilidades de éxito que la prédica liberal tenía, con todo, la prédica 30 religiosa. Esta apelaba al exaltado y operante catolicismo español mientras aquélla intentaba hacerse escuchar del exiguo y formal liberalismo criollo.

Pero hoy la esperanza en una solución eclesiástica es indiscutiblemente la más rezagada y antihistórica de todas. Quienes la representan no se preocupan siquiera, como, sus distantes—¡tan distantes!—maestros, 35 de obtener una nueva declaración de los derechos del indio, con adecuadas autoridades y ordenanzas, sino de encargar al misionero la función de mediar entre el indio y el gamonal. La obra que la Iglesia no pudo realizar en un orden medioeval, cuando su capacidad espiritual e intelectual podía medirse por frailes como el padre De las Casas,[2] ¿con qué 40

---

[2] Bartolomé de Las Casas (cf. Olmedo, n. 10).

elementos contaría para prosperar ahora? Las misiones adventistas,[3] bajo
este aspecto, han ganado la delantera al clero católico. . .
   El concepto de que el problema del indio es un problema de
educación, no aparece sufragado ni aún por un criterio estricta y
5 autóctonamente pedagógico. La pedagogía tiene hoy más en cuenta que
nunca los factores sociales y económicos. El pedagogo moderno sabe
perfectamente que la educación no es una mera cuestión de escuela y
métodos didácticos. El medio económico social condiciona
inexorablemente la labor del maestro. El gamonalismo es fundamen-
10 talmente adverso a la educación del indio; su subsistencia tiene en el
mantenimiento de la ignorancia del indio el mismo interés que en el cultivo
de su alcoholismo. La escuela moderna . . . es incompatible con el
latifundio feudal. La mecánica de la servidumbre, anularía totalmente la
acción de la escuela, si esta misma, por un milagro inconcebible dentro de
15 la realidad social, consiguiera conservar, en la atmósfera del feudo, su pura
misión pedagógica. La más eficiente y grandiosa enseñanza moral no
podría operar estos milagros.
   La solución pedagógica, propugnada por muchos con perfecta buena
fe, está ya hasta oficialmente descartada. Los educacionistas son, repito, los
20 que menos pueden pensar en independizarla de la realidad
económico-social. No existe, pues, en la actualidad, sino como una
sugestión vaga e informe, de la que ningún cuerpo y ninguna doctrina se
hace responsable.
   El nuevo planteamiento consiste en buscar el problema indígena en el
25 problema de la tierra.
   Quienes desde puntos de vista socialistas estudiamos y definimos el
problema del indio, empezamos por declarar absolutamente superados los
puntos de vista humanitarios o filantrópicos en que, como una
prolongación de la apostólica batalla del padre De las Casas, se apoyaba la
30 antigua campaña pro-indígena. Nuestro primer esfuerzo tiende a establecer
su carácter de problema fundamentalmente económico. Insurgimos,
primeramente, contra la tendencia instintiva—y defensiva—del criollo. . . a
reducirlo a un problema exclusivamente administrativo, pedagógico,
étnico o moral, para escapar a toda costa del plano de la economía. Por
35 esto, el más absurdo de los reproches que se nos pueden dirigir es el de
lirismo o literaturismo. Colocando en primer plano el problema económico-social, asumimos la actitud menos lírica y menos literaria posible. No nos
contentamos con reivindicar el derecho del indio a la educación, a la
cultura, al progreso, al amor y al cielo. Comenzamos por reivindicar,

3 *adventistas:* adeptos del adventismo, secta protestante nacida en los Estados Unidos.
Desde mediados del siglo pasado, un tal Guillermo Müller anunciaba el advenimiento
prometido por Jesucristo que se realizaría pronto.

categóricamente, su derecho a la tierra. Esta reivindicación perfectamente materialista, debería bastar para que no nos confundiese con los herederos o repetidores del verbo evangélico del gran fraile español, a quien, de otra parte, tanto materialismo no nos impide admirar y estimar fervorosamente.

Y este problema de la tierra—cuya solidaridad con el problema del   5
indio es demasiado evidente—tampoco nos avenimos a atenuarlo o adelgazarlo oportunistamente. Todo lo contrario. Por mi parte, yo trato de plantearlo en términos absolutamente inequívocos y netos.

El problema agrario se presenta, ante todo, como el problema de la liquidación de la feudalidad en el Perú. Esta liquidación debía haber sido   10
realizada ya por el régimen demo-burgués formalmente establecido por la revolución de la independencia. Pero en el Perú no hemos tenido en cien años de república una verdadera clase burguesa, una verdadera clase capitalista. La antigua clase feudal—camuflada o disfrazada de burguesía republicana—ha conservado sus posiciones... Y el hecho es que durante   15
un siglo de república, la gran propiedad agraria se ha reforzado y engrandecido a despecho del liberalismo teórico de nuestra Constitución y de las necesidades prácticas del desarrollo de nuestra economía capitalista.

Las expresiones de la feudalidad sobreviviente son dos: latifundio y   20
servidumbre... No se puede liquidar la servidumbre que pesa sobre la raza indígena sin liquidar el latifundio.

Planteando así el problema agrario del Perú, no se presta a deformaciones equívocas. Aparece en toda su magnitud de problema económico-social—y por tanto político—del dominio de los hombres que   25
actúan en este plano de hechos e ideas. Y resulta vano todo empeño de convertirlo, por ejemplo, en un problema técnico-agrícola del dominio de los agrónomos.

Nadie ignora que la solución liberal de este problema sería conforme a la ideología individualista, el fraccionamiento de los latifundios, para crear   30
la pequeña propiedad... Esta fórmula—fraccionamiento de los latifundios en favor de la pequeña propiedad—no es utopista, ni herética, ni revolucionaria, ni bolchevique, ni vanguardista, sino ortodoxa, constitucional, democrática, capitalista y burguesa... tiene su origen en el ideario liberal en que se inspiran los Estatutos constitucionales de todos   35
los Estados demo-burgueses...

Congruentemente con mi posición ideológica, yo pienso que la hora de ensayar en el Perú el método liberal, la fórmula individualista, ha pasado ya. Dejando aparte las razones doctrinales, considero fundamentalmente este factor incontestable y concreto que da un carácter peculiar a nuestro   40
problema agrario; la supervivencia de la comunidad y de elementos de socialismo práctico en la agricultura y la vida indígenas...

El resurgimiento del indio no vendrá de un proceso de "occidentalización" material de la tierra quechua. No es la civilización, no es el alfabeto del blanco, lo que levanta el alma del indio. Es el mito, es la idea de la revolución socialista. La esperanza indígena es absolutamente revolucionaria. El mismo mito, la misma idea, son agentes decisivos en el despertar de otros viejos pueblos, de otras viejas razas en colapso: hindúes, chinos, etc. La historia universal tiende hoy como nunca a guiarse por el mismo cuadrante. ¿Por qué ha de ser el pueblo incaico, que construyó el más desarrollado y armónico sistema comunista, el único insensible a la emoción mundial? La semejanza del movimiento indigenista con las corrientes revolucionarias mundiales es demasiado evidente para que necesite documentarla.

PABLO NERUDA

En ocasión de publicarse *Canción de gesta* (1961), escribió el poeta a modo de prólogo: "Este libro no es un lamento de solitario ni una emanación de la oscuridad sino un arma directa y dirigida, una ayuda elemental y fraternal que entrego a los pueblos hermanos para cada día de sus luchas. Los que antes harto me reprochaban seguirán reprochándome mucho. Por mi parte aquí asumo una vez más, y con orgullo mis deberes de poeta de utilidad pública, es decir de puro poeta. La poesía siempre tuvo la pureza del agua o del fuego que lavan o queman, sin embargo. Ojalá que mi poesía sirva a mis hermanos del Caribe en estos menesteres de honor. En América entera nos queda mucho que lavar y quemar. Mucho debemos construir. Que cada uno aporte lo suyo con sacrificio y alegría. Tanto sufrieron nuestros pueblos que muy poco les habremos dado cuando se lo hayamos dado todo."

BAILANDO CON LOS NEGROS

Negros del continente, al Nuevo Mundo
habéis dado la sal que le faltaba:
sin negros no respiran los tambores
sin negros no suenan las guitarras.
Inmóvil era nuestra verde América   5
hasta que se movió como una palma
cuando nació de una pareja negra
el baile de la sangre y de la gracia.
Y luego de sufrir tantas miserias
y de cortar hasta morir·la caña   10
y de cuidar los cerdos en el bosque
y de cargar las piedras más pesadas
y de lavar pirámides de ropa

y de subir cargados las escalas
y de parir sin nadie en el camino
y no tener ni plato ni cuchara
y de cobrar más palos que salario
5   y de sufrir la venta de la hermana
y de moler harina todo un siglo
y de comer un día a la semana
y de correr como un caballo siempre
repartiendo cajones de alpargatas
10   manejando la escoba y el serrucho,
y cavando caminos y montañas,
acostarse cansados, con la muerte,
y vivir otra vez cada mañana
cantando como nadie cantaría,
15   cantando con el cuerpo y con el alma.
Corazón mío, para decir esto
se me parte la vida y la palabra
y no puedo seguir porque prefiero
irme con las palmeras africanas
20   madrinas de la música terrestre
que ahora me incita desde la ventana:
y me voy a bailar por los caminos
con mis hermanos negros de La Habana.

EDMUNDO DESNOES

Edmundo Desnoes nació en La Habana en 1930. Hizo sus primeros estudios en Cuba y luego en los Estados Unidos, donde residió ocho años. En 1960 regresó a Cuba, dedicándose a escribir para el periódico *Revolución.* Durante algunos años ejerció también la cátedra, y fue miembro del consejo editorial de Casa de las Américas. Desde 1966 hasta 1969, Desnoes fue asesor del comité de Orientación Revolucionaria. Su primera novela, *No hay problemas,* apareció en 1961. Habiendo publicado *Cataclismo* (1965), ese mismo año obtuvo un gran éxito con su célebre novela *Memorias del subdesarrollo,* traducida al inglés en los Estados Unidos y de la que se hizo una adaptación cinematográfica en Cuba, dirigida por Tomás Gutiérrez Alea. Dedicándose al ensayo, publicó *Punto de vista* (1967), *Now, el movimiento negro en Estados Unidos* (1967) y *Para verte mejor, América Latina* (1972). En el otoño de 1979 se consagró a la enseñanza (esta vez en Dartmouth College, en Stanford University), convencido por su principio moral, que dentro y fuera de Cuba, lo que le importa es el diálogo humano en una época polarizada.

A propósito de su relato autobiográfico *Memorias del subdesarrollo,* escribió: "Si no me hubiera unido a la revolución, me habría quedado subdesarrollado como hombre de negocios, que es lo que mis padres querían que fuera. . . Lo que narro en la novela es una parte de mí mismo que intento rechazar, entender, exorcizar, como una especie de catarsis. Somos siempre dos. El que lo entiende todo, lo justifica todo con el análisis frío de la implacable historia, desde arriba, en teoría—y el pobre yo que sólo tiene su vida individual en medio del caos sorprendente y contradictorio de la revolución" *(Los dispositivos en Flor,* 1981).

Para Edmundo Desnoes, "Las armas secretas" (título veraz del artículo publicado en la revista *El corno emplumado,* México, 1969), supone el racismo intolerable de los medios de comunicación del llamado Primer Mundo que no es *primero* cuando se trata de una conciencia moral, universal y profundamente humana.

LAS ARMAS SECRETAS

Somos y no somos. Todos juntos—es una verdad muy sabida—sumamos dos mil millones de hombres que, invisibles casi, cubren la tierra—eso, a pesar de que nos han querido convencer de que son las pinturas Sherwin Williams las que cubren con su rojo Coca-Cola todo el
5 planeta. Ocupamos el ancho cinturón tropical del mundo, y son muchos los que trabajan bajo la tierra, en las minas de diamantes, o sudando entre un verdor perpetuo. Somos la mayoría de la humanidad y apenas tenemos voz ni voto. Las armas de hierro y fuego nos mantienen trabajando como negros para el inglés; en el atraso, la ignorancia y el hambre. Junto al
10 saqueo de nuestros recursos naturales y humanos nos quieren también robar el alma con armas secretas: los medios masivos de comunicación que derraman sobre todo el mundo mitos y valores que chocan muchas veces con los intereses más auténticos del mundo subdesarrollado. Desde la prepotencia de ciertos antepasados grecolatinos ya denunciada por Martí:
15 "Nuestra Grecia es preferible a la que no es nuestra... Injértese en nuestras repúblicas el mundo; pero el tronco ha de ser el de nuestras repúblicas." Hasta la belleza rubia y blanca que agudiza el complejo de inferioridad de los colonizados morenos, negros, amarillos y mestizos... Tal vez contra esa injusticia que sonríe irónicamente a través del tiempo en la Mona Lisa se
20 rebeló el oscuro boliviano que lanzó una piedra contra la Gioconda en El Louvre. La prensa hizo circular la noticia por todo el mundo a mediados de la década del cincuenta: un bárbaro, un loco había osado atacar la obra maestra del Renacimiento italiano. Le dejó un rasguño en el brazo. Quiero verlo como la protesta sorda e inconsciente del llamado tercer mundo;
25 contra un primer mundo que quiere la misma eternidad que fingen las duras rocas que detrás enmarcan la estúpida sonrisa de la dama florentina.
Pero no es sólo la Mona Lisa y Marilyn Monroe, la libertad burguesa y el Cadillac, es también nuestra propia imagen la que aparece deformada por la prensa, el radio y el cine de los países altamente industrializados. O
30 somos puro paisaje o somos criados sumisos y torpes —y si nos rebelamos, somos crueles y sanguinarios. Gungha Din,[1] el aguador del imperio británico, traicionando a sus hermanos, muerto de amor por los colonizadores; Tonto, el torpe y sumiso mexicano que habla muy mal inglés pero sirve fielmente a John Wayne. Esta humillación llegó al
35 absurdo en la infancia de Stoely Carmichael:[2] "Recuerdo que cuando niño iba los sábados a ver películas de Tarzán. El Tarzán blanco derrotaba a los negros nativos. Yo me sentaba y gritaba: " ¡Mata a las bestias, mata a los salvajes!"; y en realidad yo estaba diciendo: " ¡Mátame!"

[1] Nombre del personaje y título de la composición poética de Rudyard Kipling que figura en el volumen *Barrack-room Ballads (Baladas del cuartel,* 1892).
[2] Autor del libro *Black Power* (New York, 1967).

INDICACIONES BIBLIOGRAFICAS

José Aricó (Selección y prólogo), *Mariátegui y los orígenes del marxismo latinoamericano,* Pasado y Presente, México, 1980.

Emilio Ballagas, *Mapa de la poesía negra,* Pleamar, Buenos Aires,1947.

Roger Bastide, *Las américas negras,* Alianza Editorial, Madrid, 1969.

Eugenio Chan-Rodríguez, *Poética e ideología en José Carlos Mariátegui,* Editorial Porrúa Turanzas, Madrid, 1983.

Adolfo Colombres, *La colonización cultural de la América indígena,* Editorial del Sol, Buenos Aires, 1976.

Edmundo Desnoes, *Los dispositivos en la flor. Cuba: literatura desde la revolución,* Ediciones del Norte, Hanover (USA), 1981.

José Carlos Mariátegui, *Siete ensayos de interpretación de la realidad peruana,* Biblioteca Amauta, Lima, 1928.

Pablo Neruda, *Canción de gesta,* Editora Austral, Santiago de Chile, 1961.

Darcy Ribeiro, *Las Américas y la Civilización,* Centro Editor de América Latina, Buenos Aires, 1969.

Angel Rosenblat, *La población indígena y el mestizaje en América,* Editorial Nova, Buenos Aires, 1954.

Harry E. Vanden, "Socialism, Land and Indian in 7 *ensayos",* Inti 4 (1976).

16

EL POETA Y LA CIUDAD

En Roma o en París, en Buenos Aires o en Santiago de Chile, los poetas, los artistas, los soñadores de algún ideal, conviven con la jungla y pulsión de las grandes ciudades. La tradición de esta existencia, tan antigua como la polis griega o los burgos medievales, se impuso al destino cotidiano de los hombres. No hubo sólo poetas del foro letrado o de las tabernas, sino además, los peligrosos y anárquicos, de imaginación exaltada que Platón desterró de su *República*. Muchos se forjaron en la adversidad o en el exilio. Otros combatieron el mundanismo y la deyección moral como los imprecatorios profetas de la Biblia. Sodoma y Gomorra, Seboim y Adama, perecieron con todos sus habitantes bajo una catarata de fuego caída del cielo.

Tal nos parece la tradición genésica, porque salvo la ciudad dilecta de Dios (o la de San Agustín), toda tierra de paredes fue vista como el colmo de la vanidad temporal. Más tarde la ciudad fue tolerada con desprecio. Cuando germinó el orden civil y militar, la ciudad se convirtió en el emblema del poder común y nacional. La conquista de América tuvo un vasto sentimiento simbólico. Las nuevas ciudades se asentaron sobre las ruinas del pasado. México fue consagrada como la maravilla del nuevo mundo. El poeta Bernardo de Balvuena exaltó su visión jubilosa, sin presumir el más calamitoso de los fenómenos ecológicos de los tiempos modernos.

La literatura registra la vida urbana casi por entero. Antonio de Guevara, Henry Thoreau y Andrés Bello, le prodigaron su desdén. Poetas de la ciudad fueron Baudelaire en París, Chaucer en Londres, Caviedes en Lima, John Dos Passos en Manhattan, Carriego en Buenos Aires. Los románticos fueron hostiles a la ciudad. La vida, sin la majestad y el misterio de la naturaleza, les parecía abominable. Jorge Isaacs, el fino autor de *María* (1867), sólo pudo urdir el trágico idilio en un valle de Colombia. Pero la ciudad provocaba ya, sin más remedio o por la fuerza, una sugestión curiosa y deslumbrante. Iba así a gestarse otra fuente de sentir poético, de reacción psicológica, suscitada por la animación de la sociedad industrializada. Hacia fines del siglo pasado, la ciudad comenzó a ser mistificada, y se impuso como el único tránsito estable de la utopía burguesa. En la América hispánica, la presencia de la urbe entró en la literatura como un factor paradójico del desarraigo nativo. El poeta modernista Julián del Casal, tan poco bucólico él mismo, juzgaba que también sus contemporáneos estaban "poseídos por el amor impuro de las ciudades". El complejo de Babel, convertido en síntoma y dilema cultural, dispuso la escena con frecuentes pasiones. Se anunció en sensualismo moderno, la moral optimista, el mecanicismo pujante, y un placer distinto al conferido únicamente por la naturaleza. Se dijo también lo contrario. Se fustigó el capitalismo intruso, los paraísos artificiales, el dolor mortal de los desposeídos, y todos los vicios urbanos de la multitud.

La ciudad moderna se convirtió en el abrazo polémico de la disyuntiva. El escritor americano, sin raíces y sin derecho propio en tal aventura, se sintió expuesto y desarmado en un medio novedoso y conflictivo. Sería una incongruencia no ver también lo que ocurría en la época instaurada por el modelo europeo. Parte de ese mundo complejo, hiperestésico y enfermizo, llegó con Dostoievski y Verhaeren *(Les villes tentaculaires,* 1895), y después por obra de Kafka y de Joyce. Pero en nuestras criaturas de ficción, los rigores urbanos se cargaron de inquietud, de anarquía o de perversión. La realidad sensible no tuvo clase social, porque se impuso en todas. De locos o·bestias se formó la canalla resentida de Roberto Arlt. Suicidas fueron los patricios de Manuel Díaz Rodríguez; fracasados o perdidos los personajes de Eduardo Barrios y de Manuel Gálvez. Ese drama social fue fatalista en Ezequiel Martínez Estrada. Buenos Aires no era más que el cuerpo edilicio del capricho señorial de la llanura, "la efigie urbana de la moneda de cuero" *(Radiografía de la pampa,* 1933). La ciudad era el centro de una riqueza artificial que surgía por obra de los mercados anónimos y distantes del capitalismo avanzado. No había ya coraje cívico ni sentido moral, sino más bien los hijos de una realidad inmerecida, que en el curso de las décadas siguientes, sólo podían reivindicar el ingreso protagónico del absurdo en el mito moderno. La ciudad se convierte, puesto que no hay otro lugar más socialmente unánime, en el centro de las ilusiones tecnocráticas, de un modo masivo, caótico y creciente. El poeta de la calle sonríe, y por eso juzga que la sociedad está atrapada por el vicio, la locura y el delito. El poeta que sonríe es Nicanor Parra, que llamó precisamente *antipoemas* a sus versículos de lenguaje hablado, y también contra aquello de su inventivo compatriota, Vicente Huidobro, quien dijo en su *Altazor* "Yo soy antipoeta y mago". Y no es que no sea poesía la suya, sino que ésta quiere dejar de ser hermética, y simplemente corrosiva del verso o la prosa para convertirse en otra cosa.

Las grandes ciudades no garantizan la responsabilidad ni la dignidad. Un famoso discurso de Juan Perón había estremecido la multitud de la Plaza de Mayo. Sobre este fondo de una tarde angustiosa, Bioy Casares escribe la prosaica historia de un adulterio penoso, cuyo final ocurre en un recinto infernal. El mito de Orfeo y Eurídice, de tan remota tradición, entra así en las crónicas de la ciudad y, de algún modo, como cierta realidad que desconsuela a los que creen en la superioridad moral de la opresión.

La ciudad puede ser el centro de las patológicas universales, pero también la ocasión de la vida fraterna, del pensamiento libre y las ideas fecundas. El amor, el afán de una conducta honrada, todo eso mezclado, cándido y sencillo, lo acepta y lo recuerda el poeta Rodolfo Alonso en el duro oficio de vivir de un gendarme urbano. El mundo de la ciudad es frágil y doloroso. La lucha interior del hombre es casi siempre la misma. En el centro de nuestra conciencia existe el dolor, y tal es, por cierto, la noble y generosa expresión de un artista de verdad.

NICANOR PARRA

Conocido por sus dos jerarquías, como poeta y científico, Nicanor Parra nació en Chillán, en el corazón rural de Chile, 1914. Su padre fue maestro de escuela muy aficionado al folklore, y no es raro que haya dejado secuela espiritual en dos de sus hijos (Violeta ha cantado, pulsando su guitarra, las más bellas canciones de su país).

Nicanor Parra, es quizás el más simpático y original de los poetas de su generación, porque habiendo estudiado Física en la Universidad de Santiago, y mecánica avanzada en la Brown University y en Oxford, todo eso le ha servido, valga la paradoja, para tener un enorme terror a lo desconocido y un gran pesimismo burlón sobre el mundo moderno.

En el poeta, por su origen provinciano y por su formación en el campo de la ciencia, han batallado dos lenguajes, el idioma culto de los libros y las expresiones jugosas de su tradición vernácula. Su primer libro, *Cancionero sin nombre* (1937), tiene la temperatura lírica y popular del romancero estético de García Lorca y de Nicolás Guillén. El núcleo rebelde de las visiones de Parra, sin embargo, se ha distinguido por negar todo tipo de poesía que tenga matices de pompa o de lujo. Es el poeta que se expresa como se habla, y cuando inventa, juega con la inversión de las cosas, y de ahí casi siempre salen las ingeniosas perplejidades del disparate. Después de haber publicado con éxito su volumen *Poemas y antipoemas* (1954), dijo en una convención de escritores reunidos en la Universidad de Concepción: "El antipoema, que, a la postre no es otra cosa que el poema tradicional enriquecido con la savia surrealista —surrealismo criollo o como queráis llamarlo— debe aun ser resuelto desde el punto de vista psicológico y social del país y del continente a que pertenecemos, para que pueda ser considerado como un verdadero ideal poético."

Sobre motivos de la graciosa danza chilena, Parra publicó *La cueca larga* (1958); *Versos de salón* (1962), *Canciones rusas* (1967), y reunió muchos de sus mejores poemas en *Obra gruesa* (1969). Sus curiosos *Artefactos,* publicados en 1972, casi lindan en la poesía concreta, a nivel de cartel, de *graffiti* o de póster. Dice así con su acostumbrado humor: "Cuba Sí, Yankees No", y luego "Cuba sí, Yankees también". Esta poesía,

esta antipoesía, parca en imágenes, es una mezcla de bufonada y chispa
efectista, y no recurre nunca, como pudiera creerse, al lenguaje obsceno.
Es, simplemente, un sentimiento de la más pura bondad y ternura.

LOS VICIOS DEL MUNDO MODERNO

Los delincuentes modernos
están autorizados para concurrir diariamente a parques y jardines.
Provistos de poderosos anteojos y de relojes de bolsillo
entran a saco en los kioskos favorecidos por la muerte
5 e instalan sus laboratorios entre los rosales en flor.
Desde allí controlan a fotógrafos y mendigos que deambulan por los
                                                    alrededores
procurando levantar un pequeño templo a la miseria
y si se presenta la oportunidad llegan a poseer a un lustrabotas
10   melancólico .
La policía atemorizada huye de estos monstruos
en dirección del centro de la ciudad
en donde estallan los grandes incendios de fines de año
y un valiente encapuchado pone manos arriba a dos madres de la
15   caridad.

Los vicios del mundo moderno:
el automóvil y el cine sonoro,
las discriminaciones raciales,
20 el exterminio de los pieles rojas,
los trucos de la alta banca,
la catástrofe de los ancianos,
el comercio clandestino de blancas realizado por sodomitas
                                                    internacionales,

el autobombo y la gula
las Pompas Fúnebres
los amigos personales de su excelencia
la exaltación del folklore a categoría del espíritu,
30 el abuso de los estupefacientes y de la filosofía,
el reblandecimiento de los hombres favorecidos por la fortuna
el autoerotismo y la crueldad sexual
la exaltación de lo onírico y del subconsciente en desmedro del
                                                    sentido común,
35 la confianza exagerada en sueros y vacunas,

el endiosamiento del falo,
la política internacional de piernas abiertas patrocinada por prensa
                                                    reaccionaria,
el afán desmedido de poder y de lucro,
la carrera del oro,   5
la fatídica danza de los dólares,
la especulación y el aborto,
la destrucción de los ídolos,
el desarrollo excesivo de la dietética y de la psicología pedagógica,
el vicio del baile, del cigarrillo, de los juegos de azar,   10
las gotas de sangre que suelen encontrarse entre las sábanas de los
                                                    recién desposados,
la locura del mar,
la agorafobia y la claustrofobia,
la desintegración del átomo,   15
el humorismo sangriento de la teoría de la relatividad,
el delirio de retorno al vientre materno,
el culto de lo exótico,
los accidentes aeronáuticos,
las incineraciones, las purgas en masa, la retención de los pasaportes,   20
todo esto porque sí,
porque produce vértigo,
la interpretación de los sueños
y la difusión de la radiomanía.
Como queda demostrado,   25
el mundo moderno se compone de flores artificiales,
que se cultivan en unas campanas de vidrio parecidas a la muerte,
está formado por estrellas de cine,
y de sangrientos boxeadores que pelean a la luz de la luna,
se compone de hombres ruiseñores que controlan la vida económica   30
                                                    de los países
mediante algunos mecanismos fáciles de explicar;
ellos visten generalmente de negro como los precursores del otoño
y se alimentan de raíces y de hierbas silvestres.
Entretanto los sabios, comidos por las ratas,   35
se pudren en los sótanos de las catedrales,
y las almas nobles son perseguidas implacablemente por la policía.

El mundo moderno es una gran cloaca:
los restoranes de lujo están atestados de cadáveres digestivos   40
y de pájaros que vuelan peligrosamente a escasa altura.
Esto no es todo: los hospitales están llenos de impostores,
sin mencionar a los herederos del espíritu que establecen sus colonias
                                                    en el ano de los recién operados.

Los industriales modernos sufren a veces el efecto de la atmósfera
                                                     envenenada,
junto a las máquinas de tejer suelen caer enfermos del espantoso
                                                     mal del sueño
5   que los transforma a la larga en unas especies de ángeles.

Niegan la existencia del mundo físico
y se vanaglorian de ser unos pobres hijos del sepulcro.
Sin embargo, el mundo ha sido siempre así.
10 La verdad, como la belleza, no se crea ni se pierde
y la poesía reside en las cosas o es simplemente un espejismo del
                                                     espíritu.
Reconozco que un terremoto bien concebido
puede acabar en algunos segundos con una ciudad rica en tradiciones
15 y que un minucioso bombardero aéreo
derribe árboles, caballos, tronos, música.
Pero qué importa todo esto
si mientras la bailarina más grande del mundo
muere pobre y abandonada en una pequeña aldea del sur de Francia
20 la primavera devuelve al hombre una parte de las flores desaparecidas.
Tratemos de ser felices, recomiendo yo, chupando la miserable
                                                     costilla humana:
Extraigamos de ella el líquido renovador,
cada cual de acuerdo con sus inclinaciones personales.
25 ¡Aferrémonos a esta piltrafa divina!
Jadeantes y tremebundos
chupemos estos labios que nos enloquecen;
la suerte está echada.
Aspiremos este perfume enervador y destructor
30 y vivamos un día más la vida de los elegidos:
de sus axilas extrae el hombre la cera necesaria para forjar el rostro
                                                     de sus ídolos.
Y del sexo de la mujer la paja y el barro de sus templos.
Por todo lo cual
35 cultivo un piojo en mi corbata
y sonrío a los imbéciles que bajan de los árboles.

ADOLFO BIOY CASARES

Se distingue en el mundo de las letras hispánicas como el más depurado de los narradores fantásticos. Novelista célebre ha publicado *La invención de Morel* (1940), *Plan de evasión* (1945), *El sueño de los héroes* (1954), *Diario de la guerra del cerdo* (1969), *Dormir al sol* (1973). Como él mismo ha declarado que nunca le faltan temas, que nunca ha sentido "la angustia de la página en blanco", no es posible todavía adivinar las posibilidades de su arte, tan minucioso, cosmopolita y profundo, cuya lectura deja en el ánimo una especie de tenue inquietud poemática, dolorosa y metafísica.

Bioy Casares nació en Buenos Aires en 1914, y mu pronto contó por fortuna con el respaldo de su familia (su padre era también escritor) para dedicarse al difícil y único destino de hombre de letras. En su primera juventud conoció a su guía y mentor, Jorge Luis Borges, cuyo renombre parecía ocultarlo al limitadísimo lugar del epígono. Pero no fue así. Ambos compusieron una *Antología de la literatura fantástica* (1940), relatos con el seudónimo común de H. Bustos Domecq, *Seis problemas para don Isidro Parodi* (1942), y otros con forma de guión cinematográfico, *Los orilleros* y *El paraíso de los creyentes* (1955).

Bioy Casares sabe, como todo artista moderno, que la realidad está más allá del realismo. Sus relatos son fantásticos porque las posibilidades de la mente humana vive de urgencias fantásticas. Para él la prosa es la idea digna del ritmo, el acto, lo que ocurre en el pensamiento. Desde el punto de vista técnico de los procedimientos utiliza en su obra la digresión intencional, la nota erudita, el viaje a un sitio encantado, un personaje fantasma (quien cuenta la historia), el hecho de que existan animales o criaturas más avanzados que la especie humana, el conflicto de tiempos desiguales en un jardín, la creación de una máquina para conseguir la eternidad.

Borges ha escrito, muy sutilmente en el prólogo a *La invención de Morel* (contra Stevenson, contra Ortega y Gasset), que "tristemente murmuran que nuestro siglo no es capáz de tejer tramas interesantes; nadie se atrevería a comprobar que si alguna primacía tiene este siglo sobre los

anteriores, esa primacía es la de las tramas." Esto, por cierto, define la
imaginación razonada de Bioy Casares.

MITO DE ORFEO Y EURIDICE

Qué dramáticos parecen aquellos·días, todos aquellos días, los tem-
plados y los fríos, los luminosos y los turbios. Entonces le era dado aún al
más infeliz de nosotros, abrir una puerta, por así decirlo, y entrar en la
aventura. Claramente sabemos que fue por azar que pasamos de largo, y
que en lugar de convertirnos en héroes acudimos a la oficina, escribimos
libros e hicimos el amor a las mujeres. Por la magia o por la
irresponsabilidad de la memoria, lo recordamos todo, aun la angustia y el
oprobio que nos pesaba como plomo en el pecho, nostálgicamente, hasta
que al fin, para reaccionar, reconocemos que ni para eso vale el
despotismo,[1] ya que la vida nos ofrece continuamente ocasiones de
ponernos a prueba. La vida es tan delicada y fugitiva como el mercurio que
escapa de un termómetro quebrado. O tal vez deba uno compararla,
clásicamente, con la flor, símbolo de la belleza triunfante, que la pura
torpeza de una mano aja y marchita. Las prevenciones abundan: quien
mire, verá, y sin duda no ha de permitir que la gravitación de lo cotidiano
lo vuelva, como a todo el mundo, un poco indolente, un poco
inescrupuloso, un poco vulgar. Existe, sin embargo, otra filosofía que
recomienda cerrar de vez en cuando los ojos. Lo malo sería que al abrirlos
despertáramos en un momento atroz, porque la vida tiene una perversa
inclinación a imitar los melodramas y la vocación auténtica de golpear de
modo poco original, muy cobarde, extremadamente certero, No acabamos
de formular la frase *A mí, eso no puede ocurrirme, y* está ocurriéndonos.
Nadie sea tan incrédulo para negar que el amor enloquece, ni tan humilde
para no admitir la posibilidad de que por su amor alguien muera. Lo que le
ocurrió al pobre Silveira tiene algo de fábula. Yo entreveo una moraleja,
pero ustedes quizá descubran otra, pues toda fábula y todo símbolo que no
han muerto permiten más de una interpretación.
    En cuanto a Silveira, opino que estaba cansado de Virginia. Se habían
querido durante años y de pronto Silveira descubrió que nada era tan
estéril como una amante, que él estaba muy solo y debía casarse, para que
lo acompañaran, para que le dieran hijos, y que si Virginia no lo tomaba
como marido (ya estaba casada, ya tenía hijos), debía romper . ¿Cuándo un

---

[1]Se refiere al régimen despótico de Perón (cf. Borges, n. 12).

hombre, un argentino al menos, pensó tales hipocresías? ¡Como si la vida llevara a alguna parte! ¡Como si los materiales para construir no fueran siempre sueños! ¡Como si vivir armónicamente a lo largo de días felices, valiera poco! Lo cierto es que Silveira empezó a encontrar por todos lados a esa loquita de Irma. Silveira comentó: "Quizá fuera por comparación, 5 pero cuando volvía a Virginia, el ámbito de su mente y su mismo cuerpo me parecían sobrenaturales. Creo que si Virginia hubiera espiado mis desdichados amores con Irma, hubiera sonreído".

Aparentemente Silveira no observó que nuestras traiciones no divierten a las personas que nos quieren. Virginia no vio nada, pero 10 alguien vio y contó. Poco después—el 15 de abril de 1953—la vida asestó uno de esos golpes de que hablé. Virginia murió aquel día. No sé de qué murió. Tal vez otros hallen presuntuoso a Silveira, porque está seguro de que su amiga murió de amor por él. Tal vez otros pidan más pruebas: a Silveira, las circunstancias en que Virginia enfermó, la manera en que se 15 negó a obedecer al médico, le bastaron. Cuando le llegó la noticia, no pudo creerla. Su primer impulso fue el de correr a casa de Virginia, como quien tiene que ver para convencerse. Inmediatamente reflexionó que si no cuidó la vida de su amada, por lo menos debía cuidar su memoria. Luego se preguntó si el escrúpulo no ocultaba una simple falta de coraje para 20 enfrentar al marido, a los hijos y a las hijas, a los hermanos y a las hermanas, a quienes sabían y a quienes conjeturaban. Se aborreció después por tener tales pensamientos. "La persona que más quiero en el mundo ha muerto" se dijo "y yo estoy ocupado en todo esto. Debo ir o no debo ir, pero no debo pensar en mi conducta, sino en Virginia". Pensó en Virginia 25 un rato, y cuando miró el reloj, no entendió lo que estaba viendo; escuchó, volvió a mirar, se asomó a la ventana: recordó, como un sueño, que en esa ventana hubo primero luz, después noche. El reloj marcaba las cuatro y media y en la ventana había luz. Eran las cuatro y media del día siguiente, las cuatro y media del miércoles en que enterraban a Virginia a las cuatro. 30 En el mismo instante en que le resultó evidente que nunca volvería a verla, dijo: "Si en alguna parte está, la veré". Se dirigió, como sonámbulo, a una estantería que había cerca de la cama, y siguió hablando: "Hay que empezar por el principio. *El que busca, en cualquier libro encuentra lo que quiere*. En cualquiera—recapacitó, ante los lomos de su media docena 35 de volúmenes, salvo en estos". Pensó en unos amigos que tenían una excelente biblioteca; pero comprendió que le faltaba el ánimo para visitar a nadie; podía también ir a la Biblioteca Nacional, aunque largarse, con ese peso en el alma, hasta la calle México. . ." ¿Y la biblioteca del Jockey Club?" se preguntó.. " ¿Por qué no? Al fin y al cabo soy socio, y queda a 40 la vuelta".

Se pasó un peine, salió a la calle. Quizá porque esa tarde él estaba débil, la encontró muy estridente. Entró en el club por la puerta de Tucumán. El portero, un gallego viejo, rubio, de voz caprina, lo reconoció, lo retuvo algunos instantes, para interrogarlo cortésmente, solemnemente, sobre la salud, sobre su padre, sobre el tiempo, que pasó a describir como "un otoño raro, que asienta el catarro, pero que es preferible, lleve usted la cuenta, muy preferible a la humedad del año anterior, que era malsana". Se internó por el corredor, subió dos o tres escalones, pasó unas puertas de vidrio, dobló a la derecha, siguió por otro corredor, oscuro y fresco. En el bar bebió dos ginebras. Luego se dirigió al *hall* principal y, frente a la escalera de mármol, en cuyo descanso estaba Diana, se detuvo; despertó de su abstracción y caminó suspendido y atento, no suspendido y atento porque lo deslumbrara la belleza o el esplendor (no hay que exagerar); suspendido, por encontrarse de pronto tan lejos de la clamorosa y áspera ciudad que se extendía afuera; atento a la luz casi tenebrosa de las altas lamparitas, al dibujo simétrico de los mosaicos, a cierto color rojizo de las maderas, a cierto olor de las resinas, a las gruesas alfombras y a un algo que se desprendía de todo ello y que era tan real en el interior de esa casa como lo es un estado de ánimo en el interior de cada uno. Entró en la biblioteca.

En una mesa que había en el fondo, a la izquierda, pidió libros. La primera parte de su plan—quizá el resto fuera nebuloso pero tenía realidad para Silveira, que, después de veintitantas horas de ayuno, de vigilia, de meditación sobre la muerte, no se hallaba en un estado de completa cordura—la primera parte del plan, digo, consistía en recordar lo que pensaron del otro mundo los hombres. No esperaba adelantar mucho, pero de algún modo debía empezar; además creyó que por la misma naturaleza de lo que estaba buscando, no lo hallaría donde lo buscara; su plan era esforzarse por un lado, para que el hallazgo le llegara, gratuitamente, por otro. Se desilusionó. Aquellos libros, acaso la más elevada expresión del espíritu humano, no habían sido escritos para él. Después de recorrer líneas como: *Es ya hora de levantarnos del sueño, recorramos la feliz morada[2] de los muertos bienaventurados, despertad y cantad, moradores del polvo, entonad himnos ante el trono de Gloria* (tales eran el tono general y la esencia de sus lecturas) quedó profundamente acongojado, con frío en los huesos, desanimado para la busca. Devolvió los libros y, porque tiritaba, resolvió tomar un baño.

El pobre Silveira estaba en el Jockey Club y estaba quién sabe dónde. Buscó el ascensor más lejano: uno que había frente al bar; cuando llegó ahí, apretó el botón de llamada, acercó la cara a la mirilla y, con impaciencia, empujó otra puerta, bajó por una escalera de caracol, gris, de hierro, de caja tan pequeña, que debió agacharse para no golpear la cabeza contra los escalones que subían. Entró en un amplio salón rectangular, de mosaicos, que parecían un salón en el fondo de un buque, o tal vez en el fondo del océano, o en el fondo de un estanque de agua verdosa; contra

2 La cita procede de *Las Moradas* de Santa Teresa (1577).

las paredes había roperos y un largo banco de madera oscura, rojiza; quietos ventiladores, de grandes aletas, colgaban del techo; rodeaban una mesa desvaídos sillones de paja y alguna planta traía el recuerdo de invernáculos. Diseminados por el banco, tres o cuatro socios se vestían o desvestían, sin premura; uno esperaba un pantalón, que le planchaban en la 5 sastrería, y otro, con zapatos, con medias, con ligas, desnudo, se peinaba frente a lavatorios y espejos. Un hombre de blanco apareció con una salida de baño, dos toallas, un par de zuecos. Silveira se desvistió, se arropó en la salida, calzó los zuecos (pensando: "Tarde o temprano habrá que probar los hongos", humilde broma que lo entretuvo en medio de su 10 tristeza) y corrió a los baños. En la primera sala de duchas, una banderola[3] estaba abierta; descubrió una segunda sala, más abrigada, muy vaporosa, de mármol negro, blanco y castaño. Un empleado le indicó una ducha, se la graduó, le jabonó la espalda, le entregó un jaboncito. Junto a una de las duchas de enfrente, otro empleado conversaba con un anciano, a quien 15 Silveira miró con envidia, porque no manejaba, como él, un modesto jaboncito, sino un enorme bol[4] de madera, pletórico de jabón de pino, y una brocha de yute; en una chapa metálica, el bol llevaba grabado un nombre—Almirón—que le evocó recuerdos de algo que había leído sobre el año 1900 y la visita del presidente Campos Salles. 20

Hay un placer en estar inmóvil bajo la ducha; otro en condescender a jabonarse cuidadosa, lenta y abstraídamente. Olvidado de todo, Silveira oía, a lo lejos, las duchas y el diálogo del empleado con el anciano. La voz del empleado, por momentos alta y casi pueril, por momentos ululada, era peculiar. Por la voz, repentinamente Silveira reconoció al hombre: un tal 25 Bernardo, un italiano de escasa estatura y muy vestido, al que se vio hasta hace poco por Florida, un increíble sobreviviente del Buenos Aires de cuarenta años atrás, con orión gris perla,[5] con cuello duro, con guantes de cabritilla, con bastón de malaca,[6] con pantalón de fantasía, con polainas, y que fue, en sus buenos tiempos, *valet* de tíos de Silveira y de amigos de la 30 casa, toda gente muerta. El mismo Bernardo. . . Ante el vértigo se detuvo el pensamiento de Silveira.

El señor Almirón había salido de la ducha; Bernardo le entregaba las toallas, primero la turca, después la de hilo; lo acompañaba hasta la puerta; ahí hacían un alto, pero la conversación, aparentemente, no terminaba y, 35 seguido de Bernardo, el señor Almirón retomaba su camino.

Del lado del vestuario se oyó un clamor. El empleado corrió a ver qué pasaba; al rato volvió y gritó:

---

[3] *banderola:* montante. Ventana sobre la puerta de una habitación.
[4] *bol:* taza redonda sin asa.
[5] Sombrero de fieltro.
[6] *malaca:* caña o bambú procedente de Malasia.

—Están atacando el club.[7] Hay que huir. Van a atraparnos como ratas.

—A mí no me van a atrapar—replicó Silveira.

—Voy a ayudar al viejo Bernardo, que está medio ciego—dijo el empleado.

Silveira reflexionó: "Entonces no está muerto". Si Bernardo no estaba muerto, lo que él tomó por certidumbre era un desvarío. A menos que, precisamente, para prepararle el ánimo hubieran puesto en ese paraje intermedio a un hombre de quien no podía afirmar que estuviera vivo o muerto. En cuanto a Almirón ¿cómo podía estar aún vivo? Ya más seguro, se dirigió a una puerta que había en el otro extremo de la sala y la abrió. Lo primero que divisó en la bruma fue el rostro de un viejo criado de su casa, llamado Soldano, muerto hacía unos años en Quilmes. El criado le sonreía afectuosamente, como invitándolo a entrar; Silveira obedeció. Aunque había bruma, aquello no era otra sala de baños.

Si alguien, a la mañana siguiente, quiso llegar al club, para inquirir por Silveira, en Tucumán y San Martín habrá encontrado gente agrupada y policía que no dejaba pasar. Pretextó acaso (como otros lo hicieron) que vivía en el Claridge, y desde la entrada de ese hotel contempló, por última vez, el edificio del Jockey Club, todavía perfecto. Una breve espiral de humo se desprendía de alguna parte y la manguera, dirigida por el bombero apostado en Tucumán hacia una pared donde el fuego no llegó, echaba poca agua; pero ese testigo y tantos otros creímos que el incendio estaba sofocado. Nos equivocamos. Muy pronto surgieron las ruinas y luego quedó el terreno desnudo. Mirando el terreno nadie adivinaría el plano del edificio; un arquitecto de ahora, educado en la admiración de lo simple y de lo neto, sería incapaz de imaginarlo, y usted mismo, si le preguntaran por cuántas escaleras, incluyendo las de caracol, pudo subir y bajar allá adentro, o por cuántas salas de baño pudo Silveira extraviarse cuando descendió al otro mundo, no daría una respuesta terminante, porque en verdad esa casa quemada tenía algo mágico.

[7] El Jockey Club de Buenos Aires estaba situado en la calle Florida 600. El día 15 de abril de 1953, después de un discurso violento de Perón, las turbas agitadas por la ultraderecha, forzaron la entrada de la calle Tucumán, descolgaron cuadros originales de Goya y encendieron una fogata. Sobre este hecho el biógrafo Joseph A. Page, comentó: "La quema del Jockey Club significó el mayor acto de vandalismo de obras de arte jamás ocurrido" (Perón, II, Buenos Aires, p. 984, p. 17).

RODOLFO ALONSO

Nacido en Buenos Aires en 1934, Rodolfo Alonso es el poeta natural por excelencia. Consta que estudió arquitectura, que inició la carrera de Letras, y en cierto modo también por su carácter, nunca llegó a ser un literato en sentido estricto. Quizás porque su vocación, penetrante y libre, siempre estuvo referida a la bella frase de Tristan Tzara que hizo suya: "La poesía es una manera de vivir". El mismo ha confesado, en un brevísimo tratado que "Siempre fui y soy eso que se llama un autodidacto" *(Poesía: lengua viva, 1982).*

Habiendo integrado, desde muy joven, el grupo que se nucleaba en torno al poeta Raúl Gustavo Aguirre y la revista de vanguardia *Poesía Buenos Aires,* Alonso ha publicado quince libros de poesía (desde el inicial *Salud o nada,* de 1954, hasta el más reciente, *Alrededores,* aparecido en 1983).

Rodolfo Alonso es el poeta de la vida urbana, sin más opción. Un hombre que escribe con el mismo aire de libertad que camina o hace el amor. Ha seguido, nos parece, esa nostalgia, patente en el cálido Baldomero Fernández Moreno ("El poeta, la calle y la noche - se quieren los tres - La calle me llama - la noche también. . .- Hasta luego, madre - voy a florecer). No es la poesía suya un tribunal cívico (del ardiente Almafuerte), ni mística, ni romántica, ni surrealista o vernácula. No defiende la miseria, las amenazas del hambre, ni se opone al absurdo, en cierto modo desdoblado del hombre moderno. Y, sin embargo, detrás del aparente humanismo sin compromiso, ha visto en torno suyo o en la lejanía, la angustia y el horror de vivir. Su infancia coincidió (hijo de emigrantes gallegos), con la guerra civil española, con el ascenso del fascismo y del nazismo, los campos de concentración, la hecatombe de Hiroshima, y en su patria, el despotismo y la opresión. No ha omitido nunca el contacto directo con las cosas y seres de su existencia. De él ha dicho un poeta de su generación, Alejandro Nicotra: "Incide en su poesía, como una luz negra, todo el dolor de nuestra época. Esa conjunción de la historia, la desgracia, y del momento 'intemporal'—valga la paradoja—edénico, es uno de los caracteres que más seducen en su obra." Algo de eso ha sido concretado en "El orden público", texto de 1960, incluido en el poemario *Guitarrón (1975)*. Es la crónica íntima y mundana, en cualquier circunstancia o postura del hombre. Todo amor se padece en un minuto eterno.

EL ORDEN PUBLICO

es una tarde azul

sonríe el aire

el oficial de policía
ahora piensa
despacio

no sonríe

es una tarde
como todas

entonces
puede
olvidar sus temores
su fe

el oficial de policía
algo pone en la tarde

piensa
contento

en aquella mujer
doblada
útil

sirviéndolo

(son todas
iguales)

piensa en algunos presos

así
se olvida de su infancia
su madre
su ola negra

su batalla de años

aquel día
nocturno

aquella noche
de amor frío y expuesto

el oficial
piensa en el orden

en la manifestación
la última huelga

lo que hay que disponer
que hacer

todo
lo que hay que molestarse

para lograr el orden
la quietud

y sin embargo
todavía
hay obreros
estudiantes

mujeres de la calle

mendigos
ladrones
borrachos
asesinos

(esa
gente)

pero
sobre todo
el oficial
honroso
lo que no puede olvidar
es aquella mujer sirviéndole de
                              algo

(después se fue
pero nunca la olvida)

aquella humillación

el orden

hay vigilantes que no aguantan

y no siguen
el orden natural

el orden
es difícil

de mantener
de conseguir

cuesta bastante

el orden
público
es como un matrimonio de años
como un transatlántico de lujo
como una batalla

el oficial
discreto
no cree en las batallas

busca enemigos fáciles

(aquella mujer
mojada
tan débil
tan fuerte en el amor)

y su elegancia
azul
fuerte
no es hoja del desorden

es fruto
del trabajo

(todo
lo que hay que disponer
que hacer
todo lo que hay que molestarse
para lograr el orden)

el oficial sonríe ahora
al ruido de su infancia

(esa mujer
quizá no tuvo infancia

seguro
que estuvo siempre así

doblada

sirviendo)

el oficial
conoce pocas flores
no anda bien del estómago

beber
no es de su agrado

no le sobra paciencia

pero
por suerte
hay gente arriba
y abajo
gente

el oficial
se ocupa
de estar bien en el medio

justo

en el medio de esta vida que
crece

INDICACIONES BIBLIOGRAFICAS

Rodolfo Alonso, *Guitarrón,* Ediciones La Ventana, Rosario, 1975.

Adolfo Bioy Casares, *Guirnalda con amores* (cuentos, 1959), segunda edición Emecé Editores, Buenos Aires,1978.

Mireya Camurati, "El texto misceláneo: *Guirnalda con amores* de Adolfo Bioy Casares", en *Actas del VIII Congreso de la Asociación Internacional de Hispanistas,* Madrid, 1986.

José Isaacson, *El poeta en la sociedad de masas,* Editorial Américalee, Buenos Aires, 1969.

Ezequiel Martínez Estrada, *Radiografía de la pampa* (1933), Editorial Losada, Buenos Aires, 1942.

Nicanor Parra, *Poemas y antipoemas* (Prólogo de Federico Schopf), Biblioteca Popular Nascimento, Santiago de Chile, 1954.

—, "Palabras en la Universidad de Concepción", *Atenea* 380-381 (Abril-septiembre, 1958).

José Ortega y Gasset, *La rebelión de las masas* (1930), Editorial Espasa-Calpe, Madrid, 1976.

Angel Rama, *La ciudad letrada,* Ediciones del Norte, Hanover, 1984.

José Luis Romero, *Latinoamérica: las ciudades y las ideas,* Siglo Veintiuno Editores, Buenos Aires, 1976.

Osvaldo Rossler, *Convergencias,* Plus Ultra, Buenos Aires, 1976.

Morton and Lucia White, *The Intellectual versus the City,* A Mentor Book, New York, 1962.

Ricardo Yamal, *Sistema y visión de la poesía de Nicanor Parra,* Albatros Ediciones, Valencia, 1985.

17

CONFLICTOS Y REALIDADES

En nuestra época, tanto el arte como la literatura, han consignado los rasgos más salientes de una conciencia crítica, ética y creadora. Esto ocurre, precisamente, cuando toda idea o visión que pasa por la mente del artista, trae también la sospecha de que existe un entorno que amenaza la vida y la libertad. Se advierte que el sentimiento del escritor no obedece sólo a una inquietud centrada en el sujeto individual. El vasto panorama visual y psicológico, del mundo y de la humanidad, pone en juego todas las posibilidades existenciales, mientras se reconoce que todo parece escapar a su esfera de influencia. Esto no significa la impotencia del creador. No se puede aplicar el criterio social a la literatura, viéndola siempre desde fuera de sí misma. El arte contemporáneo ha llevado hasta sus últimas instancias los cometidos de su misión, pero en un orden más amplio, el hombre social sigue sujeto a los grandes centros del poder económico y tecnocrático. La posible apelación contra el sistema resulta justificada, pero el resultado queda desvalido. La idea democrática o socialista progresa en ciertas partes del mundo, a puño crispado, pero resulta difícil en esta parte de América decidir el modelo social, en tanto se agudiza la miseria en un terreno que diríamos inhumano.

El meritorio oficio del artista parece embarcado en su etapa conflictiva. Sería injusto decir, y no menos de modo clásico, que la belleza moral no constituye el principio de su interés. No se puede prescindir del trabajo intelectual porque forma parte de la lucidez de la cultura. Pero el escritor, situado junto a los pueblos en estado de rebeldía, se halla en conflicto, aun cuando haya optado por la ficción sin compromiso. En países donde se duda sobre las instituciones libres o los gobiernos despóticos, el problema se agudiza porque no es fácil indicar la solución en sociedades que proceden de la desorientación de sus comienzos políticos. Dentro o fuera del espíritu de subversión, el escritor sabe que la libertad no es una bendición natural, sino más bien una manera de organizar la sociedad.

A principios de siglo, Rodó había predicado con su *arielismo* ingenuo, la responsabilidad moral de la juventud, como maestros del futuro. No pudo presumir que el demógrafo francés Alfred de Sauvy, en 1952 inventaría el término Tercer Mundo, para nuestro lugar en el planeta. Ya no podía existir aquel optimismo clásico. Sin embargo, prosperó con otro espíritu, una vanguardia artística inconcreta y rebelde, experimentada en el dolor y, que por otra parte, trato de recomponer el desamparo anímico con el sentimiento revolucionario. Pero no se perdió el sentido de orientación. La mejor simiente literaria decidió luchar contra el terrorismo de Estado (que asumieron el neofascismo y la dictadura), lográndose así, por un gesto de altura, la mejor solidaridad humana.

Si la vanguardia literaria proponía una libertad legítima y, al mismo tiempo, una actitud revolucionaria, no cabía duda que el escritor o el dramaturgo, tenían que renunciar al pedestal consagrado por la utopía de Rodó. Era ya imposible una jubilosa existencia elitista, evadirse del sistema cultural, controlado, censurado, sin la pérdida del valor cívico que, en cualquier situación social, es el único mérito superior. Había que descarnar la realidad, ponerla a prueba, sin alquimia literaria. De aquí procede el teatro de Osvaldo Dragún, que entre otros, decidió incorporar la *angustia* de este género contemporáneo y el sentimiento del absurdo, en términos auténticos y sanos. Tal tipo de espectáculo, fervoroso en la Argentina a mediados de siglo, fue la mejor fórmula instrumental para transmitir con el mensaje didáctico, la extrañez de un mundo maldito, o en todo caso, inhumano, caído en la pobreza y el estancamiento.

Todo esto ocurría mientras la revolución en Cuba consumaba su objetivo, y también fracasaba, con tristísimo final, la república del presidente Salvador Allende. Tal fracaso, fuera o por encima de la prudencia, fue suponer que todas las revoluciones estarían a la altura de Fidel o del *Che,* hasta el punto de creerse en el derecho de transformar toda la gama del ideario social. Muchos escritores se percataron después, como Vargas Llosa o Cabrera Infante que el futuro no tendría legitimidad si se apoyaba en la obediencia totalitaria. Y de allí su defección. Sin la afirmación de la libertad y la justicia, dos conceptos inseparables, se corre el peligro de que la gente se junte para combatir una tiranía y, lamentablemente, surja otra. Acaso éste sea el irreparable defecto de la lucha, que puede convertirse en una trampa, en el mismo campo de los rebeldes. Una de las víctimas fue, precisamente, el poeta Roque Dalton, ultimado (y antes calumniado) por una facción de la guerrilla de la que formaba parte.

Nada de esto, por lo visto, tiene valor alguno para los mandones opiados y persuadidos del poder. El escritor, en toda circunstancia es el más débil, porque si es de juicio sano, no pasa por el crimen. Su amargura no procede de su fracaso personal, de algún sinsabor poético o de encargos respectivos de la revolución. Procede del dolor ajeno, de las torturas, prisiones y destierros. En sociedades de capitalismo dependiente, en estado continuo de violencia, el escritor no ve ningún decoro en el progreso superficial, sino más bien un proceso autodestructivo de la humanidad. Tal como indica el novelista Carlos Fuentes, que ha llevado sus ideas a la ficción, las tradiciones populares de su país y lo nuevo que llega, no parecen integrarse con sentido armónico. Como no hay socialización de la riqueza, todo lo que pasa por la puerta estrecha del consumismo hispánico, es espejismo y banalidad. Porque lo que importa, en definitiva, no es el conflicto social o la libertad. Importa lo que se puede hacer con la inteligencia para lograr la libertad y salir del atraso.

OSVALDO DRAGUN

Quizá sea lícito mencionar, a propósito de esta glosa, algunas doctrinas en la práctica del género dramático. Aristóteles había considerado que la tragedia infunde miedo y compasión, y por lo tanto, suscita un estado de catarsis o purificación de las pasiones mediante la emoción estética. Ortega y Gasset, por su parte, indicó que el teatro era un lugar donde el público se evade de la opresiva realidad de la vida. Pero también existía por entonces la idea, mucho más compleja y especulativa, de que la escena tenía una misión provocativa frente al espectador, con el fin de herir su imaginación y obligarlo así a evaluar la realidad.

Cuando Osvaldo Dragún nació en 1929 (en la provincia argentina de Entre Ríos), el teatro moderno ya se había integrado, aunque de modo marginal, a los movimientos de vanguardia. Junto a los aspectos estéticos consabidos, se conectaba con la mística social, la belleza convulsiva y cierta dosis de humor negro. Las piezás dramáticas de Dragún, desde esta perspectiva, no serían concebibles sin su formación ideológica en el teatro popular "Fray Mocho" (cuyos miembros debían someter sus obras al dictamen del grupo), y muy especialmente por las lecturas de un autor dilecto, el dramaturgo alemán Bertolt Brecht.

Dragún se inició en el teatro como actor y director. Habiendo pasado el contagioso éxito de Sartre y de Camus, el teatro del absurdo había comenzado a ser tratado en el mundo hispánico con propósitos más deliberados que un arte de moda. El tema social era premeditado, lleno de sentido para el hombre ingenuo, y con luces de una nueva técnica (escenografía simple, escenas fragmentadas, personajes simbólicos, y un lenguaje directo, de sutilísima poesía). La primera obra de Osvaldo Dragún, *La peste viene de Melos,* fue estrenada en Buenos Aires en 1956. Después tres obras breves incluyó en *Historias para ser contadas* (1958). De ese conjunto procede la sátira cruenta "Historia del hombre que se convirtió en perro". Un hecho brutal, la legendaria muerte del cacique peruano, le inspiró *Tupac Amarú* (1959). Escribió después *Jardín del Infierno* (1961). Cultivó el sainete en *Milagro en el Mercado Viejo* y *Una mujer por encomienda* (1966). Evocó el pasado en *Heroica Buenos Aires,* y los ratos de tortura interior en *¡Un maldito domingo!* (1968).

La obra de Dragún es rica en sugerencias, en fluidez espontánea. Sus temas son los peligros de la mecanización moderna, los horrores de la guerra, la falta de comunicación entre los hombres y la soledad irremediable. Su candor nos divierte y nos angustia. Como uno de sus personajes, lo que le desespera no es la muerte: "La muerte existe y está allí, pero no es un problema. ¡Nuestro único problema es cómo vivir!" (*Y nos dijeron que éramos inmortales,* 1962).

HISTORIA DEL HOMBRE QUE SE CONVIRTIO EN PERRO

PERSONAJES
Actriz
Actor 1.°
Actor 2.°
Actor 3.°

Actor 2.°—Amigos, la tercera historia vamos a contarla así. . .
Actor 3.°—Así como nos la contaron esta tarde a nosotros.
Actriz.—Es la "Historia del hombre que se convirtió en perro".
Actor 3.°—Empezó hace dos años, en el banco de una plaza. Allí, señor. . .,
5   donde usted trataba hoy de adivinar el secreto de una hoja.
Actriz. —Allí donde, extendiendo los brazos, apretamos al mundo por la cabeza y los pies y le decimos: " ¡Suena, acordeón, suena ! "
Actor 2.°—Allí lo conocimos. (*Entra el* Actor 1.°) Era. . . (*Lo señala.*) así como lo ven, nada más. Y estaba muy triste.
10   Actriz.—Fue nuestro amigo. El buscaba trabajo, y nosotros éramos actores.
Actor 3.°—El debía mantener a su mujer, y nosotros éramos actores.
Actor 2.°—El soñaba con la vida, y despertaba gritando por la noche. Y nosotros éramos actores.
15   Actriz.—Fue nuestro gran amigo, claro. Así como lo ven. . . (*Lo señala.*) Nada más. Todos.—¡Y estaba muy triste!
Actor 3.°—Pasó el tiempo. El otoño. . .
Actor 2.°—El verano. . .
Actriz.—El invierno. . .
20   Actor 3.°—La primavera. . .
Actor 1.°—¡Mentira! Nunca tuve primavera.
Actor 2.°—El otoño. . .
Actriz.—El invierno. . .

Actor 3.°—El verano. Y volvimos. Y fuimos a visitarlo, porque era nuestro
    amigo.
Actor 2.°—Y preguntamos: ¿Está bien? Y su mujer nos dijo. . .
Actriz.—No sé.
Actor 3.°—¿Está mal?   5
Actriz.—No sé.
Actores 2.° y 3.°—¿Dónde está?
Actriz.—En la perrera. (Actor 1.° *en cuatro patas.*)
Actores 2.° y 3.°— ¡Uhhh!
Actor 3.°— *(Observándolo.)*   10
    Soy el director de la perrera,
    y esto me parece fenomenal.
    Llegó ladrando como un perro
    (requisito principal);
    y si bien conserva el traje,   15
    es un perro, a no dudar.
Actor 2.—*(Tartamudeando.)*
    S-s-soy el v-veter-r-inario,
    y esto-to-to es c-claro p-para mí.
    Aun-que p-parezca un ho-hombre,   20
    es un p-pe-perro el q-que está aquí.
Actor 1.°—*(Al público.)* Y yo, ¿qué les puedo decir? No sé si soy hombre
o perro. Y creo que ni siquiera ustedes podrán decírmelo al final.
Porque todo empezó de la manera más corriente. Fui a una fábrica a
buscar trabajo. Hacía tres meses que no conseguía nada, y fui a 25
buscar trabajo.
Actor 3.°—¿No leyó el letrero? "NO HAY VACANTES".
Actor 1.°—Sí, lo leí. ¿No tiene nada para mí?
Actor 3.°—Si dice "No hay vacantes", no hay.
Actor 1.°—Claro. ¿No tiene nada para mí?   30
Actor 3.°—¡Ni para usted ni para el ministro!
Actor 1.°—¡Ahá! ¿No tiene nada para mí?
Actor 3.°—¡NO!
Actor 1.°—Tornero. . .
Actor 3.°—¡NO!   35
Actor 1.°—Mecánico. . .
Actor 3.°—¡NO!
Actor 1.°—S. . .
Actor 3.°—N. . .
Actor 1.°—R. . .   40
Actor 3.°—N. . .
Actor 1.°—F. . .
Actor 3.°—N. . .
Actor 1.°—¡Sereno! ¡Sereno! ¡Aunque sea de sereno!

Actriz.—(*Como si tocara un clarín.*) ¡Tutú, tu-tu-tú! ¡El patrón!

(Los Actores 2.° y 3.° *hablan por señas.*)

5 Actor 3.°—(*Al público.*) El perro del sereno, señores, había muerto la
noche anterior, luego de veinticinco años de lealtad.
Actor 2.°—Era un perro muy viejo.
Actriz.—Amén.
Actor 2.°—(*Al* Actor 1.°) ¿Sabe ladrar?
10 Actor 1.°—Tornero.
Actor 2.°—¿Sabe ladrar?
Actor 1.° —Mecánico...
Actor 2.°—¿Sabe ladrar?
Actor 1.°—Albañil...
15 Actores 2.° y 3.°—¡NO HAY VACANTES!
Actor 1.°—(*Pausa.*) ¡Guau..., guau!...
Actor 2.°—Muy bien, lo felicito...
Actor 3.°—Le asignamos diez pesos diarios de sueldo, la casilla y la
comida.
20 Actor 2.°—Como ven, ganaba diez pesos más que el perro verdadero.
Actriz.—Cuando volvió a casa me contó del empleo conseguido. Estaba
borracho. Actor 1.°—(*A su mujer.*) Pero me prometieron que
apenas un obrero se jubilara, muriera o fuera despedido, me darían su
puesto. ¡Divertite, María, divertite! ¡Guau..., guau!... ¡Divertite,
25 María, divertite! Actores 2.° y 3.° —¡Guau..., guau!... ¡Divertite,
María, divertite! Actriz.—Estaba borracho, pobre...
Actor 1.°—Y a la otra noche empecé a trabajar... (*Se agacha en cuatro
patas.*)
Actor 2.°—¿Tan chica le queda la casilla?
30 Actor 1.°—No puedo agacharme tanto.
Actor 3.°—¿Le aprieta aquí?
Actor 1.°—Sí.
Actor 3.°—Bueno, pero vea, no me diga "sí". Tiene que empezar a
acostumbrarse. Dígame: " ¡Guau..., guau!" Actor 2.°—¿Le aprieta
35 aquí? (*El Actor 1.° no responde.*) ¿Le aprieta aquí?
Actor 1.°—¡Guau..., guau!...
Actor 2.°—Y bueno... (*Sale.*)
Actor 1.°—Pero esa noche llovió, y tuve que meterme en la casilla.
Actor 2.°—(*Al* Actor 3.°) Ya no le aprieta...
40 Actor 3.°—Y está en la casilla.
Actor 2.°—(*Al* Actor 1.°) ¿Vio cómo uno se acostumbra a todo?
Actriz.—Uno se acostumbra a todo...
Actores 2.° y 3.° Amén...
Actriz.—Y él empezó a acostumbrarse.

Actor 3.°—Entonces, cuando vea que alguien entra, me grita: " ¡Guau. . ., guau!" A ver. . .

Actor 1.° —(El Actor 2.° *pasa corriendo.)* ¡Guau..., guau!... *(El* Actor 2.° *pasa sigilosamente.)* ¡Guau. . ., guau!. . . (El Actor 2.° *pasa agachado.)* ¡Guau. . ., guau. . ., guau!. . . *(Sale.)*   5

Actor 3.°—(Al Actor 2.°) Son diez pesos por día extra en nuestro presupuesto. . .

Actor 2.°—¡Mmm! Actor 3.°—. . .pero la aplicación que pone el pobre los merece. . .

Actor 2.°—¡Mmm!   10

Actor 3.°—Además, no come más que el muerto. . .

Actor 2.°—¡Mmm!

Actor 3.°—¡Debemos ayudar a su familia!

Actor 2.°—¡Mmm! ¡Mmm! ¡Mmm! *(Salen.)*

Actriz.—Sin embargo, yo lo veía muy triste, y trataba de consolarlo   15
cuando él volvía a casa. *(Entra* Actor 1°) ¡Hoy vinieron visitas !. . .

Actor 1.°—¿Sí?

Actriz.—Y de los bailes en el club, ¿te acordás?

Actor 1.°—Sí.

Actriz.—¿Cuál era nuestro tango?   20

Actor 1.°—No sé.

Actriz.—¡Cómo que no! "Percanta que me amuraste. . ."[1] (El Actor 1.° *está en cuatro patas.)* Y un día me trajiste un clavel. . . *(Lo mira, y queda horrorizada.)* ¿Qué estás haciendo?

Actor 1.°—¿Qué? Actriz.—Estás en cuatro patas. . . *(Sale.)*   25

Actor 1.°—¡Esto no lo aguanto más! ¡Voy a hablar con el patrón! *(Entran los* Actores 2.° y 3.°)

Actor 3.°—Es que no hay otra cosa. . .

Actor 1.°—Me dijeron que un viejo se murió.   30

Actor 3.°—Sí, pero estamos de economía. Espere un tiempo más, ¿eh?

Actriz.—Y esperó. Volvió a los tres meses.

Actor 1.°—(Al Actor 2.°) Me dijeron que uno se jubiló . . .

Actor 2.°—Sí, pero pensamos cerrar esa sección. Espere un tiempito más, ¿eh?   35

Actriz.—Y esperó. Volvió a los dos meses.

Actor 1.°—(Al Actor 3.°) Déme el empleo de uno de los que echaron por la huelga. . .

Actor 3.° —Imposible. Sus puestos quedarán vacantes. . .

Actores 2.° y 3.°—¡Como castigo! *(Salen.)*   40

---

[1]Verso del tango *Mi noche triste* de Pascual Contursi y Samuel Castriota. En el caló o lunfardo de Buenos Aires se llama *percanta* a la mujer. *Amurar* (del italiano *amurare,* rodear de muros) significa abandonar.

Actor 1.°—Entonces no pude aguantar más... ¡y planté!²
Actriz.—¡Fue nuestra noche más feliz en mucho tiempo! *(Lo toma del brazo.)* ¿Cómo se llama esta flor?
Actor 1.°—Flor...
5   Actriz.—¿Y cómo se llama esa estrella?
Actor 1.°—María. Actriz.—*(Ríe.)* ¡María me llamo yo!
Actor 1. —¡Ella también..., ella también! *(Le toma una mano y la besa.)*
Actriz.—*(Retira su mano.)* ¡No me muerdas!
10 Actor 1.°—No te iba a morder... Te iba a besar, María...
Actriz.—¡Ah!, yo creía que me ibas a morder... *(Sale.)*

(Entran los Actores 2.° y 3.°)

15 Actor 2.°—Por supuesto...
Actor 3.°—... y a la mañana siguiente...
Actores 2.° y 3.°—Debió volver a buscar trabajo.
Actor 1.°—Recorrí varias partes, hasta que en una...
Actor 3.°—Vea, este ... No tenemos nada. Salvo que...
20 Actor 1.°—¿Qué?
Actor 3.°—Anoche murió el perro del sereno.
Actor 2.°—Tenía treinta y cinco años, el pobre...
Actores 2.° y 3.°—¡El pobre!...
Actor 1.°—Y tuve que volver a aceptar.
25 Actor 2.°—Eso sí, le pagábamos quince pesos por día. *(Los* Actores 2.° y 3.° *dan vueltas)* ¡Hmm!... ¡Hmmm!... ¡Hmmm!...
Actores 2.° y 3.°—¡Aceptado! ¡Que sean quince! *(Salen.)*
Actriz.—*(Entra.)* Claro que cuatrocientos cincuenta pesos no nos alcanza para pagar el alquiler...
30 Actor 1.°—Mirá, como yo tengo la casilla, mudate vos a una pieza con cuatro o cinco muchachas más, ¿eh?
Actriz.—No hay otra solución. Y como no nos alcanza tampoco para comer...
Actor 1.°—Mirá, como yo me acostumbré al hueso, te voy a traer la carne a
35 vos, ¿eh?
Actores 2.° y 3.°—*(Entrando.)* ¡El directorio accedió!
Actor 1.° y Actriz.—El directorio accedió... ¡Loado sea!

(Salen los Actores 2.° y 3.°)

---

² *y planté:* salir, abandonar, dejar (de trabajar).

Actor 1.° —Yo ya me había acostumbrado. La casilla me parecía más grande. Andar en cuatro patas no era muy diferente de andar en dos. Con María nos veíamos en la plaza... *(Va hacia ella.)* Porque vos no podéis entrar en mi casilla; y como yo no puedo entrar en tu pieza... Hasta que una noche... 5
Actriz.—Paseábamos. Y de repente me sentí mal...
Actor 1° —¿Qué te pasa?
Actriz.—Tengo mareos.
Actor 1.°—¿Por qué?
Actriz.—*(Llorando.)* Me parece... que voy a tener un hijo... 10
Actor 1° —¿ Y por eso llorás ?
Actriz.—¡Tengo miedo..., tengo miedo!
Actor 1.°—Pero ¿por qué?
Actriz.—¡Tengo miedo..., tengo miedo! ¡No quiero tener un hijo!
Actor 1.°—¿Por qué, María? ¿Por qué? 15
Actriz.—Tengo miedo... que sea... (Musita *"perro"* El Actor 1.° *la mira aterrado, y sale corriendo y ladrando. Cae al suelo. Ella se pone en pie.)*
¡Se fue..., se fue corriendo! A veces se paraba, y a veces corría en cuatro patas... 20
Actor 1.°—¡No es cierto, no me paraba! ¡No podía pararme! ¡Me dolía la cintura si me paraba! ¡Guau!... Los coches se me venían encima... La gente me miraba... *(Entran los* Actores 2.° y 3.°*)* ¡Váyanse! ¿Nunca vieron un perro?
Actor 2.°—¡Está loco! ¡Llamen a un médico! *(Sale.)* 25
Actor 3.°—¡Está borracho! ¡Llamen a un policía! *(Sale.)*
Actriz.—Después me dijeron que un hombre se apiadó de él y se le acercó cariñosamente.
Actor 2.°—*(Entra.)* ¿Se siente mal, amigo? No puede quedarse en cuatro patas. ¿Sabe cuántas cosas hermosas hay para ver, de pie, con los 30 ojos hacia arriba? A ver párese... Yo le ayudo...
Vamos, párese...
Actor 1.°—*(Comienza a pararse, y de repente:)* ¡Guau..., guau!.. *(Lo muerde.)* ¡Guau..., guau!... *(Sale.)*
Actor 3.°—*(Entra.)* En fin, que cuando, después de dos años sin verlo, le 35 preguntamos a su mujer: "¿Cómo está?", nos contestó...
Actriz.—No sé.
Actor 2.°—¿Está bien?
Actriz.—No sé.
Actor 3.°—¿Está mal? 40
Actriz.—No sé.
Actores 2.° y 3.°—¿Dónde está?
Actriz.—En la perrera.

Actor 3.°—Y cuando veníamos para acá, pasó al lado nuestro un
        boxeador. . .
Actor 2.°—Y nos dijeron que no sabía leer, pero que eso no importaba
        porque era boxeador.
5   Actor 3.°—Y pasó un conscripto. . .
    Actriz.—Y pasó un policía. . .
    Actor 2.° —Y pasaron. . ., y pasaron. . ., y pasaron ustedes. Y pensamos
        que tal vez podría importarles la historia de nuestro amigo. . .
    Actriz. —Porque tal vez entre ustedes haya ahora una mujer que piense:
10   "¿No tendré. . ., no tendré. . .?" *(Musita "perro".)*
    Actor 3.°—O alguien a quien le hayan ofrecido el empleo del perro al
        sereno.
    Actriz.—Si no es así, nos alegramos.
    Actor 2.°—Pero si es así, si entre ustedes hay alguno a quien quieran
15   convertir en perro, como a nuestro amigo, entonces. . . Pero, bueno,
        entonces esa..,¡esa es otra historia! *(Telón.).* Fin.

ROQUE DALTON

La poesía puede ser, tiene que ser, la misma voz del hombre en un momento insoslayable de su cultura. A juzgar por su destino trágico, tal es el caso de Roque Dalton, un hijo más de la revolución devorado tristemente por la lucha: "No somos, pues, cómodos o impunes anonimistas: de cara estamos contra el enemigo y cabalgamos muy cerca de él, en la misma pista. Y al sistema y los hombres que atacamos desde nuestra poesía, con nuestras vidas les damos la oportunidad que se cobren, día a día" *(Poemas clandestinos, 1980)*.

Roque Dalton García nació en El Salvador en 1933 (cuya república muy simbólicamente Gabriela Mistral saludó con el nombre cariñoso del "Pulgarcito de América"). Las preocupaciones del poeta fueron también la antropología y el derecho. En su país fue alumno de Miguel Mármol, y como su maestro, se salvó de ser fusilado. Una vez porque cayó el gobierno militar que lo había sentenciado, y en otra ocasión, porque muy oportunamente un terremoto abrió una grieta en la prisión.

En 1961 Dalton fue expulsado de su país, y desde entonces se acostumbró a escribir en la clandestinidad, en condiciones difíciles. Su poesía es combativa, espontánea, colmada de ternura, de ironía bromista, y por temperamento antidogmática. A partir de *La ventana en el rostro* (1961), Dalton escribió sin interrupción: *El mar* (1962), *El turno del ofendido* (1963); una especie de autobiografía, *Los testimonios* (1964). Su poemario de recuerdos, *Taberna y otros lugares* (1969), fue premiado en Cuba. Como autor de ficciones históricas (bien nutridas de géneros diversos), escribió *Las historias prohibidas del Pulgarcito* (1974). Su novela póstuma, *Pobrecito poeta que soy yo,* publicada en 1976, son visiones angustiadas de la soledad.

El poeta vivió durante algunos años en el exilio, en Checoslovaquia y en Cuba. En 1973 regresó a su país para encontrarse con su destino. Como todo poeta, llegó a odiar la desdicha de la guerra atípica, los excesos de la lucha: "Mis lágrimas, hasta mis lágrimas/ endurecieron./ Yo que creía en todo./ En todos. Yo sólo quería un poco de ternura. . .' (*El turno del ofendido).* La vida hacia el socialismo de su país fue su ilusión lírica, su urgencia histórica, pero como en el juego de los dados, perdió. Roque

Dalton fue juzgado por un grupo sectario de la revolución, y bajo sumario
ejecutado por delito de discrepancia, el 10 de mayo de 1975.

TODOS

Todos nacimos medio muertos en 1932.
sobrevivimos pero medio vivos
cada uno con una cuenta de treinta mil muertos enteros
que se puso a engordar sus intereses
sus réditos
y que hoy alcanza para untar de muerte a los que siguen
 naciendo
medio muertos medio vivos

Todos nacimos medio muertos en 1932

Ser salvadoreño es ser medio muerto
eso que se mueve
es la mitad de la vida que nos dejaron

Y como todos somos medio muertos
los asesinos presumen no solamente de estar totalmente
 vivos
sino también de ser inmortales

Pero ellos también están medio muertos
y sólo vivos a medias

Unámonos medio muertos que somos la patria
para *hijos suyos podernos llamar*
en nombre de los asesinados

unámonos contra los asesinos de todos
contra los asesinos de los muertos y de los mediomuertos

Todos juntos
tenemos más muerte que ellos
pero todos juntos
tenemos más vida que ellos

La todopoderosa unión de nuestras medias vidas
de las medias vidas de todos los que nacimos medio
muertos en 1932.[1]

EL PADRE CARLITOS

(De reojo)

El pueblecito de la costa salvadoreña llamado Jiquilisco, que da su
nombre a una hermosa bahía llena de peces, langostas, curiles,[2] ratas de
manglar, pichiches,[3] y zancudos spitfire,[4] es uno de los conglomerados más
violentos del mundo. El promedio de muertos en los domingos—a tiros, a
pedradas y machetazos—sería capaz de consumir a la población de
Francia, si operase allí diariamente, en 18 meses. Felizmente El Salvador, y
sus pueblecitos son en este aspecto bastante generosos, tiene un
incremento poblacional incluso mayor que el de Costa Rica, ese país
donde nadie duerme a partir de los trece años de edad. En Jiquilisco, el
vecino que menos muertes debe es el Padre Carlitos, el cura párroco, quien
ha matado a catorce personas y a un perro llamado Majoncho desde que
llegó, hace año y medio, al lugar. Dicen que el perro echaba espuma por la
boca cuando atacó sin motivo justificado al Padre Carlitos, a quien
cualquiera le pega un empujón sin sospechar lo que le espera, dado su
aspecto tranquilizador, falazmente pilishne,[5] aguacatero[6] y *et cum spiritu
tuo.*[7]

---

[1] En enero de 1932, durante dos días, se produjo una rebelión de campesinos, dirigida
por Agustín Farabundo Martí, líder del recién fundado Partido Comunista de El
Salvador. El general Hernández Martínez, dictador en ese momento, procedió a la
ejecución (llamada "la matanza") de unas 10.000 personas.
[2] *curiles* (con el antecedente también del singular *curiel):* roedor de grandes uñas,
casi rabón y parecido al conejillo de Indias. Conocido también con el nombre de
cobaya o cori de los primitivos historiadores de América.
[3] *pichiche:* nombre de origen onomatopéyico. Uno de los numerosos patos
migratorios.
[4] Término expresivo del inglés ('escupe fuego'), con el significado aquí de ave
arisca, irritable.
[5] *pilishne:* curioso vocablo, de origen insospechado, para poner a prueba al más
exigente de los filólogos. Quizá el poeta quiso aludir a la frase "falazmente
inofensivo".
[6] *aguacatero:* hambriento.
[7] Exhortación final de la misa católica, cuya oración completa es *Dominus vobiscum
et cum spiritu. tuo* ("El Señor sea con vosotros y también con tu espíritu").

CANTOS PARA CIVILES

"No sé porqué piensas tú , soldado, que te odio yo. Si somos la misma cosa, tú y yo."

—*Nicolás Guillén*

Los siguientes poemas son respuestas, en la voz de un gorila, no al hermoso y justo poema de Nicolás Guillén, sino aquellos que lo usan para comunicaciones imposibles, por sobre las enseñanzas de la realidad, madre y maestra de la poesía, trazadora de su eficacia y sus limitaciones.

"Si no sabes por qué pienso yo
oh civil que me odias tú
no voy a ser precisamente yo
quien para sacarte de la ignorancia
(o de una falta de percepción
que ganaría el campeonato mundial)
me ponga a confesar
tantos y tantos de mis crímenes
que (palabra de honor) yo daba por conocidos."

"Y como dices que tú y yo
somos la misma cosa
yo te digo que está bien que lo digas tú
siempre y cuando no se te suban los humos a la cabeza
siempre y cuando te quedes allí donde te corresponde
sosiego sosiego y sin pispilear.

Pues aunque tú digas que somos iguales
deberás recordar que habemos
algunos hombres que somos más iguales que los demás
y que tenemos tamaños y suficientes fusiles
para amolar a los que quieran andar de igualados
igualando su igualdad de mierda
con la gran igualdad de los que somos
más iguales que nadie."

III y IV
(Variantes)

¿Que tú y yo, civil, somos la misma cosa?
¡Ahora mismo vas a pagar caro este insulto!

¿Que no sabes por qué yo pienso que tú me odias?
¿No lo sabes o no quieres decirlo?
¡Ahora mismo te voy a refrescar la memoria
con la picana eléctrica en los testículos!

CARLOS FUENTES

Carlos Fuentes, nacido en la ciudad de México en 1928, pertenece por su edad y por su aparición en las letras, a la generación llamada del *boom* hispanoamericano. Desde luego, la formación intelectual, cosmopolita y mundana de Carlos Fuentes, se explica de manera tan natural como la madurez de su talento. Mientras su padre fue diplomático, pasó la mayor parte de su infancia y juventud en diversas capitales del continente: Río de Janeiro, Buenos Aires, Santiago de Chile y Washington. En 1951 estudió derecho internacional en Ginebra. Cuatro años después se recibió de abogado en México. Sabemos que profesó las ideas marxistas, pero la literatura fue para él lo más sustantivo, lo más definido de su carácter social y artístico. En su pensamiento y en sus obras de ficción han ejercido notable influencia la amistad del cuentista Juan José Arreola, las ideas mexicanistas de Leopoldo Zea, la crítica ética de Octavio Paz, la literatura fantástica de Borges, y las técnicas narrativas de William Faulkner y John Dos Passos.

La pasión que inunda toda la obra de Fuentes es el destino incierto de México, su alternativa en el mundo, el conflicto de sus orígenes, y su porvenir malogrado y disolvente. Toda su narrativa, su ensayística, está escrita con sentimiento polémico, con el espíritu del rojo fuego y la técnica áspera y dura que no acepta la degradación moral. Su novelística es una epopeya de esta lucha. Sus libros más importantes tratan, en términos generales, sobre la angustiante imitación patológica que sufre México ante los prestigios materiales de la sociedad capitalista, sin haber inventado un modelo propio de desarrollo. La obra de Fuentes es numerosa. Se inició con una colección de cuentos, *Los días enmascarados* (1954). *La región más transparente* (1959), tomándose el título de una mención de Humboldt, resulta ser en la novela, la transparencia de muchas cosas turbias. Fuentes ha publicado después, *Las buenas conciencias* (1959), *La muerte de Artemio Cruz* (1962), *Aura* (1962), *Cambio de piel* (1967), *Terra Nostra* (1975), y *Gringo viejo* (1985), llevada recientemente al cine.

El presente relato, "El que inventó la pólvora", suerte de parodia de los ideales capitalistas, procede del volumen inicial, *Los días enmascarados.* Fuentes no ha declinado su fuerte vigor polémico, escribiendo siempre ("contra la muerte", dice), mientras alterna con alguna cátedra en Harvard o en Princeton.

EL QUE INVENTO LA POLVORA

Uno de los pocos intelectuales que aún existían en los días anteriores a la catástrofe expresó que quizá la culpa de todo la tenía Aldous Huxley.[1] Aquel intelectual—titular de la última catedra de sociología, durante el año famoso en que a la humanidad entera se le otorgó un Doctorado Honoris Causa, y clausuraron sus puertas todas las Universidades—, recordadaba   5 también algún ensayo de *Music at Night:* los esnobismos de nuestra época son el de la ignorancia y el de la última moda; y gracias a éste se mantienen el progreso, la industria y las actividades civilizadas. Huxley, recordaba mi amigo incluía la sentencia de un ingeniero norteamericano: "Quien construya un rascacielos que dure más de cuarenta años es traidor a la industria 10 de la construcción." De haber tenido el tiempo necesario para reflexionar sobre la reflexión de mi amigo, acaso hubiera reído, llorado, ante su intento estéril de proseguir el complicado juego de causas y efectos, ideas que se hacen acción, acción que nutre ideas. Pero en esos días, el tiempo, las ideas, la acción, estaban a punto de morir.   15
La situación, intrínsecamente, no era nueva. Sólo que, hasta entonces, habíamos sido nosotros, los hombres, quienes la provocábamos. Era esto lo que la justificaba, la dotaba de humor y la hacía inteligible. Eramos nosotros los que cambiábamos el automóvil viejo por el de este año. Nosotros, quienes arrojábamos las cosas inservibles a la basura. Nosotros, 20 quienes optábamos entre las distintas marcas de un producto. A veces, las circunstancias eran cómicas; recuerdo que una joven amiga mía cambió un desodorante por otro sólo porque los anuncios le aseguraban que la nueva mercancía era algo así como el certificado de amor a primera vista. Otras, eran tristes; uno llega a encariñarse con una pipa, los zapatos 25 cómodos, los discos que acaban teñidos de nostalgia, y tener que desecharlos, ofrendarlos al anonimato del ropavejero y la basura, era ocasión de cierta melancolía.
Nunca hubo tiempo de averiguar a qué plan diabólico obedeció, o si todo fue la irrupción acelerada de un fenómeno natural que creíamos 30 domeñado. Tampoco, donde se inició la rebelión, el castigo, el destino—no sabemos cómo designarlo. El hecho es que un día, la cuchara con que yo

---

[1] Poeta y novelista inglés (18941963), autor de *Brave New World* y de *Music and Night.*

desayunaba, de legítima plata Christofle,[2] se derritió en mis manos. Ni di mayor importancia al asunto, y suplí el utensilio inservible con otro del mismo diseño, para no dejar incompleto mi servicio y poder recibir con cierta elegancia a doce personas. La nueva cuchara duró una semana; con ella, se derritió el cuchillo. Los nuevos repuestos no sobrevivieron las setenta y dos horas sin convertirse en gelatina. Y claro, tuve que abrir los cajones y cerciorarme: toda la cuchillería descansaba en el fondo de las gavetas, excreción gris y espesa. Durante algún tiempo, pensé que estas ocurrencias ostentaban un carácter singular. Buen cuidado tomaron los felices propietarios de objetos tan valiosos en no comunicar algo que, después tuvo que saberse, era ya un hecho universal. Cuando comenzaron a derretirse las cucharas, cuchillos, tenedores, amarillentos, de aluminio y hojalata, que usan los hospitales, los pobres, las fondas, los cuarteles, no fue posible ocultar la desgracia que nos afligía. Se levantó un clamor: las industrias respondieron que estaban en posibilidad de cumplir la demanda, mediante un gigantesco esfuerzo, hasta el grado de poder reemplazar los útiles de mesa de cien millares de hogares, cada veinticuatro horas.

El cálculo resultó exacto. Todos los días, mi cucharita de té—a ella me reduje, al artículo más barato, para todos los usos culinarios—se convertía, después del desayuno, en polvo. Con premura, salíamos todos a formar cola para adquirir una nueva. Que yo sepa, muy pocas gentes compraron al mayoreo;[3] sospechábamos que ciencucharas adquiridas hoy serían pasta mañana, o quizá nuestra esperanza de que sobrevivieran veinticuatro horas era tan grande como infundada. Las gracias sociales sufrieron un deterioro total: nadie podía invitar a sus amistades, y tuvo corta vida el movimiento, malentendido y nostálgico, en pro de un regreso a las costumbres de los vikingos.

Esta situación, hasta cierto punto amable, duró apenas seis meses. Alguna mañana, terminaba mi cotidiano aseo dental. Sentí que el cepillo, todavía en la boca, se convertía en culebrita de plástico; lo escupí en pequeños trozos. Este género de calamidades comenzó a repetirse sin interrupciones. Recuerdo que ese mismo día, cuando entré a la oficina de mi jefe en el Banco, el escritorio se desintegró en terrones de acero, mientras los puros del financiero tosían y se deshebraban, y los cheques mismos daban extrañas muestras de inquietud. . . Regresando a la casa, mis zapatos se abrieron como flor de cuero, y tuve que continuar descalzo. Llegué casi desnudo: la ropa se haba caído a jirones, los colores de la corbata se separaron y emprendieron un vuelo de mariposas. Entonces me di cuenta de otra cosa: los automóviles que transitaban por las calles se

---

2 Marca acreditada que procede del industrial francés Charles Christofle (1805-1863), quien perfeccionó notablemente el dorado y el plateado galvánico.
3 *al mayoreo:* al por mayor.

detuvieron de manera abrupta, y mientras los conductores descendían, sus sacos, haciéndose polvo en las espaldas, emanando un olor colectivo de tintorería y axilas, los vehículos, envueltos en gases rojos, temblaban. Al reponerme de la impresión, fijé los ojos en aquellas carrocerías. La calle hervía con una confusión de caricaturas: Fords Modelo T, cacharros de 5 1909, Tin Lizzies, orugas cuadriculadas, vehículos pasados de moda. La invasión de esa tarde a las tiendas de ropa y muebles, a las agencias de automóviles, resulta indescriptible. Los vendedores de coches—esto podría haber despertado sospechas—ya tenían preparado el Modelo del Futuro, que en unas cuantas horas fue vendido por millares. 10 (Al día siguiente, todas las agencias anunciaron la aparición del Novísimo Modelo del Futuro, la ciudad se llenó de anuncios *démodé*[4] del Modelo del día anterior —que, ciertamente, ya dejaba escapar un tufillo apolillado—, y una nueva avalancha de compradores cayó sobre las agencias.)

Aquí debo insertar una advertencia. La serie de acontecimientos a que 15 vengo refiriendo, y cuyos efectos finales nunca fueron apreciados debidamente, lejos de provocar asombro o disgusto, fueron aceptados con alborozo, a veces con delirio, por la población de nuestros países. Las fábricas trabajaban a todo vapor y terminó el problema de los desocupados. Magnavoces instalados en todas las esquinas aclaraban el 20 sentido de esta nueva revolución industrial: los beneficios de la libre empresa llegaban hoy, como nunca, a un mercado cada vez más amplio; sometida a este reto del progreso, la iniciativa privada respondía sin paralelo: la diversificación de un mercado caracterizado por la renovación continua de los artículos de consumo aseguraba una vida rica, higiénica y 25 libre. "Carlomagno murió con sus viejos calcetines puestos"—declaraba un cartel—; "usted morirá con unos Elasto-Plastex recién salidos de la fábrica." La bonanza era increíble; todos trabajaban en las industrias, percibían enormes sueldos, y los gastaban en cambiar diariamente las cosas inservibles por los nuevos productos. Se calcula que, en mi comunidad 30 solamente, llegaron a circular, en valores y en efectivo, más de doscientos mil millones de dólares cada dieciocho horas.

El abandono de las labores agrícolas se vio suplido, y armonizado, por las industrias química, mobiliaria y eléctrica. Ahora comíamos pildoras de vitamina, cápsulas y granulados, con la severa advertencia médica de que 35 era necesario prepararlos en la estufa y comerlos con cubiertos (las píldoras, envueltas por una cera eléctrica, escapan al contacto con los dedos del comensal).

Yo, justo es confesarlo, me adapté a la situación con toda tranquilidad. El primer sentimiento de terror lo experimenté una noche al entrar en mi 40 biblioteca. Regadas por el piso, como larvas de tinta, yacían las letras de

---

[4] *démodé:* "fuera de moda", anacrónico.

todos los libros. Apresuradamente, revisé varios tomos: sus páginas, en
blanco. Una música dolorosa, lenta, despedida, me envolvió; quise
distinguir las voces de las letras; al minuto agonizaron. Eran cenizas. Salí a
la calle, ansioso de saber qué nuevos sucesos anunciaba éste; por el aire,
con el loco empeño de los vampiros, corrían nubes de letras, a veces, en
chispazos eléctricos, se reunían... *amor, rosa, palabra,* brillaban un
instante en el cielo, para disolverse en llanto. A la luz de uno de estos
fulgores, vi otra cosa: nuestros grandes edificios empezaban a
resquebrajarse; en uno distinguí la carrera de una vena rajada que se iba
abriendo por el cuerpo de cemento. Lo mismo ocurría en las aceras, en los
árboles, acaso en el aire. La mañana nos deparó una piel brillante de
heridas. Buen sector de obreros tuvo que abandonar las fábricas para
atender a la reparación material de la ciudad; de nada sirvió, pues cada remiendo hacia brotar nuevas cuarteaduras.
   Aquí concluía el período que pareció regirse por el signo de las
veinticuatro horas. A partir de este instante, nuestros utensilios comenzaron a descomponerse en menos tiempo; a veces en diez, a veces en
tres o cuatro horas. Las calles se llenaron de montañas de zapatos y
papeles, de bosques de platos rotos, dentaduras postizas, abrigos
desbaratados, de cáscaras de libros, edificios y pieles, de muebles y flores
muertas y chicle y aparatos de televisión y baterías. Algunos intentaron
dominar a las cosas, maltratarlas, obligarlas a continuar prestando sus
servicios; pronto se supo de varias muertes extrañas de hombres y mujeres
atravesados por cucharas y escobas, sofocados por sus almohadas,
ahorcados por las corbatas. Todo lo que no era arrojado a la basura
después de cumplir el término estricto de sus funciones, se vengaba así del
consumidor reticente.
   La acumulación de basura en las calles las hacía intransitables. Con la
huída del alfabeto, ya no se podían escribir directrices;[5] los magnavoces
dejaban de funcionar cada cinco minutos, y todo el día se iba en suplirlos
con otros. ¿Necesito señalar que los recolectores de basura se convirtieron
en una capa social privilegiada, y que la Hermandad Secreta de Verrere[6]
era, *de facto,* el poder activo detrás de nuestras instituciones
republicanas? De viva voz se corrió la consigna: los intereses sociales
exigen que para salvar la situación se utilicen y consuman las cosas con
una rapidez cada día mayor. Los obreros ya no salían de las fábricas; en
ellas se concentró la vida de la ciudad, abandonándose a su suerte
edificios, plazas, las habitaciones mismas. En las fábricas, tengo entendido
que un trabajador armaba una bicicleta, corría por el patio montado en ella,
la bicicleta se reblandecía y era tirada al carro de la basura que, cada día

5 *directriz:* acepción que no registra el Manual académico. Conjunto de instrucciones
y normas.
6Término paródico e inventado, cuyo verboide latino *verrere* (debería leerse *vererae,*
encubre por deducción las actividades de la recolección de basuras.

más alto, corría como arteria paralítica por la ciudad; inmediatamente, el mismo obrero regresaba a armar otra bicicleta, y el proceso se repetía sin solución. Lo mismo pasaba con los demás productos: una camisa era usada inmediatamente por el obrero que la fabricaba, y arrojada al minuto; las bebidas alcohólicas tenían que ser ingeridas por quienes las embotellaban, 5 y las medicinas de alivio respectivas por sus fabricantes, que nunca tenían oportunidad de emborracharse. Así sucedía en todas las actividades.

Mi trabajo en el Banco ya no tenía sentido. El dinero había dejado de circular desde que productores y consumidores, encerrados en las factorías, hacían de los dos actos uno. Se me asignó una fábrica de armamentos 10 como nuevo sitio de labores. Yo sabía que las armas eran llevadas a parajes desiertos, y usadas allí; un puente aéreo se encargaba de transportar las bombas con rapidez, antes de que estallaran, y depositarlas, huevecillos negros, entre las arenas de estos lugares misteriosos.

Ahora que ha pasado un año desde que mi primera cuchara se 15 derritió, subo a las ramas de un árbol y trato de distinguir, entre el humo y las sirenas, algo de las costras del mundo. El ruido, que se ha hecho substancia, gime sobre los valles de desperdicio; temo —por lo que mis últimas experiencias con los pocos objetos servibles que encuentro delatan—que el espacio de utilidad de las cosas se ha reducido a 20 fracciones de segundo. Los aviones estallan en el aire, cargados de bombas; pero un mensajero permanente vuela en helicóptero sobre la ciudad, comunicando la vieja consigna: "Usen, usen, consuman, consuman, ¡todo, todo!" ¿Qué queda por usarse? Pocas cosas, sin duda.

Aquí, desde hace un mes, vivo escondido, entre las ruinas de mi 25 antigua casa. Huí del arsenal cuando me di cuenta que todos, obreros y patrones, han perdido la memoria, y también la facultad previsora. . . Viven al día, emparedados por los segundos. Y yo, de pronto, sentí la urgencia de regresar a esta casa, tratar de recordar algo—apenas estas notas que apunto con urgencia, que tan poco dicen de un año relleno de datos—y 30 formular algún proyecto.

¡Qué gusto! En mi sótano encontré un libro con letras impresas; es Treasure Island,7 y gracias a él, he recuperado el recuerdo de mí mismo, el ritmo de muchas cosas. . . Termino el libro ("Pieces of eight! Pieces of eight!")8 y miro en redor mío.9 La espina dorsal de los objetos 35 despreciados, su velo de peste. Los novios, los niños, los que sabían cantar,

---

7 Novela del escritor inglés Robert Louis Stevenson (1850-1894); La isla del tesoro fue publicada en 1886.
8 Se refiere a las frases del Capitán Flint (Cap. XXVII) que exige balas de cañón de ocho libras de peso y que el loro grita al término de la novela. Es evidente la crítica del narrador anónimo al capitalismo inglés, la piratería y su combinación con la revolución industrial.
9 miro en redor mío: miro a mi redor (síncopa de rededor).

¿dónde están, por qué los olvidé, los olvidamos durante todo este tiempo? ¿Qué fue de ellos mientras sólo pensábamos (y yo sólo he escrito) en el deterioro y creaciones de nuestros útiles? Extendí la vista sobre los montones de inmundicia. La opacidad chiclosa se entrevera en mil
5 rasguños: las llantas y los trapos, la obesidad maloliente, la carne inflamada de detritus, se extienden enterrados por los cauces de asfalto; y pude ver algunas cicatrices, que eran cuerpos abrazados, manos de cuerda, bocas abiertas, y supe de ellos.

No puedo dar idea de los monumentos alegóricos que sobre los
10 desperdicios se han construido, en honor de los economistas del pasado. El dedicado a las Armonías de Bastiat[10] es especialmente grotesco.

Entre las páginas de Stevenson, un paquete de semillas de hortaliza. Las he estado metiendo en la tierra, ¡con qué gran cariño. . .! Ahí pasa otra vez el mensajero.
15

"Usen todo. . . todo. . . todo. . ."

Ahora, ahora un hongo azul con penachos de sombra me ahoga en el rumor de los cristales rotos. . .
20 Estoy sentado en una playa que antes—si recuerdo algo de geografía—no bañaba mar alguno. No hay más muebles en el universo que dos estrellas, las olas y arena. He tomado unas ramas secas; las froto, durante mucho tiempo. . ., ah, la primera chispa. . .

---

[10] La condenación, como se observa, va dirigida contra el economista francés Claude-Frédéric Bastiat (1801-1850), librecambista a ultranza, autor entre otros libros, de la obra inconclusa *Les Harmonies économiques.*

INDICACIONES BIBLIOGRAFICAS

Mario Benedetti, *Los poetas comunicantes* ("Una hora con Roque Dalton"), Marcha Editores, México, 1971.

John Beverley, *Del Lazarillo al sandinismo: estudios sobre la función ideológica de la literatura española e hispanoamericana* ("A propósito de Ernesto Cardenal y Roque Dalton"), Prisma Institute, Minneapolis, 1978.

Myrna Casas, *Teatro de la Vanguardia,* D.C. Heath and Co., Lexington (Massachusetts), 1975.

Roque Dalton, *Las historias prohibidas del pulgarcito,* Siglo Veintiuno Editores, México, 1974.

—, *Poesía escogida* (Prólogo de Manlio Argueta), Editorial Universitaria Centroamericana, Costa Rica, 1983.

Osvaldo Dragún, *Historias para ser contadas* (1958), en Myrna Casas, *Teatro de la Vanguardia* (incluye "Historia del hombre que se convirtió en perro"), D.C. Heath, Lexington, 1975.

Nora Eidelberg, *Teatro experimental hispanoamericano 1960-1980,* Institute for the Study of Ideologies and Literatures, Minneapolis, 1985.

Carlos Fuentes, *Los días enmascarados,* Los Presentes, México, 1954.

—, *Tiempo mexicano* ("De Quetzalcóatl a Pepsicóatl"), Cuadernos de Joaquín Mortiz, México,1975.

Georgina García Gutiérrez, *Los disfraces (la obra mestiza de Carlos Fuentes),* El Colegio de México, México, 1981.

Leon Lyday, *Dramatists In Revolt,* University of Texas Press, Austin, 1976.

18

EXILIO Y MELANCOLIA

La historia del exilio, con certeza que no hay pueblo en el mundo que no lo haya padecido, es tan antigua como indignamente contemporánea. El exilio o destierro tuvo siempre el carácter de castigo máximo. En el Paraíso simbólico, Adán es conminado a perderlo, bajo la mirada de Dios y su destino sellado por la muerte. Platón cuenta en su *Apología* que Sócrates, enjuiciado por la Asamblea elige el suicidio porque entendía que el hombre lejos de su contexto no es nadie. Grandes torturados por el exilio fueron Dante y Víctor Hugo, y lo que es lo mismo, ilustres refugiados, Goya en Burdeos o Einstein en Princeton.

En la América hispánica el triunfo de las libertades había exacerbado la tiranía cuando no se pudo ascender rápidamente a la democracia. De un modo u otro, los próceres de la libertad fueron expulsados de los países recién creados o se expatriaron voluntariamente, habiendo pagado, como San Martín, la culpa de la ausencia y la nostalgia. Simón Bolívar, el libertador de media América, decía desencantado en una de sus últimas cartas: "Lo único que se puede hacer en América es emigrar." La historia, cuya integridad conocemos mucho más tarde, le ha dado la razón, más de una vez.

El suplicio de los poetas patrios del pasado, que sustentaron el exilio a la sumisión (Echeverría o Mármol, Heredia o Martí), no ha sido borrado del mapa de la literatura. El sentimiento de tragedia que conmueve a los escritores del continente es, de modo casi preciso, el resultado emergente que la historia social trae aparejado. Cada país de América tiene una larga tradición de exilios. La causa ha sido siempre la dictadura o la intolerancia de las ideas. Después de una continuidad casi inverosímil de versos y prosas selectas contra la opresión, se puede ver, no sin ironía, que el continente ha enriquecido la historia universal con la figura de la cárcel o el asilo político. El resultado es anómalo, porque el escritor desfallece en el silencio o enriquece su melancolía innata que no hubieran sido previsibles dentro de condiciones normales. Muchas veces, de modo casi increíble, la obra ha brotado de la mutilación y la sangre. Algo que ha hecho de los pueblos americanos un medio y un deber de constante lucha vital, marginalmente distinto, y creadores espontáneos de una comunidad obligada a elegir entre el éxodo o la muerte. Quedaba así demostrado que el sector irracional de la dictadura, exaltando prejuicios patrióticos, siempre brutales, no podía aplastar el sentido más profundo de la cultura. Y sobrevino un fenómeno curioso, casi un mandato del destino. Por primera vez el mundo Occidental se encontró ante una literatura, proveniente de los países periféricos, que superaba la de ellos. Por un momento se pensó que sólo Borges, Vallejo o Neruda, serían invariablemente las grandes luminarias. Pero los novelistas, también en el exilio, libraron una batalla sin tregua, hasta gestarse los nombres altos de Miguel Angel Asturias, Gabriel García Márquez o Julio Cortázar.

El descontento, la versatilidad y el estado de alerta, le dieron una nueva fuerza agresiva a nuestra literatura, y se puso a desafiar, como ha escrito Luis Harss, no sólo la circunstancia, sino también lo irremediable. Un escritor como Augusto Roa Bastos, que vivió siempre en el exilio de Buenos Aires y París, ha escrito gradualmente su obra con el ojo desolado del ausente, y su patria perdida en el horror de dictaduras eternas. Una de sus novelas mayores, *Yo el Supremo* (sobre el dictador paraguayo José Gaspar de Francia), está referida al terrorismo de Estado, sobre el número y la barbarie de los suplicios, la farsa de los juicios y los arroyos de sangre.

Muchos de los hombres del exilio que trataron de convertir a su país en otro sueño de la revolución, como en el caso de Chile, no pudieron sobrevivir a la terrible represión militar, que dejó cinco mil muertos y miles de desterrados. Un poeta, lejos de su tierra, es Enrique Lihn. Se ha llevado consigo un excedente de hermosura que sale del alma con tristeza. Adonde vaya se confina entre su propio dolor y el mundanismo de otras tierras. Es un escéptico que va.

El exilio existe en la medida que se mantiene y se prolonga la rebeldía contra quien lo provoca, pero tanto el hecho como el tema, no es algo consagrado o un valor artístico en sí mismo. Lo que el escritor padece, y como tal el motivo de fondo, es que nada puede crecer y desarrollarse sin la libertad, puesto que las consignas de un partido en el poder han sido también letales para los poetas y para la misma poesía. Este conflicto alcanza también a la revolución social, cuando ésta se convierte en una trampa del ideal, cuando hay muchísimos países, y entre ellos Cuba, cuya postura se complace en escritores presos. La Inquisición no los tenía tantos, ni en la Rusia de los zares o de Stalin, había tantos condenados por el único delito de escribir. Desde 1960 Angel Cuadra y Armando Valladares estuvieron en celdas de castigo, sin luz y custodiados por guardias furibundos. Otros se han salvado, por presión internacional, como Heberto Padilla y Reinaldo Arenas. A veces la tristeza no perdona. El novelista cubano Calvert Casey, terminó por suicidarse, exiliado ya, en Roma.

Exodo, expulsión, deportación, destierro o exilio, son términos de curso legal entre los funcionarios de alguna dictadura. Pensar en Cuba, es también hoy pensar en Nicolás Guillén, quien dijo, en sus momentos más tristes del exilio, que se sentía como "un blando murciélago clavado, con la patria en el recuerdo."

AUGUSTO ROA BASTOS

El más célebre y estimado de los escritores paraguayos, cuya vida ejerció largamente el magisterio del exilio, nació en el pueblito de Iturbe, en la región de Guairá, en 1917. En Asunción cursó el colegio y la Escuela Superior de Comercio. A los dieciséis años se batió como soldado en la terrible Guerra del Chaco contra Bolivia. Cuando terminó la contienda, en 1935, trabajó en un banco, fue redactor del periódico *El País,* y viajó por Europa. Mientras ejercía su cargo de Agregado Cultural en Buenos Aires, le sorprendió la guerra civil de 1947, y así terminó su carrera diplomática. Después, nunca volvería a su país.

Con el poeta Elvio Romero y el novelista Gabriel Casaccia, sus colegas de exilio, Roa Bastos ha escrito sobre su región incógnita, poblada por una raza generosa y brava, pero reducida por la tradición religiosa y castrense a la grandeza de la miseria. Es elocuente lo que apunta Fernando Ainsa sobre esta generación expulsada de su hogar nacional: "La salida al exterior, la necesaria perspectiva y, por consiguiente, la inevitable elevación del género novelesco habrá de darse por el medio doloroso del exilio, impuesto no sólo por la posible asfixia cultural de Asunción, como aldea, sino por el más serio de la represión de la dictadura y de la vida en peligro *(Los buscadores de la utopía,* 1977).

Roa Bastos se inició como autor de versos, con *Poemas* (1942), *y El naranjal ardiente* (1949), donde alterna la riqueza del idioma guaraní, su lengua materna. Figura asimismo un drama, *Mientras llega el día* (1945). Pero para describir el sentimiento de la vida humana, violenta y caótica, Roa Bastos ha recurrido al relato. Redactó cuatro volúmenes de cuentos, *El trueno entre las hojas* (1953), *El baldío* (1966), *Los pies sobre el agua* (1967), y entre otros, *Moriencia* (1969). Sus dos más grandes novelas, que le han dado casi toda la integridad de su fama, son *Hijo de hombre* (1959), y *Yo el Supremo* (1974).

El novelista ha declarado al recibir el Premio Losada en 1959: "Esta literatura es, sí, una literatura comprometida: comprometida hasta los huesos con el destino del hombre, no con sus intereses o consignas circunstanciales." Su relato "Encuentro con el traidor", procede del volumen *El baldío*. Mientras tanto, Roa Bastos vive en Francia, sustentándose con la escritura y la cátedra. El dictador Alfredo Stroessner, ha caído, escapándose al Brasil. Ahora el futuro es volver.

ENCUENTRO CON EL TRAIDOR

El diarero le tendió inútilmente el vuelto. No lo recogió. Ya no se acordó de recogerlo. Toda su atención se concentró de pronto en el hombre que se iba alejando por la vereda moviendo su ligero bastón. Empezó a seguirlo. Es él—se dijo—. Tiene que ser él. . . Se notaba que un
5 largo tiempo con su balumba de grandes y pequeños hechos pugnaba por caber y acomodarse en el fogonazo de un segundo. En ese vívido segundo acababa de reconocerlo de espaldas. Hay una determinada clase de hombres, no es cierto, que tienen no una sola sino muchas caras, caras por todos lados, adelante y atrás, caras de una inalterable identidad hasta en la
10 más mínima mueca, hombres que son inconfundibles por más que hagan para pasar inadvertidos. Sólo por eso lo vio y lo reconoció entre los anónimos y apurados transeúntes; lo vio y lo reconoció en el acto, a pesar de que ya se alejaba de espaldas. Pero el otro también lo había reconocido al pasar, a la primera mirada, único momento en que la frágil caña vaciló un
15 poco en sus manos en una hesitación o un cambio de ritmo apenas perceptible, no de temor o de estupor, ni siquiera de extrañeza, sino más bien de reacomodación al nuevo centro de gravedad que el brusco desnivel de tiempo provoca en uno por el cambio de recuerdos, al pisar de improviso esas baldosas flojas que también hay en la memoria. Le vio
20 tomar el diario que el vendedor le alcanzó plegándolo diestramente en varios dobleces. Hasta alcanzó a percibir el gesto de la mano al crisparse sobre el rollo. Es él...—también se dijo el del bastón—. Ha engordado bastante, pero es él... La manera de tender el billete al diarero lo convenció. No ha olvidado su orgullo—se dijo sin ver ya que se abstenía de recoger el
25 cambio. No se volvió. Se hizo el desentendido o recuperó su indiferencia. Estaba acostumbrado. Pero su aplomo no era fingido. Si había simulación en su actitud, se hubiera dicho que disfrutaba de ella. La caña barnizada con un reflejo de ámbar también recobró su rítmico balanceo.
El que lo seguía apretó el paso. La vieja causa archivada, pero no
30 perimida para ellos, reflotó en su conciencia sin haber perdido un solo detalle. Trastabilló también un poco en su apuro por darle alcance. El otro caminaba pausadamente, posando apenas la punta del bastón sobre las baldosas o haciéndolo girar entre los dedos con los movimientos de una vieja costumbre, que no eran sin embargo los de un pisaverde envejecido
35 y exhibicionista. ¡Espantajo!...—farfulló el que lo seguía—. ¡Siempre el

mismo! Con una cólera sorda y creciente miró la figura todavía firme y
erguida, la nuca de niño bajo el cabello ya canoso, un hombro, el izquierdo,
ligeramente caído, las largas piernas que ahora se movían sin la elasticidad
de la juventud aunque con el remedo algo cínico de cierta marcialidad
desentrenada y marchita. Apreció el traje gastado pero pulcro, sin una   5
arruga, que a él se le antojó cortado aún a la moda de entonces con el saco
muy entallado, semejante a una guerrera. A él, en cambio, era notorio que la
creciente obesidad le imponía ropas cada vez más holgadas. Se pasó el
dorso por el rostro empapado. El sudor manchó también el arrugado rollo
del diario. Viene detrás de mí—se dijo el del bastón—. No va a hablarme   10
ahora de aquello, supongo. Claro, no les he dado bastante satisfacción.
Treinta años hemos estado muertos, pero de pronto puede levantarse y
seguirme. . .
    Ambos resucitaban en una calle de una ciudad extranjera, en el azar
de un encuentro con el que quizás ya ninguno de los dos contaba. Pero el   15
del bastón comprendió de repente que lo había estado persiguiendo todo
el tiempo y que en ese trecho de pocos metros la persecución de muchos
años se reproducía y aclaraba en todos sus matices. Iba corriendo tras él,
no desde un puesto de diarios donde· se había detenido por casualidad,
sino desde mucho más atrás, allá lejos; desde aquel alzamiento frustrado   20
por una delación; desde aquel tribunal del consejo de guerra; desde aquella
prisión militar a la que habían ido a parar, enclavada en la tierra árida y
desolada, donde los cocoteros simulaban los barrotes y el desierto la caricatura de la libertad, en esa misma tierra salvaje del Chaco que más tarde,
unos meses después, iba a comenzar a tragarse la sangre y los huesos de   25
cien mil combatientes.[1] Ambos habían sobrevivido a esa guerra por una
razón fortuita, no más válida que la que había elegido a las víctimas de la
matanza. Y ahora uno de ellos se encontraba de nuevo lanzado hacia el
otro, como si nada hubiera pasado, como si nada hubiera bastado para
aplacar la ofensa sin sentido, el odio, el deseo de la venganza, sólo   30
aparentemente aquietados en una resentida indiferencia mientras no tanto
el cuerpo sino el espíritu engordaba y envejecía poco a poco.

    (—¡Suspendan el lance!—gritó el médico—. ¿No ven que ese
hombre no puede continuar?   35
    Seguía batiéndose, no obstante, tercamente, pero sin coraje, sin
convicción, sin otra voluntad que la de quien tiene que llevar una empresa
hasta el fin, con la ciega obstinación de los borrachos que inventan su
heroísmo. Con la mano izquierda .se apretaba un lado de la cara
ensangrentada y el ojo roto, empañado, miraba entre los dedos un espacio   40
fuera de foco, el "flou"[2] de una tiniebla ardiente y empapada, bajo el

---

[1] Se refiere a la Guerra del Chaco que libraron el Paraguay y Bolivia
(1932-1935).
[2] *flou:* del adjetivo francés, contorno vago, borroso.

ímpetu casi espasmódico del último asalto. Los sables resplandecían en la llovizna del amanecer que esfumaba los árboles negros y asordinaba el sonido de los hierros, hasta que se detuvieron goteando, la punta del uno más roja que el otro, sin que ninguno de los duelistas esperara o demostrara desear la imposible reconciliación.)

Me viene siguiendo—dijo el hombre alto y canoso—. No puedo darme vuelta a esperarlo. ¿Qué le diría? ¿Puedo acaso decirle ahora la verdad, después de tantos años? Tampoco la creería. La verdad también envejece, a veces más rápido que los hombres. Además, la verdad no es para los débiles. Y él está gordo y triste. Sólo tiene su orgullo. Su odio mismo ya no es más que una sensación viciosa. Si pudiera compadecerlo... ¡pobre! ... El odio necesita alimentarse de algo presente para ser una fe... y mi culpa ya ni siquiera es recuerdo porque no existe. Simplemente no existe. No existió nunca..., al menos como existieron otras cosas. Si me volviera, ¿qué podría decirle?

(—¡Traidor..., delator miserable!—gritó con el puño levantado hacia el mudo testigo uno de los encausados. Apostrofaba al hombre que aparentemente había comprado su libertad con una traición y que ahora estaba allí de pie, testimoniando con su silencio—pues no habló en ningún momento—contra sus compañeros de sublevación. El insulto se repitió aún más vibrante y furioso. El juez de la causa descargó un fuerte golpe que hizo saltar los papeles. Se retrepó en la silla con la cara lívida de ira, tanto por el ex abrupto del uno como por el empecinado silencio del otro. La hilera de uniformes se inmovilizó del otro lado de las mesas lustrosas que recogían las caras. Podían escucharse las respiraciones agitadas. Los demás inculpados se removieron incómodos en los escaños, especialmente uno de ellos: el hermano del que había sido injuriado. Tenía la cabeza gacha. Parecía abrumado por un peso ilevantable, como si sólo él sufriera la vergüenza que acababan de inferir a su hermano. Pero todas las caras, incluso las rígidas caras pegadas al brillo de las mesas, estaban tendidas expectantes hacia el otro, que parecía no haber escuchado el insulto. Miraba impasible hacia afuera, a través de los vidrios, el ramaje balanceado por el viento sobre la muralla del cuartel.)

Más de uno me ha seguido después de aquello—se dijo el del bastón, disminuyendo insensiblemente su marcha—. Ni siquiera la guerra ha bastado. Cien mil muertos en el Chaco. Muertos para nada. Y en seguida, el duelo..., apenas al día siguiente del Desfile de la Victoria, el duelo, ese absurdo duelo entre los espectros quemados por el sol de hierro del Chaco... Y otra vez revoluciones, conspiraciones y sublevaciones como la nuestra, con nuevos héroes y traidores, en una cadena interminable. Los verdugos de la víspera convertidos en víctimas, las víctimas convertidas en

verdugos al día siguiente, como si el tiempo se invirtiera en busca del daño, del mal, hacia atrás, hacia atrás. . . Recuerdo a ese coronel que presidía el consejo de guerra. . . Todos sabíamos que él había hecho torturar y asesinar al estudiantito aquel, al que luego tuvieron que arrojar al río atado con alambre y fondeado con piedras de Tacumbú.[3] Luego él también, el   5
coronel, bravo en la guerra, manso en la paz, con esposa, hogar e hijos, un hombre común a pesar de las charreteras y las prerrogativas del mando, él también un héroe, después de uno de los cuartelazos que siguieron a la guerra, arrojado a la cárcel, entre el hacinamiento de los presos políticos, y castigado todas las mañanas, él más que otros, castigado con trozos de   10
alambre por los guardias descalzos empapados de odio, hasta que enloqueció, y después de eso andaba por los patios o en las celdas con la mandíbula hundida en los muros y canturreando una tonada inentendible, lleno de costurones, de llagas nuevas, siempre aureolado de moscas. . .

El bastoncito bailoteaba ahora rápido, con los reflejos ambarinos   15
entre los dedos, los pies cada vez más lentos, como si el hombre de la nuca de niño hubiese de girar de un momento a otro para enfrentar a quien lo seguía.

Más de uno me ha seguido después de aquello...—se dijo el del   20
bastón—. Mis compañeros, mis ex camaradas, quiero decir, no me olvidan. Algunos me miran pasar encogiéndose de hombros. No se deciden a interpelarme. Consideran que ha pasado en verdad mucho tiempo y que mi culpa vegeta en estado de prescripción. En cierto modo, aquel duelo, el hecho mismo de aquel desafío selló en parte mi rehabilitación. Porque. . .   25
¿quién se bate con un infame? Desde luego no hubiera podido batirme con cada uno de mis treinta y siete ex compañeros de sublevación. Pero éste no se ha aplacado. Era el más ofendido, el más exaltado. Ahora no le queda más que su viejo orgullo, el saber que su vida ha servido menos aún que la muerte de los otros. Creía ciegamente, aún sigue creyendo que yo. . .   30
Se le adelantó y le cerró el paso, enfrentándolo. Llevaba el diario estrujado de un extremo, blandiéndolo' excitadamente. El otro también se detuvo. Giró un poco, llevó el bastón hacia atrás y se apoyó en él, con las dos manos a la espalda.

—¿Sabe quién soy?—barbotó.   35
—Claro.

Se miraron fijamente, el uno con los ojos duros, manchados por el viejo rencor que los hinchaba en las órbitas y les enrojecía las venitas; el

---

[3] *Tacumbú:* región habitada por los indios payaguas, en la parte norte del Río Paraguay.

interpelado con un ojo más vivo que el otro, pero tolerante, casi compasivo, aunque parecía cuidarse de no mostrar este último sentimiento.

—¡Traidor. . . delator miserable!

Las mismas palabras se habían gastado también con el tiempo; apenas un eco tardío de aquel insulto en el tribunal, que ahora volvía a rebotar contra la impasibilidad del hombre, una impasibilidad sonriente aunque desolada. Pero entonces el bofetón chasqueó en la cara impasible, llegando a destino después de una trayectoria de treinta años. El ojo saltó y fue a caer en la calzada, rodó un trecho y se detuvo en una hendidura. La mano del agresor quedó en suspenso en el aire, desgajada de su furia inicial. También su cara se vaciaba rápidamente de resentimiento, de ira, de encono, en esa mueca que se le iba alisando desde dentro bajo un impulso brotado tal vez del escarnio y parecido acaso a la compasión, como si toda grandeza de alma no pudiera ser engendrada más que por una miseria equivalente.

Le costó apartar la mirada de ese ojo caído en el pavimento y que el papirotazo con el diario estrujado me había hecho saltar de la cara. Se me quedó mirando con la desvalida sorpresa de quien confunde a una persona con otra pero sin embargo la reconoce. Cómo iba a explicarle ahora, después de treinta años, que yo no fui el delator, sino mi hermano. El murió en el Chaco como un héroe. Yo seguí viviendo como un infame. La diferencia no es grande cuando hay de por medio un secreto como el mío. Y cómo explicarle que mi papel me gusta, que al fin ha llegado a gustarme de veras.

El otro tartamudeó algo incomprensible, un tardío pedido de disculpa tal vez, mientras se agachaba hacia el ojo opaco de tierra, para levantarlo.

—No te molestes—le dije—. Tengo varios de repuesto. Ese ya estaba perdiendo el barniz.

Algunos curiosos estaban formando un ruedo a nuestro alrededor. Nos abrimos paso y nos fuimos.

HEBERTO PADILLA

Heberto Padilla, poeta cubano, consagrado a la Revolución y también disidente, nació en Pinar del Río, en 1932. Fue un escritor precoz. En 1948 publicó su primer cuaderno de poesía, *Las rosas audaces*. Padilla tenía entonces dieciséis años. Poco después emigró a los Estados Unidos. Durante una década su vida transcurrió entre cortas y largas estancias en Cuba. Ejerció el periodismo. Consta además que hizo trabajos diversos, desde obrero hasta profesor de castellano en la escuela de idiomas Berlitz de Nueva York.

En 1959 regresó a Cuba para formar parte del periódico *Revolución* en cuyo suplemento *Lunes* realizó una constante actividad literaria. En 1962 fue enviado como corresponsal de *Prensa Latina* a la Unión Soviética. Su segundo libro de poemas, *El justo tiempo humano,* apareció precisamente ese año.

Al regresar a su patria, tensamente distinta (con más de un poeta en las prisiones), Padilla se convirtió en el centro de una polémica de resonancia mundial. Todo comenzó cuando dispuso la defensa del novelista Guillermo Cabrera Infante, acusado de traidor por la revista oficial *Verde Olivo*. No obstante, en 1968, la editorial del Estado, Casa de las Américas, premió el libro de Padilla titulado *Fuera del Juego*. Pronto se vio que el libro contenía ciertas sutilezas contra el régimen, y el poeta fue sindicado como intelectual sospechoso. La lectura de su texto "Provocaciones" en la Universidad de La Habana, en 1971, le valió el arresto inmediato, conjuntamente con su esposa, la escritora Belkis Cuza Malé.

Después de 38 días de confinamiento y de presión psicológica, el poeta cedió. Su posterior confesión y autocrítica forzadas causó consternación. Los intelectuales del mundo, incluso aquellos que hasta entonces habían defendido a Castro, suscribieron la libertad del poeta, entre ellos, Jean Paul Sartre, Julio Cortázar, Alberto Moravia, Mario Vargas Llosa, Hans Magnus Enzensberger y el senador Edward Kennedy. El 16 de marzo de 1980 Heberto Padilla salió de Cuba, hacia los Estados Unidos, vía Montreal. Tras diez años de forzoso silencio, publicó en 1981, *El hombre junto al mar* y la novela *En mi jardín pastan los héroes*. Los libros de Padilla han sido traducidos a más de quince idiomas. En la actualidad es el editor de *Linden Lane Magazine* que se publica en Princeton.

EN TIEMPOS DIFICILES

A aquel hombre le pidieron su tiempo
para que lo juntara al tiempo de la Historia.
Le pidieron las manos,
porque para una época difícil
5   nada hay mejor que un par de buenas manos.
Le pidieron los ojos
que alguna vez tuvieron lágrimas
para que contemplara el lado claro
(especialmente el lado claro de la vida)
10   porque para el horror basta un ojo de asombro.
Le pidieron sus labios
resecos y cuarteados para afirmar,
para erigir, con cada afirmación, un sueño
(el-alto-sueño);
15   le pidieron las piernas,
duras y nudosas,   .
(sus viejas piernas andariegas)
porque en tiempos difíciles
¿algo hay mejor que un par de piernas
20   para la construcción o la trinchera?
Le pidieron el bosque que lo nutrió de niño,
con su árbol obediente.
Le pidieron el pecho, el corazón, los hombros.
Le dijeron
25   que eso era estrictamente necesario.
Le explicaron después
que toda esta donación resultaría inútil
sin entregar la lengua,
porque en tiempos difíciles
30   nada es tan útil para atajar el odio o la mentira.
Y finalmente le rogaron
que, por favor, echase a andar,
porque en tiempos difíciles
ésta es, sin duda, la prueba decisiva.

EL REGALO

He comprado estas fresas para ti.
Pensé traerte flores,
pero vi a una muchacha que mordía
fresas en plena calle,
y el jugo espeso y dulce .   5
corría por sus labios de tal modo
que sentí que su ardor y avidez
eran como los tuyos,
imagen misma del amor.
Hemos vivido años   10
luchando con vientos acres,
como soplados de las ruinas,
mas siempre hubo una fruta,
la más sencilla, y hubo siempre una flor.
De modo que aunque estas fresas   15
no sean lo más importante del universo,
yo sé que aumentarán el tamaño de tu alegría
lo mismo que la fiesta de esa nieve que cae.
Nuestro hijo la disuelve sonriente entre los dedos
como debe hacer Dios con nuestras vidas.   20
Nos hemos puesto abrigos y botas,
y nuestras pieles rojas y ateridas
son otra imagen de la resurrección.
Criaturas de las diásporas de nuestro tiempo,
¡Oh, Dios, danos la fuerza para continuar!   25

ENRIQUE LIHN

Poeta, narrador y ensayista, Enrique Lihn nació en Santiago de Chile, en 1929. Para conocerlo, con probabilidades de acierto, tendríamos que seguirlo con paciente lectura de sus poemas, y escuchar lo que dice él mismo sobre su vida y su obra. Algo de esto ha intentado su amigo, y también poeta, Pedro Lastra (*Conversaciones,* 1980). Lo que hay detrás de Lihn, es la infancia que recuerda, guiado por su abuela materna, una mística puritana, y un tío pintor, que formaron su carácter y su aprendizaje artístico. Lihn estudió el liceo y también pintura en la Escuela de Bellas Artes de Santiago. "La Escuela era como un fondo de mar, dice Lihn, una hoya marina, algo resguardado y abierto al oleaje y a las corrientes. Gente muy distinta iba y venía de allí." Los camaradas de sus comienzos poéticos fueron Nicanor Parra, Gonzalo Rojas, y el malogrado y genial adolescente, Carlos de Rokha. Habiéndose despojado de sus ambiciones pictóricas, Lihn publicó su primer poemario con el título de *Nada se escurre* (1949). Estaba ya convencido de escribir una poesía sin ornamentación alguna, sin musicalidad fácil, en un momento en el que el cinismo sonriente de Nicanor Parra sobrevolaba el magisterio de Pablo Neruda. Para Lihn se trataba de tomar ya el rábano por las hojas. "Al escribir mi poesía, dice, no me proponía en absoluto situarme en una línea de ruptura. Creo que por el contrario mi intención era hacer simplemente poesía." Tiempo después publicó *La pieza oscura* (1963) y los relatos *Agua de arroz* (1964). Son los años en que Lihn sale de Chile, y se siente conmovido de ausencias, atormentado por la lejanía y un exilio de infinita postergación. Su libro *Poesía de paso* (1966) fue premiado en Cuba. Había, es cierto, algo de poesía militante. Pero su obra no tiene exactamente un sentido geográfico o local. En un brevísimo poema de *Estación de los Desamparados* (1982), resume todo el destino de su expresión:

> Cada cinco minutos
> me ofuscaba el deseo de volver,
> el miedo de volver.

Enrique Lihn es como el eterno hombre que no puede volver, que casi caprichosamente, no quiere volver. El crítico Miguel Angel Flores, escribe así: "Se trata de una experiencia vivida desde adentro: el poeta es un espectador involuntario de una épica al revés: no la exaltación sino la degradación de la esperanza." Lihn ha publicado, además, *La musiquilla de las pobres esferas* (1969), *Por fuerza mayor* (1975) y dos curiosas novelas, *Batman en Chile* (1973) y *La orquesta de cristal* (1976).

ESTA ESPECIE DE MIEDO TE PISA LOS TALONES

Esta especie de miedo te pisa los talones
en el camino de la que llamas tu casa
como si concluido el mismo diálogo
por el que existes, sólo
la culpa, en tu lugar, te contara los pasos.

Lejos, lejos hasta de tu propio dolor
como en los malos sueños
rehaces una y mil veces el camino que te aleja
cada vez un poco más de los tuyos.

EL OTOÑO EN LONG ISLAND

El otoño de las selvas que pasan
pequeñas, rojo y amarillo
desde las laderas estriadas de raíces
con su plumaje verde
el gallo de Long Island
el buen reloj de la naturaleza
me anuncia mi regreso al lejano país
de todo o nada
aunque vaya a Port Jefferson,
y que me ignoran los vecinos del bosque
los coparticipantes de su alquimia
El otoño
de estos hombres parece
una primavera disecada:
las hojas son ahora las flores de la muerte
y darán la apariencia de frutos que enguirnalden
el fuego del hogar en sus hogares campestres
con chimeneas falsas
cuando haya terminado, y conmigo, el otoño.

INDICACIONES BIBLIOGRAFICAS

Fernando Ainsa, *Los buscadores de la utopía,* Monte Avila Editores, Caracas, 1977.

Rubén Bareiro Saguier (editor), *Literatura y sociedad,* serie de ensayos en *Aportes* 8 , París, 1968.

Carlos Alberto Brocato, *El exilio es el nuestro,* Sudamericana/Planeta, Buenos Aires, 1986.

Lourdes Casal, *El caso Padilla: literatura y revolución en Cuba,* Editorial Nueva Atlántida, New York, 1971.

Julio Cortázar, *Argentina: años de alambradas culturales,* Mucknik Editores, Barcelona, 1984.

Pedro Lastra, *Conversaciones con Enrique Lihn,* Universidad Veracruzana, Xalapa, 1980.

Enrique Lihn, *Estación de los Desamparados,* Premia Editores, México, 1982.

Manuel Mantero, *Los derechos del hombre en la poesía hispánica contemporánea,* Editorial Gredos, Madrid, 1973.

Heberto Padilla, *Legacies: Selected Poems* (A Bilingual Edition), McGraw-Hill Ryerson, Toronto, 1982.

—-, *Fuera de Juego,* Unión de Escritores y Artistas de Cuba, La Habana, 1968.

Augusto Roa Bastos, *El baldío,* Editorial Losada, Buenos Aires, 1966.

Hugo Rodríguez Alcalá, Korn, *Romero, Güiraldes, Unamuno, Ortega, Literatura paraguaya y otros ensayos,* Ediciones de Andrea, Colección Studium, México, 1958.

Ramón Sender, *Escrito en Cuba: cinco poetas disidentes,* Editorial Playor,1979.

Armando Valladares, *Contra toda esperanza,* Plaza y Yanés Editores, Barcelona, 1985.

19

VECINDAD Y FRONTERA

En el mes de enero de 1848, a cambio de una guerra perdida y quince millones de dólares, México cedió la mitad de su territorio. Los Estados Unidos se anexionaron, sin mayores sobresaltos, la extensa región que ahora forman Texas, Nevada, Arizona, Colorado, Utah, Nuevo México y California. El poderoso país del Norte garantizó a los 75000 mexicanos todos sus derechos, la ciudadanía y la preservación de sus tierras, pero las inmensas migraciones que venían del Este no respetaron esas garantías. El *destino manifiesto* se cumplía, afianzado por la doctrina de Monroe. Antes, por otra suma de dólares, Napoleón había cedido la Luisiana y Fernando VII la península de La Florida. En 1898 la nueva frontera se había extendido al Caribe. El resultado significó la independencia de Cuba y un cambio de régimen colonial en Puerto Rico.

Desde aquel entonces, dos grupos de origen, de lengua, de aspiraciones diferentes, se encontrarían para darle circulación y estímulo a la vida en América. Las fuerzas exteriores que se impusieron por la guerra o la fortuna, no pudieron sepultar los restos de la cultura indohispánica. Ninguna civilización se improvisa o se trunca. Toynbee formulaba frente a Spengler—y ésta fue quizá su idea más brillante—que la historia de las culturas no procede según círculos cerrados sino abiertos. La historia de los Estados Unidos sería incongruente sin los resultados de una democracia multirracial, demográfica, lingüística y psicológica del mundo incorporado. Nadie puede dudar que San Agustín, la ciudad más antigua de la república yanqui, la fundó Menéndez de Avilés en 1565. El idioma español que fue el de la conquista, se habló primeramente en el mayor imperio republicano del planeta. Desde luego, nadie quiere decir que la lengua de Castilla, irresistiblemente viva en el legendario *melting-pot* norteamericano, sea más auténtica o más genuinamente nacional que el inglés.

Desde hace más de un siglo los Estados Unidos forman parte de la circunstancia histórica del resto del Continente, y es inútil ignorarla. A través del Río Grande o Bravo, siguen llegando los mexicanos para sembrar y cosechar a bajo precio las papas o las calabazas. Más de un millón llegaron entre 1910 y 1930, con permisos temporales, pero al fin se quedaron, hasta perderse hoy en el verdadero índice de las estadísticas. Para no languidecer de hambre en la isla, se conjetura que en el área metropolitana de Nueva York viven un millón de puertorriqueños. De la Cuba revolucionaria no han desertado únicamente sus escritores, Cabrera Infante, Severo Sarduy o Heberto Padilla. Una muchedumbre de ochocientos mil cubanos supone el 43 por 100 de la población de Miami. El más asombroso fenómeno demográfico se ha desplegado en el interior de una nación, de hombres dispuestos a luchar o emigrar, como muchas veces ocurre, cuando su propia patria no les ofrece las garantías del trabajo libre y el derecho de vivir sin temor. La comunidad hispánica en los Estados Unidos cuenta con 20 millones de protagonistas. Algunos han viajado de una punta a otra del país sin perder el instinto de conservación social y lingüística. Los norteamericanos no ven en esto ningún peligro concreto. No menos innegable resulta que en los estados de Nueva York, California y La Florida, las autoridades hayan enfrentado con urgencia el problema de la educación por el medio complicado y expeditivo del bilingüísmo.

Estados Unidos es la quinta nación con población de habla hispana, después de México, la Argentina, Colombia y el Perú. La lengua española se habla en las universidades, en los hospitales y las iglesias. Es la lengua más difundida entre los jóvenes, y la que todo el mundo goza en pronunciar, con alguna alegría. Los escritores, los intelectuales y los artistas del mundo hispánico gozan de las más nobles simpatías. El resultado ha sido la formación de una élite, cada vez más culta y vigorosa. El hombre y la mujer de tipo medio hispánicos se hallan, sin duda alguna, más instruídos, más refinados que los *wet-backs* o espaldas mojadas del río. La literatura *de acá de este lado,* llaman los chicanos a los temas nuevos, curiosos y poéticos, que tienen el brillo inusitado de las dos Américas. Este rasgo fue apenas notorio en el siglo pasado. En 1826 se publicó en Filadelfia la novela histórica *Jicontecatl,* de autor anónimo. Mucho más vigoroso resultó el ciclo romancesco en torno al bandido vengador Joaquín Murieta, habiendo concurrido el español y el inglés para contarlo. José Martí, Eugenio María de Hostos y José Vasconcelos, están entre los nombres ilustres que han escrito y publicado en los Estados Unidos. Los jóvenes chicanos, los mejores, no han perdido sus nexos culturales con el resto del continente. Sin embargo, al escribir en español, el escritor chicano es también partícipe de su herencia hispánica, como lo es de la americana al escribir en inglés. En los últimos años han experimentado montajes idiomáticos, combinando incluso jergas fronterizas, el pachucano o el *spanglish,* cuyos resultados sólo serían comparables al lejano arte mozárabe de la península ibérica. No hay aquí, en realidad, corruptelas de idioma alguno, puesto que se trata de un vehículo expresivo, que de   ningún modo puede alterar el núcleo morfológico de ambas lenguas. Ellos tienen sus poetas, Alurista o Tino Villanueva, un buen novelista como Rodolfo Anaya, autor del best-seller *Bless Me,   Ultima,* y un teórico, Pérez Firmat, catedrático de Duke University. Como los cubanos y los puertorriqueños, tienen que vivir en un mundo de adopción y demanda. La literatura les sirve de autoidentificación y de presencia. Lo prueba también el hecho de que se editen 21 periódicos diarios en lengua española. Desde luego, han tenido que padecer, entre la dignidad y el desprecio, incluso de los mismos mexicanos o boricuas de la isla, la motejación de *pochos* o vendidos a la pedantería yanqui. Esto sólo pertenece a los enconados o resentidos. Lo más importante sería otra cosa. Nadie sabe, en definitiva, si tendremos que aceptar con la melancólica resignación del tiempo, que esta literatura no siga floreciendo para el destino de América y, por supuesto, en el mundo de habla inglesa.

ALURISTA

Poeta y estudioso (con borla doctoral), se le conoce más por el seudónimo, que él mismo exornó, por reducción de su nombre completo, Alberto Baltazar Urista. Aunque nació en la Ciudad de México, Alurista creció en un barrio de San Diego, en California. En su mocedad intentó el claustro religioso, pero renunció por parecerle un ferviente negocio. Sus lecturas fueron variadísimas y eclécticas, tanto como Marcuse, Pablo Neruda o los textos budistas, hasta que al fin encontró el fiel del rumbo. A los veintidós años, habiendo asimilado la poesía prehispánica, los cronistas de Amerindia y la poesía *engagée* chicana, publicó con éxito una serie de poemas bilingües en el periódico *El Grito* (Berkeley, 1969). El hecho no sería tan novedoso si no mediara su fina condición estética, que se traducía en la emoción de vocablos y sintaxis perfectamente engarzados del caló urbano, el *slang* fronterizo y el castellano convencional.

Cuando aparece después su primer volumen de poesía, *Floricanto en Aztlán* (1971), Alurista había rescatado el carácter más bien sentimental de ese lugar mítico, que según Fray Diego de Durán *(Historia de las Indias de Nueva España),* el emperador Moctezuma Ilhuicamina había buscado tesoneramente en lo que hoy es el suroeste de California. Algo más social, y ferviente convencido de su estirpe racial, fue su libro de fantasía mitopéyica, *Nationchild Plumaroja* (1972). Vinieron después las experimentaciones lingüísticas de *Timespace Huracán* (1976), la colección de cuentos *A'nque* (1979), los poemas de *Return* (1980) y de *Spik in Glyph?* (1981).

Alurista, hasta ahora por lo poco que sabemos, escribe un diario poético que ha titulado *Maize.* Su vida no abunda en noticias curiosas, salvo que ejerce la cátedra en la Universidad de Denver, Colorado. Sus poemas aparecen en revistas y en antologías. Tiene un decidido carácter mesiánico. Ha dado más de ciento cincuenta conferencias en muchas universidades de la Unión y otros países. Entre la niebla de su pasado fabuloso (el de sus ancestros), escribe sobre el tema áspero y difícil de las razas en América, pero también, lisa y llanamente, sobre el amor y la leyenda.

LEVANTATE Y RIE

in the mud
    butterflies found birth
flying to the sun
    from the stillness of time calaveras
the eyes of all wrinkles
    come on to nopales
shedding their flesh in tears
    to the sun while on earth
las flores escuchan
    el canto del hombre
que penetra el silencio
como un niño que llora
    y que todo a la boca se mete
la nación se atraganta de miedos
y llora frustrada pues sus piernas
    le tiran al suelo
    y sus marchas no escucha ni el
    cielo, ni el sol
mas su llanto penetra la tierra
y la madre le escucha
    "aztlán, aztlán
levántate hija, camina, hijo
yergue tu espina y busca tu sol
    yo te doy maíz
no comas el veneno de yankee
    mastica, mastica
    tu maíz
hazme el amor, digiere mi leche
    escucha el
    latir
de mi pecho, escucha
    descalzo
que tu carne es mi carne
    eres tierra
      hija, aztlán
    eres tierra
que tu sangre es la sangre del sol
    eres sol
      levántate y ríe
    que en tu vida

de espinas
    la tuna se da
levántate y come
    mama mi chichi, olvida el dolor
si tropiezas y caes
    levántate
    mama mi chichi, olvida el dolor
crece, grow
    mama mi chichi, olvida el dolor
vuela, mariposa
    vuela, you have crawled
      enough
    as worm
vuela, mariposa
    vuela, you have slaved
      enough
    in chains
vuela, mariposa
    vuela you have toiled
      enough
    with earth
vuela, mariposa
    vuela, you will meet
the bearded redsun once again

RENE MARQUES

Como Eugenio María de Hostos o Luis Palés Matos, cada uno en su momento, René Marqués es uno de los autores más prominentes de la constelación actual de las letras de Puerto Rico. Nació en la región norte de la isla, en Arecibo, en 1919. Habiéndose criado en la tradición de un hogar campesino, obtuvo el título de agrónomo en Meyagüez, pero al fin se decidió por la imprevisible vocación literaria.

En 1946, ya casado, atravesó el Atlántico y pasó un año de estudios en la Universidad de Madrid. En 1948 dio a conocer su primer ensayo dramático, una pieza experimental, *El hombre y sus sueños,* publicada por la prestigiosa revista *Asomante.* Mientras trabajaba de redactor en *El Diario de Puerto Rico,* en San Juan, la Fundación Rockefeller le concedió una beca para estudiar arte dramático en Columbia University. Desde entonces, dedicado plenamente a la composición teatral, escribió *El sol y los MacDonal* (1950), *La carreta* (1952), *La muerte no entrará en palacio* (1957), *Un niño azul para esa sombra* (1959), y el ambicioso espectáculo, *Carnaval afuera, carnaval adentro* (1962).

La obra de René Marqués es extensa. Comprende, entre otros títulos, la novela *La víspera del hombre* (1958), sobre el angustiado amor del boricua hacia la tierra nativa; el ensayo *El puertorriqueño dócil* (1962) y los cuentos del volumen *Otro día nuestro* (1955). Su relato "La muerte", casi raya en la alegoría y la obra de tesis, si no fuera que el autor trata con airosa destreza el desenlace o acto instintivo del protagonista como resultado infausto de la irresistible realidad.

René Marqués sabe ver las cosas que tiene por delante, las sabe describir y, además sabe lo que se propone, hasta extraerles el jugo ideológico que contienen. Su pensamiento político no es rudimental. Es independentista, por convicción, puesto que no acepta el ambiente incómodo del complejo colonial a pesar del desarrollo satisfactorio de la isla. Puerto Rico sigue siendo un Estado Libre Asociado. En 1966 se propuso un plebiscito para determinar si debía continuar su *status,* convertirse en un Estado nuevo de la Unión o ser una república independiente. La sujeción o commonwealth obtuvo la mayoría de votos, pero la cuestión sigue debatida en el senado insular, en Washington y las Naciones Unidas.

LA MUERTE

No hay sólo un ser para la muerte, sino una libertad para la muerte.

HEIDEGGER[1]

La mañana era tibia y tranquila, con ese sabor insípido de las mañanas dominicales. Las campanas de Catedral habían llegado a la habitación claramente, a intervalos regulares. Yolanda se levantó a las ocho. Tal como lo había temido hizo todo el ruido posible por despertarle. Pero él no tenía ninguna intención de dar beligerancia al malhumor de Yolanda y   5
obstinóse en fingir que dormía. Al fin ella agarró la mantilla y salió dando un tremendo portazo. Las campanas de Catedral dejaron oír en ese instante la última llamada para Misa de nueve.

Se levantó malhumorado. Le ardía un poco la cabeza, pero por lo demás se sentía bien. Sin embargo, al echar una ojeada en torno suyo,   10
sintió cómo le aplastaba la estrechez asfixiante del apartamiento. Se vistió y lavó con gestos lentos de autómata. Tenía urgencia por salir, pero no lograba coordinar esa urgencia con la pereza de sus movimientos. Al fin su cuerpo pareció obedecer a su voluntad. Se metió en la cocina y preparó una taza de café. La bebió a grandes sorbos. Ni siquiera se dio cuenta de   15
que había olvidado endulzar el brebaje. Su único pensamiento ahora era salir cuanto antes.

En la calle el sol le hirió despiadado. Tuvo que cerrar los ojos por unos instantes para acostumbrar su retina a aquel resplandor doloroso. Permaneció indeciso en la acera. No tenía plan definido para organizar su   20
vida ese Domingo de Ramos.[2] Yolanda regresaría a las doce. Y él no sentía deseo alguno de enfrentarse a ella después del exceso alcohólico de la noche anterior.

Fue a cruzar la calle, pero tuvo que retroceder de un salto. Una motocicleta pasó meteórica rozándole el pantalón. Detrás avanzaba un   25
camión atestado de policías. Luego otro. Y otro. Los neumáticos

---

[1] Martín Heidegger, filósofo alemán nacido en 1889. Uno de los creadores de la doctrina existencialista en su obra capital *Ser y Tiempo.*
[2] *Domingo de Ramos:* el último de la cuaresma, que da principio a la Semana Santa.

rechinaron escandalosamente en el recodo cercano. La concentración inusitada de fuerza armada y la velocidad exagerada de los camiones, eran algo alarmante en la monótona quietud de la vieja ciudad colonial. Pero él no se tomó el trabajo de pensar en ello.

5   Echó a caminar calle abajo. Al principio tuvo la impresión de que su mente estaba en blanco. Era una sensación agradable. Pero casi de sorpresa los pensamientos fueron tomando forma. Siempre la misma forma: vida-muerte, muerte-vida, muerte. Esa mañana se sentía hipersensibilizado, como todas las mañanas después de haber bebido. Y sabía que en estas
10   condiciones los pensamientos serían claros y precisos. Igual que las sensaciones: la certidumbre de la muerte, ¡el terror espantoso de esa certidumbre! luego, algo así como un aniquilamiento espiritual destrozando su cuerpo.

       ¿Cuándo había empezado aquello? No lo recordaba exactamente.
15   Quizás fue un día en la plaza, contemplando el mar, el ritmo eterno de las aguas; su inevitabilidad, su destino inalterado por milenios. O quizás otro día que vio las ruinas de la casa donde había nacido. Trató de reconstruir los años lejanos, la fisonomía de la casona con su balcón de maderas caladas. Pero era imposible. "Esto" no podía ser "aquello". O cuando visitó
20   el fuerte español y sus manos acariciaron las piedras centenarias, y pensó en las generaciones muertas que también habían rozado aquellas piedras. No sabía cuándo. Pero en uno de esos instantes había tenido una clara conciencia del tiempo en relación a lo que cambia por medio de la muerte. Y había percibido su mortalidad agudamente, dolorosamente. Y la muerte
25   empezó a rondar su vida, a torturar su mente, a pesar sobre su conciencia.

       Como necesidad imperiosa vino a él la urgencia de no pensar. Quizás hubiera sido preferible provocar los reproches de Yolanda para retenerla a su lado. Yolanda nunca le permitía pensar.

       De pronto sorprendió su mirada errante deteniéndose en un par de
30   piernas femeninas. Un par de piernas erguidas frente a un escaparate. No pudo precisar si las piernas estaban desnudas o semiveladas por medias de cristal. Pero sí observó que las zapatillas rojas y escotadas parecían demasiado pequeñas para los pies gordezuelos. El tobillo, sin embargo, era fino, abriéndose en curva grácil hasta la pantorrilla redonda y llena. La
35   falda de seda negra detenía la mirada más abajo de la rodilla. Pensó otra vez en Yolanda.

       Las piernas de Yolanda eran de una suave esbeltez que a él le seducía. En una ocasión le había dicho que eran dos hermosos tallos para los lirios de sus muslos. Ella se había indignado, pero acabó riendo a carcajadas.
40   ¡Si tan sólo Yolanda no se empeñara en actuar como esposa! Su vida en común tenía en ocasiones cierto sabor a matrimonio que él detestaba. Sobre todo cuando Yolanda se decidía a hacer de él un hombre útil. Ahora la cosa le sonaba risible. Pero la decisión de ella tenía el poder de agriar su existencia por varias semanas.

Yolanda odiaba sus excesos alcohólicos. El despertar del domingo era regularmente una sesión de moral y ética. Sus escapadas sabatinas le sacaban de quicio. Era entonces cuando él se preguntaba si su unión con Yolanda no era en realidad la de un convencional matrimonio.

Pero Yolanda poseía una rara habilidad para despertar en él el placer. 5 Y él agradecía el placer que llegaba a sus sentidos fácilmente, sin innecesarias complicaciones, sin que fuese preciso poner en juego los ardides de la tradicional caza de la hembra. Habría preferido arder en su propio fuego antes que violentar su indolencia. Porque la actividad le aterraba. Todo acto preconcebido significaba un *paso más hacia la* 10 *muerte.*

Notó de pronto unos pies masculinos detrás de las zapatillas rojas. Unos pies enormes calzados de negro. Observó manchas de barro fresco sobre el brillo del charol. Luego, el filo cortante de unos pantalones grises.

Las zapatillas escotadas permanecieron inmóviles, impasibles, ante la 15 presencia negra y amenazante de los zapatos masculinos. Pero las piernas de pantorrillas redondas asumieron suavemente un ángulo más agudo. Su mirada siguió ávida el movimiento de las piernas que fue subiendo hasta la cintura. Las caderas apretadas en su prisión de seda negra habían asumido, en proporción adecuada, la misma curva de las pantorrillas. 20

La escena le produjo un ligero vértigo y tuvo que apoyarse en la pared más próxima. Pero sintió la urgencia de observar la expresión del hombre y la mujer. Alzó la vista. Un grito de terror se estranguló en su garganta. Vio ante sí dos rostros fríos, inexpresivos, petrificados. Rostros sin sangre, sin músculos, sin sexo. Dos carátulas lívidas que miraban sin ver 25 el escaparate. La horrible visión trajo a su ser la conciencia de la muerte. Y echó a correr enloquecido.

En el aturdimiento de su fuga vio el anuncio de un "bar" y sintió la tentación de un trago, pero le aterró el pensamiento de penetrar en un lugar extraño. Pasó de largo y fue a chocar contra un transeúnte. Escuchó 30 a medias las frases de protesta. Tuvo la intención de excusarse, pero la calva del transeúnte le recordó a su jefe. Y ya no le fue posible pronunciar palabra. En su mente la calva familiar, amarillenta, tersa, reluciente, fue adquiriendo proporciones monstruosas.

Olvidó que huía de los dos rostros lívidos. La indignación ahogó de 35 súbito la visión macabra. Y sintió su cuerpo invadido por el odio como una oleada caliente que le subía desde los pies.

El odio hacia el jefe era uno de los sentimientos que con mayor esmero cultivaba. Casi sentía cariño por aquel odio suyo. Yolanda aseguraba que el jefe era un ser extraordinario, el modelo inevitable 40 cuando ella quería dar un ejemplo del hombre útil. ¡Cómo odiaba él aquella habilidad para ser útil!

Se vio de pronto en la oficina larga y estrecha, en el entresuelo de la tienda. A la derecha de su escritorio, las persianas grises de polvo que se abrían sobre la calle. A la izquierda, una baranda baja que dominaba el piso principal de la tienda. Porque la oficina del entresuelo no era otra cosa que una torre de espionaje desde la cual las deficiencias de los empleados y las raterías de los clientes podían ser fácilmente descubiertas. Aunque él a veces pensaba que la baranda del entresuelo era el borde de un precipicio y la planta baja de la tienda una sima negra, insondable, espantosa.

El sonido seco e insistente de la caja registradora llegaba claramente a sus oídos torturándole. Era quizás una de las causas de su intensa aversión por aquel trabajo rutinario. Además de su profundo desprecio por los clientes. El hijo del jefe tampoco le simpatizaba. Aquella sonrisa perenne, femenil e insinuante, que tanto complacía a las parroquianas, le alteraba los nervios.

Cuando se descubría a sí mismo sentado en la oficina le parecía haber sido arrojado allí como un reto a sus capacidades de criatura humana. Experimentaba por ello la urgencia de incorporarse a aquel mundo extraño. Pero surgía entonces el terror de actuar. En cierto modo era un consuelo pensar que el jefe sabía siempre lo que él debía hacer. Quizás por esa precisa razón le odiaba tanto. Y quizás también porque el jefe no tenía conciencia de la muerte.

La seguridad del jefe hacía resaltar su propia incapacidad para hacerse una vida. Y llegaba a él la angustia de su impotencia, la incertidumbre de su destino, el desconocimiento total de su relación con el mundo que le rodeaba. Y el miedo se le agarraba al corazón. Miedo de que sobre él pesara la responsabilidad de una vida que no lograba descifrar. Cada momento era una encrucijada detrás de la cual estaba la urgencia implacable de actuar. Y la muerte después. La muerte siempre. Lo fatal. Lo inevitable.

Yolanda se refugiaba en una religión. Era un consuelo. Pero a él le estaba vedado ese refugio. No existe consuelo para el hombre que cree haber descubierto que no tiene alma. Soledad. Y siempre una fuerza absurda empujándole a actuar, a vivir. Le aplastaba ese sentirse empujado sin fin, sin propósito alguno.

El chirriar de neumáticos en el pavimento apenas si le sacó de su abstracción. Otro camión con gente armada. Sin escuchar los insultos del conductor cruzó la calle y se metió en un pasadizo estrecho y oscuro. La humedad del callejón le provocó un escalofrío. Se dio cuenta entonces que estaba empapado en sudor, y sólo pensó en salir cuanto antes a un espacio soleado. Atravesó el pasadizo rápidamente y fue a desembocar en una callejuela de edificios chatos.

Le sorprendió la afluencia de personas a aquella callejuela sin importancia. Varios grupos obstruían el paso. En medio de la calle había congregado un puñado de adolescentes de ambos sexos. Los varones vestían pantalón blanco y camisa negra. Las chicas llevaban uniforme blanco. Parecían aprendices de enfermera. Era una juventud pálida y

taciturna. Pensó que se trataba de una procesión religiosa. Pero el ambiente
en nada recordaba la aparatosidad católica. De pronto comprendió al ver la bandera isleña. Eran los revolucionarios. Iban a desfilar por la ciudad. Sintióse cansado y buscó el
apoyo de un poste de alumbrado eléctrico para observar cómodamente.   5
¿Qué querían aquellos locos? Aparentemente nada. Se organizaban
para el desfile. Iban desarmados y ni siquiera se animaban unos a otros con
gritos estentóreos como es de rigor en una manifestación política.
La palabra "política" quedó unos instantes en su cerebro como un
cometa perdido. ¡Qué detestable sonaba en sus oídos la palabra! Nunca la   10
había comprendido del todo, pero las pocas veces que venía a su mente la
relacionaba con vociferaciones ininteligibles. Siempre las mismas
gesticulaciones, siempre voces distintas vociferando las mismas patrañas,
siempre el mismo desfile de trapos colorinescos enarbolados por idénticas
manos fanáticas. Y ahora éstos que por variar querían hacer la revolución.   15
Sintió unos enormes deseos de reír observando los cuerpos enclenques y
prematuramente derrotados de aquella juventud revolucionaria.
Pero el silencio de la calle le intrigaba. Y le pareció descubrir algo en
los ojos de los adolescentes que desvaneció su risa. Había en ellos
decisión, voluntad, seguridad absoluta en sí mismos. ¿Qué significaba   20
aquello? ¿una simple demostración superficial? ¿O era indicio de que
alguien había descubierto un modo de dar razón a la existencia? ¿De dar
razón a la existencia a pesar de la muerte?
Sintió frío. Pero esta vez el sol le daba de lleno en la cara. Decidir. ¡Si
tan sólo él pudiera hacerlo! Sin embargo tropezó una vez más con el   25
pensamiento de la muerte. Y le invadió la angustia.
Hasta entonces se había considerado solo en su angustia, y aunque
ello era doloroso le consolaba pensar que los otros no tenían conciencia
del ser en la vida. Por eso vivían como autómatas, sin sentir el miedo
metafísico que le atormentaba a él. Pero ahora, de súbito, como un   30
deslumbramiento, llegó a dudar. Podía ser posible entonces que otros
sintieran como él y hubieran llegado a resolver el conflicto. Decidir. ¡Si tan
sólo él pudiera hacerlo! ¡Si tan sólo la muerte no constituyera un
obstáculo! La duda engendraba una esperanza. Y sintióse asombrado.
Pero con un asombro nuevo. Ese asombro exaltado y feliz que precede a   35
toda revelación.
Observó que un movimiento ondulatorio recorría a la multitud de
espectadores apiñada en las aceras. De momento no pudo explicarse la
causa. Pero, luego, descubrió en ambos extremos de la calle dos grupos
extraños. Eran policías. Vio en sus manos unas terribles armas modernas.   40
Pensó en los adolescentes. Volvió la mirada al centro de la calle y le
sorprendió comprobar que seguían organizándose ignorando fríamente la
presencia de aquella fuerza amenazadora. ¿Sabrían ellos que aquella era la

encrucijada, la terrible e implacable encrucijada a la cual él se enfrentaba diariamente? Los dos grupos de policías desparramáronse en ambos extremos de la calle. Un pesado silencio ahogó a los espectadores. Los preparativos de las armas modernas sonaron como una serie de latigazos en el silencio de la calle. Y él pensó en la vida. La vida que era sólo preludio de la muerte. ¡Pero esta inmediatez, esta inminencia de la muerte. . . ! ¿Qué pensarían los adolescentes? ¿Les preocuparía quizás la salvación del alma? ¿Creerían como él que no poseían alma?

Le pareció absurda la indiferencia mutua entre los adolescentes revolucionarios y los agentes de uniforme azul. Diríase que la presencia de los unos no estaba en modo alguno relacionada con la presencia de los otros. Y preguntóse si no era ridículo relacionar las bocas negras de las armas modernas con las carnes pálidas y anémicas de los adolescentes. Era obvio que unos iban a matar y otros a morir, pero los dos actos parecían ajenos entre sí.

Vio de pronto tremolar la bandera de la independencia en manos de un jovenzuelo de rostro escuálido a tiempo que llegaron a él los acordes estridentes del himno revolucionario. Los adolescentes organizados en doble fila, no sumaban más de sesenta. Pálidos y decididos iban a iniciar el desfile.

Fue en ese preciso instante que la revelación llegó a él de un modo fulminante. Salvar el alma era una frase sin sentido, lo esencial era salvar la existencia. El miedo original de la muerte estaba siempre ahí. Siempre estaría ahí. No se podía evitar la muerte. Pero sí podía aceptarse. Más aún, era preciso aceptar su constitutiva posibilidad. Porque aceptándola se eliminaba la resistencia y era posible entonces alcanzar la libertad. Libertad para actuar, para dar un sentido a la existencia. ¡Existir! ¡Existir plenamente! Sintióse tan aturdido que quiso gritar su liberación. Y no pudo menos que experimentar un vago sentimiento de gratitud por los revolucionarios anémicos.

Se dio cuenta entonces que los adolescentes habían iniciado el desfile. Marchaban militarmente al compás del himno. Parecían niños jugando a los soldados. Pero él sabía ya que en sus miradas solemnes llevaban un peso de siglos. Los policías en cambio nada descubrían en los adolescentes. Los veían acercarse fríos e indiferentes.

Sólo unos pasos separaban a los revolucionarios de los agentes de uniforme azul. De pronto, las bocas de acero vomitaron su carga. Y las balas fueron un lazo común entre los dos grupos.

El vio cómo los cuerpos empezaron a troncharse suavemente. Y vio también cómo los espectadores, despertando a la realidad, iniciaban una loca desbandada. Observó entonces que las máquinas negras del otro extremo de la calle se unían al coro fatídico. Estaban cogidos entre dos fuegos.[3] La orgía de muerte parecía prolongarse por siglos. Y en medio de la confusión le asombraba haber conservado su lucidez. Percibía todos los 5 detalles. Sus sentidos eran antenas monstruosas captando todas las ondas. Le pareció absurdo, pero estaba seguro que su oído echaba de menos algo entre los mil ruidos de aquel infierno. Y comprendió al fin que era la música de la banda ya silenciada. Sólo el chico de los platillos, con las piernas destrozadas por la metralla, incorporado a medias sobre el pavimento, 10 continuaba penosamente golpeando los discos. Y el sonido rítmico de aquel metal como acompañamiento trágico de las armas de fuego producía un efecto enloquecedor. Una bala caritativa hizo callar los platillos. Un poco más allá vio a un adolescente herido luchando desesperadamente por mantener en alto el pabellón revolucionario. 15

Pensó que la revelación había llegado a él casi simultánea con la muerte de los revolucionarios. La multitud le había empujado contra la pared de un edificio y esto le protegía de las balas. Pero se sentía libre. Libre para escoger su propio destino. Veía la lucha del adolescente agónico para sostener en alto el pabellón revolucionario. Y por vez primera 20 en su vida sintióse seguro de sí mismo. Rechazó a la multitud que le aplastaba. Desesperadamente logró abrir una brecha en el muro humano. Pasó por encima de los caídos. La sangre de algunos espectadores heridos salpicó sus ropas.

Jadeante, enardecido, llegó al centro de la calle. De un salto estuvo al 25 lado del revolucionario agónico. El acto de agarrar el pabellón dióle una jamás sentida sensación de elevación mística. El adolescente dejó caer la cabeza y en sus ojos petrificóse una mirada de gratitud.

La bandera flotaba hecha jirones. La estrella había sido desgarrada por las balas. Las franjas rojas salpicaban el aire con su sangre de hilachas. 30 Yolanda, el jefe, el hijo del jefe, la oficina, no pertenecían ya a su mundo. Quiso gritar cosas terribles. Pero toda su existencia se concentraba en el acto de ondear triunfante el pabellón revolucionario desafiando las balas homicidas. Se dio cuenta, sin embargo, que la bandera, la patria, la revolución, tampoco tenían para él significado alguno. Lo que importaba 35 era la acción. Era el acto de actuar lo que le salvaba. Toda su vida inútil habría encontrado de súbito un sentido que se expresaba en ese movimiento rítmico del pabellón por encima de su cabeza.

Sintió de pronto que un cinturón de fuego le apretaba el vientre. No era demasiado doloroso, pero su cuerpo doblóse como si un resorte se 40

---

[3] El desenlace del cuento está basado en un hecho histórico, conocido por la masacre de Ponce, ocurrido el Domingo de Ramos de 1937. Sobre la misma eventualidad René Marqués escribió el drama *Palm Sunday*, que se estrenó en el Teatro Municipal Tapia de San Juan en 1956.

hubiera roto dentro de él. Cayó de rodillas preocupado porque el pabellón se mantuviese en lo alto. Una ráfaga candente le abrasó el pecho. El pabellón cayó bruscamente y su cabeza fue a descender sobre el trapo colorinesco. Una dulzura espesa empezó a invadirle desde los pies. La sensación avanzó rápidamente cuerpo arriba. Antes de que llegase a su garganta pudo pensar: "¿Será esto la muerte?" Pero no tuvo tiempo de cerciorarse.

TINO VILLANUEVA

Tino Villanueva nació en la población de San Marcos, Estado de Texas, en 1941. Desciende, como muchos de sus *carnales* congéneres de movimiento, de labradores mexicanos que se afincaron en el sur de los Estados Unidos. Hijo único, fue protegido por su padre, que lo instó a educarse. No obstante era todavía un niño cuando hizo de peón en los labrantíos, y conoció la dolorosa vida de la gente migratoria. sin patria y un porvenir incierto.

En San Marcos terminó sus estudios secundarios. Se trasladó a San Antonio. Con su familia padeció la pobreza. Fue sucesivamente lavaplatos, gasolinero y pintor de muebles. Entre 1964 y 1966 sirvió en el ejército y fue destinado a la Zona del Canal de Panamá. Estudió la licenciatura en Buffalo y el doctorado en Boston. En 1969 estuvo en España.

Tino Villanueva, poeta, crítico y académico, como resultado de una vida conquistada, es una especie de tipo ejemplar en una sociedad altamente industrial y competitiva. Descontados varios artículos de carácter social o literario—en *San Antonio News* o en *El Grito,* su obra no es abundante. Su primer volumen de poemas, *Hay otra voz* (1972), es un libro escrito con tristeza e ironía sobre los recuerdos de la vida migratoria y la desesperada lucha del chicano por su identidad cultural. Su voz que busca alternativas, es la voz contra el silencio, contra la muerte que usurpa el espacio de la vida. Como en tantos poetas chicanos, el inglés y el español se armonizan, sin perder generalmente nada de su estro y eficacia. *Shaking Off the Dark* (1984), es también un libro de la realidad cotidiana y que responde precisamente al *binary phenomenon,* según el crítico Philip Ortego.

En 1980 Villanueva compiló una selección de estudios críticos *(Chicanos: antología histórica y literaria).* Como filólogo él mismo, cree que el movimiento no se consume en la acción política y que se trata, mucho más fervientemente, de un salto cualitativo hacia la cultura. Su poesía está llena de ansias de futuro, sin resentimientos. Cree, sobre todo, en la tarea y la dignidad.

QUE HAY OTRA VOZ

> *"God prepares those who have to suffer*
> *and take punishment. Otherwise, how*
> *could we exist?"* [1] César Chávez, *Time,*
> July 4, 1969

. . . que hay otra voz que quiere hablar;
que hay un perfil de tez bronceada
                    que de rodillas
arrastrándose camina por los
cotton-fields de *El Campo y Luhbock, Texas.*
—¿A dónde voy?—, pregunta.
¿A los *cucumber patches* de *Joliet,*
a las *vineyards* de *San Fernando Valley,*
a los *beet fields* de *Colorado?*

Horarios inalterables:
la madrugada mecánicamente despierta el
reloj de timbre (¿de qué tamaño es el tiempo?)
Viene el desayuno: huevos rancheros,
                    tortillas de harina,
                    un cafecito.

¡Y éntrale otra vez con la frescura!
Entrale a los surcos agridulces más largos
que la vida misma:

plums	*beans*
grapes	*cotton*
betabel	pepinos
pruning	*leafing*
potatoes	*apricots*
chopping	*plucking*
soybeans	cebollas

no importa.

[1]"Dios dispone quienes tienen que sufrir y cumplir el castigo. De otra manera, ¿cómo podemos existir?" César Chávez, fallecido en abril de 1993, organizó y dirigió durante tres décadas el sindicato de labradores de origen mexicano en los Estados Unidos, llamado United Farm Workers, cuyo principal cometido ha sido el mejoramiento de las condiciones de trabajo, de vivienda y de pago.

Hay que comer, hacer pagos, sacar la ropa
del *Lay-Away;* *'55 Chevy engine tune-up;*
los niños en *seventh-grade* piden lápices
con futuro. Hay otra voz que quiere hablar.

Tú,
  cómotellamas, mexicano, latino, *Meskin,*
  skin, Mex-guy, Mex-Am, Latin-American,
  Mexican-American, Chicano,

tú,
  de las manos diestras, y la espalda
  empapada desde que cruzó tu abuelo el Río,

tú,
  de los *blue jeans* nuevos
  pareces
  retoñar cada año como fuerza elemental,
  temporal—arraigado entre el ser y el estar
  de un itinerario. Eres ganapán, estás aquí de paso.

Es el golpe helado del *Panhandle* que
penetra ahora
          tu injuriada sangre.
En tus sienes te pesa haber nacido; pesas
tu saco de algodón—cien libras
que en los sábados se convierten en pesos
miserables.

Pero en los sábados de noche
te endomingas con corbata, y con la
luna en la frente cadenciosamente zapateas
polkas del *Top-Ten:*
    —¡Aviéntate otra Isidoro López!
    —¡Que toquen *rock n'roll* Alfonso Ramos
porque mañana es otro día y no lo es.

En la ida y vuelta de tus pensamientos
anticipas
Central Texas.
Los escolares regresan a las estereotipadas
aulas: desde atrás contestan que no saben la
respuesta. Maestros que ni ven, ni oyen,
que hay otra voz que quiere hablar.

Las estaciones siguen en su madura marcha
de generación en generación, de mapa en mapa,
de patrón en patrón, de surco en surco.

Surcos,
viñas,
de donde ha brotado el grito audaz:
las huelgas siembra un día nuevo.
El *boycott* es religión,
y la múltiple existencia se confirma en celdas.

INDICACIONES BIBLIOGRAFICAS

Alurista, *Return,* Bilingual Press Ypsilanti, Michigan, 1980.

María Teresa Babín, *Panorama de la cultura puertorriqueña,* Las Americas Publishing, New York, 1958.

Juan Bruce-Novoa, *Chicano Authors: Inquiry by Interiew,* University of Texas Press, Austin, 1980.

Luis Leal, *Historia del cuento hispanoamericano,* Ediciones de Andrea, México, 1971.

Luis Marañón, *Cultura española y América hispana* (Cap. IX. "Lo hispánico en Estados Unidos"), Espasa-Calpe, Madrid, 1984.

René Marqués, *Otro día nuestro,* San Juan de Puerto Rico, 1970.

—, "El puertorriqueño dócil", *Cuadernos Americanos* 1 (enero-febrero,1962).

Philip Ortego, *We are Chicanos. An Anthology of Mexican American Literature,* Washington Square Press, New York, 1973.

Octavio Paz, *El laberinto de la soledad* ("El pachuco y otros extremos"), Fondo de Cultura Económica, México, 1950.

Charles R. Pilditch, *René Marqués. A Study of his Fiction,* Plus Ultra Educational Publishers, New York, 1976.

Alan Riding, *Distant Neighbors, a Portrait of the Mexicans,* Knopf Inc., New York, 1984.

Tino Villanueva, *Hay otra voz* (Poems 1968-1971), Editorial Mensaje, New York, 1972.

—, *Chicanos* (incluye ensayos de varios autores), Fondo de Cultura Económica, México, 1980.

20

CONFLICTOS Y ESPERANZAS

A principios de siglo, todos aquellos sentimientos de simpatía que los Estados Unidos habían creado en el resto del continente, obviamente inspirados por su Constitución, se convirtieron en recelo, inquietud y signos de admonición. La fuerte república había ocupado México. El imperio español había sido despojado del Caribe. El poderío de la nueva nación escandalizaba a Europa y debilitaba su poder de cuatro siglos. La pobreza indígena de los países hispánicos, su economía aldeana, cortesana y eclesiástica, contrastaba con millares de familias sajonas y germánicas que invadían el inmenso macizo del Norte. A cada palmo de tierra ocupada se ordenaban, con leyes que imponían la pequeña propiedad rural, sin importarles el indio o el esclavo, y siempre dispuestos a defender lo suyo y el valor de su trabajo. La colonización inglesa les había legado un sistema competitivo con gran ventaja sobre el paternalismo de las tierras de Colón. Su convivencia procedía de los hábitos puritanos, el trabajo como virtud, y la ley de Lynch que convierte en verdugo a la multitud. Esta ley, suavizándose con el tiempo, sin obsecuencia gentilicia, prevaleció sobre el personalismo audaz o el caudillismo, que ve con frecuencia al hombre que invalida la ley, como un acto de heroísmo en la tierra sometida. Y los resultados están a la vista. Los norteamericanos tienen ya garantizado el desarrollo práctico y tecnológico del siglo XXI, mientras Hispanoamérica no ha resuelto todavía el legado del siglo XIX.

Esta perspectiva no puede tener, desgraciadamente, como la inmovilidad de los ídolos, buenas palpitaciones de futuro. Las repúblicas hispánicas han tenido que padecer confusiones y extravíos, porque no acertaron a dirigir debidamente sus energías ni eliminar la burocracia ineficiente. Muchos de estos errores son mentales. Se respetó el pensamiento de Bolívar, de Sarmiento o de Martí, pero siempre en términos de teoría. Después de la Independencia, no se han producido modificaciones que afecten, como proyecto definitivo, el régimen de propiedad de la tierra, el estamento armado, el sostén arbitrario de la Iglesia, los recursos disponibles o el sindicalismo que burla el trabajo. En el caso opuesto, una revolución de tipo marxista sin apoyo mayoritario y popular, no puede más que causar el desequilibrio emotivo e ideológico, hasta dar en el terrorismo o el maoísmo, sin ventajas para el hemisferio que no avanza en esa dirección.

Y no es que la América hispánica no esté preparada para aceptar, o más bien para utilizar la débil dosis de democracia y libertad honrada a la que aspira. Pero tendrá que hacerlo si decide ocupar un digno lugar entre los centros creativos del planeta. Es aquí donde cualquier odio político, racial o geográfico carece de sentido. Porque no obstante las profundas diferencias que separan a los vecinos del norte y del sur, entre ambos extremos existe una comunidad de vida y de intereses. Los problemas de los pueblos americanos no son exactamente los de Europa, Asia o Africa. América tiene la conciencia de ser gente nueva, desprendida de las circunstancias europeas. Los países hispánicos viven todavía preocupados por su destino neomúndico, insatisfechos de no haber totalizado una patria madura, civilizada, sin fanatismo ideológico. Ninguna cultura es obra del azar. El pasado cuenta como algo que no puede ser ya empeorable. Su abundante literatura o su arte colonial, mucho antes que existieran los Estados Unidos o Canadá, tuvo una validez que no cabe ahora asignar únicamente al éxito universal de Borges, Neruda o García Márquez. También su amargura o su protesta no debe mirarse como un signo de debilidad. Toda la destreza de su ficción o la belleza de su poesía, resulta un modo de buscar una postura firme en el mundo actual, sin abandonar sus temas caudalosos o su propia manera de ser.

Este sentimiento, ciertamente, no es político o retórico, puesto que se trata de un compromiso sin dictámenes, algo que se lleva adentro, con un cúmulo de esperanzas, no siempre logradas, pero tampoco enteramente fallidas. Ya lo dijo, muy de vuelta a lo que antes había escrito, el poeta Rubén Darío al componer en Río de Janeiro su *Salutación al Aguila* (en ocasión de la Conferencia Panamericana de 1906). Proponía allí el poeta "la sombra continental de alas abiertas", cuya forma díptica se confundía con el signo astral de la Cruz del Sur, entrevista por Dante, junto al cóndor, ave símbolo de la cultura aborigen de América. El gran poeta consideraba así el pasado y el porvenir. Para algunos, Darío había cometido la imprudencia de asumir un destino nunca compartido. Queda todavía por saber si sus vaticinios poéticos serán reales y objetivos. Casi un siglo después, hemos entrado en un nuevo ámbito de tensiones hemisféricas, y las ilusiones ya no sirven. No queda más que distinguir la verdad. La misión del escritor, como expresa Vargas Llosa, es impedir el marasmo mental, y sólo si se cumple esta condición, la literatura será útil a la sociedad. Hoy se escribecon fervor, con claridad y sin reservas. Carlos Alberto Montaner, es quizá el que más ha herido con su querella valiente nuestro vanidoso patriotismo. Dice su palabra sin demagogia. Y el monstruo Calibán, urgido de pecunia, contra todo lo impensado, se ha vuelto Ariel en el mundo pragmático y lucrativo de los yanquis.

RUBEN DARIO

La glosa biográfica del poeta nicaragüense fue presentada en el Capítulo VII de este libro, titulado *Defensa de la hispanidad.* Dos años después del potente *Cantos de vida y esperanza,* Darío publicó *El canto errante* (1907), precedido por el mensaje "A los nuevos poetas de las españas", expresión genérica de abolengo y tradición que procede de don Iñigo López de Mendoza, marqués de Santillana. Diríase que en este volumen entusiasta de Darío, incluido el poema "Salutación al Aguila", el poeta consagraba con nueva prédica el futuro de la América entera.

SALUTACION AL AGUILA

Bien vengas, mágica Aguila de alas enormes y fuertes,
a extender sobre el Sur tu gran sombra continental,
a traer en tus garras, anilladas de rojos brillantes,
una palma de gloria, del color de la inmensa esperanza,
y en tu pico la oliva de una vasta y fecunda paz.

Bien vengas, oh mágica Aguila, que amara tanto Walt Whitman,[1]
quien te hubiera cantado en esta olímpica gira,
Aguila que has llevado tu noble y magnífico símbolo
desde el trono de Júpiter hasta el gran continente del Norte.

Ciertamente has estado en las rudas conquistas del orbe.
Ciertamente, has tenido que llevar los antiguos rayos.
Si tus alas abiertas la visión de la paz perpetúan,
en tu pico y tus uñas está la necesaria guerra.

---

[1]Darío también menciona al poeta norteamericano en la oda "A Roosevelt" con los versos que comienzan: " ¡Es con voz de la Biblia, o verso de Walt Whitman, / que habría que llega hasta ti, Cazador!" (*supra* Cap. VII).

¡Precisión de la fuerza! ¡Majestad adquirida del trueno!
Necesidad de abrirle el gran vientre fecundo a la tierra
para que en ella brote la concreción de oro de la espiga,
y tenga el hombre el pan con que mueve su sangre.

No es humana la paz con que sueñan ilusos profetas,
la actividad eterna hace precisa la lucha,
y desde tu etérea altura tú contemplas, divina Aguila,
la agitación combativa de nuestro globo vibrante.

Es incidencia la historia. Nuestro destino supremo
está más allá del rumbo que marcan fugaces las épocas.
Y Palenque[2] y la Atlántida no son más que momentos soberbios
con que puntúa Dios los versos de su augusto Poema.

Muy bien llegada seas a la tierra pujante y ubérrima,
sobre la cual la Cruz del Sur está, que miró Dante[3]
cuando, siendo Mesías, impulsó en su intuición sus bajeles,
que antes que los del Sumo Cristóbal supieron nuestro cielo.

¡*E pluribus unum!*[4] ¡Gloria, victoria, trabajo!
Tráenos los secretos de las labores del Norte,
y que los hijos nuestros dejen de ser los retores[5] latinos,
y aprendan de los yanquis la constancia, el vigor, el carácter.

¡Dinos, Aguila ilustre, la manera de hacer multitudes
que hagan Romas y Grecias con el jugo del mundo presente,
y que, potentes y sobrias, extiendan su luz y su imperio
y que, teniendo el Aguila y el Bisonte y el Hierro y el Oro
tengan un áureo día para darle las gracias a Dios!

---

[2] Antigua ciudad maya en el actual estado mexicano de Chiapas.

[3] Dante Alighieri (1265-1321). En el esquema geográfico del poeta italiano se refiere el hemisferio antípoda o antártico con el signo estelar de la Cruz del Sur: "I' mi volsi a man destra, e puosi mente/ all'atro polo, e vidi quattro stelle/ non viste mai fuor ch'alla prima gente' *(Purgatorio,* I, 22-24).

[4] *E pluribus unum* (uno vale entre varios), lema adoptado para el sello-emblema de los Estados Unidos, el 20 de junio de 1782.

[5] *retor:* maestro de retórica u orador que exagera el estilo o la forma del discurso y descuida el contenido de las ideas.

Aguila, existe el Cóndor. Es tu hermano en las grandes alturas.
Los Andes le conocen y saben, que cual tú, mira al Sol,
May this grand Union have no end!, dice el poeta.[6]
Puedan ambos juntarse, en plenitud, concordia y esfuerzo.

Aguila, que conoces desde Jove[7] hasta Zarathustra[8]
y que tienes en los Estados Unidos tu asiento,
que sea tu venida fecunda para estas naciones
que el pabellón admiran constelado de bandas y estrellas.

¡Aguila que estuviste en las horas sublimes de Pathmos,[9]
Aguila prodigiosa, que te nutres de luz y de azul,
como una Cruz viviente, vuela sobre estas naciones,
y comunica al globo la victoria feliz del futuro!

Por algo eres la antigua mensajera jupiterina,
por algo has presenciado cataclismos y luchas de razas,
por algo estás presente en los sueños del Apocalipsis,
por algo eres el ave que han buscado los fuertes imperios.

¡Salud, Aguila, extensa virtud a tus inmensos revuelos,
reina de los azures, ¡salud!, ¡gloria! ¡victoria y encanto!
¡Que la Latina América reciba tu mágica influencia
y que renazca nuevo Olimpo, lleno de dioses y de héroes!

¡Adelante, siempre adelante! *¡Excelsior!* ¡Vida! ¡Lumbre
¡Que se cumpla lo prometido en los destinos terrenos,
y que vuestra obra inmensa las aprobaciones recoja
del mirar de los astros, y de lo que hay más allá!

---

[6] Se refiere al poeta y diplomático brasileño Antonio Fontoura, amigo de Darío y autor del poema "Al águila americana".
[7] Jove (o Júpiter): padre de los dioses en la mitología griega y romana.
[8] Profeta persa que se cree vivió por el año 1000 A. C. Darío alude al águila que vuela con una serpiente arrollada al cuello, según la visión que describe Nietzsche en su obra *Así hablaba Zarathustra*.
[9] *Pathmos (o* Patmos): isla del Mar Egeo donde San Juan escribió el *Apocalipsis.* Darío fundamenta la visión de que el Continente posea la forma de un águila con las alas extendidas, volando, como el cuarto animal de texto bíblico (*Apocalipsis, 4:7; 8:13*).

MARIO VARGAS LLOSA

Distinguido pronto por la fama, narrador y ensayista en grado sumo, Vargas Llosa nació en la ciudad peruana de Arequipa en 1936. Cuando sus padres se divorciaron, su madre se mudó con el recién nacido a Cochabamba, donde se crió en la casa de sus abuelos. En 1945 su madre volvió con él al Perú, primero al pueblo de Piura, y luego, habiéndose reconciliado con su padre, a Lima. En 1950 lo enviaron interno al Colegio Militar Leoncio Prado, sobre cuyo ambiente escribiría su primera gran novela, *La ciudad y los perros* (1962). El implacable y turbio relato produjo tal revuelo que su autor fue acusado de comunista y enemigo del Perú. En una ceremonia pública se quemaron mil ejemplares de la obra en el patio del colegio militar.

Vargas Llosa se educó en la Universidad de San Marcos, y luego en la de Madrid con una tesis doctoral sobre Rubén Darío. En 1950 publicó un libro de cuentos, *Los jefes* (mediocre según el crítico Luis Alberto Sánchez), y del cual el autor parece también arrepentido. Hasta 1965 Vargas Llosa vivió en París, ganándose la vida como pudo, como profesor en la escuela Berlitz y en la Radiotelevisión francesa. Residió después en Londres y en Barcelona.

Cronista profundo, basándose en sus recuerdos, breves pero intensos que vivió en la caliginosa provincia de Piura (cuando tenía nueve años), Vargas Llosa escribió *La casa verde* (1967). La novela, que gira en torno a las tristezas de un burdel, hostiga al lector con vicios y episodios de un realismo sucio en plena selva. Esa novela ganó en Caracas el premio Rómulo Galleos. Gravemente, en esa oportunidad, pronunció el discurso "La literatura es fuego" (1967).

Es cierto, la violencia es el fuego central de su obra, los tormentos de nuestra propia búsqueda y salvación. Quizá por esto, Vargas Llosa aborrece la invención fantástica, la burla y la ironía, que tanto distingue la novelística contemporánea de Julio Cortázar o García Márquez. "El humor es irreal", ha dicho. "La realidad contradice el humor. Nunca en mi vida un autor humorista me ha convencido ni entusiasmado. Y el humorista profesional es un autor que me ha irritado siempre" (en Luis Harss, *Los nuestros,* p. 445). Vargas Llosa ha publicado, entre otras novelas, *Conversación en la Catedral* (1969), *Pantaleón y las visitadoras* (1973), *La guerra del fin del mundo* (1981), *El hablador* (1987); entre sus ensayos, *José María Arguedas y el indio* (1965), y en teatro, *La Chunga* (1986). En tiempos recientes, el intelectual peruano ha logrado aglutinar en la plaza pública de Lima a millares de personas para rebatir la política financiera del presidente Alan García. Es también un estadista en marcha.

LA LITERATURA ES FUEGO

Lentamente se insinúa en nuestros países un clima más hospitalario para la literatura. Los círculos de lectores comienzan a crecer, las burguesías descubren que los libros importan, que los escritores son algo más que locos benignos, que ellos tienen una función que cumplir entre los hombres. Pero entonces, a medida que comience a hacerse justicia al   5 escritor latinoamericano, o más bien, a medida que comience a rectificarse la injusticia que ha pesado sobre él, una amenaza puede surgir, un peligro endiabladamente sutil. Las mismas sociedades que exiliaron y rechazaron al escritor, pueden pensar ahora que conviene asimilarlo, integrarlo, conferirle una especie de estatuto oficial. Es preciso, por eso, recordar a   10 nuestras sociedades lo que les espera. Advertirles que la literatura es fuego, que ella significa inconformismo y rebelión, que la razón de ser del escritor es la protesta, la contradicción y la crítica. Explicarles que no hay término medio: que la sociedad suprime para siempre esa facultad humana que es la creación artística y elimina de una vez por todas a ese perturbador social   15 que es el escritor, o admite la literatura en su seno y en ese caso no tiene más remedio que aceptar un perpetuo torrente de agresiones, de ironías, de sátiras, que irán de lo adjetivo a lo esencial, de lo pasajero a lo permanente, del vértice a la base de la pirámide social. Las cosas son así y no hay escapatoria: el escritor ha sido, es y seguirá siendo un descontento. Nadie   20 que esté satisfecho es capaz de escribir, nadie que esté de acuerdo, reconciliado con la realidad, cometería el ambicioso desatino de inventar realidades verbales. La vocación literaria nace del desacuerdo de un hombre con el mundo, de la intuición de deficiencias, vacíos y escorias a su alrededor. La literatura es una forma de insurrección permanente y ella no   25 admite las camisas de fuerza. Todas las tentativas destinadas a doblegar su naturaleza airada, díscola, fracasarán. La literatura puede morir pero no será nunca conformista.

Sólo si cumple esta condición es útil la literatura a la sociedad. Ella contribuye al perfeccionamiento humano impidiendo el marasmo espiritual, la autosatisfacción, el inmovilismo, la parálisis humana, el reblandecimiento intelectual o moral. Su misión es agitar, inquietar, alarmar, mantener a los

hombres en una constante insatisfacción de sí mismos: su función es
estimular sin tregua la voluntad de cambio y de mejora, aun cuando para
ello deba emplear las armas más hirientes y nocivas. Es preciso que todos
lo comprendan de una vez: mientras más duros y terribles sean los escritos
5   de un autor contra su país, más intensa será la pasión que lo una a él.
Porque en el dominio de la literatura la violencia es una prueba de amor.
La realidad americana, claro está, ofrece al escritor un verdadero festín
de razones para ser un insumiso y vivir descontento. Sociedades donde la
injusticia es ley, paraísos de ignorancia, de explotación, de desigualdades
10 cegadoras, de miseria, de alienación económica, cultural y moral, nuestras
tierras tumultuosas nos suministran materiales suntuosos, ejemplares, para
mostrar en ficciones, de manera directa o indirecta, a través de los hechos,
sueños, testimonios, alegorías, pesadillas o visiones, que la realidad está mal
hecha, que la vida debe cambiar. Pero dentro de diez, veinte o cincuenta
15 años habrá llegado, a todos nuestros países como ahora a Cuba, la hora de
la justicia social y América Latina entera se habrá emancipado del imperio
que la saquea, de las castas que la explotan, de las fuerzas que hoy la
ofenden y reprimen.[1] Yo quiero que esa hora llegue cuanto antes y que
América Latina ingrese de una vez por todas en la dignidad y en la vida
20 moderna, que el socialismo nos libere de nuestro anacronismo y nuestro
horror. Pero cuando las injusticias sociales desaparezcan, de ningún modo
habrá llegado para el escritor la hora del consentimiento, la subordinación
o la complicidad oficial. Su misión seguirá, deberá seguir siendo la misma;
cualquier transigencia en este dominio constituye, de parte del escritor,
25 una traición.
Nuestra vocación ha hecho de nosotros, los escritores, los pro-
fesionales del descontento, los perturbadores conscientes o inconscientes
de la sociedad, los rebeldes con causa, los insurrectos irredentos del mundo,
los insoportables abogados del diablo. No sé si está bien o si está mal, sólo
30 sé que es así. Esta es la condición del escritor y debemos reivindicarla tal
como es. En estos años en que comienza a descubrir, aceptar y auspiciar la
literatura, América Latina debe saber, también, la amenaza que se cierne
sobre ella, el duro precio que tendrá que pagar por la cultura. Nuestras
sociedades deben estar alertadas: rechazado o aceptado, perseguido o
35 premiado, el escritor que merezca este nombre seguirá arrojándoles a los
hombres el espectáculo no siempre grato de sus miserias y tormentas.

[1]Conviene saber, para evitar confusiones, el distanciamiento y las polémicas del
escritor con la izquierda cubana desde 1968. Según Angel Rama, con la publicación
de la novela *La guerra del fin del mundo* (1981), Vargas Llosa volvió a "ser el
escritor militante que era y no creo que, al margen de sus posiciones políticas
circunstanciales, sea muy diferente al que era su encuadre ideológico, salvo que
ahora se fundamenta con mayor rigor más que vivir los problemas ardientemente,
trata de comprenderlos y elucidarlos" (*La crítica de la cultura en América Latina,*
Biblioteca Ayacucho, Caracas, 1985, p.347).

CARLOS ALBERTO MONTANER

Notable publicista y narrador de cruentas categorías psicológicas, Montaner tenía apenas diecinueve años cuando salió de Cuba hacia el exilio. Acusado de delito de subversión, como era menor de edad fue confinado a una cárcel de menor rigor, de la cual logró escapar y asilarse en la embajada de Venezuela. Seis meses después salió al destierro. Montaner nació en la Habana en 1934. Estudió en la Universidad de Miami y luego se dedicó al periodismo en Puerto Rico. A su primera colección de cuentos los tituló *Poker de brujas* (1968). Son relatos trágicos, irónicos, con buena dosis de humor negro. La psicología de los seres anormales le sirvió para labrar la prosa de *Instantáneas al borde del abismo* (1970). El cautiverio infernal, la desintegración de los hombres y sus reacciones, consta en su novela experimental, *Perromundo* (1972). Ha escrito poemas, *Los combatientes* (1969), y ha ensayado la crítica literaria con altura, *Galdós humorista y otros ensayos* (1970).

Pero Montaner se ha propuesto por medio de la polémica y la exégesis, asumir la historia de Cuba, y rescatar la república perdida. Piensa que la dictadura no lava los crímenes, y el dogmatismo y la falta de libertad (intelectual y económica), sólo acarrea el hambre, las torturas y la muerte. Sus libros de ensayo son enteramente políticos. Entre otros, ha publicado: *Informe secreto sobre la revolución cubana* (1976), *Cuba: clave para una conciencia en crisis* (1982), *Fidel Castro y la revolución cubana* (1983).

Montaner escribe con ligereza, con frivolidad, encantadora ciertamente. "El tono debe responder a la personalidad del autor", dice. "Mis artículos son irreverentes y ocasionalmente irónicos porque padezco ambos defectos. No tengo, en cambio, el de la seriedad absoluta. Estar siempre serio puede conducir a la atrofia de la mandíbula inferior. Lo mejor—se me ocurre—es mezclar humor y trascendencia." Levanta digamos, a pesar de todo, el vaso del buen vino. Su formación hispánica le permite enjuiciar a los Estados Unidos desde su perspectiva, pero también ver lo contrario, nuestra carga frustránea, desde la atalaya yanqui. Rápida difusión tuvo su libro *200 años de gringos* (1976), cuya fórmula quedaría resumida en nuestro fracaso de revertir la historia. Montaner no pertenece a ninguna organización política. Escribe regularmente una columna semanal para varias docenas de periódicos de América y de España. Desde 1970 vive en Madrid.

200 AÑOS DE GRINGOS

La imagen de Estados Unidos vigente en España y Latinoamérica corresponde a la del Calibán rodoniano. Una nación espiritualmente bárbara que todo lo concibe como una herramienta para la obtención de bienes materiales. Los yanquis de la caricatura—una vez perversamente deformada la dicotomía Ariel-Calibán que propuso Rodó—quedaron reducidos a toscos bebedores de Coca-Cola; a estúpidos mascadores de goma; o a ignaros a los que sólo le funcionaban las neuronas del comercio.

Esta imagen grotesca, paradójicamente, emanaba del más serio pensamiento filosófico incubado en los Estados Unidos: *el pragmatismo*. El pragmatismo era hijo legítimo del utilitarismo y del positivismo.[1] Más que una especulación filosófica sobre el *ser* resultaba un sistema de valoración que establecía una jerarquía y un orden de prioridades entre las cosas. Las cosas valían por el bien que producían, mientras "el bien" se definía en términos de placer y sólo identificaban éste dentro del ámbito del confort.

Esta perspectiva del hombre y de la vida se redujo al monstruo Calibán para que fuera asimilada por las grandes mayorías. Pero sucedió que Calibán, el monstruo pragmático, empezó a adoptar una conducta extraña. Calibán fundaba orquestas sinfónicas, compañías de ballet, revistas literarias, grupos teatrales. En las universidades que existían en sus predios (unas tres mil) no sólo se estudiaban las disciplinas afines a su filosofía, sino todas las actividades humanas que merecieran la pena. A Ariel le irritaría saber que en Harvard hay más libros sobre Guatemala que en la Universidad de San Carlos. O que Princeton y la Universidad de Nebraska, el año pasado graduaron más expertos en literatura hispanoamericana que la Universidad de La Habana.

Calibán cultivaba el mito de la sociedad del confort, donde la posesión de objetos concedía categoría al ciudadano, al tiempo que, contradictoriamente, esos mismos ciudadanos adquirían conciencia de los valores espirituales. Calibán empezó a ser un poco Ariel.

[1]El término *pragmatismo* está asociado a las ideas del filósofo norteamericano William James. El *utilitarismo* procede de John Stuart Mill y el *Positivismo* de Augusto Comte (cf Rodó, *supra,* notas 1 y 7).

"Nadie se baña dos veces en el mismo río", sentenció Heráclito de
Efeso. La observación del filósofo era—a un tiempo—escueta y elocuente.
La realidad es mutable: siempre en perpetua transformación, cambiante,
proteica. Las cosas más que *son, van siendo.* A los Estados Unidos le
viene a la perfección el *dictum* del griego: nadie vive dos días consecutivos   5
en la misma nación yanqui. Allí, en vez de pasar uno por el mundo, se tiene
la sensación de que es el mundo el que pasa por uno.
       La profunda revolución que acontece en el suelo norteamericano no
tiene paralelo sobre la faz de la tierra. El contorno físico de las ciudades se
modifica vertiginosamente. Se derriban montañas en horas, se fabrican   10
ciudades en días; ni siquiera la composición química del aire es igual a la del
resto del planeta, porque millones de automóviles y fábricas se encargan
de enrarecer la atmósfera. Y hay también polución cultural. Los
laboratorios de experimentación vuelcan diariamente millares de
conclusiones que transforman los conceptos básicos de la ciencia y alteran   15
el ritmo de aprendizaje a una velocidad tremenda.
       Los sabios, en los Estados Unidos, todas las noches se acuestan con el
temor de amanecer ignorantes. Los ignorantes dormimos a pierna suelta y
nos contentamos con asombrarnos de lo que acaece. La ley americana,
simple, un tanto rústica si se quiere, tiene la flexibilidad necesaria para   20
adaptarse a las modificaciones. Anda a trancos la Constitución, pero anda.
(Tal vez el defecto de nuestro Derecho—que es Roma, más España más
Napoleón—sea su perfección formal, su minuciosidad.)
       Hasta aquí la revolución yanqui era mera cosa externa. Pero hay
cambios íntimos mucho más trascendentes. Hace años que el "capitalismo"   25
de la retórica clásica se fue a freír tusas.[2] La relación entre el obrero, los
medios de producción y el trabajo realizado está sometida a una
infatigable dialéctica que a cada minuto transforma el cuadro general de la
economía. Los preceptos éticos—que andaban en los supuestos del
protestantismo anglosajón—se hacen cada vez más borrosos. La moral sin   30
dogmas que preconizaba el justamente olvidado Ingenieros[3] se asoma
nítidamente. Todavía parece improbable que se llegue al extremo opuesto
por Marcuse[4] (una sociedad sin dogmas y sin inhibiciones de ningún tipo)
pero la estampida se produce en esa dirección.

---

[2] *tusa:* mazorca del maíz sin grano. Mandar o irse a "freír tusas, equivale 'a la porra'
o 'al diablo'.
[3] José Ingenieros, psicólogo y sociólogo argentino (1877-1925), autor de *Hacia una
moral sin dogmas.*
[4] Herbert Marcuse, filósofo alemán (1898-1979), conocido por su libro *Eros y la
civilización.*

Hay una diferencia abismal entre la estructura mental de un joven norteamericano y la de su padre. La misma distancia que va de una concepción cristiana de la vida a otra pagana. El cristianismo deja, entre los nuevos paganos, una visión fraternal del prójimo. A pesar de todo, el grito desgarrador del cristianismo —"amaos los unos a los otros"—sigue rebotando en la conciencia de la Humanidad... aunque unas veces suene a reproche enérgico.

El país cambia su repertorio de ademanes y actitudes a cada momento. El secreto, en el fondo, es simple: se cancelaron los dogmas. Es la primera vez que este fenómeno le ocurre a un pueblo. Hasta ahora eran sólo algunos individuos los que lograban sacudirse las bridas del pensamiento dogmático. En los Estados Unidos surge como una experiencia colectiva de la joven generación.

Todo esto debe poner en guardia a España y Latinoamérica. Sería ridículo continuar enjuiciando a los yanquis con la retórica rodoniana o con la jerga de los marxistas. Para hablar en serio de ese país—sin carenar[5] en los clásicos lugares comunes—hay que poner el oído en la tierra y escuchar atentamente. Alzarnos sobre nuestros seculares rencores con la mano en visera y observar con justicia. Continuar enquistados en los viejos prejuicios es una soberana tontería. Nuestros juicios—para que no sean delirantes—deberán fluir como el río de Heráclito o como el mundo de los yanquis.

---

[5] *carenar:* reparar o calafatear el casco de una nave.

INDICACIONES BIBLIOGRAFICAS

Rubén Darío, *El canto errante,* Edición M. Pérez. Villavicencio, Madrid, 1907.

Luis Harss, *Los nuestros,* Editorial Sudamericana, Buenos Aires, 1966.

Juan Larrea, *Intensidad del canto errante,* Universidad Nacional de Córdoba, Córdoba, 1972.

Arturo Marasso, *Rubén Darío y su creación poética,* Universidad Nacional de La Plata, La Plata, 1934.

Seymour Menton, *La narrativa de la revolución cubana,* Editorial Playor, Madrid, 1975.

Carlos Alberto Montaner, *200 años de gringos,* Sedmay Ediciones, Madrid, 1976.

—, *Cuba: claves para una conciencia en crisis,* Editorial Playor, Madrid, 1982.

José Miguel Oviedo, *Narradores peruanos,* Monte Avila Editores, Caracas, 1968.

Luis Alberto Sánchez, *Escritores representativos de América,* Editorial Gredos, Madrid, 1971.

Mario Vargas Llosa, "La literatura es fuego (fragmento del discurso pronunciado en ocasión de recibir el Premio Rómulo Gallegos, Caracas, 1967), en Helmy F. Giacoman y José M. Oviedo, *Homenaje a Mario Vargas Llosa,* Las Américas Publishing, New York, 1971.

21

EL DIFICIL PORVENIR

El muy crédulo y sagrado mesianismo, que también se posó en el continente hispánico desde la llegada de Colón, no ha tenido hasta ahora más cumplida expresión que aquella que caracteriza la utopía o la frivolidad política. En tiempos de Pedro Mártir o de León Pinelo era ya bastante amplia y diversa la idea del Paraíso en tierra americana. Desde luego, era una ilusión, y no se conocía su drama auténtico. Pero la facilidad con que José Vasconcelos o Waldo Frank, alguna vez echaron mano al porvenir por la raza o la redención por el milagro, hace tiempo que no tiene asidero en las musas ni en la gente. Nadie se asombraría, si para meditar sobre el tema, decidiera la lectura del libro nada providencial de Juan Bautista Alberdi titulado *Peregrinación de Luz del Día o Viajes de la Verdad en el nuevo Mundo*.

Para los tiempos que vienen, la literatura está diciendo ya lo suyo, esto es, que no se escribe en el vacío y fuera del propio curso social de la historia. El célebre argumento de que el arte está en crisis es una prueba de la creciente subjetivación del mundo. Pero también se dice, y esto en cuanto toca al porvenir de nuestra América, que en rigor se trata del arte de la crisis. Sin la conciencia empírica de lo que pasa en el contexto inmediato y cotidiano de la vida, la invención del escritor sería una mera fórmula pedante por ley fatal o pública, alguien que imagina sin saber y, precisamente, un símbolo ausente de aquello que todos conocen.

No se trata del realismo, ni que se copie la realidad fielmente. Es otra cosa. Hay una suspicacia general, histórica, que incide en la precisa intención de la literatura. La América hispánica, ciertamente, se presenta como la región más extensa y revolucionaria del mundo Occidental, pero también como la más vulnerable, en la medida que se frustra la formación colectiva, por los conflictos internos y las tensiones de la dependencia económica. La mayoría de los países, con excedentes demográficos superiores a su desarrollo, no pueden remediar el espacio cultural que media, en todas las formas de acción social y mental, entre las clases dominantes y la miseria crónica de las capas dominadas. Se carece de claridad política porque grandes sectores, no integrados a ninguna de las fórmulas habituales de la civilización moderna, no alteran su condición insatisfecha y resentida. La responsabilidad de toda impotencia se imputa siempre al capitalismo pero también de ese modo se pierde toda idea de asumir los cambios necesarios de la base económica de un organismo capaz de crecer y de transformarse por sí mismo. Mientras la humanidad más despierta (no digamos exitosa), nos está revelando que el mundo cambia, que está cambiando a velocidad increíble, los grupos más sometidos no tienen acceso ni aun relativo al desarrollo de las minorías pudientes. La miseria resulta un compartimiento estanco sin concientización que especule o trate de prever los acontecimientos inmediatos. Esta visión no puede ser individualista. Porque no es sólo un problema de evolución cívica, de bienestar o de educación. Se trata de un hombre degradado como residuo del desarrollo, reducido por mutilación a la tristeza y el abandono. Oscar Lewis, utilizando un término de atuendo suyo, ha explorado la exacta realidad de la *cultura de la pobreza* que existe dolorosamente, y en trance de convertirse en pueblos de rica tradición, en "la pobreza de la cultura".

Este fenómeno gravita a la clara luz del día. Algunos artistas del presente americano han comenzado por conectar la poesía o la ficción con estas pruebas evidentes de una situación que les resulta imposible negar o alejarse. El "miedo a la libertad", es también el miedo que siente el oprimido. Y por eso busca tutela. Pero si alguna figura mesiánica o la dictadura encarnan los vicios del estanco, la vida se inmoviliza hacia lo irreal, se encierra en su penuria arcaica y reaccionaria. Carlos Fuentes escribió en su *Tiempo mexicano* que "La política de la ocultación, no puede perpetuarse, a menos que se quiera jugar, conscientemente, con dos peligros: la dictadura fascista o la explosión popular". En tal sistema se juzga libre a un pueblo en tanto que ya no tiene competitividad externa. El despotismo, en tales casos, desfigura la realidad, y el odio por dentro y hacia afuera completa las imperfecciones del instinto nacional y político.

El vacío de nuestra vida, ciertamente, no puede ser llenado con la riqueza y el poder, pero la ilusión del amor, de la igualdad y la libertad, seguirán siendo un mito o un desconsuelo colectivo, mientras se excluya la práctica moral de sanear el sistema, según la igualdad ante la ley y los recursos operantes. Y no podrá ser de otra forma, mientras la subcultura dominada, que llega a la mayoría, dependa de programas eventuales, sin la idea profunda de modificar un sistema que se esfuerza en ocultar la intolerable humillación.

Hay, sin embargo, un resquicio de luz, que parece brotado de las mismas instancias negativas de la vida. Nadie sabe si la autoridad de ser víctimas de todo el proceso histórico conocido hasta ahora, permitirá la superación de las formas de dominio y opresión. No es suficiente decir, de manera más o menos subrepticia, que la democracia será el mejor de todos los males políticos. Pero tal grado de culpabilidad, en ambos casos, nunca existió en los forjadores de la libertad americana. Tras cualquier repaso de la historia social (escrita también por el inmenso texto de la literatura), quedaría demostrado que los escritores de todos los tiempos han combatido por la existencia de una cultura propia, en toda su desnudez, y contra toda muerte que quiera echarnos fuera del mundo. Se inventa y se crea, pero no para inventar otro mundo que no sea un retrato o un símbolo más profundo de la realidad. La dicotomía, tantas veces compulsada, entre literatura culta o popular, realista o imaginativa, son fórmulas para las excitaciones demagógicas, sin validez estética, y fuera de las referencias humanas de contenido vital, auténtico y libre. Los escritores, los poetas, los intelectuales descubren que frente a cualquier amenaza de la libertad, existe el derecho a la imaginación y la línea rebelde del idioma. Los sueños, como la realidad, son también reales sin alternativa. Hombres y mujeres están repensando el proceso civilizatorio de América porque el futuro, cuando falta el valor de asumirlo, no perdona. Y ese parece ser el único reino de los fines.

EDUARDO GALEANO

A propósito de los tres volúmenes de glosas dramáticas sobre la historia de América que tituló *Memoria del fuego* (1982-86), escribió su autor: "Yo no soy historiador.

Soy un escritor que quisiera contribuir al rescate de la memoria secuestrada de toda América, pero sobre todo de América Latina, tierra despreciada y entrañable: quisiera conversar con ella, compartirle los secretos, preguntarle de qué diversos barros fue nacida, de qué actos de amor y violaciones viene."

Hombre de letras, sustancialmente, Eduardo Hughes Galeano nació en Montevideo, en 1940. Su nombre ha llegado a la literatura por el camino patético y tenaz del periodismo. Se inició en el semanario socialista *El Sol,* publicando dibujos y caricaturas que firmaba deliberadamente Gius, para evitar la difícil pronunciación castellana de su primer apellido. Luego trabajó en la redacción del periódico *Marcha* y dirigió el diario *Época.* En 1973 se exilió en la Argentina. En Buenos Aires fundó y dirigió la revista literaria *Crisis,* de memorable lucha ideológica, y prohibida al fin por la junta castrense que tomó el poder en 1976.

En 1971 apareció el apasionado y polémico libro titulado *Las venas abiertas de América Latina.* En ese libro escribió, por ejemplo: "En América Latina resulta más higiénico y eficaz matar a los guerrilleros en los úteros que en las sierras o en las calles." Galeano es un autor de prosa intensa, combativa, que empina al mismo tiempo que anécdotas rutilantes, curiosos datos económicos para murales de la pobreza y el fracaso. Es diríamos, su pensamiento, lo más opuesto a las estadísticas de las cancillerías políticas, los paseos de turismo y las exhibiciones de los discursos oficiales. Galeano, en todas sus glosas traza la historia del despojo que han padecido las grandes masas americanas. "Retablo infinito y trágico", le llama a esos percances humanos el agudo crítico Jorge B. Rivera.

En 1975 Galeano publicó *La canción de nosotros.* En 1978, siguiendo las mudanzas angustiosas de su vida, *Días y noches de amor y de guerra.* En el epígrafe anotó estas breves palabras: "Todo lo que aquí se cuenta, ocurrió. El autor lo escribe tal como lo guardó su memoria."

Eduardo Galeano regresó a su país en 1985, donde al parecer, reside todavía.

MEMORIA DEL FUEGO

1984
Londres

Los Reyes Magos no creen en los niños

Los primeros ministros de Estados Unidos, Japón, Alemania Federal, Inglaterra, Francia, Italia y Canadá, reunidos en Lancaster House, felicitan al organismo que garantiza la libertad del dinero. Los siete grandes del mundo capitalista aplauden por unanimidad *la labor del Fondo Monetario Internacional en los países en desarrollo.*

La felicitación no menciona a los verdugos, torturadores, inquisidores, carceleros y soplones, que son los funcionarios del Fondo Monetario en esos *países en desarrollo.*

*Sinfonía circular para países pobres,
en seis movimientos sucesivos*

Para que sean los brazos obreros cada vez más obedientes y baratos, los países pobres necesitan legiones de verdugos, torturadores, inquisidores, carceleros y soplones.

Para alimentar y armar a esas legiones, los países pobres necesitan préstamos de los países ricos.

Para pagar los intereses de esos préstamos, los países pobres necesitan más préstamos.

Para pagar los intereses de los préstamos sumados a los préstamos, los países pobres necesitan aumentar las exportaciones.

Para aumentar las exportaciones, productos malditos, precios condenados a caída perpetua, los países pobres necesitan bajar los costos de producción.

Para bajar los costos de producción, los países pobres necesitan brazos obreros cada vez más obedientes y baratos.

Para que sean los brazos obreros cada vez más obedientes y baratos, los países pobres necesitan legiones de verdugos, torturadores, inquisidores...

DIAS Y NOCHES DE AMOR Y DE GUERRA

Quito, febrero de 1976

Introducción a la historia de América

Había dos pueblitos indígenas que eran vecinos. Vivían de las ovejas y de lo poco que daba la tierra. Cultivaban, en terrazas, la ladera de una montaña que baja hasta un lago muy hermoso cerca de Quito. Las dos aldeas se llamaban igual y se odiaban. Entre una y otra, había una iglesia. El cura se moría de hambre. Una noche enterró una Virgen de madera y le echó sal encima. A la mañana, las ovejas escarbaron la tierra y apareció la Milagrosa. La Virgen fue cubierta de ofrendas. De ambas aldeas le llevaban alimentos, ropas y adornos. Los hombres de cada aldea le pedían la muerte de los hombres de la aldea vecina y por las noches los asesinaban a cuchillo. Se decía: "Es la voluntad de la Milagrosa." Cada promesa era una venganza y así los dos pueblitos, que se llamaban Pucará, se exterminaron mutuamente. El cura se hizo rico. A los pies de la Virgen habían ido a parar todas las cosas, las cosechas y los animales.

Entonces una cadena hotelera multinacional compró, por un puñado de monedas, las tierras sin nadie.

A orillas del lago se levantará un centro turístico.

Guerra de la calle, guerra del alma

De golpe uno está bajo cielos ajenos y en tierras donde se habla y se siente de otro modo y hasta la memoria se te queda sin gente para compartir ni lugares donde reconocerse. Hay que pelear a brazo partido para ganar el pan y el sueño y uno se siente como lisiado, con tanta cosa faltando.

Te viene la tentación del lloriqueo, el viscoso dominio de la nostalgia y la muerte, y se corre el riesgo de vivir con la cabeza vuelta hacia atrás, vivir muriendo, que es una manera de dar la razón a un sistema que desprecia a los vivos. Desde que éramos chiquilines, y en la hipocresía de los velorios, nos han enseñado que la muerte es una cosa que mejora a la gente.

ISABEL ALLENDE

Isabel Allende, sin duda hoy la novelista hispánica más leída en el mundo, nació en Lima, Perú, el año de 1942, aunque de origen chileno. Había cumplido tres años, cuando su padre (que era diplomático), regresó con su familia a Santiago. "Es verdad que a través del periodismo y el teatro había descubierto el valor de las palabras", ha dicho, "pero ni aun en los sueños más extravagantes sospeché la repercusión que puede tener un libro. No sabía que mis personajes le darían una insospechada dimensión a mi existencia" (La magia de las palabras, 1985). Madre de familia, escritora solitaria, su obra surgió como una honda vivencia después de los sucesos que produjeron la muerte de su tío, Salvador Allende, presidente legítimo de Chile durante el golpe militar de 1973.

Isabel Allende ganó rápida divulgación a partir de dos novelas escritas en el exilio, La casa de los espíritus (1982) y De amor y de sombra (1984), traducidas a varios idiomas y con éxito de best sellers en América y Europa. Su fantasía es vasta y misteriosa. Su visión herida y dolorosa de la realidad, tiene el encanto y proyección del alma femenina. Sus mujeres son heroínas que exploran otros aspectos de la vida, injustamente cargadas con sus culpas, que desafían el despotismo patriarcal, los prejuicios sociosexuales, la ignorancia y la opresión. En literatura no hay retórica específica de la mujer, pero como diría Francisco Umbral sobre la fascinadora fémina, "La mujer no es mujer porque haga otras cosas que los hombres, sino porque hace las mismas cosas de manera diferente" (Tratado de las perversiones, 1978).

Su tercera y más reciente novela, Eva Luna (1987), es el tenso y fluido relato de una mujer sobre otra mujer, en el sentido "intrahistórico" que Unamuno le daba al término. La historia de una joven que ha sido concebida por una pupila de convento y un indio de ojos amarillos en un día de ardor inocente y de consuelo agónico. Y, sin embargo, Eva Luna no es una proyección romántica, una fruta del Edén, de inspiración moralizante o un puro testimonio de invención socialista. El terror y el encanto es el mejor estremecimiento que produce esta obra. Isabel Allende, que vive en el exilio de Venezuela, simplemente ha declarado: "Escribir ya no es sólo un placer. Es también un deber que asumo."

EVA LUNA

3

La patrona le ordenó a Elvira que me bañara con jabón desinfectante y quemara toda mi ropa. No me cortó al rape el cabello, como se hacía entonces con las niñas de servicio para evitar los piojos, porque su hermano se lo impidió. El hombre de la nariz de fresa hablaba con suavidad, sonreía con frecuencia y a mí me resultaba simpático aun cuando   5
estaba borracho. Se compadeció de mi angustia ante las tijeras y logró salvar la melena que mi madre tanto cepillaba. Es extraño, no puedo recordar su nombre. . . En esa casa yo usaba un delantal fabricado por la doña en su máquina de coser e iba descalza. Después del primer mes a prueba, me explicaron que debía trabajar más, porque ahora ganaba un   10
sueldo. Nunca lo vi, lo cobraba mi Madrina[1] cada quince días. Al comienzo aguardaba sus visitas con impaciencia y apenas aparecía me colgaba de su vestido rogándole que me llevara con ella, pero después me acostumbré, me arrimé a Elvira y me hice amiga de los gatos y del pájaro. Cuando la patrona me lavó la boca con bicarbonato para quitarme el hábito de   15
mascullar entre dientes, dejé de hablar con mi madre en voz alta pero seguí haciéndolo en secreto. Había mucho que hacer, esa casa parecía una maldita carabela encallada, a pesar de la escoba y el cepillo, nunca se terminaba de limpiar esa floración imprecisa que avanzaba por los muros. La comida no era variada ni abundante, pero Elvira escondía las sobras de   20
los amos y me las daba al desayuno, porque había escuchado por la radio que es bueno empezar la jornada con el estómago repleto, para que te aproveche en los sesos y algún día seas instruida, pajarito, me decía. A la solterona no se le escapaba detalle alguno, hoy lavarás los patios con creolina, acuérdate de planchar las servilletas y cuidado con quemarlas,   25
tienes que limpiar los vidrios con papel de periódico y vinagre y cuando termines vienes para enseñarte a lustrar los zapatos del señor. Yo obedecía sin apuro, porque descubría pronto que si haraganeaba con prudencia, podía pasar el día sin hacer casi nada. La doña del relicario comenzaba a impartir instrucciones desde que se levantaba en la madrugada, luciendo   30
desde esa hora la ropa negra de sus lutos sobrepuestos, su relicario y su complejo peinado, pero se enredaba en sus propias órdenes y era fácil engañarla. El patrón se interesaba muy poco en los asuntos domésticos, vivía ocupado con las carreras de caballos, estudiando los antepasados de las bestias, calculando la ley de probabilidades y bebiendo para consolarse   35
de sus fracasos en las apuestas. A veces su nariz se ponía como una

---

[1] Eva llamaba así a la cocinera de la casa del profesor Jones que en el momento oportuno había ayudado a su madre (Consuelo), después de la aventura sexual con el indio de "la tribu de los hijos de la luna".

berenjena y entonces me llamaba para que lo ayudara a meterse en la cama
y escondiera las botellas vacías. Por su parte la mucama no tenía interés
alguno en relacionarse con nadie, mucho menos conmigo. Sólo Elvira se
ocupaba de mí, me obligaba a comer, me enseñaba los oficios de la casa, me
aliviaba de las tareas más pesadas. Pasábamos horas conversando y
contándonos cuentos. En esa época comenzaron algunas de sus
excentricidades, como el odio irracional contra los extranjeros de pelo
rubio y las cucarachas, a las cuales combatía con todas las armas a su
alcance, desde cal viva hasta escobazos. En cambio no dijo nada cuando
descubrió que yo le ponía comida a los ratones y cuidaba las crías para que
nos las devoraran los gatos. Temía morir en la inopia y acabar con sus
huesos en una fosa común y para evitar esa humillación póstuma adquirió
un féretro a crédito, que mantenía en su pieza, usándolo como armario para
guardar sus cachivaches. Era un cajón de madera ordinaria, oloroso a
pegamento de carpintero, forrado en raso blanco con cintas celestes,
provisto de una pequeña almohada. De vez en cuando yo obtenía el
privilegio de acostarme adentro y cerrar la tapa, mientras Elvira fingía un
llanto inconsolable y entre sollozos recitaba mis hipotéticas virtudes, ay,
Dios Santísimo, por qué te llevaste de mi lado al pajarito, tan buena, tan
limpia y ordenada, yo la quiero más que si fuera mi propia nieta, haz un
milagro, devuélvemela Señor. El juego duraba hasta que la mucama perdía
el control y comenzaba a aullar.

Los días transcurrían iguales para mí, excepto el jueves, cuya
proximidad calculaba en el almanaque de la cocina. Toda la semana
esperaba el momento de cruzar la reja del jardín y partir al mercado. Elvira
me colocaba mis zapatillas de goma, me cambiaba el delantal, me peinaba
con una cola en la nuca y me daba un centavo para comprar un pirulí[2] de
azúcar casi invulnerable al diente humano, teñido de brillantes colores, que
se podía lamer durante horas sin mermar su tamaño. Ese dulce me
alcanzaba para seis o siete noches de intenso placer y para muchas
chupadas vertiginosas entre dos pesadas faenas. La patrona marchaba
delante apretando su cartera, abran los ojos, no se distraigan, no se alejen
de mi lado, esto está lleno de pillos, nos advertía. Avanzaba con paso
decidido observando, palpando, regateando, estos precios son un
escándalo, a la cárcel debieran ir a parar los especuladores. Yo caminaba
detrás de la mucama, una bolsa en cada mano y mi pirulí en el bolsillo. Observaba a la gente tratando de adivinar sus vidas y secretos, sus virtudes y
aventuras. Regresaba a la casa con los ojos ardientes y el corazón de fiesta,
corría a la cocina y mientras ayudaba a Elvira a descargar, la aturdía
con historias de zanahorias y pimientos encantados, que al caer en la sopa
se transformaban en príncipes y princesas y salían dando saltos entre las

---

2 *pirulí:* caramelo de forma cónica, con un palito. Término no incorporado al
diccionario manual de la Academia.

cacerolas, con ramas de perejil enredadas en las coronas y chorreando
caldo de sus ropajes reales.

—¡ Ssht... viene la doña! Agarra la escoba, pajarito.

Durante la siesta, cuando el silencio y la quietud se adueñaba de la
casa, yo abandonaba mis tareas para ir al comedor, donde colgaba un gran   5
cuadro de marco dorado, ventana abierta a un horizonte marino, olas, rocas,
cielo brumoso y gaviotas.

PABLO NERUDA

Hemos glosado al poeta en el Capítulo 12 a propósito del temario contra el déspota. Hemos incluido otro poema suyo de *Canción de gesta* en el Capítulo 15 que propone ejemplos de la marginación de los hombres. La obra de Neruda fue amar y padecer la causa de los pueblos incluso al borde de la estéril zona de las mismas fuerzas contradictorias. Dijo: "Los poetas odiamos el odio y hacemos la guerra a la guerra". Cerremos pues esta antología con el doloroso y angustiado latido de su corazón.

ODA AL NIÑO DE LA LIEBRE

A la luz del otoño
en el camino
el niño
levantaba en sus manos
no una flor
ni una lámpara
sino una liebre muerta.

Los motores rayaban
la carretera fría,
los rostros no miraban
detrás
de los cristales,
eran ojos
de hierro,
orejas
enemigas,
rápidos
dientes
que relampagueaban

resbalando
hacia el mar y las ciudades,
y el niño
del otoño
con su liebre,
huraño
como un cardo,
duro como una piedrecita,
allí
levantando
una mano
hacia la exhalación
de los viajeros.

Nadie
se detenía.

Eran pardas
las altas cordilleras,

cerros
color de puma
perseguido,
morado
era
el silencio
y como
dos ascuas
de diamante
negro
eran
los ojos
del niño con su liebre,

dos puntas
erizadas
de cuchillo,
dos cuchillitos negros,
eran los ojos del niño,
allí perdido
ofreciendo su liebre
en el inmenso
otoño
del camino.

INDICACIONES BIBLIOGRAFICAS

Isabel Allende, "La magia de las palabras", *Revista Iberoamericana* (Número especial dedicado a las escritoras de la América hispánica), vol. LI, núms. 132-133 (julio-diciembre, 1985).

—, *Eva Luna,* Editorial Sudamericana, Buenos Aires, 1987.

Franco Basaglia, *La mayoría marginada,* Editorial Laia, Barcelona, 1973.

Luis Franco, *La hembra humana,* Schapire Editores, Buenos Aires, 1975.

Eduardo Galeano, *Las venas abiertas de América Latina,* Siglo Veintiuno Editores, México, 1971.

—, *Días y noches de amor y de guerra,* Editorial Nueva Nicaragua, Managua, 1978.

Oscar Lewis, *The Children of Sánchez,* Random House, New York, 1961.

Pablo Neruda, *Odas elementales,* Editorial Losada, Buenos Aires, 1954.

—, *Para nacer he nacido* (Cuaderno 7, "La poesía es una insurrección"), Editorial Seix Barral, Barcelona, 1977.

Angel Rama, *Literatura y clase social,* Ediciones Folios, México, 1984.

Jorge B. Rivera, "Las venas de América Latina todavía siguen abiertas", *Clarín Cultura y Nación,* 6 de diciembre, 1984.

Julio Rodríguez Luis, *La literatura hispanoamericana entre compromiso y experimento,* Editorial Fundamentos, Madrid, 1984.

Francisco Umbral, *Tratado de las perversiones,* Editorial Bruguera, Barcelona, 1978.

WITHDRAWN

JUN 2 7 2024

DAVID O. McKAY LIBRARY
BYU-IDAHO